ガーンディーの性とナショナリズム

「真理の実験」としての独立運動

間 永次郎［著］

東京大学出版会

Gandhi's Sexuality and Nationalism:
The Independence Movement as "Experiments with Truth"

Eijiro Hazama

University of Tokyo Press, 2019
ISBN978-4-13-056119-8

目　次

凡　例（インド諸語の表記について／引用箇所について）　*v*

略号一覧　*vii*

序　章　ガーンディーにおける性認識とナショナリズム ――― *3*

本研究の目的　*3*

1. ブラフマチャリヤはなぜ研究されなかったか？　*6*

2. いくつかの先行研究　*10*

3. 本研究の方法・史料・構成　*16*

(1)方　法　*16*／(2)史　料　*23*／(3)構　成　*30*

第１部　南アフリカ滞在期（1893-1914）

第１章　精液結集の秘術 ――― *47*

――サッティヤーグラハ闘争の誕生

はじめに　*47*

1. 闘争誕生の意味　*50*

(1)素朴な問い　*50*／(2)エンパイア劇場の演説（1906年9月11日）　*51*

2. サッティヤーグラハとブラフマチャリヤ　*56*

(1)アートマンの浄化　*56*／(2)精液，シャクティ，性欲　*58*

3. 結　語　*66*

第２章　『ヒンド・スワラージ』の思想形成 —— 73
——三人の同時代人からの交錯する影響

はじめに　73

1. シュリーマッド・ラージチャンドラからの影響　76

(1)シュリーマッド・ラージチャンドラとは？　76／(2)ガーンディーとの交流　78／(3)『ヒンド・スワラージ』に与えた影響　80／(4)ラージチャンドラからの警告　90

2. レフ・トルストイからの影響　92

(1)内的完全性と外的完全性　93／(2)『ヒンド・スワラージ』に与えた影響　95／(3)トルストイからの賛辞　98

3. スワーミー・ヴィヴェーカーナンダからの影響　99

(1)『ラージャ・ヨーガ』(1896)　99／(2)『ヒンド・スワラージ』に与えた影響　100／(3)トルストイとの交錯する影響　110／(4)ラージチャンドラとの交錯する影響　112

4. 結　語　116

第３章　乳汁と蛇 —— 127
——南アフリカにおけるブラフマチャリヤの実験

はじめに　127

1. 乳汁放棄——ヘルマン・カレンバッハとの実験(1)　132

(1)『イティハース』の記述　132／(2)『アートマ・カター』の記述　134／(3)性欲嫌悪の淵源　138／(4)カレンバッハとの同居生活　141／(5)プーンカーの隠れた意味　149

2. 蛇の殺生（ヒンサー）——ヘルマン・カレンバッハとの実験(2)　156

(1)『イティハース』の記述　156／(2)蛇の両義性と身体宇宙論　159／(3)乳汁放棄との関係　162

3. 結　語　162

第2部　インド帰国から暗殺まで（1915-1948）

第4章　響応する身体とネーション —— 173
——インド独立運動の盛衰

はじめに　173

1.「ヒンサーの中のアヒンサー」と生殖器官の「禁圧」　176

(1)用語の置換——慈悲からアヒンサーへ　176／(2)マガンラール・ガーンディー宛ての書簡（1918）　179

2. 乳汁放棄の断念とローラット法の発布　182

(1)『アートマ・カター』第5部・第29章の構成　182／(2)山羊の乳汁とローラット法　184

3. 非暴力の教義と外国製衣服焼却運動　188

(1)独立運動の開始　188／(2)「剣の教義」(1920)　190／(3)「歴史的集会」(1921)　194

4. チャウリー・チャウラー事件と性欲統制の失敗　199

5. 結　語　208

第5章　蛇の力 —— 217
——近代タントラ学からの影響

はじめに　217

1. 刑務所出獄後（1924年以降）のブラフマチャリヤ思想　219

(1)アートマ・シャクティ　219／(2)ウールドヴァレーター　222／(3)女性性　224／(4)「秘密の章」の加筆修正　227

2. 近代タントラ学からの影響　229

(1)ジョン・ウッドロフ卿／アーサー・アヴァロン　229／(2)『シャクティとシャークタ』(1918／1920)　232／(3)『蛇の力』(1919)　235

3. 塩の行進とブラフマチャリヤの実験　240

(1)行進開始の背景　240／(2)反英ナショナリズムの「女性化」　242／(3)ヒンドゥー教的言語使用の問題　245

4. 新たな心理的葛藤——供犠　248
(1)ウッドロフのジレンマ　248／(2)ガーンディーのジレンマ　252
5. 結　語　256

第6章　供犠と独立 —— 263
——晩年におけるブラフマチャリヤの実験

はじめに　263
1. 1933年の神秘体験　268
(1)断食の目的　268／(2)「声」　271／(3)ビハール大地震と「神の懲罰」　274
2. 政治運動の個人化（ヴャクティ）　275
(1)スレーンドラナート宛ての覚書　275／(2)ヴャクティ概念の形而上学的基盤　276
3. 晩年のブラフマチャリヤの実験（大供犠（マハーヤッギャ））　281
(1)実験開始の背景——精液漏洩と宗教間対立（コミュナル）　281／(2)大供犠の目的　288
4. 供犠と独立　297
(1)実験の公表　297／(2)独立インドに向けた新たなネーション構想　305／(3)「おお，ラーマ」　314
5. 結　語　317

終　章　「真理の実験」としての独立運動 —— 329

語　彙　357
ガーンディー関連年表　359
参照文献　363
あとがき　379
索　引　384

凡　例

インド諸語の表記について

1) 本文中のグジャラーティー文字のラテン文字への転写法は, R. S. McGregor［1993: xvii］に従い, ヒンディー語のデーヴァナーガリー文字の転写法を適用した. ただし, デーヴァナーガリー文字の〈ल〉の反り舌に当たる〈ળ〉については, 〈લ〉（〈*l*〉）と区別するために〈*ḷ*〉と表記する.

2) グジャラーティー語, ヒンディー語, サンスクリット語のいずれの和訳語も, 初出あるいは必要に応じて括弧内にダイアクリティカル記号付きのラテン文字の原語表記を付した（*vīryasaṅgrah*, *mahā śakti* 等）. あるいは, 読み易さを考慮して, 適宜, 和訳語にカタカナのルビを振った（傾向性（ヴリッティ）, 化身（アヴァターラ）等）. ただし, ラテン文字の原語表記にダイアクリティカル記号が付されていない文献を引用する場合, その引用箇所に限っては引用先の文献の表記に従った（Kshatriya-Virya, Shiva-Shakti 等）.

3) グジャラーティー語とヒンディー語のカタカナ表記については学術上の慣例に従う. ただし, サンスクリット語由来の語彙で表記上の慣例が別にある場合は, それに従った（「アートマン」, 「ダルマ」, 「ブラフマン」, 「ラーマ」等）. 故に, これらのサンスクリット語由来の語彙に限っては, カタカナ表記と括弧内におけるグジャラーティー語・ヒンディー語の原語表記とが一致しない場合がある（「サハジャ・グナ（*sahaj guṇ*）」, 「ラーマ・バクタ（*rāmbhakt*）」等）.

4) 地名・人名のカタカナ表記については, 原則として該当地域・人物が属する言語の学術上の慣例に従うが, 一般的慣例が別にある場合（「アフマダーバード」, 「ネルー」等）についてはこの限りではない.

5) ラテン文字でインド諸語を表記する場合は, 基本的に斜体にしたが, 人物, 神, 組織, 学派, 施設, 運動の名前といった固有名詞については立体にし, 頭文字を大文字にした（Gāndhī, Śiva, Harijan Sevak Saṅgh, Advaita Vedānta, Harijan Āśram, Bhārat Choḍo Āndolan 等）. ただし, 神名を含む複合語については斜体にし, 頭文字を小文字にした（*kṛṣṇārpaṇ*, *rāmnām* 等）.

6) インド諸語で書かれた著作, 論文, 記事, 章の題名をラテン文字で表記する際には, 接続詞や後置詞を除いて頭文字を大文字にした. また, 著作の題名と, 論文，記事，章の題名とを区別するために前者を斜体にし，後者を立体にした（*Satyanā Prayogo athvā Ātmakathā*，“Pattā Ṭuṭā Ḍāl se: Pyārelālјī kī Sankṣipt Jīvanī”，“Brahmacarya Vāḍ”，“Hṛdaymanthan” 等）．

引用箇所について

1）［　］内には引用先，〔　〕内には筆者の補足，（　）内には原語表記を記した．ただし，引用先の原文に（　）を用いた補足がある場合，訳文における（　）内の該当箇所には筆者による日本語の訳語を記した．

2）［　］内における著者姓の表記は，文献が書かれた言語の学術的慣例に従った．例えば，インド諸語で書かれた文献については，［Gāndhī 1986: 10–27］，［Desāī 1950］等とし，英語で書かれた文献については，［Gandhi 1958］，［Desai 1946: 21–26］等とした．また，同一言語内の同姓の著者による文献で，識別が困難と思われるものについては，［　］内に姓名の両方を記した（［Rajmohan Gandhi 1997: 170］，［Ramachandra Gandhi 1981: 36］等）．

3）注内で2つ以上の文献を並記する場合に限り，［　］外の著者名をラテン文字で表記することがある（A. Bilgrami［2011: 113］，A. Raghuramaraju［2017: 351］等）．

略号一覧

AB 1, 2: M. K. Gandhi, 1927, 1929, *The Story of My Experiments with Truth*, translated by Mahadev Desai, 2 vols, Ahmedabad: Navajivan.

AC: M. K. Gāndhī, 1948, *Ārogyanī Cāvī*, Amdāvād: Navjīvan Prakāśan Mandir.

AK: M. K. Gāndhī, 1947, *Satyanā Prayogo athvā Ātmakathā*, Amdāvād: Navjīvan Prakāśan Mandir.

BKA: Manubahen Gāndhī, 1956, *Bihārnī Komī Āgamāṃ*, Amdāvād: Navjīvan Prakāśan Mandir.

BPD: Manubahen Gāndhī, 1961, *Bihār pachī Dilhī*, Amdāvād: Navjīvan Prakāśan Mandir.

BSI: Mahādev Desāī, 1985, *Bārḍolī Satyāgrahano Itihās*, Amdāvād: Navjīvan Prakāśan Mandir.

CWMG 1-100: M. K. Gandhi, 1956-1994, *The Collected Works of Mahatma Gandhi*, 100 vols, New Delhi: Publications Division, Ministry of Information and Broadcasting, Government of India.

DASI: M. K. Gāndhī, 1950, *Dakṣiṇ Āphrikānā Satyāgrahano Itihās*, Amdāvad: Navjīvan Prakāśan Mandir.

DG 1, 2: Manubahen Gāndhī, 1964, 1966, *Dilhīmāṃ Gāndhījī*, 2 vols, Amdāvād: Navjīvan Prakāśan Mandir.

EG: Mahādev Desāī, 1985, *Ek Dharmyuddh: Amdāvādnā Milmajūronī Laḍatno Itihās*, Amdāvād: Navjīvan Prakāśan Mandir.

GA 1-82: M. K. Gāndhī, 1967-1992, *Gāndhījīno Akṣardeh: Mahātmā Gāndhīnāṃ Lakhāṇo, Bhāṣaṇo, Patro Vagereno Saṅgrah*, 82 vols, Amdabād: Navjīvan Prakāśan Mandir.

GN: *Gandhi Nidhi Papers*, National Gandhi Museum and Library, Rajghat, New Delhi.

GNDD: Manubahen Gāndhī, 1954, *Eklo Jāne Re: Gāndhījīnī Noākālīnī Dharmayātrānī Ḍāyrī*, Amdāvād: Navjīvan Prakāśan Mandir.

HJ: *Harijan*, 1933-1955.

HJB: *Harijanbandhu*, 1933-1955.

HJS: *Harijan Sevak*, 1933-1955.

HS: M. K. Gāndhī, 1979, *Hind Svarāj*, Amdabād: Navjīvan Prakāśan Mandir.

IHR: M. K. Gandhi, 1910, *Indian Home Rule*, Phoenix, Natal: International Printing Press.

IO: *Indian Opinion*, 1904-1914.

KP 1: *Hermann Kallenbach Papers*, National Archives of India, New Delhi.

KP 2: *Hermann Kallenbach Papers*, Nehru Memorial Museum and Library, New Delhi.

KP 3: *Hermann Kallenbach Papers*, Satyagraha House and Museum, Johannesburg.

KC: Manubahen Gāndhī, 1956, *Kalkattāno Camatkār*, Amdāvād: Navjīvan Prakāśan Mandir.

MD 1-7: Mahādev Desāī, 1948-1965, *Mahādevbhāīnī Ḍāyrī*, vol. 1-7, Amdāvād: Navjīvan Prakāśan Mandir.

MD 8-23: Mahādev Desāī, 1966-1997, *Mahādevbhāīnī Ḍāyrī*, vol. 8-23, Amdāvād: Sābarmatī Āśram Surakṣā ane Smārak Ṭrasṭ.

MP: M. K. Gāndhī, 1940, *Maṅgaḷprabhāt*, Amdāvad: Navjīvan Prakāśan Mandir.

NKB: *N. K. Bose Papers*, National Archives of India, New Delhi.

NJ: *Navjīvan*, 1919-1932.

PP 1, 2: M. K. Gāndhī, 1948, 1949, *Prārthnā Pravacan*, 2 vols, Naī Dillī: Sastā Sāhitya Maṇḍal Prakāśan.

RK: M. K. Gāndhī, 1941, *Racanātmak Kāryakram Tenuṃ Rahasya ane Sthān*, Amdāvād: Navjīvan Prakāśan Mandir.

SA: *Sabarmati Ashram Papers*, Sabarmati Ashram Preservation and Memorial Trust, Ahmedabad.

SGV 1-97: M. K. Gāndhī, 1958-1994, *Sampūrṇ Gāndhī Vāṅgmay*, 97 vols, Naī Dillī: Prakāśan Vibhāg, Sūcanā aur Prasāraṇ Mantrālay, Bhārat Sarkār.

SSA: M. K. Gandhi, 1928, *Satyagraha in South Africa*, translated by Valji Govindji Desai, Madras: S. Ganesan.

YI: *Young India*, 1919-1931.

ガーンディーの性とナショナリズム
――「真理の実験」としての独立運動

序　章
ガーンディーにおける性認識とナショナリズム

それゆえ，あなたの人生において全く新たな章が始まったというあなたの言葉によって，私の心が揺れており，また〔あなたに対する〕信頼が揺るがされている時，私は自分の義務が何であるのかをはっきりと見つけ出そうとしました．
——1947年4月9日付，N. K. ボースからガーンディー宛ての書簡［*NKB*, Group 14, S. No. 86］

本研究の目的

1947年6月8日，インドの独立を目前にして，ガーンディー（本名：モーハンダース・カラムチャンド・ガーンディー，通称：マハートマー[1]・ガーンディー）は「極めて政治的」な出版物として知られる『ハリジャンバンドゥ[2]』紙上に，突如「ブラフマチャリヤ」という性欲統制の実験に関する記事を出版した[3]．その後，1ヶ月間で5回に分載された記事の中で，ガーンディーはインドの人々が各々の「心の状態」に応じて「生殖器官の統制」を行い「真の性欲統制者（ブラフマチャーリー）」になるべきことを説いた［*HJB*, 8-6-1947; 15-6-1947］．

同時期のインドの内政は，パーキスターンとの分離独立（パーティション）を前に，国内全土で勃発するヒンドゥー教徒とイスラーム教徒との宗教間暴動（コミュナル）によって植民地史上最悪の禍乱状態にあった[4]．記事の読者は，この反英独立運動の終盤に当たる最も緊迫した時期にあって，「なぜ，このような主題の記事がいきなり連載されたのか」ということに戸惑いの念を隠せなかったという［Bose 1974: 163］．読者の反応を予期してか，ガーンディーは6月8日に出版されたブラフマチャリヤに関する最初の連載記事の冒頭で次のように書いている．

このような状況の中で『ハリジャン』紙の執筆を開始することは，衆人的観点からは狂気（*gāṇḍpaṇ*）と見なされるだろう．しかしながら，衆人的観点からはありえないことは，神の宮廷において容易に起こるのである．私は彼の旋律に合わせて踊っているものと信じている．もし，それが幻想であったとしても，それは私には愛しいのである．［*HJB*, 8-6-1947］

こう語ったガーンディーは，驚きと当惑の中にある周囲の者達の反応を顧みることなく残り 4 回の連載を続けたのであった．

ブラフマチャリヤとは古典的に，ヨーガ学派の経典である『ヨーガ・スートラ』に記される五戒[5]の 1 つであり，（性的な）禁欲を意味する．あるいは，インド古法典である『ダルマ・シャーストラ』の中で制定されるヒンドゥー教の四住期[6]の 1 つである独身期・学生期としても知られる．いずれにしても，広く流布しているところのブラフマチャリヤの意味は，自己の解脱（モークシャ）に至るための厳格な禁欲の遵守に特徴付けられる［Rocher 2003: 103; Kaelber 1981: 80; Dhand 2008: 65–66；Khandelwal 2001: 157; Carstairs 1957: 86; Obeyesekere 1981: 64–65］．

これに対して，晩年のガーンディーは杓子定規の戒律的なブラフマチャリヤの実践を敢然と批判し，ブラフマチャリヤの意味を単なる性的な禁欲とも独身者に限定された一住期とも異なるブラフマン（究極的宇宙原理）に至るための「生殖器官の統制（サンヤム）」であると述べた．そして，ガーンディーはインドの「独立（スワラージャ）の全ての任務」を完了するために，「今こそ身を清めなければならない」と語り［*SGV* 88: 59］，後述するように，自身と血の繋がりのある女性と裸の同衾の実験を開始した．晩年のガーンディーの実験においては，逆説的にも男女の身体的接触が不可欠なものとされたのであった［*HJB*, 15-6-1947；Pyarelal 1958: 589］．

上の引用であった通り，ガーンディーは独立直前の時期に，ブラフマチャリヤに関する記事を連載することが狂気と見なされるであろうことを語っていた．換言すれば，ガーンディーは個人の性（セクシュアリティ）をめぐる最も親密な関心を国民的主題として発表するという行動が，人々の間に動揺と批判を喚起しうることを予期していたのであった．それにもかかわらず，ガーンディーは晩年にこれらの記事を連載せずにはいられなかった．なぜなら，ガーンディーは実験をめぐる一連の行動が，自身が率いる独立運動における最も重要な国民統合のプロジェクトであるとの不動の信念を抱いていたからであった［*SGV* 86: 544］．一体，ガーンディーが行った晩年の行動は，彼自身のいかなる思想によって正当化されていたのだろうか．

ガーンディーが独立運動で使用したスローガンである「スワラージ（*svarāj*，独立，自治，自己統治）」の語は，単に国家の制度的な独立（あるいは自治）を指し示す概念ではなかった．ガーンディーはこの言葉を語源（「スワ（自ら）」と「ラージ（統治）」の複合語）から遡って再解釈し，インドの人々が国家の独立を目指すのと並行して，自らの身体・心・魂を統治する必要を説いた[7]．この意味でスワラージの達成を目的とするガーンディーの独立運動は，政治的な国民闘争であると同時に，自己統治のためにブラフマチャリヤやアヒンサー（非暴力，不殺生）といった禁戒を重んじる宗教運動でもあった．奇しくも，ガーンディーはこのような宗教的政治運動としての独立運動を，「真理の実験（*satyanā prayogo*）」と呼んだ．

本書の目的は，約半世紀にわたる真理の実験としての独立運動において，ガーンディーのブラフマチャリヤの実験が，「一つの国民（プラジャー）[8]」の実現を理想として掲げるガーンディーのナショナリズム思想形成にいかなる影響を及ぼすものであったのかを明らかにすることにある．宗教と政治とを一致させようとするガーンディーの独立運動は，同時代人からも後の研究者からも専ら論理が破綻した不可解な性質のものとして受け取られてきた[9]．これに対して本書では，これまでほとんど学術的研究の対象となることがなかったガーンディーのブラフマチャリヤの実験に光を当てることで，ガーンディーの様々な独立運動のプロジェクトの背後には一貫した目的を伴う信念構造があったことを明らかにしたい．

言うまでもなく，これまでガーンディーのナショナリズム思想に関する浩瀚な研究書が，多様な学問領域を跨って世に出されてきた[10]．しかしながら，これらの先行研究の中で，ガーンディーのナショナリズム思想の形成過程やその意味を，私的な性が主題化されるブラフマチャリヤの実験との関係から詳細に分析したものは皆無であった．このことは，ガーンディーが聖者の称号である「マハートマー[11]」やインドを独立に導いた「国民の父（ラーシュトラ・ピター）」として人々から敬愛されてきたがゆえに引き受けなければならなかった，約半世紀にわたる長い歴史的・政治的事情が関係していた．

1. ブラフマチャリヤはなぜ研究されなかったか？

生前に執筆されたガーンディーの7冊の著作や自身の週刊紙の中で，ガーンディーはブラフマチャリヤの実験と思想の重要性を繰り返し述べていた[12]．例えば，代表著作の1つである『火曜日の夜明け（*Maṅgaḷprabhāt*）』（以下，『夜明け』）の中で，ガーンディーはブラフマチャリヤを自身の道場（アーシュラム）の住人が交わすべき11の誓いの3番目に位置付けている[13]［*MP*: 19］．1番目の誓いが「真理（*satya*）」であり，2番目の誓いが「アヒンサー（*ahiṃsā*，非暴力，不殺生）」である．すなわち，ガーンディーはブラフマチャリヤの誓いを，有名な真理やアヒンサーに次ぐ最も重要な誓いの1つとして位置付けていたのであった［*MP*: 19-25］．ガーンディー自身の言葉に率直であろうとするならば，過去の先行研究において，このようなブラフマチャリヤは1つの主要な研究対象となっていたはずである．

ところが，これまでガーンディーのブラフマチャリヤに関して詳細な分析を加えた研究は，後述する通り，ガーンディーが没してから約半世紀の間，ほぼ皆無だったのである．このような研究上の欠如はなぜ起こったのか．大きく以下の3つの理由が考えられる．

第一に，このブラフマチャリヤの実験が，上で触れたように，しばしば「偉大な魂」や「国民の父」として聖人視・英雄視される傾向のあるガーンディーの大衆的イメージに反する主題を含むものだったからである．ガーンディーの性をめぐる問題は，インド国内で長い間タブー視されており，内密に扱われるべき事柄とされていた．

例えば，1930年代以降のガーンディーは，ブラフマチャリヤの実験の名の下に，しばしば側近女性との間で親密な身体的接触を持っていた（第5章参照）．殊に晩年においては，一部の側近女性と裸で寝床を共にする実験も行った（第6章参照）．女性だけでなく，近年の研究においては，男性との間にも「ほとんど恋人同士」を思わせる「ホモエロティック」な関係が築かれていたことが明らかになってきている（第3章参照）．これは，しばしばガーンディーに投影されがちであった世俗的欲望の放棄者（サンニャーシー）[14]という苦行者像と背馳するものであった．

元ガーンディーの秘書であり，著名な文化人類学者でもあったN. K. ボース（1901-1972）は，ガーンディー没後の1950年代初頭に，晩年のガーンディーと過ごした数年間の観察をもとに，ガーンディーが行っていたブラフマチャリヤの実験に関する最初の研究書を書いた．そして，ガーンディー没後の数年後に，ガーンディーの出版物を公式に扱っているナヴァジーヴァン社[15]に，その出版の許可を求める書簡を送った．しかしながら，出版責任者のキショーリーラール・マシュルワーラーは，「私はいかなる場所でも，いかなる言語でも，このこと〔ブラフマチャリヤの実験〕の一切について決して出版しないように強く助言します」と返信して出版を拒否したのだった［*NKB*, Group 14, S. No. 96］．

これは1950年代初頭の出来事であったが，このようなガーンディーのブラフマチャリヤの実験をタブー視する傾向は，インド国内において，少なくとも1990年代前半までは根強く残っていたと考えられる．例えば，著名なガーンディー研究者であるビク・パーレークは，1989年にセイジ出版社のニューデリー支部から出版した著作の中で，ガーンディーのブラフマチャリヤの実験と思想に関して1つの章を割いたが［Parekh 1999: 191-227］，出版後にインドの過激なガーンディー支持者から激しい恐喝にあったことを語っている［Parekh 1999: 10-11; 1997: 108］．これら以外の他のいくつかの研究書も，このような時代状況と折り合いを付けなければならず，ガーンディーのブラフマチャリヤを十分な学術研究の対象として取り扱うには至らなかった[16]．

第二の原因は，上で述べた宗教と政治を一致させようとするガーンディーの独立運動の取り組みが，そもそも社会科学全般に広く浸透した実証主義的観点から捉え難い性質のものであったということである．かつてガーンディー研究者のA. K. サランは，「大学レベルでガーンディー研究を推進することについて」（1979）という論文において，「ガーンディー思想を『近代化』して，『社会科学的』にしようとする要求」［Saran 2006: 131］は方法論的に可能なものではなく，ガーンディーの思想はガーンディー自身の思考枠組みの中からのみ理解されうることを論じた[17]［Saran 2006: 136］．このようなサランの議論は，近代的個人の「道徳的理想」に関わる問題を，工業化や都市化といった「社会的変化の副産物」といった「より確実で現実的な要因」に還元して捉えようとする「社会科学的説明」に対する哲学者チャールズ・テイラーの批判的見解とも重なり合うものである［Taylor 2003: 19-20］．テイラー曰く，この種の因果論的説明は文化変革の背後に「道徳的理想として内在する力」を，しばしば暗黙裡に「否定的」に扱う傾向があるという[18]［Taylor 2003: 20］．

これらの批判が全ての社会科学的説明に当てはまりうるものかは定かでないものの[19]，少なくともガーンディー研究内部の議論においては正鵠を得たものとなっている．例えば，このことを示す上で，ガーンディー研究において最も重要な古典の１つである政治学者のジョアン・ボンデュラントの『暴力の克服――争いに向けたガーンディー哲学』［Bondurant 1958］という著作を挙げることができる．この古典は，「ゆっくりとしか推進しない社会科学を物理科学が凌駕した時代」において，政治学・人類学・社会学を専門とする社会科学者たちのために，「ガーンディーのサッティヤーグラハ〔非暴力闘争・原理〕と政治の思想」を「ガーンディー哲学」として「定式化」することを目的として書かれたものである［Bondurant 1958: ix-vii］．

そして，ボンデュラントは序文で，自身の著作がこの定式化に際して次のことを前提にすることを明記した．

> 恐らく，私の解釈において示唆される次の点について明確に打ち立てておくべきだろう．つまり，ガーンディーの非暴力行動の技術が果たした主要な貢献を理解し評価する上で，彼の特徴である禁欲主義と宗教思想のいずれに対しても議論を加える必要はないということである．［Bondurant 1958: vi］

ボンデュラントの研究は，ガーンディーの「禁欲主義」や「宗教思想」の意義をことごとく矮小化した．そもそもブラフマチャリヤという言葉は，彼女の著作全体を通してわずか一回しか言及されていない［Bondurant 1958: 12］．

このようなボンデュラントの問題意識は，現代に至ってもガーンディー研究者の間に広く共有されているものである[20]．過去にブラフマチャリヤについて例外的に詳細な議論を加えた政治哲学者のビク・パーレークでさえ，実証主義的観点から，ブラフマチャリヤ思想が「極めて迷信的であり，ほとんど確実に間違っている」と結論するに至っている［Parekh 1999: 203］．

これと対照的に，E. H. エリクソンを代表とする新フロイト派の伝記的研究は，ガーンディーの精神史（サイコ・ヒストリー）に着目し，ブラフマチャリヤについてもいくつかの考察を加えている［Erikson 1969; Kakar 1990: 85-128; Lorimer 1976: 191-207; Rudolph and Rudolph 1983］．しかしながら，この「フロイトとガーンディーを橋渡しした」[Bondurant and Fisher 1971: 1110] 研究は，ガーンディー自身の言葉から離れ，すでに確立しているエディプス・コンプレックスなどの理論から常套的な議論を展開するに止まっている[21]．エリクソン自身も限界を感じていたことであるが，ガーンディー思想の分析に当たっては，ガーンディー自身の言葉を原語から読解し，そこに含まれる微妙なニュアンスを汲み取る作業が必要不可欠なのである[22]．これに加えて，ガーンディーの精神史に焦点を絞ったエリクソンらの研究は，公的領域を専門とするボンデュラントらの政治学者の研究と二項対立的な関係にあり，専ら解釈学的議論に終始してしまっている．そもそもガーンディーの思想・実践において公／私や政治／宗教の境界線を引くことは困難である[23]．

第三に，「マハートマー」や「国民の父」という尊称と並んで研究者内外に好んで用いられる「非暴力（ノン・ヴァイオレンス）の使徒」としてのガーンディー像がもたらした研究領域の偏りを挙げられる [Markovits 2004: 146]．ガーンディーの非暴力（あるいはアヒンサー）の概念が，ガーンディー思想の中で重要な位置を占めることは，すでに述べた『夜明け』で記された誓いの序列からも明らかである．だが，この概念に集中的に人々の関心が注がれてきたことから，ガーンディーが『夜明け』の中で三番目に挙げているブラフマチャリヤの誓いの意義は見過ごされてしまった．

実のところ，一般的に“non-violent resistance”の英訳で知られるガーンディーのサッティヤーグラハの闘争・原理は，もともと non-violence の語に先行して，ブラフマチャリヤの誓いと密接な関係を持つものものとして語られていた．つまり，語の使用起源という点からだけでも，グジャラーティー語の *brahmacarya* という語は，英語の non-violence の語より 14 年（また，グジャラーティー語の *ahiṃsā* の語より 8 年）も先行して，ガーンディーによって，サッティヤーグラハの闘争・原理と関連付けて語られていた[24]（ガーンディーはグジャラーティー語，ヒンディー語，英語の 3 つの言語を自由に使いこなした）．後述する通り，これまでグジャラーティー語の一次史料を用いた時系列的分析が行われなかったことから，しばしばガーンディーが 56 歳の時から執筆を開始した『真理の実験，あるいは，アートマン〔＝自己，魂，個我，霊魂〕の物語（*Satyanā Prayogo athvā Ātmakathā*）』（以下，『アートマ・カター』）の英訳書（*An Autobiography or The Story of My Experiments with Truth*[25]，以下，『オート・バイオグラフィー』）に記されたガーンディーの言葉に依拠して，それ以前の時期の思想形成が分析されてきた．『オート・バイオグラフィー』の中でガーンディーは自らの非暴力思想形成を語っているが，そこで語られている内容のいくつかは史的正確さを欠いているのである[26]．

上記の3つの理由から，ガーンディーが没してから約半世紀の間，ガーンディーのブラフマチャリヤに関する研究はほとんど存在しなかった．しかしながら，2000年に入って，ようやくこうした研究動向に変化が見られるようになってきた．本書は，2000年以降に出版されたブラフマチャリヤに関するいくつかの先行研究の議論を部分的に踏襲しながらも，以下に述べるような方法論的・史料的な限界を乗り越えることを試みる．

2. いくつかの先行研究

上で述べたブラフマチャリヤの実験・思想に関するジョアン・ボンデュラントとビク・パーレークの実証主義的解釈にそれぞれ対応するかたちで，2000年に2つの研究書が出版された．1つが，医療人類学者のジョセフ・オルターによる『ガーンディーの身体――性，食，そして，ナショナリズムのポリティクス』［Alter 2000］であり，もう1つが歴史学者のヴィナイ・ラールの「裸体性，非暴力，そして，ブラフマチャリヤ――ガーンディーの性的禁欲の実験」［Lal 2000: 105-136］という論文である．

まずオルターは『ガーンディーの身体』の中で，ガーンディーのナショナリズム思想においてブラフマチャリヤの実験が持つ意義を，フーコー主義的な規律権力と身体論の枠組みの中から捉え直そうとした［Alter 2000: xiii-xiv, xv-xviii, 29-30, 84-87, 93, 102-112］．オルターによれば，身体は「権力に関する様々な事柄が最も鮮明に定義される」場であり，「人々が自身を投資し，彼らの断片的世界システムを意味で満たす交差点」であるという［Alter 2000: xv］．そして，ガーンディーがサッティヤーグラハを「真理の力」と訳したことに着目し［Alter 2000: 4］，それが身体実験としてのブラフマチャリヤと決定的（クリティカル）な結びつきを持つものであることを論じた［Alter 2000: 24］．

だが，オルターの研究では，結局のところ，なぜサッティヤーグラハとブラフマチャリヤとの結び付きが決定的であるのかを説明するための内在的な思想分析がほとんど行われていない[27]．その原因として，オルターがガーンディーのブラフマチャリヤを，インドの特定地域の伝統に根ざす「神話，儀礼，また，霊性に埋め込まれた一連の文化的意味」といった「メタ解釈」的観点から探究することに専ら懐疑的であったことが考えられる［Alter 2000: 6］．オルターは，ガーンディーの真理に内在する知＝権力の問題を，植民地期に流布していたトランスナショナルな性（セックス）をめぐる生化学的（バイオ・ケミカル）言説との関係から説明しようとした［Alter 2000: 29–30］．このようなオルターの研究は，既存のフーコー主義的な言説批判論に過度に依拠することで，サッティヤーグラハとブラフマチャリヤとの関係をめぐるガーンディー自身の認識や理解のあり方に十分に注意を払おうとしない．

これに加えて，オルターの研究は，ガーンディーがインドで反英独立運動を展開する以前に南アフリカの地で行ったプロト・ナショナルな公民権運動としてのサッティヤーグラハ闘争（1906–1914）に分析が集中している．ガーンディーがインド帰国後に率いた独立運動と，南アフリカで行ったサッティヤーグラハ闘争とは，その方法・目的，そして，運動が展開した政治的・文化的文脈という側面からも大きく異なっている．それだけでなく，ガーンディーはインドで全国的レベルの独立運動を指導する中で，南アフリカ滞在期には知りえなかった様々なインド固有のヒンドゥー教の思想潮流を学び取り，自身のブラフマチャリヤ思想を刷新していった[28]．南アフリカ滞在期におけるガーンディーのブラフマチャリヤ思想とサッティヤーグラハ闘争との関係を論じただけでは，インド帰国後のブラフマチャリヤ思想と独立運動との相互関係を解明したことにはならない[29]．

オルターの著作が出版された同じ年に，上述した歴史学者のヴィナイ・ラールの論文も出版された．この論文においてラールは，上でも少し触れた，これまで一部のゴシップの対象とはなってきたものの，ほとんど学術的対象として扱われてこなかった，ガーンディーの晩年（1946–1948）のブラフマチャリヤの実験に光を当てた．この実験は，ガーンディーが生涯に行ったブラフマチャリヤの様々な実験の中でも最も多くの「スキャンダル」を呼んだ［Lal 2000: 107, note. 8］．この実験の中で，ガーンディーは自身の性欲をめぐる「自己浄化」を目的に，逆説的にも自身の側近女性たち，特にマヌ[30]という名の 19 歳の従姪孫の女性と継続的に裸の同衾の実験を行ったのであった．

噂やゴシップ記事を含め，これまで実験について支配的であった見解は，ガーンディーが生涯をかけて遵守することを努めてきた禁欲主義を放棄してしまったというものと，そのような晩年の実験が行われた事実自体を疑って，「聖人的生涯」を送ったガーンディーのイメージを保持しようとするものであった［Lal 2000: 105］．つまり，これまでの立場は，禁欲の放棄か保持のいずれかの理解に限定されていた．

これに対して，ラールはこのような二項対立的理解を回避し，晩年の実験に対する独自の解釈学的(ハーマニューティック)[31)]分析を行った．すなわちラールによれば，ガーンディーの実験は「セックスを放棄すること」で「セクシュアリティ」を「十全に受容しようとする」試みなのであり［Lal 2000: 136, 強調筆者］，実験においてガーンディーは，自身のセクシュアリティの問題から目を背けるのではなく，その問題に正面から取り組もうとした．そして，実験の自己浄化により，男女の性をめぐる認識的差異そのものを克服することを試みたと言われる．

そして，ジェンダー・セクシュアリティ研究やジェームズ・カーズの「無限のプレーヤー」と「有限のプレーヤー」の議論を引き合いに出しながら，以下のような結論を導き出している．

> 「有限のプレーヤーは，諸々の境界線の中で行動する」．それに対し，性の無限のプレーヤーは，ヘテロセクシュアル，バイセクシュアル，レズビアン，そして，ホモセクシュアルがするように，諸々の境界線の中で（*within*）行動するのではない．そうではなくて，無限のプレーヤーは諸々の境界線と共に（*with*）行動するのである．ガーンディーはセックスを放棄しながらも，セックスのゲームにおける最も熟練したプレーヤーなのであった．［Lal 2000: 136, 強調原文］

ラールによる解釈学的研究は，ガーンディーのブラフマチャリヤの実験をゴシップとしてではなく，1つの重要な学術研究の対象として位置付けたという意味で画期的なものであったと言える[32)]．

本書は，ラールの解釈学的アプローチにも多くを負っているが，同時にラールの研究において欠如していた次の三点を補う必要性を主張する．第一に，ラールはパーレークのような実証主義的枠組みに基づく研究を批判しようとするあまり［Lal 2000: 127］，部分的に行き過ぎた解釈学的議論を行ってしてしまっていた．ラールはガーンディー自身の言葉に依拠して晩年のブラフマチャリヤ思想の内容を分析する作業よりも，プラーナ文献の翻訳やW. D. オフラハティの二次文献などを参照しながら，「ガーンディーのワギナ」論といった，特殊なガーンディー解釈を施している［Lal 2000: 127-133］．またラールが依拠する史料的質も，グジャラーティー語の一次文献を検討する重要性を早くから認識していた過去のパーレークの諸研究［Parekh 1986: 163-172; 1989: 7; 1999: 172, note. 24; 1997: 106-107］を乗り越えるものとはなっておらず，その過度とも言える解釈学的アプローチから構築された議論は，エリクソンの研究同様に，ガーンディー自身の言葉からあまりに離れてしまっている．

第二に，南アフリカ滞在期に分析が集中していたオルターと反対に，ラールの研究はガーンディーの晩年という一時期しか扱っていない．ガーンディーの晩年のブラフマチャリヤの実験は，それ以前に38年間にわたって試行錯誤して行われていた様々なブラフマチャリヤの実験の集大成的意味を持つものであった（ブラフマチャリヤの実験は1906年から開始した）．そのため，晩年の実験を適切に理解するためには，それ以前の実験との繋がりと差異を射程に入れた長期的な思想形成分析が不可欠なのである．

第三に，ラールの論文はブラフマチャリヤの実験にのみ焦点を絞ったものであることから，実験と同時並行して行われていた政治運動との関係にまで考察が及んでいない．すでに述べたように，ガーンディーの真理の実験としての独立運動において公的領域と私的領域は不可分な関係にあった．ガーンディーの思想と実践の全体像を十全に捉えるためにはブラフマチャリヤの実験と政治運動との相互の絡み合いを分析する作業が欠かせないのである．

オルターやラールの研究が出版された2000年以降，ブラフマチャリヤという主題に対象を絞った初めての一冊の著作が出版された．ギルジャー・クマールの『ブラフマチャリヤ——ガーンディーと彼の女性同伴者たち』［Kumar 2006］である．クマールは，これまでガーンディーについて膨大な量の著作が出版されてきたのに対し，ガーンディーと側近女性たちとの交流を扱った研究が，かつてのエレノア・モートンの『マハートマー・ガーンディーの背後の女性たち』［Morton 1954］以外に皆無であったことを指摘する［Kumar 2006: vii］．そして，自著の中でブラフマチャリヤの実験の内容がいかなるものであったのかを，ガーンディーの側近女性との交流に着目しながら探究したとする．

しかしながら，この著作では専ら英語の『ガーンディー全集（*The Collected Works of Mahatma Gandhi*）』（後述）に収録された側近女性宛てのガーンディーの書簡が網羅的に引用されているだけで，肝心のブラフマチャリヤについての内在的な思想分析がほとんど行われていない．そもそもクマールの著作は，オルターやラールを始めとした近年のブラフマチャリヤに関する先行研究の整理もなく学術性を欠いている[33]．そこで提示されている主張は，しばしばラール以前のゴシップ記事に見られた二項対立的様相を呈してもいる[34]．

本書の議論と最も深い関係を持つのが，2013年に出版されたヴィーナ・ハワードの『ガーンディーの禁欲的行動主義――放棄と社会行動』［Howard 2013a］である．この著作においてハワードは，オルター，ラール，そしてクマールと異なり，ガーンディーの政治運動とブラフマチャリヤの実験との結び付きをめぐる内在的な思想分析を行っている．その際，ハワードの議論はオルターとは対照的に，H. ツィンマーやM. エリアーデといった神話研究に積極的に依拠した解釈学的アプローチを採用している［Howard 2013a: 49-62, 73, 92-99, 105-112］．これにより，しばしば西洋思想的枠組みの中に位置づけられがちであったガーンディーの政治思想を，ハワードはヒンドゥー教の「伝統的ルーツ」の中から捉え直そうとした［Howard 2013a: 81-122］．

このようなハワードの研究は多くの重要な論点を含むが，そこにおいては次の3つの点で限界があった．第一に，ハワードはガーンディーのブラフマチャリヤの伝統的ルーツの探究に固執するあまり，ラール同様に，しばしばガーンディー自身の言葉から離れ，ガーンディーが読んだか定かではない多くのヒンドゥー教の古典文献の英訳を引用しながら，自らの解釈を構築している［Howard 2013a: 81-122］．これによりハワードは，「〔ガーンディーが〕何をしていたのかについて，ガーンディー自身が語っていた言葉」に着目しながら研究していく［Howard 2013a: 7, 強調原文］という自身が序章で打ち立てている方法論を越え出る過度な解釈学的アプローチに陥ってしまっているのである．この原因として考えられることは，ハワードがブラフマチャリヤの実験に関してガーンディーのグジャラーティー語史料をほとんど使用せず，専ら英訳に依拠していたことを指摘できる[35]．後述する通り，ガーンディーのブラフマチャリヤに関する文書の大半が，ガーンディーの故郷の言語であるグジャラーティー語で書かれており，そこに記された諸宗教概念の微妙なニュアンスを英訳史料からのみ読み取ることは困難である．

第二に，ハワードの研究ではガーンディーの「知的遍歴」の意義が等閑視されており［Howard 2013a: 7］，ガーンディーのブラフマチャリヤに関する時期別の研究が行われていない．『禁欲的行動主義』には計6章があるものの，各章で行われている分析は対象時期を特定したものではなく，異なる時期に語られたガーンディーの言葉が縦横無尽に引用される中で行われている．これにより，ハワードの研究からガーンディーの思想や運動の発展や変容の過程を読み取ることはできない．ハワードの解釈はともすれば，ガーンディーの思想がある不変不動のヒンドゥー教の「伝統的ルーツ」［Howard 2013a: 81-122］や「伝統的原理」［Howard 2013a: 37-80］を体現するものであるとする本質主義的見解であるとの印象を与える[36]．また，時期を特定しない分析によって各章には多くの議論の反復が見られ，一冊の著作として提示すべき建設的な議論となっているとも言い難い．

これと関連して，第三に，ハワードの研究において，ガーンディーのナショナリズムの問題はほとんど扱われていない[37]．先に述べたように，ガーンディーは南アフリカ滞在期に行っていたサッティヤーグラハ闘争を，インド帰国後に全インド・レベルの反英独立運動に拡大した．両者の間には明らかな量的・質的な差異があった．すなわち，前者が数千人規模の在留インド人（多くが教育レベルの高い知的エリート）によって，インド人に対する人種差別法撤廃のために行われた公民権運動であったのに対して，後者は識字能力のない農民を含めた3億人規模のインド人大衆を「一つの国民（*ek prajā*）」のスローガンの下に統合しようとした全国規模の国民闘争であった．南アフリカ滞在期のブラフマチャリヤの実験とサッティヤーグラハ闘争との関係と，インド帰国後のブラフマチャリヤの実験と反英独立運動との関係を同列に扱うことは不可能であり，それらの思想と運動の発展・変容の過程を個別に明らかにする作業は欠かせない．

以上，オルターからハワードに至る先行研究の議論を概観してきた．これにより，本書が具体的に吟味すべき3つ研究主題を提示することが可能となった．すなわち，本書では第一に，ブラフマチャリヤの実験と政治運動（南アフリカのサッティヤーグラハ闘争，インド帰国後の反英独立運動）とがいかに関連していたのかについての内在的思想分析を行う．第二に，ガーンディーの思想・運動の発展・変容という主題を射程に入れた，ブラフマチャリヤとナショナリズム思想形成に関する長期的な時系列的分析を行う．これに加えて，第三に，本書では分析の際に，ガーンディーが使いこなしたグジャラーティー語・ヒンディー語・英語という3つの原語テクストを精読する．

次節では，これらの研究主題を適切に行っていく上で必要となる具体的な研究方法，並びに，本書で使用する史料について詳述する．その後，本書全体の議論の構成を述べておきたい．

3. 本研究の方法・史料・構成

(1)方　法

本書が依拠する3つの方法論について述べる前に，まずガーンディーの生涯を分ける4つの時期区分について説明しておく必要がある．

4つの時期区分

図序-1にあるように，ガーンディーの生涯は大きく4つの時期に分けることができる．第一が，1869年にガーンディーが西インド・グジャラートの港町であるポールバンダル市に生まれてから，1888年にラージコート市にあるアルフレッド高等学校を卒業するまでに故郷グジャラートで過ごした幼少期～青少年期である．この時期のガーンディーは植民地エリートの英語教育を受け，専ら文明の中心地である英国に憧れを抱き，故郷の宗教文化に対して深い関心を抱くには至っていなかったと考えられる[38]．

第二が，高校卒業後，ロンドン大学附属の法曹院で法廷弁護士の資格を取るために1888年から1891年までロンドンで過ごした留学時代（ロンドン滞在期）である．この時期に，ガーンディーは神智学を始めとしたニューエイジ思想や菜食主義（ヴェジタリアニズム）といったロンドンのサブカルチャーに親しみ，少しずつ東方趣味的（オリエンタリスティック）な形で自国の文化にも興味を持つようになっていった．だが，この時期においても，ガーンディーはイギリス文化に好意的で，自身が大英帝国の臣民であることを誇りとしていた[39]．

第三が，資格取得後，インドに一時帰国した後，1893年から1914年にかけて南アフリカで過ごした南アフリカ滞在期である．この南アフリカ滞在期は，

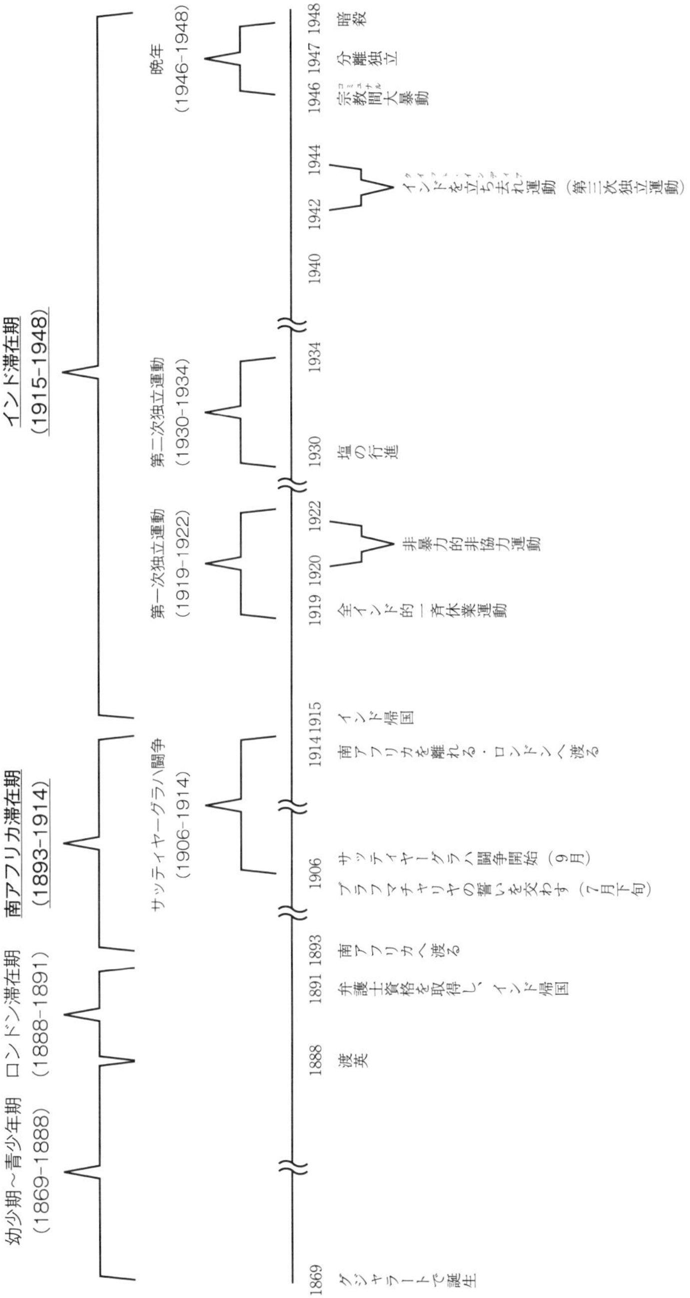

図序-1　ガーンディーの生涯を分ける４つの時期区分

ガーンディーにとって生涯の転換期を意味するものであった．まず，ガーンディーはこの地で初めて赤裸々な人種差別を体験した．これにより，それまでの西洋社会に対する評価が一変し，ガーンディーは西洋社会が「近代文明（*ājkāl sudhāro*）」の「大病（*mahārog*）」に侵されたものであると糾弾するようになった．ガーンディーは南アフリカに住むインド人移民の権利向上を目的とした公民権運動に邁進していった．そして，ガーンディーは自身の公民権運動に全身全霊を注ぎ込むため，1906年に，その後生涯にわたって維持していくことになるブラフマチャリヤの誓いを交わした．このブラフマチャリヤの誓いを交わした7週間後に，ガーンディーは突如あるインスピレーションを受けサッティヤーグラハ闘争を開始したと言われる．この闘争は，それまでの合法的抗議方法の枠に囚われない市民的不服従という非合法の抗議方法に特徴付けられるものであった[40]．また，ガーンディーは自身が指揮するサッティヤーグラハ闘争を，単なる政治闘争の意味に還元されえない「真理（*satya*）」をめぐる宗教的政治闘争であるとも主張するようになった．この南アフリカの地で行われた8年間のサッティヤーグラハ闘争は，インド帰国後にガーンディーが指導していく反英独立運動の雛型となるものであった[41]．

第四が，1915年に南アフリカからインドに帰国してから1948年に暗殺されるまでのインド滞在期である．1915年にインドに帰国した後，ガーンディーは俄かに政治的指導者としての頭角を現していった．そして，1919年以降，それまで一コミュニティの闘争に過ぎなかったサッティヤーグラハを，インドの農民からエリートを含めた3億5000万人を席巻する全インド的な反英独立運動に拡大した．この時期にガーンディーの指導下に行われた主要な反英独立運動には，全インド的一斉休業（ハルタール）運動（1919），非暴力的非協力運動（1920-1922），塩のサッティヤーグラハ（1930），インドを立ち去れ（クイット・インディア）運動（1942-1944）などがある．1946年の宗教間（コミュナル）大暴動が勃発してから1948年に死去するまでの晩年のガーンディーは，分離独立をめぐる国内の暴動沈静化に全精力を傾注していった．インド滞在期のガーンディーは，独立運動を指導する中で紆余曲折を経ながら，自身のインド文化に対する自己理解を刷新していった．

以上の4つの時期区分の内，本書が扱うのは，ブラフマチャリヤの誓いが交わされ，サッティヤーグラハ闘争が誕生した南アフリカ滞在期（1893-1914）から反英独立運動が展開したインド滞在期（1915-1948）である．本書では，この約半世紀にわたる期間に，ガーンディーがいかなるブラフマチャリヤの実験を行い，それが彼のナショナリズム思想の形成にいかなる影響を及ぼすものであったのかを論究していく．当然，この分析に際して，南アフリカ滞在期以前の時期（幼少期～ロンドン滞在期）についての考察も少なからず必要となってくる．本書では，後者の時期についても適宜吟味しながら議論を進めていく．

思想の発展・変容

以上のようなガーンディーの南アフリカ滞在期からインド滞在期に至る思想形成を時系列的に分析していく際に，次のような方法論上の問題に直面せざるをえない．

著名な歴史家のビパン・チャンドラを始めとした何人かの研究者が指摘しているように，これまでの多くの研究において，ガーンディーは「変化しない人物」，つまり生涯のある時点から自身の思想が完成し，その後いかなる思想上の変化も経験しなかったと考えられてきた［Chandra 2004: 3-4］．このことは，第2節で見たオルターやハワードの研究において，思想上の変化という側面が見落とされ，ガーンディーの宗教的政治思想に対する長期的時系列分析が行われていなかったことを見ても妥当な指摘と言える．これに対して，チャンドラ曰く，ガーンディーは「継続的に『真理の実験』を行い，社会・政治また社会変化に対応する中で，自身の理解を変化し発展させてきた」［Chandra 2004: 3; Sangari 2002; Dalton 2012: 16-25］．

とはいうものの，そもそもなぜ多くの先行研究において，ガーンディーの思想的変化という側面が見落されてきたのかをチャンドラは説明していない．果たして，チャンドラのような変化を強調する議論と，先行研究の思想的な一貫性を強調する立場とは矛盾するものなのだろうか．

多くの先行研究が思想的な一貫性を主張してきた主要な原因として，ガーンディーの『ヒンド・スワラージ[42]（*Hind Svarāj*）』という代表著作が南アフリカ滞在期の1909年に執筆されたことを指摘できる[43]．『ヒンド・スワラージ』は，ガーンディーがサッティヤーグラハ，ブラフマチャリヤ，ナショナリズム（スワラージ）などの主要思想の相互関係を一冊の本として体系的に記した唯一の著作であり，ガーンディーの処女作でもある．少なからぬ研究者は，『ヒンド・スワラージ』をガーンディーの思想を理解する上で最も重要な著作であると見なしている［Devanesen 1969: vii-viii; Parel 1991: 261; Skaria 2009: 173-210;

Jordens 1998: 41; Steger 2000: 73–74; Tendulkar 1951: 132–133; Iyer 1983: 24–36; Brown 1989: 65; Chatterjee 1983: 89; Chatterjee 1986: 85; 長崎 2002: 4]．つまり，しばしば先行研究において，『ヒンド・スワラージ』の完成をもって，ガーンディーの思想的基盤は確固たるものとなったのであり，その後のガーンディーの生涯で起こった思想上の変化や発展は瑣末なものに過ぎないと考えられてきた［Devanesen 1969; Parel 1991; Steger 2000; Skaria 2009］．

このような解釈は全く無思慮なものとは言い難い．なぜなら，ガーンディー自身が『ヒンド・スワラージ』の内容に立ち返って，そこに書かれてある内容に何ら変化がなかったことを語っていたからである．例えば，ガーンディーは『ヒンド・スワラージ』が執筆された約30年を経た後に，「もし私がその小冊子を書き直すとしたら，そこここの言葉を変えるかもしれない．だが，私の嵐のような30年間を通ってきた後に，そこで説明されている見解の何1つとして代替する必要がないと感じている」［*CWMG* 67: 169］と述べていた．晩年の1947年にも，ガーンディーは次のように述べた．「南アフリカにいた時に私は『ヒンド・スワラージ』という名前の一冊の本を書いた．それは1909年のことであったが，それから今日まで40年が経った．今日と同じことをその時にも考えていた」[44]［*SGV* 87: 371］．

これらのガーンディー自身の言葉を素直に受け入れるならば，チャンドラのような思想上の変化を主張する立場も安易に支持できるものではない．恐らく，ガーンディーの思想形成を分析する上で避けなければならないことは，上で述べたような思想の一貫性と変化を主張する二項対立的な立場そのものである．つまり，ガーンディーの思想形成を探究していく際には，一貫性とも変化とも異なる第三の捉え方が必要となってくるのである．

この一貫性と変化をめぐる問題については，例えば次のガーンディーの言葉を吟味することでガーンディー自身の立場を知ることができる．『ヤング・インディア』紙1930年2月13日号で，ガーンディーはしばしば周囲の者から自身の公の発言の中には少なからぬ「矛盾（inconsistencies）」が見受けられると指摘されてきたと書いている．これに対して，ガーンディーは次のように答えている．

私は自身の発言に多くの矛盾が見出されることを認めなければならない．

> だが，私が「マハートマー」と呼ばれていることからも，私は「愚かな一貫性は狭い心が化けた物である」というエマーソンの言葉を強く支持したい．私の矛盾には1つの流儀があると私は気まぐれにも思っている．私の意見では，一見矛盾するように見える事柄の背後には，それらを貫く一貫性（consistency）が存在している．というのも，本質的に多様に見える事柄には，それらを貫くある統一性（unity）が存在しているからである．
> ［*YI*, 13-2-1930］

ガーンディーは，自身の実験が対象としている「真理」の概念は，常に多様な表れ方，多様な解釈を許すと同時に，その真理自体は不変不動のものであることを信じていた[45]．ガーンディーの真理の実験は，あくまで様々な試行錯誤の中で，「唯一の真理（*ek j satya*）」に対する理解を継続的に刷新し深めていくことを目指すものであった［*AK*: 8］．

別の機会にも同様に，ガーンディーは自身が「決して盲目的な一貫性（fetish of consistency）」を支持したことはないと語ると同時に，徹底して「〔唯一の〕真理の信奉者である」ことを主張した．そして，もし自身が述べた事柄が過去のものに背反すると読者が感じた時は常に自身の新しい解釈を受け入れるべきことを説いた［*HJ*, 28-9-1934］．

ガーンディーにおいて，真理解釈の刷新は，あくまでその絶対的悟りを究極的な目標に据えた上で起こりうるものとされた［*AK*: 8］．それゆえに，ガーンディーは自身の立場を，信念なき日和見主義的政治家の立場と明確に区別されうるものと考えていた．このようなガーンディーの真理解釈の刷新の過程は，ガーンディーによって「拡大（*vodhvuṃ, pāmvuṃ*）」という概念で説明されていた[46]．この拡大という概念は，過去の思想を否定して新たな理解を打ち立てることを意味するというよりは，根源的に言葉では定義不可能な真理に対する自身の理解の深化という次元を内包するものである．詰まる所，ガーンディーの真理の実験は，変化と一貫性の二項対立的な観点からではなく，唯一の真理に対する継続的な理解の発展・変容いう観点から分析されるべきなのである．

本書ではガーンディーの思想形成を，このガーンディー独自の発展・変容＝拡大という観点に依拠しながら分析していく．

三言語の一次史料分析

上記とも関連するが，本研究を進めていく上で第二に留意すべき点は，ガーンディーのインド帰国後の時期（インド滞在期）を分析する際に用いる史料の問題である．先行研究では，しばしばガーンディーの『アートマ・カター』（あるいは，『オート・バイオグラフィー』）が無批判に用いられる中で，ガーンディーの思想形成が論じられてきた．しかしながら，若干の先行研究が指摘している通り，この『アートマ・カター』（『オート・バイオグラフィー』）には史実に則さない記述がいくつも見出される[47]．これはガーンディーの曲筆というよりは，状況によっては史実性に固執しないガーンディー独自の信念に起因するものであった．ガーンディーはあくまで読者の宗教的探求に裨益するであろうと思われた真理の実験の「物語（*kathā*）」を『アートマ・カター』に記したと語る［*AK*: 4-5; Parekh 1999: 272-293］．このような考えは，ガーンディーの「文字（*akṣar*）」よりもテクストの文脈全体から読み取れる「隠れた意味（*rahasya*）」あるいは「精神（spirit）」を重視するという経典解釈に由来していた［*NJ*, 11-10-1925; *YI*, 25-8-1925; *YI*, 1-9-1921; Nandy 1983: 59; 1987: 147-148］．

『アートマ・カター』に絡んだもう1つの問題として，『アートマ・カター』において，インドで政治的指導者としての地位を確立する以前，特にガーンディーの南アフリカ滞在期の出来事に最も多くの紙数が割かれていることを指摘できる[48]．確かに，ガーンディーの思想形成を考察する上で，南アフリカ滞在期が極めて重要であることは疑いようがない[49]．だが，ガーンディーの思想は彼自身が語るように，『アートマ・カター』執筆後も発展・変容していった．『アートマ・カター』が扱っていない1920年代中盤以降の思想形成を知るためには，『アートマ・カター』執筆後の約20年の間でガーンディーが断片的に出版あるいは書き記したグジャラーティー語・ヒンディー語・英語の厖大な一次史料の山を精読していかなければならない[50]．このような史料上の問題からも，ガーンディーの思想形成を論じる先行研究は，幼少期から南アフリカ滞在期までに議論が集中していたと考えられる[51]．

この第二の点と関係して，第三に留意すべき方法論的問題は言語の問題である．すでに述べたように，ガーンディーは生涯を通して，故郷のグジャラートで話されているグジャラーティー語，及び，ヒンディー語（ヒンドゥスターニー語），英語という3つの言語を自由に使いこなす中で自身の思想を分節化していた．ヒンディー語や英語を国内外の政治的交渉の際に積極的に活用したのに対し，ガーンディーは自身の内面の深みに関わる宗教的事柄をグジャラーティー語で表現することを好んだ［Patel 1981: 1; Khilnani 2003: 136］．それゆえに，C. N. パテールがいみじくも指摘するように，「ガーンディーに関するいかなる説明も，彼のグジャラーティー語の著述に対する慎重な研究なくして包括的で完全であることはできない」［Patel 1981: 1; Suhrud 2012］のである．

ガーンディーの故郷の言語であるグジャラーティー語に対する文学的関心の芽生えは南アフリカ滞在期から見受けられるが[52]，グジャラーティー語の推進を独立運動の重要なプログラムの１つとして打ち出すようになったのはインド帰国後の時期であった［Patel 1981; Khilnani 2003: 135–156; 井坂 2009: 177–194; Jhaveri 1959: 61］．すなわち，上の第二の点で触れた『アートマ・カター』執筆後のガーンディーの思想形成を探究していくためには，このグジャラーティー語の史料の読解が殊更重要になってくるのである．

ビク・パーレークが指摘しているように，ガーンディーのグジャラーティー語の文書が英訳される際に，ガーンディーの秘書たちはしばしばヒンドゥー教の宗教概念を，イギリス人に受け入れ易いキリスト教的概念によって代替した．これにより，時にインド国内外の読者に甚大な誤解を生み出すことがあった[53]［Parekh 1986: 163–172］．特に，ガーンディーの最も重要な宗教実験でもあるブラフマチャリヤに関して書かれたほとんどの文書は（南アフリカ滞在期のものを含めて），原語がグジャラーティー語で書かれている．本書では，ガーンディーの思想形成の長期的時系列分析を，一部の入手できなかった一次史料を除いて[54]，全て原語テクストを用いて行っていく．

(2)史　料

次に本書で使用する一次史料の詳細について説明しておきたい．本書で使用する一次史料は，大きく以下の５つの史料群に分別できる．

第一のものが，ガーンディー自身の言葉（週刊紙・演説・講演・書簡・電報・新聞・日記・メモなど）を時系列的に編纂したグジャラーティー語・ヒンディー語・英語の全集史料である．それらは以下の通りである．それぞれの史料の冒頭に，本書で史料を参照する際に用いる略号を記す．また，ローマ字の題名の後には本文中で使用する日本語の略称を丸括弧内に記す．

グジャラーティー語の全集

GA 1-82: *Gāndhījīno Akṣardeh: Mahātmā Gāndhīnāṃ Lakhāṇo, Bhāṣaṇo*（『全集（G）』）, *Patro Vagereno Saṅgrah*, 82 vols, Amdabād: Navjīvan Prakāśan Mandir, 1967-1992.

ヒンディー語の全集

SGV 1-97: *Sampūrṇ Gāndhī Vāṅgmay*（『全集（H）』）, 97 vols, Naī Dillī: Prakāśan Vibhāg, Sūcanā aur Prasāraṇ Mantrālay, Bhārat Sarkār, 1958-1994.

英語の全集

CWMG 1-100: *The Collected Works of Mahatma Gandhi*（『全集（E）』）, 100 vols, New Delhi: Publications Division, Ministry of Information and Broadcasting, Government of India, 1956-1994.

これらの全集史料の内容についていくらか説明をしておかなければならない．ガーンディーがある特定の文書を単独の言語（グジャラーティー語・ヒンディー語・英語のいずれか）で執筆・出版している場合は，その言語以外の全集史料の中には，全集の編纂委員会や秘書などが適宜翻訳した史料が収録されている．本書では，これらの全集史料に編纂されていない若干の原物史料や後述するガーンディー自身の週刊紙を除いて，ガーンディーの言葉については基本的に全集史料に依拠した．また，引用の際には，それぞれの原語史料を編纂した全集史料を参照し，筆者自身が原語から直接和訳した[55)]．

『全集（H）』は 97 巻，『全集（E）』は 100 巻出版されている．それに対して，『全集（G）』はまだ 82 巻までしか刊行されていない．そのため，ガーンディーのブラフマチャリヤの実験の中でも最も重要な実験（1946 年 12 月から翌年 2 月にかけて行われたマヌとの裸の同衾）に関するグジャラーティー語の一次史料は，『全集（G）』からアクセスが不可能な状態となっている．ちょうどこの実験が開始される一年前までの史料を編纂した 82 巻（1946 年 1 月までの史料が編纂されている）で『全集（G）』の出版が途切れていることが，出版社によって意図的に行われたものではないとは考え難い．いずれにしろ，マヌとの実験については後述するマヌ自身が執筆した一連のグジャラーティー語の日記によって別途検討する必要がある．

第二の史料群として挙げられるのが，ガーンディー自身が出版していた以下の週刊紙である．冒頭に史料の参照の際に用いる略号を，ローマ字の週刊紙名の後には本文中で使用する日本語の名称を丸括弧内に記す．

IO: *Indian Opinion*（『インディアン・オピニオン』紙）, 1904–1914.
NJ: *Navjīvan*（『ナヴァジーヴァン』紙）, 1919–1932.
YI: *Young India*（『ヤング・インディア』紙）, 1919–1931.
HJ: *Harijan*（『ハリジャン』紙）, 1933–1955.
HJB: *Harijanbandhu*（『ハリジャンバンドゥ』紙）, 1933–1955.
HJS: *Harijan Sevak*（『ハリジャン・セーヴァク』紙）, 1933–1955.

これらの週刊紙の内容のほとんどは，上で述べた全集史料に収録されているが，本書の引用箇所は全て原物史料に当たった．以下，それぞれの週刊紙について説明をしておく．

まず『インディアン・オピニオン』紙は，ガーンディーが1904年12月24日に，南アフリカのダーバンに設立した「フェニックス・セツルメント[56]」から出版していた週刊紙である．英語・グジャラーティー語・ヒンディー語・タミル語の欄が設けられていた[57]．C. N. パテールが述べるように，「週刊紙は二重の目的を持っていた．それは白人の世論を喚起することと，インド人コミュニティに自身の義務と権利を教えることにあった」［Patel 2003: 13］．すなわち，『インディアン・オピニオン』紙は南アフリカで展開したサッティヤーグラハ闘争において欠かすことのできない戦略上の道具として機能していた[58]．

『ナヴァジーヴァン』紙の *nav(a)jīvan* という言葉は，“*nav*（新しい）” と “*jīvan*（生命）” の複合語であり，「新しい生命」を意味する．『ナヴァジーヴァン』紙は，ガーンディーがインドにおける最初の全インド的反英闘争である一斉休業運動（ハルタール）を停止してから非暴力的非協力運動が開始されるまでの時期（1919年4月18日～1920年8月1日）に創刊されたグジャラーティー語の週刊紙である（1919年9月7日に創刊）．そして，『ナヴァジーヴァン』紙の創刊から1ヶ月後の10月8日に，ガーンディーは英語版の週刊紙『ヤング・インディア』を創刊した．ガーンディーが原語の記事をグジャラーティー語で書いた場合は，同時並行して出版されていた『ヤング・インディア』紙上にその英訳の記事が掲載され，ガーンディーが原語の記事を英語で書いた場合は，『ナヴァジーヴァン』紙上にそのグジャラーティー語訳の記事が掲載された．これらの週刊紙の目的は，人々に「サッティヤーグラハの秘儀（*rahasya*）を理解させる」こと，そして「サッティヤーグラハの教育（*tālīm*）を人々に施す」ことにあったとされる［*AK*: 466］．また自らの出版物であることから，ガーンディーはこれらの週刊紙の中で「自身の様々な思想を自由に公開できた」という［*AK*: 467］．

『ハリジャン』紙は，1931年に『ヤング・インディア』紙の刊行が終了した後に，1933年2月11日から刊行された週刊紙である．この週刊紙のタイトルにある「ハリジャン（Harijan）」の語は，グジャラーティー語で「神（Hari）の民（*jan*）」を意味する．この語は15世紀のグジャラートの宗教詩人であるナラシンハ・メヘター（1414-1481）の使用した概念に由来にしており［Shukla-Bhatt 2015: 173-206］，不可触民に対する敬称として使用された．1932年のコミュナル裁定以降，ガーンディーは反不可触民運動を独立運動の最優先課題の1つとして推進していくが，『ハリジャン』紙の出版はまさにその運動の要となるものであった．ヒンディー語版の『ハリジャン・セーヴァク』紙は『ハリジャン』紙が創刊された翌週の1933年2月19日から，グジャラーティー語版の『ハリジャンバンドゥ』紙はその翌月の3月12日から，『ハリジャン』紙と並行して出版されていった．翻訳については，『ナヴァジーヴァン』紙と『ヤング・インディア』紙の場合と同様である．

第三の史料群は，ガーンディー自身が執筆した7冊の著作である（本章注12参照）．ガーンディーは生涯の中で膨大な量の文書を記したが，それに比して，独立した著作の出版はわずかであった．それらの中でも，本書が中心的に扱うものは以下の通りである．冒頭には史料を参照する際に用いる略号を，原語の著作名の横の丸括弧内には本文中で使用する日本語略称を記す．また，出版年については，2版以降のものには，丸括弧内に初版年を記しておく．

HS: *Hind Svarāj*（『ヒンド・スワラージ』），Amdabād: Navjīvan Prakāśan Mandir, 1979 (1909).

IHR: *Indian Home Rule*（『ホーム・ルール』），Phoenix, Natal: International Printing Press, 1910.

DASI: *Dakṣiṇ Āphrikānā Satyāgrahano Itihās*（『イティハース』）, Amdāvad: Navjīvan Prakāśan Mandir, 1950 (1924, 1925).

SSA: *Satyagraha in South Africa*（『サッティヤーグラハ』）, translated by Valji Govindji Desai, Madras: S. Ganesan, 1928.

AK: *Satyanā Prayogo athvā Ātmakathā*（『アートマ・カター』）, Amdāvād: Navjīvan Prakāśan Mandir, 1947 (1927, 1929).

AB 1, 2: *The Story of My Experiments with Truth*（『オート・バイオグラフィー』）, translated by Mahadev Desai, 2 vols, Ahmedabad: Navajivan, 1927, 1929.

MP: *Maṅgaḷprabhāt*（『夜明け』）, Amdāvad: Navjīvan Prakāśan Mandir, 1940.

RK: *Racanātmak Kāryakram Tenuṃ Rahasya ane Sthān*（『建設的計画』）, Amdāvād: Navjīvan Prakāśan Mandir, 1941.

AC: *Ārogyanī Cāvī*（『健康の鍵』）, Amdāvād: Navjīvan Prakāśan Mandir, 1948.

本書で使用するナヴァジーヴァン社から出版されたグジャラーティー語の『ヒンド・スワラージ』(1979) は, 1909年のガーンディーによる手書き原稿のファクシミル版である.『ヒンド・スワラージ』は, ガーンディー自身によって英訳され, 1910年に *Indian Home Rule* と題して出版された. ガーンディーがグジャラーティー語の諸概念をどのような英語の概念で訳していたのかは1つの重要な研究テーマとなりうる.

『オート・バイオグラフィー』と『サッティヤーグラハ』は, それぞれ,『アートマ・カター』と『イティハース』の英訳だが, 前者は主に秘書のマハーデーヴ・デーサーイーによって, 後者はヴァールジー・ゴーヴィンドジー・デーサーイーによって訳された. ちなみに, グジャラーティー語の「イティハース (*itihās*)」という語は, 直接的には「過去の物語 (story of the past)」を意味し, 最も一般的には「歴史 (history)」と訳されうる [Deśpāṇḍe 2002: 119]. ゆえに,『イティハース』(*Dakṣiṇ Āphrikānā Satyāgrahano Itihās*) は, 直訳すれば英語で *The History of Satyagraha in South Africa*（『南アフリカのサッティヤーグラハの歴史』）となるはずであろうが, 英語のタイトルに“history”という言葉は見当たらない（*Satyagraha in South Africa*）．これは，トリディープ・スフルドが指摘するように，ガーンディーが意図的に行ったことであった［Suhrud 2012: 8-9］．『ヒンド・スワラージ』でも語られているように，ガーンディーは英語の“history”とグジャラーティー語の“*itihās*”との間には重要な意味の相違があると考えていた［*HS*: 182-185; Parekh 1999: 272-293, 詳細は本書の第2章・第2節参照］．このような点を考慮して，本書では，グジャラーティー語の*itihās*を「歴史」と和訳せず，あえて「イティハース」とカタカタで表記する．

第四の史料群が，ガーンディー以外の人物によって書かれた以下の一連の一次史料である．第一が，先に言及した裸の同衾を伴う晩年のブラフマチャリヤの実験の主要な参加者であったマヌによって書かれた一連のグジャラーティー語の日記である．第二が，ガーンディーの秘書であるN. K. ボース関連の原物史料である．第三が，南アフリカ滞在期に行われたブラフマチャリヤの実験の主要な参加者であるヘルマン・カレンバッハという人物に関連した原物史料である．第四が，ガーンディーの秘書であるマハーデーヴ・デーサーイーの手によるグジャラーティー語の日記と著作である．冒頭には史料の参照の際に使用する略号を記す．また，マヌのそれぞれの日記史料については，丸括弧内に日記が対象としている期間も記しておく．

マヌの日記

GNDD: *Eklo Jāne Re: Gāndhījīnī Noākālīnī Dharmayātrānī Ḍāyrī*, Amdāvād: Navjīvan Prakāśan Mandir, 1954.（1946年12月4日〜翌年3月4日）

BKA: *Bihārnī Komī Āgamāṃ*, Amdāvād: Navjīvan Prakāśan Mandir, 1956.（1947年3月7日〜5月24日）

BPD: *Bihār pachī Dilhī*, Amdāvād: Navjīvan Prakāśan Mandir, 1961.（1947年5月25日〜7月30日）

KC: *Kalkattāno Camatkār*, Amdāvād: Navjīvan Prakāśan Mandir, 1956.（1947年8月1日〜9月8日）

DG 1: *Dilhīmāṃ Gāndhījī*, vol. 1, Amdāvād: Navjīvan Prakāśan Mandir, 1964.（1947年9月9日〜11月30日）

DG 2: *Dilhīmāṃ Gāndhījī*, vol. 2, Amdāvād: Navjīvan Prakāśan Mandir,

1966.（1947年12月1日～翌年1月30日）

N・K・ボース関連の原物史料

NKB: *N. K. Bose Papers*, National Archives of India, New Delhi.

カレンバッハ関連の原物史料

KP 1: *Hermann Kallenbach Papers*, National Archives of India, New Delhi.

KP 2: *Hermann Kallenbach Papers*, Nehru Memorial Museum and Library, New Delhi.

KP 3: *Hermann Kallenbach Papers*, Satyagraha House and Museum, Johannesburg.

マハーデーヴ・デーサーイーの日記と著作

MD 1-7: *Mahādevbhāīnī Ḍāyrī*, vol. 1-7, Amdāvād: Navjīvan Prakāśan Mandir, 1948-1965.

MD 8-23: *Mahādevbhāīnī Ḍāyrī*, vol. 8-23, Amdāvād: Sābarmatī Āśram Surakṣā ane Smārak Ṭrasṭ, 1966-1997.

EG: *Ek Dharmyuddh: Amdāvādnā Milmajūronī Laḍatno Itihās*, Amdāvād: Navjīvan Prakāśan Mandir, 1950.

BSI: *Bārḍolī Satyāgrahano Itihās*, Amdāvād: Navjīvan Prakāśan Mandir, 1985.

NKB, *KP* 1, *KP* 2については，角括弧内に略号とグループナンバー及びシリアルナンバーを記すことにする．*KP* 3はシリアルナンバーが付されていないので，引用した際はシリアルナンバーなしで表記する．

第五の史料として検討する必要があるのは，ガーンディー自身が読んだことが分かっている文献である．南アフリカ滞在期以降，ガーンディーはあまりに多忙なスケジュールから，本を読むまとまった時間をほとんど持つことができなかった．だが，ガーンディーが経験した南アフリカとインドにおける度重なる入獄期間[59]は，例外的に大量の文献を読む余暇を彼に与えた．本書で扱う文献は，ガーンディーのブラフマチャリヤ思想に影響を与えたと考えられる著作に限定する．使用する文献については，適宜本書の議論の中で説明していく．

以上のように，本書では主にこれら5種類の一次史料群を用いながら，ガーンディーのブラフマチャリヤの実験とナショナリズム思想形成との関係を分析していく．

(3)構　成

最後に，本書の構成について概観しておきたい．本書は大きく序章と終章を除く第1部と第2部に分かれる．第1部では，ガーンディーが1893年から1914年まで滞在した南アフリカ滞在期を扱う．第2部では，ガーンディーが1915年にインドに帰国してから1948年に暗殺されるまでのインド滞在期を扱う．第1部と第2部はそれぞれ3つの章が割り当てられる．

本書の議論が南アフリカ滞在期から開始するのは，すでに述べたように，この地において初めてブラフマチャリヤの実験とサッティヤーグラハ闘争が開始されたからである．それ以前の幼少期からロンドン滞在期にガーンディーが受けた思想的影響も，これらの実験と運動を考察する上で重要であり，南アフリカ滞在期にガーンディーが受けた影響とも複雑に関連している．だが，ロンドン滞在期までのガーンディーに関する一次史料は，それ以後のものと比べてわずかである[60]．本書では，南アフリカ滞在期以降の思想形成を時系列に論じる中で，適宜それ以前の幼少期からロンドン滞在期についても吟味していく．

第1部では，ガーンディーの21年間にわたる南アフリカ滞在期を大きく3つの時期に分け，それぞれに1章を設けて時期別の分析を加えていく．第1章では，南アフリカでサッティヤーグラハ闘争が誕生した前後の時期に焦点を当てる．そして，闘争誕生の7週間前にブラフマチャリヤの実験が開始されたことが，ガーンディーのサッティヤーグラハ闘争が誕生したことに，心理的・身体的・哲学的レベルでいかなる影響を及ぼすものであったのかを分析する．第2章では，サッティヤーグラハ闘争とブラフマチャリヤの実験が開始してから3年後に執筆されたガーンディーの処女作である『ヒンド・スワラージ』(1909) を分析していく．第3章では，南アフリカ滞在期におけるサッティヤーグラハ闘争のクライマックス期にあたる1913年前後の時期に行われていたブラフマチャリヤの実験について論じる．

合計3章にわたる第1部の議論では，主に次の2つの点を明らかにしたい．第一が，ガーンディーのブラフマチャリヤの実験の中でも最も重要視されていた実践で，本書で一貫して「精液結集 (*vīryasaṅgrah*)[61]」と訳した身体実践でである．これはヒンドゥー教において「精液」，「生命力」，「活力」，「男らしさ」といった意味を持つ「ヴィールヤ（*vīrya*）」という体内の精神物理的流動体を，特殊な心理的・身体的コントロールによって，体内に維持しその機能を最大化する実践を意味する．本書では便宜的にヴィールヤを一貫して「精液」と訳すが，それはいわゆる物理的な意味の精液に還元できない多義性を含蓄するものであることを強調しておきたい．本書では，ガーンディーのブラフマチャリヤの実験を主に，この精液結集との関係から分析していく．

精液結集は適切に実践されれば，サッティヤーグラハ闘争にプラスの作用を持つ「（霊）力（*śakti*）」に転換されうるが，その実践が失敗すれば実践者はサッティヤーグラハ闘争にマイナスの作用を持つ「性欲（*vikār, viṣaynī icchā, kām*）」に支配されることとなる．南アフリカ滞在期のガーンディーは，精液結集を適切に行うための具体的な身体技法を習得するには至らなかった．この頃のガーンディーは，15~6 歳の時に起こった妻との性交渉時のトラウマ体験，ロンドン滞在中に培ったヴィクトリア朝性道徳，南アフリカ滞在期に得た禁欲主義的ジャイナ教思想などの影響の下，性欲に対して猛烈な脅迫観念を抱いていた．ガーンディーは，サッティヤーグラハ闘争に，精液結集によって得られる霊力が必要不可欠であると考える一方で，自身の内に高まる性欲の問題を憂惧し続けた．後者により強い注意が注がれたために，ガーンディーは南アフリカ滞在期に，男女の身体的接触を厳しく戒める禁欲主義的なブラフマチャリヤの実践を奨励していた．

第 1 部において重要な第二の重要な点は，このようなガーンディーの精液結集の思想が，その後の生涯にわたるガーンディーの独立運動を基礎付けることになる特殊な形而上学と結び付いていったことである．それは，後にガーンディーによって「心の科学（*manovijñān, mannuṃ vijñān*）」と呼ばれるようになったものであり，個人の心あるいは身体の清浄性と，現象世界のヒンサー（暴力）／アヒンサー（非暴力）発生の状況とが共時的・流動的に対応しているとする身体宇宙論であった．

ガーンディーは南アフリカ滞在期のサッティヤーグラハ闘争の成功と失敗を，常に同時並行して行っていたブラフマチャリヤの実験による心と身体をめぐる「アートマンの浄化（*ātmaśuddhi*）」の問題との対応関係の中で捉えていた．換言すれば，精液結集が適切に行われているかどうかは，現象世界の社会的・政治的状況を見ることによって明らかとされ，反対に現象世界の社会的・政治的状況の本質も，自身の身体と心の状態を省察することで把握可能と信じられた．これらの精液結集と身体宇宙論との結び付きこそが，南アフリカからインドに帰国して以降のガーンディーのナショナリズム思想の発展を読み解く上で重要な鍵となってくるものなのである．

第2部では，ガーンディーが南アフリカからインドに帰国して暗殺されるまでのインド滞在期を扱う．第1部同様に，第2部も3つの時期に分割し，それぞれに1章を割り当てることで，ガーンディーの思想形成を時系列に分析していく．第4章では，1915年にガーンディーがインドに帰国してから最初の反英運動である全インド的一斉休業運動（1919）と非暴力的非協力運動（1920-1922）が終了するまでの7年間を扱う．第5章では，主に非協力運動が終了してから塩の行進（1930）が終了するまでの時期を扱う．第6章では，塩の行進後の国内の社会・政治情勢の変動と，1946年に宗教間大暴動が勃発してから1948年にガーンディーが暗殺されるまでの所謂ガーンディーの晩年の時期を扱う．

これらの第4章から第6章までの思想形成の解明において手がかりとなるのが，第1部で明らかにしたガーンディーの精液結集と身体宇宙論との結び付きである．南アフリカ滞在期のブラフマチャリヤ思想を特徴付ける禁欲主義的な性格は，インド帰国後の独立運動における様々な紆余曲折を経る中で修正されていった．

ガーンディーは，第一次独立運動時においては，南アフリカ滞在期の禁欲主義的なブラフマチャリヤ思想をさらにラディカルに発展させた抑圧的な精液結集の方法を提唱していた．だが，この方法は運動中にインド国内で勃発した農民暴動事件の発生によって根本的反省を迫られることになる．その後，1922年に独立運動が一時的に収束した後，ガーンディーは自身のブラフマチャリヤの禁欲主義的・抑圧的理解を刷新するための新しい思想を模索した．

このようなガーンディーの理解の変容・発展の上で重要な役割を果たしたのが，同時代のヒンドゥー教徒の知識人の間でしばしば異端的な扱いを受けていた「タントラ（*tantra*）」思想であった．ガーンディーはタントラ思想を自己流に取り入れることで，それまでの禁欲主義的で抑圧的な精液結集の思想・方法を変容させた．例えば，ガーンディーは1930年代から，女性との身体的接触の中で精液を霊力に変換させる必要を説くようになった．そして，精液結集によって得られる精液の霊力を，男性主義的で物理的（フィジカル）な性質のものではなく，女性的・母性的で宇宙論的な力を意味するものとして語るようになっていった．それまでの男性主体の反英運動と異なり，女性参加者が急速に促された1930年のガーンディーの塩の行進は，実にこのようなタントラ的思想と少なからぬ関係を持つものであったと考えられる．

こうした女性との接触による女性的（あるいは，両性具有的，陰萎的（ナプンサク））霊力を得るため行われた最終実験が，ガーンディーが晩年に行ったマヌとの裸の同衾であった．第2部の最終章である第6章では，ガーンディーの晩年のブラフマチャリヤの実験と，独立インドに向けた非暴力的ネーション構想とが表裏一体の関係を成すものであったことを明らかにしていく．分離独立を前に，宗教間暴動が最高潮に達していた混乱期のインドで，ガーンディーがなぜ裸の同衾という実験を行ったのかということは，まさに，ガーンディーの精液結集と身体宇宙論との関係性に光を当てることで初めて十全に理解可能となる．

終章では，第1章から第6章までの議論を改めて概観する中で，ガーンディーの独立運動を基礎付けていたスワラージ思想の特徴（主体・方法・性質）がいかに歴史的に変容していったのかを明示的にまとめていく．これによって，ガーンディーが生涯をかけて行った真理の実験としての独立運動の背後にあった一貫した信念構造の実相を明らかにしたい．

1）「偉大な（*mahā*）魂（*ātmā*）（を持つ者）」の意．インドの聖者に付される称号．諸説あるが一般的に1915年頃にラビーンドラナート・タゴールが呼び始めたことで，「マハートマー・ガーンディー」の尊称が広まったとされる．

2）「ハリジャン（不可触民に対する敬称）の兄弟」の意．ガーンディーが出版していたグジャラーティー語の週刊紙．英語とヒンディー語でも同時並行して出版されていた．ガーンディーが独立運動で自身の思想を人々に広める上で多大な役割を果たした．ガーンディーの元秘書であったN. K. ボースは，週刊紙を「極めて政治的」な出版物と評している［Bose 1974: 163］．

3）記事は1947年6月から7月にかけて，以下の表題の下に計5回にわたって連載された．「私はいかに開始したか（Meṃ Kem Śarū Karyuṃ?）」［*HJB*, 8-6-1947］，「ブラフマチャリヤの柵（Brahmacarya Vāḍ）」［*HJB*, 15-6-1947］，「神はどこにいて誰であるのか（Īśvar Kyāṃ ne Koṇ?）」［*HJB*, 22-6-1947］，「唱名の印（Nāmsādhanānāṃ Cihn)」[*HJB*, 29-6-1947],「ある混乱（Ek Mūñjhavaṇ)」[*HJB*, 6-7-1947]．これらの連載記事は同日に，『ハリジャン』紙（英語）と『ハリジャン・セーヴァク』紙（ヒンディー語）にも，秘書によってそれぞれの言語に翻訳されて出版された．

4) 分離独立によって，インドとパーキスターンの国境に挟まれた数百万から1000万人前後が家を失い移住を余儀なくされた．暴動と貧困による死者数は，20万から200万人に及ぶとされ，約7万5000人の女性が誘拐・レイプされた［Butalia 1998: 8; Panigrahi 2004: 7, 323-324; Talbot and Singh 2009］．

5) ブラフマチャリヤ以外には「不殺生（*ahiṃsā*)」・「真理（*satya*)」・「不盗（*asteya*)」・「無所有（*aparigraha*)」の4つの禁戒（*yama*）がある．

6) 四住期（*āśrama*）には，「独身期・学生期（*brahmacarya*)」・「家住期（*gṛhastha*)」・「林棲期（*vānaprastha*)」・「遊行期（*sannyāsa*)」がある．

7) ガーンディー以前の時代においてスワラージの語は，ベンガル分割令（1905年）反対運動を機に，B. G. ティラク，D. ナオロージー，B. C. パールなどの国民会議の政治家によって広められていた．だが，この時点において，スワラージの語は専らイギリスからのインドの制度的独立・自治といった政治的意味に限定されるものであった［Devanesen 1969: 377］．これに対して，ガーンディーはスワラージ概念を，政治的意味に限定されない国家と個人の両方を対象とした独立＝自己統治の意味に再解釈した．

筆者が調べた限り，現存する文書の中で，スワラージの語が最初に登場するのは，『インディアン・オピニオン』紙1908年7月18日号の記事（ジョン・ラスキン著の『この最後の者にも（*Unto This Last*)』に対するガーンディー自身のグジャラーティー語の抄訳）においてである．そこでガーンディーはスワラージ（ここでは後述する「スワラージャ（*svarājya*)」の語を使用していた）の「真の意味」を，「自分自身を抑制することを知ることである（*potānī upar kābū rākhtāṃ āvḍavuṃ*)」と定義した［*IO*, 18-7-1908］．翌年末に執筆した主著の『ヒンド・スワラージ（*Hind Svarāj*)』においても，「我々自身を我々が治めることこそがスワラージである（*āpṇī upar āpṇe rājya bhogvīe te j svarāj che*)」［*HS*: 150］と定義している．

ちなみに，ガーンディーはスワラージとスワラージャの語を相互に置換可能な概念として用いていたが，両者の若干のニュアンスの相違について，S. シャルマーは次のように説明している．「スワラージャという言葉は，自己を意味する『スワ』と統治を意味する『ラージャ』により構成されており，そこにおいては領土的意味合いがより強いものとなる．これに比較して，スワラージの意味の特徴は人生や生き方における特定の傾向性や志としての意味合いがより強い点にある．つまり，支配・統制・統治することという意味合いが含まれる」［Suhrud and Sharma 2010: xv, 強調筆者］．

8) ガーンディーは故郷の言語であるグジャラーティー語の *prajā* の概念を（稀に

rāṣṭr の語も用いた．*prajā* と *rāṣṭr* の語の意味については，本書第 2 章注 6 と第 5 章第 3 節(3)参照）に対して，英語の nation の訳語を当てていた．本書では，ガーンディーのグジャラーティー語の文書から *prajā* を訳す際は，「国民」あるいはそれに「プラジャー」というカタカナのルビを振って表記することにする．それに対して，ガーンディーの英語の文書から nation を訳す際には，カタカナ表記の「ネーション」の語を用いる．また，引用箇所以外の場所で，筆者がガーンディーの *prajā* = nation 概念について記述的に論じる際は，主に「ネーション」の語を用いるが，文脈に応じて適宜，両方の訳語を使い分ける．

9）　例えば，R. ランノイは，「ガーンディーの活動のプログラムに適応できる厳密な論理的思考の基準はほとんどない」と指摘する［Lannoy 1971: 377，強調原文］．また，G. アッシュ曰く，ガーンディーにとっての「絶対的真理の理想とそれに応じた絶対的義務」は，「魔性的で興奮を帯びたお伽話の狂った論理」であった［Ashe 2000: 7］．J. ボンデュラントは，ガーンディーが書いた膨大な量の文書の「ジャングル」が，「非体系的でしばしば矛盾している」と指摘し，これにより「ガーンディー哲学（Gandhian Philosophy）」を構築することが極めて困難なものとなったと論じる［Bondurant 1958: vii］．J. ペインは，ガーンディーの思想・運動が「政治と宗教のごた混ぜ」であり，その「宗教的不条理による政治的リアリズムの汚染」がしばしば国内で批判の対象となってきたことを述べる［Paine 1998: 240］．さらに，ガーンディーの同時代人，例えば，J. ネルーは『自叙伝』の中で，ガーンディーのことを「理解するのが極めて困難な人物であり，時に彼の言語は，平均的な近代人にはほとんど理解不能である」と吐露している［Nehru 1941: 72］．その他，ガーンディーが使用する聖人的用語を「非合理主義かつ反啓蒙主義」と見なす近代主義者からの批判については，B. ナンダー［Nanda 2002: 11; 1985］を参照されたい．

10）　枚挙に暇がないが，主要な研究だけでも，A. Parel［2006; 2009］，M. Steger［2000］，D. Dalton［2012］，B. Parekh［1989; 1999］，J. Alter［2000］，B. Chandra［2004］，P. Chatterjee［1986］，G. Prakash［1999］，R. Guha［1998］，T. N. Madan［1997］，O. Paz［1997］，P. Van der Veer［1994］，T. Hansen［1999］，W. Gould［2004］を挙げることができる．

11）　本章注 1 参照．

12）　ガーンディーは生前に膨大な量の文書を記したが，独立したかたちで出版された著作は 7 冊のみであった．それらは，出版年順に以下の通りである．(1)『ヒンド・スワラージ（*Hind Svarāj*）』(1909)［Gāndhī 1979］，(2)『南アフリカのサッティヤーグラハのイティハース（*Dakṣiṇ Āphrikānā Satyāgrahno Itihās*）』(1924, 1925)［Gāndhī 1950］，(3)『真理の実験，あるいは，アートマ・カター（*Satyanā Prayogo athvā Ātmakathā*）』(1927, 1929)［Gāndhī 1947］，(4)『火曜日の夜明け（*Mangaḷprabhāt*）』(1930)［Gāndhī 1940］，(5)『アナーサクティ・ヨーガ――シュリーマッド・バガヴァッド・ギーターの翻訳（*Anāsaktiyog: Śrīmaddbhagavadd-*

gītānoanuvād)』(1946)［Gāndhī 1986］，(6)『建設的計画――その意味と位置付け（*Racanātmak Kāryakram: Tenuṃ Rahasya ane Sthān*』(1941)［Gāndhī 1941］，(7)『健康の鍵（*Ārogyanī Cāvī*)』(1948)［Gāndhī 1948］.

13) 11の誓いは以下の通りである．(1) 真理（*satya*），(2) アヒンサー（*ahiṃsā*），(3) ブラフマチャリヤ（*brahmacarya*），(4) 味覚（*asvād*）〔の統制〕，(5) 不盗（*astey*），(6) 無所有（*aparigrah*），(7) 非恐怖［＝恐れないこと］（*abhay*），(8) 不可触民制度の撤廃（*asprśytānivāraṇ*），(9) 自助労働（*jātmahenat*），(10) 全ての宗教に対する平等の情感（*sarvdharmsambhāv*）〔の実現〕，(11) 謙虚（*namratā*）.

14) 解脱を得るために，家庭や世俗的富を放棄して僻地を行脚する四住期の最終段階である「遊行期」（本章注6参照）の行者.

15) グジャラート州アフマダーバード市にあるガーンディー関連の文献を専門的に出版する出版社．1929年にガーンディーによって設立された.

16) 例えば，パーレーク以前の出版物で，ガーンディーと女性との関係を扱ったE. モートン［Morton 1954］があるが，晩年の実験については扱われておらず，ガーンディーの禁欲主義的傾向が強調されているに止まる．また，ガーンディーの女性に関する記事を集めた選集が，ナヴジーヴァン社から出版されているが［Gandhi 1958; 1988］，これらにおいてもボースやパーレークが扱っているブラフマチャリヤの実験については触れられていない.

17) サランは次のように述べる．「このことは，近代西洋思想が被ってきたリステクタビリティの増大する喪失を贖う必要性と遠いところで親密な関連を持つ．ガーンディー主義的方法に対する『リスペクタビリティ』の（そして，『科学的な』）シンドロームの脅威は大袈裟なことではない．それはさらなる誤謬をもたらす大いなる可能性を持っており，そのような病理的事柄を暗示する思考形式から自身を解放することは決して容易なことではないのである」［Saran 2006: 131, 丸括弧内の補足語原文］.

18) テイラーはさらに注において，このような傾向が社会科学の創始者の一人であるマックス・ウェーバーが「歴史における道徳的で宗教的理想が果たした決定的な役割」を認識していた点を等閑視していると論じる［Taylor 2003: 20, note. 16］．だが，ウェーバーさえも自然科学と人文学社会科学の領域区分を前提にしていた点に留意して，両者のよりラディカルな接合を試みる研究動向も近年見られるようになってきている［春日 2016; Floridi 2014］.

19) 例えば，アルフレッド・シュッツの影響下にあるP. バーガーやT. ルックマンの社会構成主義などのように，ナイーヴな社会科学的還元の傾向について反省的な立場もある［Berger and Luckmann 1966; Berger 1967］．筆者もバーガーらの構成主義には多くを負っている.

20) 特にこのような研究の視座は，サバルタン研究を始めとしたネオ・マルクス主義系の歴史学者の中に顕著に見受けられる［Parel 2006: 200–205; Markovits 2004:

70-71]．ボンデュラントらの実証主義的な立場は，ガーンディーの聖人伝的記述に対する意識的な批判に基づいているが，A. ビルグラーミーが指摘するように，ガーンディーを「聖人的レトリックの中に埋もれさせる」ことも，「単なる狡猾で効率主義的なナショナリストの政治家と見なす」ことも，いずれもが，「ガーンディーの道徳哲学と政治を軽視している」と言えよう［Bilgrami 2002: 84］．

21）例えば，これらの精神分析的研究は，ガーンディーの『自叙伝』にわずかに記されたガーンディーの母プトゥリーバーイーに対する記憶を過度に強調する傾向がある．本書の第5章で論じるように，ガーンディーの母性性や女性性への崇敬の念が増大していった背景には，ガーンディーが50歳を過ぎてから渉猟した様々な文献からの影響がある．それだけでなく，母親からの影響以外にも，ガーンディーが育ったヒンドゥー教ヴィシュヌ派の宗教環境や西洋のエソテリシズムからの影響も重要である［Devanesen 1969: 1-146; Shukla-Bhatt 2015: 173-206; Bergunder 2014: 398-426］．

22）E. エリクソンは，「ガーンディーの生き方と語り方に対する正しい認識を妨げるもの」として，第一にガーンディーの自叙伝が「ガーンディーの母語であるグジャラーティー語によって書かれている事実」を挙げている．そして，原語のテクストには「抑制された情熱，意義深い辛辣さ，そして，柔らかなユーモアが沈殿されている」と指摘する［Erikson 1969: 60］．

23）エリクソンは，自身の解釈にはボンデュラントと異なる点が含まれると述べているが，その理由を「彼女〔＝ボンデュラント〕は政治科学者として書いており，私はある心理学的結論に到着している」からであると述べる［Erikson 1969: 410］．ここに見受けられる前提は，精神分析的（＝私的，主観的）主題を扱うエリクソンの研究と，政治学的（＝公的，客観的）主題を扱うボンデュラントの政治科学的研究という学問上の公私の役割分担である．しかしながら，近年のルドルフ夫妻の研究なども明らかにしている通り，ガーンディーの思想・実践の中に，安易に公私の境界線を引くことは困難である［Rudolph and Rudolph 2008; Rukmani 2011: 23］．

24）筆者が調べた限り，ブラフマチャリヤの語は，1907年4月20日頃に執筆されたラクシュミーダース・ガーンディー宛ての書簡で使用されているのが最初である［*GA* 6: 61-65］．ガーンディーがブラフマチャリヤの誓いを立てた正確な日程は定かではない．現存する史料を参考にする限り，1906年のバンバサ暴動（＝ズールー族の反乱）における衛生看護部隊の活動が終了した7月19日からダーバンのグレイ・ストリートにあるダイヤモンド記念図書館の集会で演説をした7月23日までの間に誓いが交わされたと考えられる［Coswami 1994: 19］．

一方で，「非暴力（non-violence）」の語は，1919年に反英闘争の一環としてガーンディーが開始した全インド的ハルタール（一斉休業運動）を，大衆暴動の勃発を理由にガーンディーが一時停止した日（1919年4月18日）に初めて使用された［間 2011: 7, note. 4］．また，非暴力のグジャラーティー語の原語に当たる「アヒンサー（*ahiṃsā*）」の語は，サッティヤーグラハ闘争との関係で1915年から使用されるようになった［間 2011: 17-22］．いずれにしても，ブラフマチャリヤの語の使用起源よりも 8 年遅い．

25）ちなみに，英訳の第 1 版では，“*An Autobiography or*”という言葉はなく，表題は“*The Story of My Experiments with Truth*”のみであった．前者の言葉が現れるのは，1940 年に出版された第 2 版以降である［Suhrud 2010: 4］．

26）『オート・バイオグラフィー』に書かれた内容が後になってからの解釈である点は，ガーンディーの思想形成を仔細に論じた J. Jordens［1998: 6, 21, 24-25, 33, 46-47, 233］，J. Hunt［1993: 33］，C. Devanesen［1969: 55-57］，A. Basham［1971: 41-42］などの研究でも度々注意が促されていることである．

非暴力思想形成について，これらの先行研究で未指摘な点を挙げると，ガーンディーは『アートマ・カター』の中で幼少時代に 18 世紀のグジャラートの宗教詩人であるシャーマル・バットの詩から最初に非暴力（＝「悪行（*apakār*）の報いは悪行〔によって〕ではなく，善行（*upakār*）でこそ〔なされるべき〕なのである」）の教訓を学んだことを語っている［*AK*: 33; Doke 1909: 84］．しかしながら，『アートマ・カター』に引用されているシャーマル・バットの詩で，ガーンディーが引用していなかった詩の後半部には，自分の父を殺した敵に対する復讐の教訓が説かれているのである［Jesalpurā 1994; Rāval 1955, cf. 間 2011: 8, note. 6］．つまり，ガーンディーが自身の非暴力思想を実際にシャーマル・バットの詩から最初に学んだかどうかは疑わしい．

27）オルターは『オート・バイオグラフィー』の第 4 部・第 24 章に言及しながら，ガーンディーがサッティヤーグラハ闘争の開始直前にブラフマチャリヤの誓いを立てたという事実のみを取り上げ，両者の関係が「決定的」であったと論ずる［Alter 2000: 24-25］．つまり，時系列に両者が発生した事実のみが，オルターの主張の唯一の論拠となってしまっているのである．

28）オルターはガーンディーの南アフリカ滞在中の一時期に関する分析に多くの頁を割いた後に，いきなり晩年の分析に移り，晩年の思想に関する議論をわずか 3 頁でまとめあげている．そして，南アフリカ滞在期の分析から導出された思想解釈を後者の時期の思想に当てはめている［Alter 2000: 25-27］．

同じく南アフリカ滞在期のガーンディー思想について論じた田辺明生の研究［2012］があるが，オルターと異なり，田辺はインド帰国後にガーンディーの宗教的政治思想（田辺は，ガーンディーのスワラージ思想を「『生モラル』に基づくライフ・ポリティクスとしてのナショナリズム」と解釈する．田辺の「生モラル」概念については，田辺［2010: 239-285］も参照されたい）が変容していった可能性を指摘している点は重要である［田辺 2012: 116, 118-120］．

29）恐らく，ガーンディーの思想形成に及んだ近代西洋思想家からの影響を過大視したことには，オルター自身がガーンディーのグジャラーティー語の文献を読解できなかったことが関係している．オルターが使用している一次・二次文献は全て英語史料である［Alter 2000: 173-188］．フーコーの著作さえも全て英訳である．E.

エリクソンが自身の言語的限界を正直に告白していたのに対して［Erikson 1969: 60, 90–93］（本章注 22 参照），そのような断りが一言もないオルターの研究は，彼の英語中心主義的立場を少なからず反映しているようにも思われる．

30） マヌ（バヘーン）・ガーンディー（Manu(bahen) Gāndhī）．1969 年に没したということを除いて，詳しい生没年月日は不明．V. ラールは実験を行っていた時のマヌの年齢を 18 歳としているが［Lal 2000: 115］，1947 年 2 月 1 日付のサティーシュチャンドラ・ムカルジー宛ての書簡で，ガーンディーはマヌの年齢を 19 歳と書いている［*SGV* 86: 473］．本書はこれにならって，一貫して 19 歳と表記する．また，ガーンディーがマヌを「私の孫娘となろう」という曖昧な表現を使っていたこともあってか，先行研究ではしばしばマヌが「孫娘（granddaughter）」として語られることがある．だが，厳密には従姪孫（first cousin twice removed）である．ガーンディーは 1947 年 2 月 18 日付のマニバーイー・デーサーイ宛ての書簡で，「マヌは私の孫娘となろう．彼女は私の従兄（Amṛtāl Gāndhī，ガーンディーの父 Karamcand Uttamcand Gāndhī の兄の息子）の息子（Jayasukhlāl Gāndhī）の娘に当たる」と書いている［*SGV* 86: 544］．

31） 2000 年に出版された論文では，「解釈学的」という言葉は使用されていなかったが，この論文が後に収録された V. ラールの著作［Lal 2003］において，ラールは「ガーンディー主義的解釈学／解釈学的ガーンディー主義（Gandhian Hermeneutics/Hermeneutic Gandhism）」という言葉を使用している［Lal 2003: 110］．

32） ラールの研究以降，ブラフマチャリヤの実験を学術的考察の対象としようとする研究が出てきた．例えば，後述する V. ハワードの研究もラールの先行研究に言及している［Howard 2013a: 15–16］．また，ブラフマチャリヤに関する専門的な研究ではないにしろ，J. Majeed［2007: 93, note. 151, 123, 222–231］や A. S. Ninan［2009: 192, note. 30］のガーンディー研究でもラールの研究が引用されている．

33） 実際にクマール自身は学者ではなく，元大学図書館長であり，史料整備の専門家である．

34） 例えば，G. クマールは後の著作で，『ブラフマチャリヤ』を振り返り，「ほとんどのインド人はようやくガーンディーが一人の人間に過ぎないことを受け入れる準備ができた」と述べている［Kumar 2011: Preface（頁数は記載されていない），強調筆者］．この言葉は暗黙裡に，ガーンディーが晩年にそれまでの禁欲主義を「放棄」したとの理解を前提にしている．クマールの研究が出版された後，ブラフマチャリヤの実験に言及した J. Adams［2010; 2011］や J. Lelyveld［2011］などのいくつかのジャーナリスティックな伝記研究が出版されているが，どれも実験に対する学術的な思想分析には至っていない．

35） ハワードが参照文献リストに挙げている唯一のグジャラーティー語の文献は，『アートマ・カター』と *Gītā Mātā*（Navī Dilhī: Sastā Sāhitrya Maṇḍal Prakāśan, 1995）の 2 冊だけである．グジャラーティー語の全集史料である『全集（G）』（本章・第 3 節(2)参照）さえもリストに挙がっていない［Howard 2012: 271］．また，上の2冊の著作でさえ，それらを原語史料で読解することで，どのような意義があったのかを『禁欲的行動主義』全体を通して全く語っていない．

36) ハワードは『禁欲的行動主義』全体を通して「伝統的（traditional）」という言葉を何の断りもなく記述概念として用いている．特に，第5章の「ガーンディーによる伝説的な英雄や禁欲主義者の体現」には，彼女のそのような本質主義的立場が如実に表れている．このようなハワードの研究は，ガーンディーの「反近代主義」が，「ヨーロッパ，特にイギリスにおける初期近代の異議申し立て人の伝統に由来するラディカリズムとの深い連続性を反映するものである」ことに十分な注意を払っていない［Bilgrami 2016: 215–216, 強調原文］．とはいえ，近代的言説の派生性さえもが複雑な再帰性を有するものであったので［Ashiwa and Wank 2009; 深澤 2006］，ガーンディーの思想を安易に近代的なものとして解釈することにも注意が必要である．ガーンディーの思想形成を探究する上で，「伝統」と「近代」の二項対立は慎重に回避されなければならない［Guha 1996: 113–129］．

37) ハワードの著作の中で，ナショナリズムの概念は序章でオルターの先行研究を言及する際に触れられているのみである［Howard 2012: 14–15］．

38) ガーンディーの青少年期に関する優れた研究として，C. Devanesen［1969: 1-146］，L. Gandhi［2006］，A. Basham［1971: 17–42］が挙げられる．

39) ガーンディーのロンドン滞在期に関する優れた研究として，C. R. DiSalvo［2013］，J. D. Hunt［1993］，C. Devanesen［1969: 147–220］，M. Green［1993］を挙げられる．

40) すなわち，サッティヤーグラハ闘争者は，人種差別法案を自発的に破って集団的入獄を行った．その際に，闘争者は獄中でいかなる拷問を受けても，決して暴力的手段を用いた報復行動を取らないことを誓った．政府側の圧政とサッティヤーグラハ闘争者の高潔な態度が新聞メディアなどによって人々に知られることにより，人種差別法案撤廃に向けた世論が南アフリカ全土で喚起されるに至った．

41) 例えば，ガーンディーはインド帰国後に，『ヒンドゥー』紙1919年4月21日号上で，「南アフリカと比較して」と題した項目で，南アフリカ滞在期に行われたサッティヤーグラハ闘争が「完全に平和的で自発的なもの」であり，インドのサッティヤーグラヒー（サッティヤーグラハの実践者）がこの時期に開発された「サッティヤーグラハの根本原理」に従う必要があることを説いた［*CWMG* 15: 244］．その後もガーンディーは，南アフリカ滞在期のサッティヤーグラハ闘争を1つの雛形として度々言及することがあった［*YI*, 21-6-1928; 24-5-1928; *CWMG* 77: 144; *HJ*, 7-4-1946; 7-7-1946; 19-1-1947］．

42) 「インドのスワラージ」の意．「スワラージ」の意味については，本章注7参照．

43) 執筆自体は，ガーンディーが人種差別法案の撤廃を求めてロンドンに陳情に赴いた後，汽船に乗ってロンドンから南アフリカに戻る途上で行われた．

44) 原文は，ウルドゥー語で書かれてある．ここではヒンディー語の翻訳史料を用いて和訳した．これらの他にも，ガーンディーは自身の週刊誌の『ヤング・インディア』紙1921年1月26日号上で,『ヒンド・スワラージ』に書かれた内容の「たった一字の例外を除いて何も取り下げない」ことを述べた[*YI*, 26-1-1921].『ヒンド・スワラージ』は度々改定版が出版されたが,これらの改定の過程で,具体的に加わった変更・修正箇所については,T. Suhrud and S. Sharma[2010]やJ. Bajāj and M. Śrīnivās[2011]に詳しい.

45) 例えば,ガーンディーは自身の真理をめぐる実在認識について次のように述べる.「私はアドヴァイタを信じるものであるが,ドヴァイタを信じる者でもある.世界は常に変化し続けている.それゆえに,非実在である.そこにはいかなる不変の存在もない.しかしながら,世界は常に変化しているにもかかわらず,そこにおいてはそれらを維持する何かがある.それゆえに,この何かにおいて,世界は実在である.私はそれゆえに,それを実在と非実在のどちらで呼ぼうが,すなわち,〔自身を〕アネーカーンタヴァーダ〔真理の顕れが多面的であることを説くジャイナ教の理論〕を信じる者と呼ぼうが,スィヤードヴァーダ〔真理解釈の条件性・非絶対性を説くジャイナ教の理論〕を信じる者と呼ぼうが反対することはない.だが,私のスィヤードヴァータは学者のスィヤードヴァーダではない.それは私独自のものである」[*YI*, 21-1-1926].

46) 『アートマ・カター』でも,ガーンディーは「真理の定義の範囲は拡大していったのであり,未だに拡大している」と語る[*AK*: 33].

47) 本章注26参照.

48) 実に,『アートマ・カター』あるいは『オート・バイオグラフィー』を構成する全5部(計167章)の中の3部(計99章)が南アフリカ滞在期に割り当てられている.

49) 例えば,ガーンディーの自叙的著作の1つである『南アフリカのサッティヤーグラハのイティハース』(後述)の終章で,ガーンディーは21年間にわたった南アフリカ滞在期に「私自身の生涯の目的(*niśān*)を見出すことができた」[*DASI*: 376]と書いている.さらに,死去する約2年前の1945年12月に,ガーンディーは,「認知できる限りで最悪の種類の状況にあり,神を見捨てた地である南アフリカで過ごした20年間に,私は神を発見したのであり,それは適切な時に適切な助け手が現れてくれるという何にも代えがたい体験であった」と語った[*CWMG* 82: 240-241].まさに,K. ティドリックが指摘するように,「南アフリカにおいて,〔ガーンディーの〕宗教精神は生きた力となった」[Tidrick 2006: 53].また,R. イヤー曰く,「南アフリカにおける運動の開拓的日々を通してガーンディーは自身の思想的基盤を作った」[Iyer 1983: 2]のであり,1915年にインドに帰国した際には,「道徳と政治における重要な考察を遂げた45歳の一人の成熟した人物」となっていた[Iyer 1983: 9-10].

50) この時期の思想形成について,ガーンディーによって書かれたまとまった著作は存在しない.

51) 南アフリカ滞在期を扱った主要な研究として,少なくとも,C. Devanesen

[1969], Tendulkar [1: 36-151], C. DiSalvo [2013], J. Hunt [1986; 1993], A. Basham [1971: 17-42], R. Huttenback [1971], B. Pillay [1976], M. Swan [1985], T. Mahadevan [1982], Rajmohan Gandhi [1995], I. Hofmeyr [2013], A. Desai and G. Vahed [2016], B. Nanda [1958: 37-125], S. Bhana and G. Vahed [2005], S. Bhana and N. Shukla-Bhatt [2011], R. Guha [2014], B. Britton [1999], J. Brown and M. Prozesky [1996], N. Sanghavi [2006], 秋田 [1998: 179-200], 葛西 [1996: 193-207], 長崎 [2002: 3-24; 2006: 33-51] を挙げることできる.

52) 南アフリカのプレトリア滞在中（1893 年 6 月から 1894 年 5 月）に起こった故郷のグジャラーティー文学に対する言語的関心の高まりは，その後のガーンディーの生涯に及ぶグジャラーティー語に対する態度を決定付けた．ガーンディーのグジャラーティー文学に対する関心の火付け役となった人物は，ジャイナ教徒のシュリーマッド・ラージチャンドラ（第 2 章第 1 節参照）とゾロアスター教徒のペーストーンジー・パードシャーであった．前者からはプレトリア滞在中にインドから送られた書簡と共に，数冊のグジャラーティー語の哲学書を受け取った．これが契機となって，ガーンディーは故郷の言語で宗教書を読むことの重要性を発見した．また，ガーンディーはパードシャーと最初にロンドンで出会っていたが，その後，南アフリカ滞在期の 1896 年に，インドに一時帰国した際に，ボンベイで再会している．そして，ガーンディーは南アフリカ滞在期にパードシャーから多くのグジャラーティー語の文学書を受け取った．ガーンディーは南アフリカ滞在期に，中世のナラシンハ・メヘター（1414-1481）やミーラーバーイー（1498-1546）から近代グジャラーティー文学の父と言われるナルマダーシャンカル（1833-1886）の作品まで幅広く読んだ [Devanesen 1969: 264-266]．近代グジャラーティー文学とガーンディー思想との関係については，T. スフルド [Suhrud 2009] を参照されたい．

53) このことから，パーレークは，「ガーンディーの著作は新たに翻訳され直すべきだ」と主張する [Parekh 1986: 172]．一方で，パーレークの指摘は行き過ぎているとして，秘書たちの翻訳史料の重要性を擁護する声も上がっている [Suhrud 2010: ix-x].

54) それらは，本書の第 6 章第 2 節で使用しているスレーンドラナート宛てのガーンディーの覚書と 1946 年以降の『ハリジャンバンドゥ』紙の記事を除くガーンディーの手による一部のグジャラーティー語の文書である．後者については，『全集 (H)』[*SGV* 1-97] に収録されたヒンディー語の翻訳史料で補った．

55) なお，1999 年にインド政府が出版した電子版の『全集 (E)』には，少なからぬ改竄があることが T. スフルドによって指摘されている [Suhrud 2004: 4967-4969]. 本書では『全集 (E)』を含む 3 つの全集史料については全て紙媒体のものを用いた．

56) フェニックス・セツルメントは，ガーンディーの生涯最初の「アーシュラム的な (ashram-like)」共同居住地であった [Suhrud 2009: 250]．ガーンディーは南アフリカ滞在期の 1904 年にダーバン郊外にフェニックス・セツルメントを，1910 年にヨハネスブルグ郊外に「トルストイ農園（Tolstoy Farm）」を設立し，自身の政治運動の拠点とした．

57） 1909年から1911年にかけて『インディアン・オピニオン』紙のタミル語欄とグジャラーティー語欄に掲載された宗教詩については，S. バーナとN. シュクラ＝バット［Bhana and Shukla-Bhatt 2011］を参照されたい．南アフリカのサッティヤーグラハ闘争においてタミル人がいかなる役割を果たしたかについては，V. ラーマスワーミー［Ramaswamy 2010］を参照のこと．

58） ガーンディーが報告しているところによると，『インディアン・オピニオン』紙の購読者数は，1200人から3500人に及んだ［*DASI*: 166］．

59） ガーンディーは生涯で13回の入獄・勾留を経験した．南アフリカでは以下の通りである．（1）1908年1月10日～30日（入獄），（2）1908年10月7日～12月12日（入獄），（3）1909年2月25日～5月24日（入獄），（4）1913年11月6日～7日（勾留），（5）1913年11月8日（勾留），（6）1913年11月9日～12月18日（勾留・入獄）．インドでは以下の通りである．（1）1919年4月9日～11日（勾留），（2）1922年3月10日～1924年2月5日（入獄），（3）1930年5月5日～1931年1月26日（入獄），（4）1932年1月4日～1933年5月8日（入獄），（5）1933年8月1日～4日（入獄），（6）1933年8月4日～23日（（5）の出獄後，同日に再入獄），（7）1942年8月9日～1944年5月6日（入獄）．

60） ガーンディーの幼少期からロンドン滞在期までに書かれた文書は，約5万頁の文書を収録した全100巻にわたる『全集（E）』の中で，わずか57頁しか存在しない［*CWMG* 1: 57］．ちなみに，これらの57頁の史料の中で，『アートマ・カター』の抜粋を除いて［*GA* 1: 1］，グジャラーティー語の文書はわずか1頁に及ばない短い新聞記事からの抜粋と一通の書簡に止まる［*GA* 1 : 1–2］．

61） *sangrah(a)* は，「把持」や「制御」などとも訳すことが可能であるが，本書ではこの言葉のサンスクリット語の語幹（“*san*（一つに，一緒に）” ＋ “*graha*（摑む）”，すなわち，「一箇所に集める」）と，ガーンディー自身の使用の仕方に留意して，「結集」と訳すことにする．また，ガーンディーが *vīryasangrah* と相互置換可能な概念として用いた *vīryanigrah* の *nigrah*（“*ni*（内に）” ＋ “*graha*（摑む）”）については，同じくサンスクリット語の語幹とガーンディー自身の使用の仕方に留意して「把持」と一貫して訳すことにする．これらのサンスクリット語の語幹について知識は，川村悠人先生，金菱哲宏先生，置田清和先生にご教授いただいた．この場をもって感謝申し上げます．

第１部

南アフリカ滞在期（1893-1914）

第１章
精液結集の秘術
――サッティヤーグラハ闘争の誕生

はじめに

「非暴力抵抗（non-violent resistance）[1]」の異名で知られるガーンディーの「サッティヤーグラハ（*satyāgrah(a)*）」の運動（「闘争（*laḍat*）」や「戦争（*yuddh*）」とも呼ばれる．本書ではガーンディーが最も頻繁に用いた「サッティヤーグラハ（の）闘争（*satyāgrahnī laḍat*）」という呼称を一貫して用いる）は，ガーンディーが生涯に行った様々な政治活動の中でも最もよく知られている．

1919年から全インド規模で展開した反英闘争である一斉休止運動（ハルタール）（1919）と翌年以降の非暴力的非協力運動（1920–1922），それに先立つビハールとグジャラートの一区域で行われた小規模の農民争議や労働者ストライキ（1917–1918），ガーンディーの身近な協力者であるヴァッラブバーイー・パテールが率いた1928年のグジャラートのバールドーリーで行われた農民争議，1930年にイギリスの塩税法に抗って行われた「塩の行進」，さらには1942年から1944年の「インドを立ち去れ運動（Quit India Movement / Bhārat Choḍo Āndolan）」も，しばしばガーンディーによってサッティヤーグラハの名で呼ばれていた．また，ガーンディーの著作の中でも国内外で最も広く読まれている主著の１つ『ヒンド・スワラージ（*Hind Svarāj*）』（1909）は，「ただサッティヤーグラハの偉大さ（*bhavyatā*）」と，それに対するガーンディー自身の「信仰の度合い（*śraddhānuṃ māp*）」を示すものであったと語られる［*DASI*: 267］．サッティヤーグラハ闘争は，疑いなくガーンディーの独立運動の中心を占めるプロジェクトの１つであった．

とはいうものの，ガーンディー自身が作り出した，このサッティヤーグラハという言葉の意味を一義的に定義することは困難である．なぜなら，サッティヤーグラハは可視的な政治行動の一形態を表すと同時に，解脱に向けたアートマン（自己，魂，個我，霊魂）をめぐる宗教的[2]探求でもあったからである．

サッティヤーグラハは，グジャラーティー語・サンスクリット語で「サッティヤ（*satya*）」と「アーグラハ（*āgrah(a)*）」という語の結合によって成っている．まず前者の「サッティヤ」とはガーンディー曰く，「サット（*sat*, 存在，真実在．ガーンディー自身はこの語の意味を「あること（*hovuṃ*）」と説明した）」を語源に持ち「真理」を意味する［*MP*: 9-13; Verma 1970: 14-31］．このガーンディーの真理（サッティヤ）概念は，前期・中期ウパニシャッド形而上学の哲学的影響下にありながらも［*IO*, 1-4-1905］，ガーンディー自身の様々な実体験を通して彫琢された実践的・日常的概念[3]であった［*HS*: 182-185］．

一方で，「アーグラハ」は，一般的にグジャラーティー語では，「主張」や「懇願」を意味するが［Belsare 2002: 98］，ガーンディー自身は，この語の意味を「堅持していくこと（*vaḷgī rahevuṃ*）」と説明していた[4]［*IO*, 28-10-1911］．これはガーンディーのサッティヤーグラハにおいて，「真理の堅持」という内に向けられた静寂主義的観点（*niścaynay*）と，「真理の主張」という外に向けられた実践的観点（*vyavahārnay*）とが表裏を成していることを意味する．換言すれば，サッティヤーグラハとは，いかなる外圧にあっても，真理に対する内なる信念を「堅持」し続けようとする自己の不動の精神状態から「自発的（*svatantr*）」あるいは「内発的（*svabhāvik*）」に発生した社会的・政治的な「主張」を意味するのである[5]［*AK*: 205-206, 322; *GA* 8: 374-375］．

このような自己の内面の深みに関わる宗教的意味局面と社会的政治的運動を可能ならしめる実践的意味局面とが重層的に交わるサッティヤーグラハであるが，しばしばその意味はガーンディーが英語で使用した“nonviolent resistance”という言葉から安易に類推される中で，被差別者が公民権を取得するために採用される非暴力的不服従の「戦略（strategy）」と解されてきた［Galtung 1955; Sharp 1960; 1961; 1973; 1979; Sharp and McCarthy 1997; Randle 1994］．つまり，政治学者のジョアン・ボンデュラントの古典に代表される少なからぬ先行研究で，ガーンディーのサッティヤーグラハに含蓄される宗教的意味局面は等閑視されてきた（序章第1節参照）．

これに対して，本章では，ガーンディーのサッティヤーグラハ闘争が誕生した経緯を，ガーンディーのブラフマチャリヤの実験に見られる内面の微細な心理変容に着目する中で分析していく．序章で述べたように，医療人類学者のジョセフ・オルターも，サッティヤーグラハ思想の解明に向けて，ガーンディーが私的に行っていた健康・食事・性の実験の重要性に注目したが，サッティヤーグラハ闘争とブラフマチャリヤの実験との関係についての内在的思想分析を欠いていた．また，知的遍歴に無関心なヴィーナ・ハワードの研究では，ガーンディーのサッティヤーグラハ闘争が誕生する過程でブラフマチャリヤの実験が具体的にどのような役割を果たしたかについて議論を行っていない（序章第2節参照）．

サッティヤーグラハ闘争は，1906年9月11日に，南アフリカのヨハネスブルグにあるエンパイア劇場で開催された新アジア人登録法案[6]という人種差別法案に反対する在留インド人3000人が集まった抗議集会に端を発する[7]．この1906年9月11日を，ガーンディーは，グジャラーティー語でサッティヤーグラハ闘争が「誕生（*janm, utpatti*）[8]」した日であると語っていた．そして，そのわずか7週間前に，その後生涯を通して堅持し続けていくことになるガーンディーの「ブラフマチャリヤの誓い（*brahmacaryavrat*）」が立てられたのであった．

本章の構成は以下の通りである．まず第1節においては，南アフリカでサッティヤーグラハ闘争が誕生した1906年9月11日のヨハネスブルグの抗議集会において，ガーンディーが行ったグジャラーティー語の演説内容を分析していく．これによって，サッティヤーグラハ闘争の誕生には，暴力的手段の不使用という政治的戦略の決議の採択に先行して，ガーンディーの内に突如生起した，ある宗教体験が決定的重要性を持っていたことを明らかにする．続く第2節では，この体験が発生した原因を，ガーンディーが1913年に「秘密の章（Guhya Prakaraṇ）」と題して出版したブラフマチャリヤの実験に関する記事を精読することで探っていく．その際に，ブラフマチャリヤの実験の中でも最も重要視されていた「精液結集（*vīryasaṅgrah*）」あるいは「精液把持（*vīryanigrah*）」と呼ばれる実践に光を当てる．そして，この精液結集という実践の分析を通して，サッティヤーグラハ闘争とブラフマチャリヤの実験とが，ガーンディー自身の中でいかに形而上学的に結び付けられていたのかを明らかにしたい．

1. 闘争誕生の意味

(1)素朴な問い

上で述べたように，サッティヤーグラハ闘争は，1906年9月11日に開催された新アジア人登録法案に抗議する集会をもって始まりを告げた．ガーンディー自身がこの日に，サッティヤーグラハ闘争が誕生したと認識していたことには疑いの余地がない．しかしながら，本章で最初に注意深く検討して答えなければならないことは，そもそもこの日の集会の中で，具体的に「何が」誕生したのかという根本的な問いである．このような問いが浮上するのは，以下のような理由からである．

第一に，1906年9月11日の時点で，サッティヤーグラハという語は使用されていなかった．この語が文書の中で使用され始めるのは，1908年1月以降である[9)]．この時点では，ガーンディーが集会以前から知っていた近代西洋社会に流布するストライキやボイコットの方法を意味する「受動的抵抗（passive resistance / *niṣkriya pratirodh*）」の語が使用されていた[10)]．ガーンディーは，『アートマ・カター』の中で次のように語っている．

> 「サッティヤーグラハ」という言葉が生まれる前にその事の誕生があった．〔サッティヤーグラハ闘争の〕誕生の時，それが何であるか，私自身で全く認識（*oḷkhī*）できなかった．それをグジャラーティー語において「受動的抵抗（*pesiv rijhisṭans*）」という〔言葉で記されるところの〕英語の名〔passive resistance〕で皆が認識するようになった．［*AK*: 341］

つまり，受動的抵抗の名は，集会の中で誕生した何かしらの新たな出来事に付した一時的な仮名に過ぎなかった．ガーンディーは受動的抵抗という名で自身の運動が理解されることで多大な誤解が生じることに気付き，1908年1月11日号に『インディアン・オピニオン』紙上で運動を「サッティヤーグラハ」に改名した旨を発表した[11)]．本節で答えなければならないのは，このサッティヤーグラハという言葉で認識される以前に集会で誕生した何か，すなわち西洋の受動的抵抗と明確に区別されるところのガーンディーの運動に付与された独自の意味である．

第二に，ガーンディーは『イティハース』の中で，一般的にサッティヤーグラハの中心的な特徴とされる暴力的手段を用いない受動的抵抗の戦略でさえ，サッティヤーグラハの「完全な意味（*pūro arth*）」を表すものではなかったことを語っていた［*DASI*: 117］．集会が開催された当初，ガーンディーはトランスヴァール英印協会（Transvaal British Indian Association）の秘書を務めていたが，協会が作成した受動的抵抗の戦略を記した「決議案第4号」の内容[12]を，ガーンディーは決議案が審議される予定にあった集会以前からかなりの程度まで熟知していたと考えられる[13]．そして，この決議案の内容は，ガーンディー自身の口からではないが，平和的手段（「アヒンサー」や「非暴力」という言葉はまだ使用されていない[14]）によって遂行されるべきものであることも，集会の議長であるアブドゥル・ガニーによって確認されていた[15]．つまり，ガーンディーはこのような平和的手段を用いた受動的抵抗の戦略を集会以前から知っていたにもかかわらず，このことがサッティヤーグラハの「完全な意味」を表すものではなかったことを『イティハース』で語っているのである．

では，何をもってガーンディーはサッティヤーグラハが誕生したと考えたのか．ガーンディーは『イティハース』の中で，集会が開催された後に，次のことがきっかけとなって，決議案の背後にあった「秘儀（*rahasya*）」を知るようになったと述べている．この体験を，ガーンディーはそれまで自身が知っていた受動的抵抗とは明確に区別されるところの「全く新しいもの（*navīn*）」，あるいは，「重大なもの（*gambhīr*）」の発見であったと述べる［*DASI*: 119］．

以下では，ガーンディーが発見したという秘儀の内容を，グジャラーティー語の演説を精読する中で明らかにしていきたい．

(2) エンパイア劇場の演説（1906年9月11日）

集会では，新アジア人登録法に反対するための5つの決議案が審議されたが[16]，その中で最も重要視されたのが，すでに述べた決議案第4号であった．『イティハース』の中に書かれているのは，この決議案第4号をめぐるガーンディーを含めた出席者たちの演説の内容である［*DASI*: 117–123］．

『イティハース』には，ガーンディー自身が決議案について演説をする前に，他の集会参加者たちの「鋭く（*tīkhāṃ*），また力強い（*jorāvar*）演説」があったことが記されている．それにもかかわらず，これらの集会演説者の中でも，ガーンディーと同じくトランスヴァール英印協会の秘書であるセート・ハージー・ハビーブというイスラーム教徒が行った，「極めて情熱的な（*atiśay jussādār*）演説」を聞いた時，ガーンディーは，他のいかなる演説からも味わうことのなかった，ある衝撃的な体験をしたと言われる．すなわち，ガーンディーはこのハビーブの演説の中の以下の言葉を聞いた時，「突如，強張り（*camakyo*），用心する（*sāvdhān*）ようになった」という［*DASI*: 118］．

［ハビーブの言葉］

この決議案を，我々は神（*khudā*）が証人であること（*hājarnājar*）を知りながら，〔通過〕せねばならない．我々は，臆病者（*nāmard*）になって，このような法〔アジア人登録法〕に決して服従してはならない．それゆえ，私は神の誓い（*kasam*）を立てながら言うが，この法に決して服従しないだろう．そして，ここにいる全ての会衆に，神が証人であることを知りながら誓いを交わすように助言する．［*DASI*: 118］

ガーンディーはこのハビーブが「神の誓い」について言及した，「まさに，その時に，自身の責任（*javābdārī*）と共同体の責任（*komnī javābdārī*）を完全に自覚（*bhān*）した」と述べる［*DASI*: 118］．すなわち，すでに述べたように，ガーンディーは集会が開催される前に受動的抵抗としての決議案第4号の内容を知っていたにもかかわらず，ガーンディーにとってそれは決議案の持つ内容の「完全な意味」を表すものではなかった．だが，ハビーブが，「神の名前を用いた誓い（*īśvarnuṃ nām laīne karelī pratijñā*）」に言及した時に，瞬時にその完全な意味を理解したというのである［*DASI*: 118］．

では，ガーンディーが理解したものとは何であったか．ガーンディーは，ハビーブの「神の名前を用いた誓い」が持つ意味を自覚して，「全く恐ろしくなって（*hebtāī*）」いた時に，心の中から，ある「溢れる情熱（*jusso*）」が突然生じたことを記録している［*DASI*: 119］．そして，この体験の直後にガーンディーは議長アブドゥル・ガニーに，ハビーブの演説を聞いて自身が理解した運動の秘儀を会衆の前で説明するための許可を求めたのであった［*DASI*: 119］．

ガーンディーは立ち上がり，次のように語り始めた[17]．

今日までに，我々がしてきた様々な決議やそれらの仕方，〔すなわち，過去の〕それらの様々な決議とその仕方と，〔今日の〕この決議とこの決議の仕方の中には大きな違いがあり，それを私はこの集会で説明したいと望んでいる．決議は大変重大（*ghaṇo gambhīr*）である，なぜなら，その完全な遂行の中に，南アフリカにおける我々の存在（*hastī*）が隠されている（*chupāyelī*）からである．我々の兄弟が提言している，その決議をすることの仕方は全く新しいもの（*navīn*）であるような重大なもの（*gambhīr*）である．私自身その仕方によって決議をすることを考えてこの場に来たわけではなかった．〔……〕その責任（*javābdārī*）とは何かをあなたたちは理解しなければならず，また共同体の助言者であり奉仕者として，それを完全に説明することは私の宗教的義務（*dharm*）である．〔*DASI*: 119, 強調筆者〕

ここでガーンディーは神を証人とした誓いを立てることで決議を採択するという「仕方」を，「全く新しいもの」であり，「重大なもの」であったと述べている．そして，このような誓いによる採択された決議の「完全な遂行の中に」，集会一人一人の「存在が隠されている」ことを主張した．

さらに，ガーンディーは演説を続ける．

我々は皆，ただ唯一の創造主（*sarjanhār*）を信じている者である．それをイスラーム教徒が仮にクダー（*khudā*）という名で呼ぼうが，ヒンドゥー教徒が仮にそれをイーシュワル（*īśvar*）という名で呼ぼうが，それはただ唯一の本質（*ek j svarūp*）なのである．それを証人として，それを間に置いて我々が誓い《カサム》（*kasam*）したこと，あるいは誓い《プラティッギャー》（*pratijñā*）[18]を立てたことは単なる小事ではない．そのような誓いを立てておいて，もし我々が〔誓いを破り〕再度〔誓う〕ことになったら，共同体（*kom*）の，被造世界（*jagat*）の，また神（*khudā*）の〔前で〕罪人（*gunegār*）となるのである．私は信じているのであるが，慎重に純粋な智性《ブッディ》によって（*śuddh buddhithī*）誓いをした後に，それに違犯をする人は自身の人間性（*insāniyat*）あるいは人間であること（*māṇsāī*）を失ってしまうのである．〔……〕それだけではなく，その人はこの世（*ā lok*）とあの世（*parlok*）の両

方において罰（*sajā*）に値する者となる．［*DASI*: 120］

ガーンディーは，「一般的な決定（*sāmānya niścay*）」の違反と異なり［*DASI*: 118］，神の誓いの違反者は，「人間性あるいは人間であることを失ってしまう」ことを警告した．さらに，その違反者は，「この世とあの世の両方において，罰に値する者とされる」（強調筆者）と述べた．

ここで，ガーンディーが個人の「人間性」の喪失という問題を，彼岸と此岸に跨る事柄として捉えている点は重要である．つまり，ガーンディーの考える神の誓いの遵守という宗教的義務は，超自然的な彼岸的事柄のみを表すものではなく，此岸的事柄をも含んだ超越的かつ内在的な事柄を意味する．ガーンディーの考える「宗教（*dharm*，義務，理法）」とは超越と内在の二項対立に分断できない「存在[19]」の深みに関わろうとする自己（アートマン）の探求を意味する[20]．

さらに，ガーンディーは自分たちの「存在」がかかった誓いの貫徹がいかに困難であるかを詳しく説明する．

我々の闘争の中で，起こりうる最も苦い結果（*kaḍvāmāṃ kaḍvāṃ pariṇāṃ*）についての細かなシナリオ（*citār*）を私はこの集会の前で描いておきたい．〔……〕我々は監獄の中に行かなければならない．監獄の中では，恥ずかしめを耐え忍ばなければならない．空腹，寒さ，暑さにも耐えなければならない．重労働をしなければならない．乱暴な獄吏たちの暴力（*mār*）をも受けなければならない．罰金が生じ，また差し押さえられる中，財産も競売にかけられなければならない．闘争者はわずかになってしまい，今日我々は所有している沢山の金銭があるかもしれないが，すっかり貧しくなってしまい，国外追放も起こらなければならず，また空腹になって監獄の他の苦しみ（*duḥkho*）に忍びながら何かの病気にかからなければならず，また何人かは死に至ることであろう．それゆえに，率直に言って，あなたたちが想像できる全ての苦しみを，我々は耐え忍ばなければならないということにいかなる疑いもなく，また賢明（*ḍahāpaṇ*）なことは，全て〔の苦しみ〕に耐え忍ばなければならないであろうことをしっかりと心に留めた上で（*mānīne*），我々が誓い（*kasam*）を立てるということである．［*DASI*: 121-122］

このように，ガーンディーは誓いの違反が違反者の彼岸的・此岸的な存在喪失を意味する重大事であることを警戒したにもかかわらず，その誓いの遵守がどれほど困難であるかを聴衆に詳しく説明したのであった．

では，人々はこのような多大なリスクを伴う「恐ろし」い誓いを立てる決意に，一体どのようにして至ることができるのだろうか．ガーンディーはこのように責任が重大な誓いを立てるためには，「内なるアートマン（*ātmā*，自己，魂，個我，霊魂．ヒンドゥー教の中心概念で，個人の内奥に存在する不滅の主体）」に裏付けられた「シャクティ（*śakti*，活力，能力，霊力）」が必要であることを語った．

> 我々の四方八方にそれ〔政府〕が野火を燃え上がらせているところで，是が非でも〔抵抗〕しないで，また憂鬱になっていては，我々は無価値（*nālāyak*）で臆病者（*nāmard*）になってしまう．それゆえ，この状況が誓いを立てるべきであるということについて，おお疑いはない．だが，その誓いを立てるために，我々にシャクティ（*śakti*）があるかないかを各々が考えてみるべきだろう．〔……〕各々が自身の胸（*hṛday*）の上に手を置いて自身の胸中（*hṛday*）をよく調べる（*tapāsvuṃ*）べきである．そして，そのような行為〔各々が自身の胸中を調べること〕の後に，もしその者の内なるアートマン（*antarātmā*）が誓いを立てるシャクティがあると応答（*javāb*）するならば，その時にこそ誓いを立てるべきであり，そしてそれこそが実を結ぶのである．［*DASI*: 121，強調筆者］

つまり，「神の誓い」を立てることには一般的な決定を下すこととは比べものにならないほど深い宗教的責任が伴う．同時に，それを貫徹することは非凡に困難である．このような困難な誓いに対して，「無価値」で「臆病者」となってしまわないためには，自身の内に「シャクティ」があることを「内なるアートマン」の「応答」を聞くことで確かにする必要があることをガーンディーは説いたのであった．

そして，ガーンディーは次のような言葉で演説を締め括った．

> 全員が自分自身の責任を完全に理解して（*pūrī samjīne*），独立した仕方（*svatantr rīte*）で誓いを立てて，また他人がどのようなことをしたとして

も，死に至るまでも（*martāṃ sudhī*），それを遵守し続けると確信した上でのみ〔誓いを〕立てなさい．［*DASI*: 123, 強調筆者］

ここで言われている「独立した仕方」とは，参加者一人一人が自身の「内なるアートマン」の「応答」によって自身の内に「シャクティ」があることをはっきりと確信して誓いを立てることを意味する．それはいかなる外圧によるものでない一人一人の自発的で能動的な内なる決定(けつじょう)の過程を意味した[21]．

以上のように，ガーンディーが集会で見出したという運動の背後にある秘儀とは，これらの演説の中で説明された誓いを貫徹することに付随する重い宗教的責任と，それを担うために内なるアートマンによってシャクティの存在を確かにすることの重要性に他ならない．それは世俗的な政治方法・目的に還元することが不可能な存在の深みに関わる事柄であった．

ガーンディーは集会前から平和的手段を用いた受動的抵抗の戦略を知っていたにもかかわらず，それがサッティヤーグラハの完全な意味を表すものではなかったことを語った．なぜなら，その意味が完全となるためには，近代西洋の受動的抵抗には含まれえない誓いをめぐる超越的かつ内在的な宗教的意味が付与される必要があったからである．この運動の持つ宗教的意味の発見こそ，ガーンディーがこの日をサッティヤーグラハ闘争の誕生と称した理由に他ならないのである．

それでは，このようなシャクティの存在を必要とする闘争の誕生は，ブラフマチャリヤの実験が開始されたこととといかなる関係にあったのだろうか．

2. サッティヤーグラハとブラフマチャリヤ

(1)アートマンの浄化

ガーンディーはサッティヤーグラハ闘争が開始される7週間前に「ブラフマチャリヤの誓い（*brahmacaryavrat*）」を立てた[22]．つまり，この時からガーンディーは生涯にわたり妻（女性）との一切の性交渉を断つことを人々の前で誓った．

ガーンディーは『アートマ・カター』の中で，このようなブラフマチャリヤの誓いを立てたことと，その7週間後にサッティヤーグラハ闘争が誕生したことの因果関係について次のように書いている．

> 私が〔ブラフマチャリヤの誓いを立てたフェニックス・セツルメントから，集会が開催される予定にあったヨハネスブルグに〕行ってから1ヶ月の内に，サッティヤーグラハ闘争の基盤が据えられた．まるでこのブラフマチャリヤの誓いが，その〔サッティヤーグラハ闘争の〕ために私を準備させようとやって来たかのようだ！　サッティヤーグラハについての発想（*kalpnā*）を私は何ら持っていなかった．それの誕生（*utpatti*）は，自然発生的に（*anāyāse*），非意志的に（*anicchāe*）起こった．［*AK*: 222，強調筆者］

ここでガーンディーは，ブラフマチャリヤの誓いを交わしたという出来事が，まるでサッティヤーグラハ闘争の誕生のために「やって来たかのよう」であったと記している．そして，ブラフマチャリヤの誓いを交わした後に，後にサッティヤーグラハと名付けられることになる「全く新しいもの」が「自然発生的に，非意志的に起こった」と述べる．

同様の内容は，『アートマ・カター』の第4部・第26章の「サッティヤーグラハの誕生」の冒頭部でも言われている．だが，そこでガーンディーは，ブラフマチャリヤの実験を「アートマンの浄化」と表現している．ガーンディーはアートマンを浄化する試みとして開始されたブラフマチャリヤの実験を振り返って次のように述べる．

> このような一種のアートマンの浄化〔ブラフマチャリヤ〕をすることは，まるで他でもなくサッティヤーグラハの〔誕生の〕ためにこそあった，そのように思える事件がヨハネスブルグにおいて私のために準備されていたのであった．［*AK*: 341］

この引用箇所においても，ガーンディーはブラフマチャリヤという「アートマンの浄化」の実験が，「サッティヤーグラハの〔誕生の〕ためにこそあった」ことを語っている．

ここで，ガーンディーがブラフマチャリヤを「アートマンの浄化」と表現したことの意味を知ることは重要である．ガーンディーは『イティハース』の中でも，「サッティヤーグラハの――真理（*satya*）の――アートマンの浄化（*ātmaśuddhi*）の――アートマンの力（*ātmabaḷ*）の闘争」［*DASI*: 268］という表現を使っている．つまり，ガーンディーは，サッティヤーグラハ闘争が誕生して以降，サッティヤーグラハ闘争を「真理の闘争」の他に，「アートマンの浄化」や「アートマンの力」という言葉でパラフレーズするようになっていた．前節で見たように，サッティヤーグラハ闘争の開始は内なるアートマンによってシャクティの存在を確かにすることによって初めて可能となる．ゆえに，ガーンディーはそのようなサッティヤーグラハ闘争を，1908年頃から「アートマンの力（*ātmabaḷ*）」と呼ぶようになった．同時に，ガーンディーはサッティヤーグラハ闘争が「アートマンの浄化（*ātmaśuddhi*）」というブラフマチャリヤの実験でもあったと語っている．そして，そのような浄化の実験が，闘争者の「心（*man*）」と「身体（*kāyā*）」の統制を意味するものであったと説く［*AK*: 342］．

では，なぜブラフマチャリヤの実験が「アートマンの浄化」を意味するのだろうか．また，このような浄化はサッティヤーグラハ闘争の発生といかなる関係にあったのだろうか．

以下では，サッティヤーグラハ闘争が開始してから3年後に書かれたガーンディーの『ヒンド・スワラージ』と，闘争がピークに達していた1913年に『インディアン・オピニオン』紙上に掲載された「秘密の章（Guhya Prakaraṇ）」と題する記事を参考に，上記の問いに答えていきたい．

(2)精液，シャクティ，性欲

『ヒンド・スワラージ』の記述

「はじめに」で述べたように，サッティヤーグラハ闘争が開始されて3年後に，「ただサッティヤーグラハの偉大さ」と，それに対するガーンディー自身の「信仰の度合い」を示すために『ヒンド・スワラージ』は書かれた．そして，全20章で構成される『ヒンド・スワラージ』の中でも「最も重要な章」とされるのが［Parel 1991: 274］，サッティヤーグラハの意味の解説にのみ紙幅が割かれた第17章の「サッティヤーグラハ――アートマンの力（Satyagrah: Ātmabaḷ）」であった［*HS*: 182-210］．この章の中でガーンディーはサッティヤーグラハ闘争とブラフマチャリヤの誓いとの関係について次のように説明している．

〔……〕サッティヤーグラヒー〔サッティヤーグラハの実践者〕になろうと欲する人間は，ブラフマチャリヤを遵守しなければならない．〔……〕非恐怖（*abhaytā*）〔恐れを知らぬよう〕にこそならなければならない．

ブラフマチャリヤとは偉大な誓い（*mahāvrat*）であり，またそれなしでは心（*man*）は引き締ま（*gāṇṭh sajjaḍ thanār*）らない．非ブラフマチャリヤ（*abrahmacarya*）〔ブラフマチャリヤを交わさないこと〕によって，人間は精液を喪失した者（*avīryavān*）に，臆病（*bāylo*）に，また劣ったもの（*hīṇo*）になってしまう．性的快楽に彷徨う心では（*jenuṃ man viṣaymāṃ bhame che tenāthī*），何か喫緊な行動はできない．このことは無数の事例から示されうるだろう．［*HS*: 204-205］

ガーンディーはここでサッティヤーグラハ闘争にブラフマチャリヤの「偉大な誓い」が必要不可欠であることを述べている．ここで注目したいのは，後者の誓いが持つ意義を，「精液」や「性的快楽」との関係から語っていることである．つまり，ガーンディーは，ブラフマチャリヤの誓いを交わさないこと（＝非ブラフマチャリヤ）によって，「人間が精液を喪失した者（*avīryavān*）」になることを述べている．

このグジャラーティー語の *avīryavān* は，否定接頭辞の *a* と，「精液」の他に「生命力，活力，男らしさ」といった意味を持つ *vīrya* という語と，「所有する者」を意味する *vān* で構成される[23]．すなわち，*avīryavān* は，*vīrya* が体内に所有されていない者（生命力・活力・男らしさの源泉である精液が身体の外部に漏洩した者）を意味する．

反対に，*vīryavān*，すなわち，精液を体内に所有した者になるための実践を，後述する通り，ガーンディーは「精液結集（*vīryasaṅgrah*）」や「精液把持（*vīryanigrah*）」などの語で呼んでいた．

詰まるところ，ブラフマチャリヤの誓いを交わすこととは，単に性交渉を断つという消極的禁欲行を意味するのではなく，精液を体内に蓄積させることで自己の精神力と身体力を強化させることを意味したのであった．

それに対して，引用箇所にあるように「性的快楽」に放縦することにより精液喪失に陥った人間の「心は引き締まらな」くなり,「臆病に，また劣ったもの」になると言われている.

先ほど，ブラフマチャリヤが「アートマンの浄化」と言い換えられていたことを見た．このことはまさに，ブラフマチャリヤが,「性的快楽（*viṣay*)」を欲する「性欲（*viṣaynī icchā, vikār, kām*)」という「穢れ（*doṣ*)」を取り除き，精液結集によって自己の内に精神力・身体力を涵養していくことを意味する実践だからであった．アートマンの浄化によって性欲の穢れを取り除くことは，アートマンの力，すなわち，サッティヤーグラハの力を開花させる上で必要不可欠とされたのであった.

このような『ヒンド・スワラージ』で語られるガーンディーの精液結集の思想は，ハタ・ヨーガ，アーユルヴェーダ，また様々なヒンドゥー教神話を通して，南アジア諸地域で広く知られる身体実践の1つであった［Alter 1994; 1997; Carstairs 1958: 83; Daniel 1984: 163-18; Kakar 1990: 118-119; Paris 1992; Bottero 1991; 原 1979］．だが，次章で論じるように，ガーンディーはこの精液結集が持つ霊的意義を，南アフリカ滞在期の1900年前後から徐々に自覚するようになっていった．そして，精液結集の霊的意義を発見し，それを哲学的に基礎付けていく上で重要な役割を果たした文献の1つが,『パタンジャリのヨーガ・スートラ（*Patañjali Yogasūtra*)』とそれに対するスワーミー・ヴィヴェーカーナンダ［Vivekananda 1965］やM. N. ドヴィヴェーディー［Dvivedi 2001］による注解書であった．特に，ヴィヴェーカーナンダの注解書である『ラージャ・ヨーガ（*Rāja Yoga*)』（1896）の内容は，上で見た『ヒンド・スワラージ』の引用箇所の言葉と，文体や訳語の点でも酷似しており，ガーンディーがその注解書から受けた深い影響を窺うことができる（第2章第3節参照).

「秘密の章」の記述

南アフリカ滞在中のガーンディーが，このような精液結集の意味・意義について最も詳しく説明した記事が,『インディアン・オピニオン』紙の1913年4月26日号に掲載された「秘密の章（Guhya Prakaraṇ)」であった．この記事は1913年1月4日から8月16日にかけて各週で同紙に連載された『健康に関する一般的知識（*Ārogya vise Sāmānya Jñān*)』（以下,『健康』）という著作の第9章に当たるものである[24]．ガーンディーにとって,「健康（*ārogya*)」とは，人間に内在する「自然（*kudrat*)」を適切に機能させることで，心身を最善の状態で維持することを意味した[25)] [*IO*, 11-1-1913].

この「秘密の章」の内容を吟味する上で留意すべきことは，この章の出版が1913年4月26日であったということである．これはガーンディーの南アフリカ滞在期におけるサッティヤーグラハ闘争がピークに達した「最終戦争（*chevaṭnā yuddh*）」という段階が開始される直前に当たるものであった[26)]．この最終戦争では，男性2030人，女性127人，さらに，子供57人が，ガーンディーと共にナタールからトランスヴァールに不法で入国するという大規模な市民的不服従運動が行われた．すなわち，ガーンディーは最終戦争の開始が宣告されるちょうど1週間前に「秘密の章」を出版することで，サッティヤーグラヒーに精液結集の意義を伝えようとしたと考えられるのである．

以下では，「秘密の章」に書かれた精液結集の思想について見ていきたい．

まず，記事の冒頭部で，ガーンディーは「秘密の章」の意義を次のように語っている．

> 〔……〕私はこの章を特別の注意を持って読み，またそれらについてよく考えるように薦める．他の章〔に書かれた事柄〕にも従うべきであろうし，私はそれらが有用であると信じている．だが，この主題に比べると他のいかなる章も重要ではない．[*IO*, 26-4-1913]

ガーンディーはここで，「秘密の章」が合計15の章で構成される『健康』の中でも最も重要な章であることを宣言している．

続けて，ガーンディーは次のように説く．

> 健康には多くの鍵（*cāvīo*）があり，それら全てが必要なものである．だが，それらの中でも主要な鍵（*mukhya cāvī*）がブラフマチャリヤである．〔……〕女性と男性の両方が健康という富（*ārogyarūpī dhan*）を貯蓄するためには，適切なブラフマチャリヤが必ず必要となってくる．そのことに疑いを挟む者はない．自身の精液を貯蓄する（*vīrya sācvyuṃ*）者こそが，精液所有者（*vīryavān*）――力を持つ者（*baḷvān*）と呼ばれるのであり，また〔そう〕見なされる．[*IO*, 26-4-1913]

ガーンディーは，「健康」のための様々な鍵の中でも，ブラフマチャリヤが主要な位置を占めるものであり，それが，男女両方にとっての「健康という富」を「貯蓄」する上で必要不可欠であると主張する．そして，そのような富の貯蓄という作業が，「精液を貯蓄する」ことによって，「精液所有者」になることを意味すると言われている．さらに，精液所有者が「力を持つ者」となると説明される[27)].

そして，ガーンディーはこの精液の貯蓄＝結集を，「秘密のシャクティ」という概念との関係から次のように述べる．

> 我々に自然（*kudrat*）が与えた**秘密のシャクティ**（*guhya śakti*）を克服し（*dabāvī*），〔それを〕我々の身体（*śarīr*）の中で把持（*saṅgṛahīt*）し，その使用によって，我々の健康を向上（*vadhārvāmāṃ*）させること．そのような健康はただ身体（*śarīr*）の〔健康を意味するもの〕ではなく，心（*man*）の〔健康〕，智性（ブッディ）（*buddhi*）の〔健康〕，また記憶（*yādśakti*）の〔健康を意味するもの〕なのである．［*IO*, 26-4-1913，強調筆者］

すでに述べた通り，ガーンディーにとって，健康とは内なる「自然（*kudrat*）」が適切に機能している状態を意味する．このグジャラーティー語の“*kudrat*”という語には，「自然」といった意味以外にも，「神的力（divine power）」，「内なる力（inherent power）」，さらには，「一つの全体としての神の被造物（God's creation as a whole）」といった形而上学的含意がある［Deśpāṇḍe 2002: 225］．そして，ガーンディーは精液を結集することは，「自然が与えた秘密のシャクティを克服し，〔それを〕我々の身体の中で把持し，その使用によって，我々の健康を向上させること」を意味すると述べた．この「秘密のシャクティ」は，記事のタイトルである「秘密の章」という言葉にかかっている（この「秘密」という言葉はこの記事の中で唯一上の引用箇所で使用されている）．つまり，このブラフマチャリヤの実験の中心的な目的とは，精液結集を行い，「秘密のシャクティ」を身体内で適切に機能させて「真の健康（*kharuṃ ārogya*）」［*IO*, 26-4-1913］を得ることに他ならない．

一方で，『ヒンド・スワラージ』同様に，ガーンディーは「秘密の章」の中で，ブラフマチャリヤの実験に伴う「性欲（*viṣaynī icchā, kām*）」や「性的快楽

（*viṣay*）」の問題に強い警鐘を鳴らしてもいる．例えば，ガーンディーは「秘密の章」の中で，性欲の弊害について次のように述べている．

> 性欲（*kām*）に囚われた男性たち，女性たち，また少年少女たちが完全に混乱して（*taddan bāvrāṃ*）しまっているのを私は見た．私の自分の経験はそれと何ら変わらない．その状態に私が陥った時，いつも私は自分の意識（*bhān*）を忘れ去ってしまっていた．〔性欲〕とはまさにそのようなものである．このようなわずかなトウアズキの実[28]（*ratībhār*）の（快（*sukh*））のために，全く我々の大量の特別な力（*viśeṣ baḷ*）を一瞬にして喪失するのである．［*IO*, 26-4-1913，丸括弧の補足語は原文］

ガーンディーは性欲に囚われることによって，ガーンディーを含め人々が「完全に混乱してしま」い，正気ではなくなってしまうことを語っている．それだけではなく，性欲はトウアズキの実のように見た目は美しいが「有毒」であり，それに放縦することで得られる「快」の代償に，「大量の特別な力」を「一瞬にして喪失する」ことが言われている．この特別な力とは，精液の結集によって得られた「秘密のシャクティ」を指す．

「秘密の章」ではさらに次のような内容が書かれてある．

> 性欲に耽るにもかかわらず子孫を発生させないということ〔＝避妊〕を説明する専門家たち（*batāvnārā dhandhārthīo*）がいる．我々はこのような罪障（*pāp*）からまだ免れて（*mukt*）いる．だが，我々の女性たちに重荷を背負わせて，我々は少しも考慮することをせず，我々は子孫が脆弱（*nabaḷī*）になり，精液が欠如して（*vīryahīn*），女々しく（*bāylī*），また智性に欠けて（*buddhihīn*）しまうことを気にもかけない．［*IO*, 26-4-1913］

先に『ヒンド・スワラージ』で，ガーンディーが精液の喪失によって，サッティヤーグラヒーが「男らしさ」を失い，「卑しい状態」に陥ることを語っていたことを見た．ガーンディーは「秘密の章」でも同様に，精液の喪失が人間を「女々しく」「智性」を欠如させるものであると述べているのである．

これらの他に次のようにも説明される．

> 私自身の体験と私が知った他の者たちの体験によって，私は何ら怯むこと無く健康を維持するために性欲は不必要と言うことができる．それだけではなく，性欲〔に放縦〕することによって――精液の排出（*vīrypāt*）によって，健康を著しく害してしまう．長年をかけて形成された力（*majabūtī*）――心（*man*）の，また体（*tan*）の――は，たった１回の精液の排出によって，後に多くの時間を必要とするようになってしまい，またそのような時間が経ったところで，初めの状態には戻ることはできない．［*IO*, 26-4-1913］

このようにガーンディーは，性欲の放縦による精液の排出に強い警鐘を鳴らしている．なぜなら，精液の排出が一度起これぱその完全な修復は不可能であると考えられていたからである．

以上のように，「秘密の章」の中では，精液結集が持つ効用と性欲の弊害の両方が詳述されていた．前者について重要なのは，『ヒンド・スワラージ』で語られていたのと同様に，精液結集が「力（*baḷ*）」を充満させる実践と説明されていたことに加えて，「秘密の章」の中では，この精液結集が「秘密のシャクティ」との関係でも説明されていたことである．なぜなら，本章の第１節で見てきた通り，サッティヤーグラハ闘争の誕生には，それまでの受動的抵抗にはなかった「内なるアートマン」に裏付けられたシャクティの存在を確かめる作業が欠かせないことが言われていたからである．そして，ガーンディーは精液結集を行うことなしに，シャクティを身体内に適切に機能させることは不可能であると考えていた．ここに，サッティヤーグラハ闘争誕生とブラフマチャリヤの実験開始という出来事を結び付ける「生理学的形而上学（metaphysical physiology）」［Kakar 1990: 119］とでも言えるものを見出すことができるのである．

そして，後者の性欲の弊害については，ガーンディーが『イティハース』の中で，ブラフマチャリヤの実験を「アートマンの浄化」と表現していたこととの関係でも重要である．つまり，ガーンディーは『ヒンド・スワラージ』でも，ブラフマチャリヤの誓いの意義を性欲の弊害から自由になることとの関係で語っていた．これに加えて，ガーンディーは「秘密の章」で，このような性欲の弊害を克服することで，初めて秘密のシャクティが身体内で適切に機能しうることを説明していたのである．これがゆえに，アートマンの浄化は，アートマンの力としてのサッティヤーグラハ闘争と不可分の関係にあるものと信じられた．

だが，後者の点に関連しては，次のことも付記しておかなければならない．それは，ガーンディーが南アフリカ滞在期の時点では，精液結集を行う上で欠かせない性欲の克服という課題に対する具体的な解決策を見出せていなかったことである．ガーンディーは「秘密の章」で性欲の弊害について細々と語った後に，記事を次のような言葉で締め括っている．

> いつでも性的欲望（*viṣaynī icchā*）が起こった時は，冷たい水風呂に入りなさない．そのようにすることで，身体の中の大炎（*mahāagni*）は，他の〔形〕あるいは良い形（*bījuṃ ane sāruṃ*）を獲得し，男性と女性の両方にとって益になり（*upakārī*），彼らは真の幸福（*kharā sukh*）の中にいることだろう．このようにすることは難しいが，諸々の困難な事柄に打ち勝つために我々は生まれてきた．健康を得たい者たちはこの困難に打ち勝たなければならない．［*IO*, 26-4-1913］

ガーンディーはサッティヤーグラハ闘争とブラフマチャリヤの実験にとって最大の弊害である性欲という「大炎」を鎮静化する手段として，南アフリカ滞在期の時点では，「冷たい水風呂」に入ることを勧めることしかできなかった．さらに，この水風呂対策は，田辺が指摘しているように，ルイス・クーネの水療法（ハイドロ・セラピー）から学んだものであり，インドの伝統実践に由来するものではなかった［田辺 2012: 112-116］．その他の手段は「秘密の章」の中で記されていない．

ガーンディーはしばしば南アフリカ滞在期のブラフマチャリヤの実験を振り返って，自身が「甚大な困難（*mahā kaṣṭ*）に耐えなければならなかった」ことを語っている［*AK*: 340］．なぜなら，次章以降で述べるように，南アフリカ滞在期において提唱されていた性欲を回避するための方法は，極めて抑圧的であり，心理的・身体的な負担を要するものだったからである．

これに対して，1920年代後半に，ガーンディーはもはや「それ〔ブラフマチャリヤの遵守〕について私は恐れなく（*nirbhay*）なった」と語った［*AK*: 340］．なぜインド帰国後の時期に，ブラフマチャリヤの実験に対する恐れがなくなったのかについては，本書の第5章で詳しく論じるが，現段階で確認しておきたいことは，南アフリカ滞在期のガーンディーがブラフマチャリヤの誓いを遵守することの重要性を主張しながらも，その遵守の妨げとなる性欲の問題に対する具体的な解決策を見つけられないままでいたことである．

3. 結　語

以上，本章において，サッティヤーグラハ闘争の誕生とブラフマチャリヤの実験との関係について見てきた．

これまでサッティヤーグラハ闘争は，しばしば安易に暴力的手段を用いない市民的不服従の戦略として理解されてきた．だが，本章の第1節において，1906年9月11日に人種差別法案に反対する抗議集会で行われたガーンディーのグジャラーティー語の演説内容を分析することで，サッティヤーグラハ闘争の誕生を特徴付けていたものは，政治的戦略に還元不可能な「神の誓い」の貫徹をめぐる宗教的意味の発見であったことを明らかにした．それは「内なるアートマン」に裏付けられた「シャクティ」の存在を確かにする作業を不可欠とするものであった．

次に本章の第2節では，このような宗教的意味の発見とブラフマチャリヤの実験とがいかなる因果関係を持つものであったのかを分析した．具体的には，ガーンディーがブラフマチャリヤの実験を「アートマンの浄化」や「アートマンの力」と呼んでいたことに着目し，これらの概念が，『ヒンド・スワラージ』や『インディアン・オピニオン』紙に掲載された「秘密の章」の中で説かれる「精液結集」，「性欲」，「秘密のシャクティ」といった概念といかなる関係にあったのかを見た．

ガーンディーのブラフマチャリヤの実験は，生命力・活力・男らしさの源泉である「精液（ヴィールヤ）」を体内に蓄積し，「秘密のシャクティ」を体内で適切に機能させる「精液結集」をその最も重要な実践として含むものであった．この実践には精液の放出を引き起こす「性欲」の弊害を克服することが必要不可欠とされた．つまり，ブラフマチャリヤの実践者の身体と心を浄化し，性欲から自由になることは，体内のシャクティを適切に機能させた「真の健康」を得るための鍵であるとされた．このような浄化の過程を経て初めてアートマンの力としてのサッティヤーグラハを行うことが可能となるのであった.

しかしながら，本章末部で述べたように，ガーンディーは「秘密の章」の中で，性欲の問題を克服するための具体的な解決策を示せないままでいた．これにより，ガーンディーは『アートマ・カター』の中で，南アフリカ滞在期に「身体的なブラフマチャリヤ（*kayak brahmacarya*）の遵守」の中において，「甚大な困難に耐えなければならなかった」ことを告白している．言うならば，南アフリカ滞在期におけるガーンディーのブラフマチャリヤの実験は，シャクティの機能の向上という効用だけでなく，未解決な性欲の弊害という困難をも同時に伴うものなのであった.

次章では，本章で明らかにしたサッティヤーグラハ闘争とブラフマチャリヤの実験との関係に対するガーンディーの理解の基盤が，南アフリカ滞在期においていかに形成されたのかについて分析していきたい.

1) 『全集（E)』を参考にする限り，1920年8月16日のタミル・ナードゥのタンジャーヴール県のクンバコーナムで行われた非協力運動に関する演説で，最初にこの言葉が使用されている［*CWMG* 18: 169］．それ以前に，1920年3月25日に出版された国民会議の報告書で「非暴力的不服従（non-violent disobedience)」という語が使用されている［*CWMG* 17: 158］．また，『ヤング・インディア』紙の1920年8月11日号では，「非暴力的非協力（non-violent non-co-operation)」という語が使用されている.

2) ちなみに，近年の宗教学においては，非キリスト教圏の文化慣習に対して「宗教（religion)」の語を用いて説明することの妥当性が問い直されている［Masuzawa 2005; Josephson 2012; 磯前 2012; 2016］．本書では基本的にガーンディー自身が使用した *dharm* と religion の語を共に「宗教」と訳すが（前者については，「宗教的義務」や「理法」などの訳語も文脈に応じて使用する)，そこで意味されている第一義的な意味が，制度宗教ではなく，「アートマンの探求（*ātmānī śodh*)」あるいは「アートマンの観点から遵守された倫理（*ātmānī dṛṣṭe pāḷelī nīti te dharm*)」［*AK*: 7］にある点をここで強調しておきたい.

3) 日常的真理という点について，T. マハーデーヴァンは次のように説く．「ガーンディーの真理は，本質的に日常生活の実存的真理である．それは完全に制約された時空間の中に状況付けられた真理である．それは与えられた文脈の中に位置付けられた疑いのない自明な真理であり，それゆえに絶対的である」［Mahadevan 1973: 117, 強調筆者］.

4) 「アーグラハ」概念を始め，ガーンディー自身のグジャラーティー語概念の説明がしばしば一般的用法と異なる点には注意が必要である．この点については，東京外国語大学名誉教授の田中敏雄先生にご教示していただいた．この場をもって，感謝申し上げます．

5) 南アフリカ滞在期以降，ガーンディーはしばしば「手段（*sādhan*）」と「目的（*sādhya*）」は不可分であることを強調していた．ガーンディーは倫理的動機を放棄して得られる政治的成果を，「勝利（*jīt*）」とは決して見なさなかった［*HS*: 170–181; *DASI*: 122］．

6) 正式名称は，“Asiatic Law Amendment Ordinance, No. 29 of 1906”．通称，「暗黒法（Black Act）」とも呼ばれる（グジャラーティー語では，「暗黒法」は，“*khūnī kāyado*” と言われていたが，これは直訳すれば，「殺人法」や「血の法」を意味する）．法案には次のような条項が含まれた．(1)トランスヴァールに居住権を持つ8歳以上の全てのインド人（男女同様）は，アジア人局に名前を登録し，登録証を取得しなければならない．(2)申請の際に，申請者は全ての指の指紋を登録しなければならない．(3)未申請者は犯罪者とされ，投獄，罰金，あるいは国外追放を命じられる．(4)警察官が要求すれば，登録者は通行中であれ，いつでも登録証を提示しなければならない．(5)登録証を提示しなかった場合は，投獄，罰金を科せられる．(6)警察官は登録証確認のために登録者の個人宅に入ることができる［*DASI*: 113–114］．

7) 集会は，トランスヴァール英印協会（Transvaal British Indian Association）の会長であるアブドゥル・ガニーによって，午後2時から主催された．当時のガーンディーは同協会の秘書を務めていた．

8) ちなみに，『イティハース』においては，「サッティヤーグラハの *janm*（誕生，世界に生まれてくること，生涯［Deśpāṇḍe 2002: 371］）」［*DASI*: 117–126］という表現が用いられていた一方で，ガーンディーのサッティヤーグラハ闘争を「個人的な出来事（*aṅgat prasaṅgo*）」［*AK*: 320］との関係から記したと言われる『アートマ・カター』の中では，「サッティヤーグラハの *utpatti*（起源，誕生，生産［Deśpāṇḍe 2002: 371］）」［*AK*: 319–321］という表現が用いられていた．ガーンディーが，同じサッティヤーグラハ闘争の開始という出来事を，*janm* と *utpatti* という2つの用語によって表現していたことは恐らく意図的であったと考えられる．『イティハース』の「サッティヤーグラハの *janm*」と題した章（第1部・第12章）の前後の章は，「礼節の見返り——暗黒法（Vivekno Badlo: Khūni Kāydo）」［*DASI*: 90］と「イギリスにおける代表団（Vilāyatmāṃ Ḍepyuṭeśan）」［*DASI*: 133］となっており，それらの中では専ら政治的・法的事柄が書かれている．これに対して，『アートマ・カター』の「サッティヤーグラハの *utpatti*」と題した章（第4部・第26章）の直前には，「心の攪拌（Hṛdaymanthan）」と題された章があり［*AK*: 316–18］，ガーンディーは自身のブラフマチャリヤの実験による「アートマンの浄化」について詳しく書いている．そして，「サッティヤーグラハの

utpatti」の章の直後の第27章には「食事のさらなる様々な実験（Khorāknā Vadhu Prayogo）」という章があり，ガーンディーは自身がブラフマチャリヤの実験の一環として行った食事や味覚の統制といった，さらなるアートマンの浄化の実験について書いている［*AK*: 320–322］．このような相違を考慮しても，ガーンディーはサッティヤーグラハ闘争を政治的事象と関連付けるか，個人的事象と関連付けるかで，*janm* と *utpatti* の語を使い分けていたと思われる．ちなみに，ヴァールジー・ゴーヴィンドジー・デーサーイーによる『イティハース』の英訳（『サッティヤーグラハ』）では，該当する章は，神学的・詩的ニュアンスを彷彿させる"The Advent of Satyagraha"と訳されている［*SSA*: 161］．一方，マハーデーヴ・デーサーイーによる『アートマ・カター』の英訳である『オート・バイオグラフィー』では，該当する章は，"The Birth of Satyagraha"となっている［*AB* 2: 153］．

9）現存する文書の中で，「サッティヤーグラハ」の語が初めて登場するのは，ガーンディーが生涯で最初に入獄した翌日に出版された『インディアン・オピニオン』紙の1908年1月11日号においてである（入獄期間は，1908年1月10日から30日まで）．記事自体は，1月10日より前に書かれた．

10）『全集（E）』を参考にする限り，この言葉が最初に文書に現れるのは，『スター（*The Star*）』紙の1906年9月22日号に掲載されたガーンディーの記事である．ガーンディーは1906年9月14日以前に新聞社に記事を送っている［*CWMG* 5: 430］．

11）ガーンディーは，『イティハース』で当時を振り返り，「闘争が進展するうちに，受動的抵抗という名〔を使用すること〕によって〔人々の間で〕混乱が起こっていき，また，この偉大な戦争（*mahā yuddh*）を英語の名で知らせていることが，私には恥ずかしいように思われた」と述べる［*DASI*: 125］．ガーンディーによれば，受動的抵抗という言葉によって，人々は「弱者（*naba̤lā*）であるがゆえに，仕方なく受動的抵抗〔という方法〕を使用していると信じ込む」ようになってしまったという．つまり，人々は内なる「アートマンの力（*ātmabaḷ*）」ではなく，「物理的力（*śarīrbaḷ*）」あるいは「武器の力（*hatiyārbaḷ*）」の優越を信じているがゆえに，「機会を得さえすれば，すぐにその弱者の武器を捨て去ってしまう」．これに対してサッティヤーグラヒー（サッティヤーグラハの実践者）は，「自身を強者（*sabaḷ*）と信じ，そのシャクティを使用する」と言われる．つまり，サッティヤーグラヒーは物理的力よりも内なるアートマンの力の優越を信じる．ガーンディーはこの「2つの力（*śaktio*）の間の主要な相違」を，闘争を進める中ではっきり確信し改名に至った［*DASI*: 131］．

12）その内容とは，「〔新アジア人登録法案〕に対抗して，全ての手段を尽くしたにもかかわらず，それが通過してしまった場合，インド人たちは，それに服従しないこと，また服従しないことにより降りかかるあらゆる苦（*duḥkho*）を全て被る」というものである［*DASI*: 117; *IO*, 15-9-1906］．

13）例えば，ガーンディーは大集会が開かれる2日前に，ハミーディヤー・イスラーム協会の集会で行った演説で，すでに決議案の内容について語っていた［*IO*,

22-9-1906].

14) これらの語の使用起源については，本書序章注 24 参照．南アフリカ滞在期においては，アヒンサーの代わりに「慈悲（*dayā*）」や「愛（love, *prem*）」の概念が最も頻繁に用いられていた（第 2 章第 1 節・第 2 節参照）．だが，この慈悲や愛の概念も，この集会の時点では語られていなかった（サッティヤーグラハとの関係で慈悲概念が使用されるのは，『インディアン・オピニオン』紙の 1907 年 2 月 23 日号からである）．ちなみに，『イティハース』で，ガーンディーが 1906 年から 1908 年頃の最初期のサッティヤーグラハを回想した際には，アヒンサーではなく，「平和（*śānti*）」という概念を用いて運動原理を説明していた［*DASI*: 126］．

15) ガニーは自身の演説の締め括りで，「我々は柔和さ（*narmāś*）に訴えかけていくべきである．誰も辛辣な言葉（*kaḍvāṃ vacan*）を言ったり聞いたりする必要はない」ことを確認している［*IO*, 15-9-1906］．

16) 決議案第 4 号以外の決議案については，『インディアン・オピニオン』紙の 1906 年 9 月 22 日号を参照されたい．

17) ちなみに，当時の史料である『インディアン・オピニオン』紙の 1906 年 9 月 22 号では，極めて簡潔に，ガーンディーの演説があったという事実のみが英語欄で報告されている（ガーンディーの演説は，『インディアン・オピニオン』紙上に三人称形で，わずか一段落で報告されているに止まる．また，そこでは『イティハース』で記されているような宗教的体験については触れられていない）．『インディアン・オピニオン』紙上では，もし協会の要求が受理されなかった場合は，「すぐに入獄すること」や「大英帝国の臣民として〔……〕イギリス人に対して」一切の不誠実を示すべきではないことが述べられているのみである．だが，記事の最後に，「状況に応じて英雄的な一歩を踏み出す必要があり，彼〔ガーンディー〕は彼ら〔インド人〕の全ての人がそれをすることを知っていた」という言葉が見られる．また，演説の後には「大きな拍手」があったことも記されている［*IO*, 22-9-1906］．

18) 演説の中でガーンディーは，イスラーム教徒とヒンドゥー教徒の両方の会衆に配慮してか，誓いを意味するウルドゥー語表現の“*kasam*”と，サンスクリット語起源の“*pratijñā*”の両方を使用している．また，ガーンディーは一度だけ“*vrat*”という語も使用している．

19) ちなみに，ガーンディーはこの演説の中で，「存在」を意味する言葉として *sat* 概念ではなく，より形而上学的含意の薄い *hastī* を使用している．ガーンディーは運動が進展していくにつれて，サッティヤーグラハ闘争に対する宗教的認識を深めていった．

20) 本章注 2 参照．

21) ガーンディーが演説をしている最中，「人々は必死に鎮まって一言一句を聞い」ていたと言われる［*DASI*: 122］．そして，演説が終わった後，会場から「大きな拍手」が起こった［*IO*, 22-9-1906］．そして，集会の最後には全員が「立ち上がり，手を高く上げ，神を証人として（*īśvarne sākṣī gaṇīne*），法が通過しても，それを支持しないことを誓った」と記録される．ガーンディー曰く，「この光景は，私がいつまでも忘れることができないようなものであった」[*DASI*: 122]．興味深いことに，この集会の次の日に，この劇場で「ある事件」が起こって，劇場が「全焼して」しまったという．ガーンディーは，これを「吉兆（*śubh śukan*）」と捉え，「共同体に祝いを与えてくれた」と解釈した．それはあたかも，「限度」のない「人々の情熱（*utsāh*）」が劇場を燃焼させてしまったかのようであったと報告される[*DASI*: 122–123]．

22）具体的には，1906年7月20日から23日の間に，自身が経営する共同居住地であるフェニックス・セツルメントにおいて，自身の親しい政治的協同者数人の前で誓いを立てた．

23）このグジャラーティー語の *avīryavān* は，サンスクリット語に遡れば，*avīryavat*（否定時 *a*＋名詞 *vīrya*＋接辞 *vat*）という語の主格単数男性形と分析される．この点については，川村悠人先生と置田清和先生にご教授していただいた．この場を以って感謝申し上げます．

24）序章と結語を含めた全15章で構成される．1913年1月4日から8月16日にかけて，合計34回にわたって，『インディアン・オピニオン』紙に連載された．

25）このような自然療法の効用を，ガーンディーは南アフリカ滞在期に最もラディカルに信じていたと語る[*DASI*: 284]．

26）1913年5月3日に，ヨハネスブルグで開催された集会において，最終戦争の開始が宣言された．

27）ちなみに，ここでガーンディーが男性だけでなく，女性にとっても精液結集が不可欠であることを語っていることについて説明しておかなければならない．つまり，ガーンディーは精液が男性だけでなく女性にも内在していると信じていたようである．これはアーユルヴェーダの一部の理論においては一般的な考え方であるが[Alter 1994: 53]，ガーンディー自身は女性の精液が具体的に何を意味するのかを生涯一度も説明することがなかった．もしも，*vīrya* を精液ではなく，「生命力」や「活力」といったより物理的抽象度の低い精神的徳性として解釈するならば，女性の *vīrya* も理解できなくない．だが，ガーンディーは *avīryavān* の状態を，しばしば夢精の問題と結び付けていたことからも，安易に *vīrya* を生命力や活力として解釈することはできない．つまり，女性の *vīrya* の具体的な意味は不明である．

28）見た目は美しいが猛毒を持つことの比喩．宝石商が，宝石の重さを計るのに用いられた．

第2章
『ヒンド・スワラージ』の思想形成
——三人の同時代人からの交錯する影響

はじめに

前章で論じたように，ガーンディーは1906年にサッティヤーグラハ闘争が誕生した時点で，「それが何であるか，私自身で全く認識できなかった」という．その時点では，ただ何か「全く新しいもの」あるいは「重大なもの」が誕生したという漠然とした感覚のみがあった．ガーンディーは一時的に西洋社会で行われているボイコットやストライキ活動を意味する「受動的抵抗（passive resistance/*niṣkriya pratirodh*）」を，自身の新しい意味を持つ政治闘争を説明する際に使用していた（第1章第1節参照）．

だが，闘争開始から約1年半を経た1908年1月に，最初の入獄生活（1908年1月10日から30日）[1]を経験していたガーンディーは[2]，自身の闘争を受動的抵抗とはっきりと区別するために，『インディアン・オピニオン』紙1908年1月11日号上で，「サッティヤーグラハ」と改名する旨を発表した（第1章注11参照）．つまり，ガーンディーはこの時点で，1906年9月11日の演説で語った自分たちの「存在」がかかった運動が，政治的利害に還元不可能な宗教的な「真理」をめぐる闘争であることを明確に打ち立てたのであった．

闘争が展開する中で，ガーンディーは洋の東西を問わない浩瀚な文献を渉猟し，自身が作り出した新たな闘争原理を説明するための知識を培っていった［*IO*, 28-3-1908］．そして，サッティヤーグラハ闘争の意味を初めて体系的に記した著作を1909年末に執筆した．それが，『ヒンド・スワラージ（*Hind Svarāj*）』であった．このグジャラーティー語で約3万字，計20章で構成されたガーンディーの処女作は，序章でも述べた通り，多くの研究者からガーンディー思想を理解する上で最も重要な著作と見なされている（序章第3節(1)参照）．ガーンディーは，「ただサッティヤーグラハの偉大さ（*bhavyatā*）」と，それに対する自身の「信仰の度合い（*śraddhānuṃ māp*）」を示すためにこの著作を執筆したという［*DASI*: 267］．

また，この著作を考察する上で重要なのは，題名が「インドの自治・独立」を意味する「ヒンド・スワラージ」の語が付されていることからも見てとれるように，本書がガーンディーのナショナリズム思想を体系的に提示した初めての著作でもあったということである［Parel 2001; Steger 2000: 67–87; 長崎 2002; 1996: 99–105］．ガーンディーが南アフリカでサッティヤーグラハ闘争を開始した1906年は，ちょうどインド東部のベンガル地方で「スワラージ」や「スワデーシー（*svadeśī*，国産品推進．第4章第3節参照）」などのスローガンを掲げた国民会議[3]主導の反英闘争が興隆していた時期であった[4]．ガーンディーが南アフリカでサッティヤーグラハ闘争を指導する中で，同時期のインド人知識人の間に起こっていたナショナリズム意識の高まりに深い注意を払っていたことは明らかであった[5]．ガーンディーの『ヒンド・スワラージ』で説かれるサッティヤーグラハ思想は，南アフリカの在留インド人の公民権の獲得という目的を越えて，最終的には「一つの国民（*ek prajā*）[6]」［*HS*: 32, 95–98, 102–104, 111］の実現という全インド・レベルのナショナルな宗教的政治的目的の達成に向けた壮大な構想を有するものであった[7]．

この『ヒンド・スワラージ』の中でも，「サッティヤーグラハ」という言葉が章題に使用されている唯一の章である第17章（「サッティヤーグラハ――アートマンの力（Satyāgraha: Ātmabaḷ）」）は［*HS*: 182-210］，著名なガーンディー研究者のA. パレルも指摘するように，本書全体の中で「最も重要な章」とされている［Parel 1991: 274］．ガーンディーはこの第17章の中で，サッティヤーグラハが思想的・歴史的・政治的意味で，なぜインドのスワラージという目的を達成する上で最善の道であるのかを読者に説得的に示そうとした．加えて，この章の中で，ガーンディーはサッティヤーグラヒー（サッティヤーグラハの実践者）になるために，なぜブラフマチャリヤという身体統制が必要不可欠であるのかも説明している．

本章では南アフリカでガーンディーのサッティヤーグラハ闘争が誕生して3

年後に書かれた，この『ヒンド・スワラージ』の第 17 章の内容を吟味することで，そこで説かれるサッティヤーグラハ思想とブラフマチャリヤ思想との関係をめぐるガーンディーの理解がいかなるもので，その理解がいかに形成されたのかを探究していく．そして，これらサッティヤーグラハとブラフマチャリヤの思想がガーンディーのナショナリズム思想といかに結び付くものであったのかも示したい．

こうした思想分析の上で着目することになるのが，『ヒンド・スワラージ』の第 17 章の内容に甚深な影響を与えたと考えられるシュリーマッド・ラージチャンドラ，レフ・トルストイ，スワーミー・ヴィヴェーカーナンダという三人の同時代人（*ādhunik manuṣyo*，近代人）の思想である．当然，『ヒンド・スワラージ』で示されているガーンディーのサッティヤーグラハやブラフマチャリヤの思想的源泉をこれらの三人に還元することは不可能である．すでに述べた通り，ガーンディーは膨大な著作を読み，また様々な知識人や政治家と交流する中で自身の思想を彫琢していった．それにもかかわらず，これらの三人の思想からガーンディーが受けた影響は後述する通り，他のいかなる思想家と比べても突出していた．つまり，これらの三人の思想に対する綿密な分析は，ガーンディーの生涯にわたる思想形成を理解する上で鍵となってくるものなのである．

本章の構成は以下の通りである．まず第 1 節では，上で挙げた三人の内の一人ラージチャンドラの宗教思想が，ガーンディーの『ヒンド・スワラージ』の第 17 章に書かれたサッティヤーグラハ思想に与えた影響について見ていく．第 2 節では，同様に三人の内の一人であるトルストイの無抵抗思想が第 17 章で説かれるサッティヤーグラハ思想に与えた影響を見ていく．その際に，トルストイの思想にはラージチャンドラの思想と対立する側面が見出されることを指摘し，そのことがガーンディーの思想形成にいかなる影響を及ぼしたのかを論じる．続く第 3 節では，三人目の人物であるヴィヴェーカーナンダのラージャ・ヨーガ思想が，第 17 章に記されたブラフマチャリヤ思想とナショナリズム思想に与えた影響を見ていく．その際に，ヴィヴェーカーナンダの思想には，ラージチャンドラとトルストイが依って立つところの宗教形而上学と本質的に対立する側面があったことを指摘する．そして，この対立するはずの三人の思想がガーンディーの中で 1 つに統合される中で，いかにしてガーンディー独自

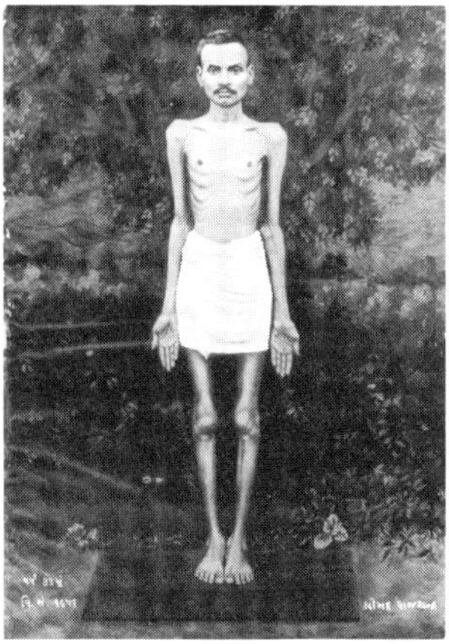

写真2-1　33歳のシュリーマッド・ラージチャンドラの肖像（ジャイナ教歴(ヴィーラ・ニルヴァーナ・サンヴァト)1956年＝西暦1901年）[Rājcandra 2010c: Frontispiece]

の宗教的政治思想の基盤が形成されたかを明らかにしたい．

1. シュリーマッド・ラージチャンドラからの影響

(1)シュリーマッド・ラージチャンドラとは？

ガーンディーは『アートマ・カター』の中で，自身の生涯に「深い影響（*ūṇḍī chāp*）」を与えた三人の代表的人物の一人として，著名な西洋思想家のレフ・トルストイやジョン・ラスキンの二人に先行してシュリーマッド・ラージチャンドラ（Śrīmad Rājcandra, 1867-1901，別名 Rāycandbhāī Rāvjībhāī Mahetā，写真2-1）という人物の名を挙げている［*AK*: 96, 144-147］．

> 私の生涯に深い影響を与えた同時代人（*ādhunik manuṣyo*，近代人）がいる．ラーイチャンドバーイー〔ラージチャンドラの別名〕は彼との生きた交流（*jīvant saṃsarg*）によって，トルストイは彼の『神の国は汝らのただ中にあり（*Vaikuṇṭ Tārā Hṛdaymāṃ Che*）[8]』という名の本によって，またラスキンは『この最後の者にも（*Anṭu Dhis Lāsṭ*）』――『全ての者の興隆（*Sarvoday*）[9]』という名の著作によって，私を目も眩むばかりに魅了（*cakti*）した．［*AK*: 96］

ガーンディーは生涯にわたって，これら三人から受けた深い影響について語っていた．トルストイはその無抵抗思想から（本章第2節参照），ラスキンはその経済思想から［*AK*: 317–319; Rudolph and Rudolph 2008a: 141, 162–163］，ガーンディーは甚大な影響を受けた．そして，これら二人にもまして，ガーンディーはラージチャンドラから最も大きな思想的影響を受けていたことを『アートマ・カター』だけでなく，生涯の様々な場所で繰り返し述べていた［*GA* 3: 218; 9: 290–291; 13: 135, 271–274, 282–283; 25: 340; 37: 246–252; 43: 111］．このことからも，当然ながら少なからぬ先行研究が，ガーンディーの思想形成に与えたラージチャンドラからの影響に言及してきた［Chatterjee 1983: 32, 155–156; Parel 2006: 14–17, 103–104; Brown 1989: 76–85; Nanda 1996: 143］．

とはいうものの，これまでラージチャンドラがガーンディーに与えたと言われる「深い影響」が具体的にいかなるものであったのかを探究した研究はほとんど存在しなかった[10]．その理由は極めて明快と思われる．ラージチャンドラによって書かれた文書の全てがグジャラーティー語で執筆されているからである．ガーンディー研究に限らず，そもそもラージチャンドラがいかなる人物で，いかなる思想の持ち主であったのかということは現代に至っても多くが未解明のままである[11]．

ラージチャンドラはガーンディーと同じグジャラートの商人（バニヤー）カーストに所属するジャイナ教徒であった[12]．年齢もガーンディーと2歳違いの同時代人であった．とはいえ，生前にインド，イギリス，南アフリカという3つの地域で広範囲に活動したガーンディーと異なり，ラージチャンドラは自身の全生涯をボンベイ管区（現在のマハーラーシュトラ州，グジャラート州，カルナータカ州，パーキスターンのシンド州など[13]の一部を含む）の限られた地域で過ごした［Govardhandāsjī 2008: 167–190, 257–274］．グジャラーティー語，ヒンディー語，英語という3つの言語に堪能で，インド国内外で広く名声を博したガーンディーと異なり，ラージチャンドラはグジャラーティー語でのみ文書を記し，その知名度も地域的に限定されたものであった［Govardhandāsjī 2008: 141–153］．20代の頃から指導者としてのカリスマ性を発揮し政治的舞台で華々しく活躍したガーンディーと異なり，ラージチャンドラは28歳の時，自身の家族と宝石商の仕事を放棄して，ボンベイ管区の僻地を回る隠遁生活を送って33歳の若さで没した［Govardhandāsjī 2008: 173–190, 257–274; Kalārthī 2009: 23–30］．

出身地域・世代・カースト以外は一見すると何の接点もないように見える二

人である．それにもかかわらず，ラージチャンドラの思想は，ガーンディーに生涯最大の影響を与えたと言われる．

以下では，ガーンディーが『アートマ・カター』で述べたラージチャンドラとの「生きた交流」がいかなるものであったのかを見ていきたい．

(2) ガーンディーとの交流

ロンドンで法廷弁護士の資格を取り，インドに一時滞在した後，1893年にガーンディーは弁護士業に従事するために，南アフリカに移住した．南アフリカに到着して間もない頃，ガーンディーはトランスヴァールのプレトリアで1年の期間滞在した（1893年6月～1894年5月）．この時期に，ガーンディーは弁護士業という職業に従事する傍ら，ヒンドゥー教に対して初めて深い実存的レベルの関心を抱くようになっていた[14)] [*AK*: 134-137]．ガーンディーは後にこのプレトリア滞在期を，自身のヒンドゥー教徒としての宗教アイデンティティを確立した「宗教的攪拌（*dharmik manthan*）」の時期であったと表現している［*AK*: 134］．

ガーンディーが自身の宗教アイデンティティを模索するようになった背景には，仕事上の付き合いから毎週交流しなければならなかった福音派（エヴァンジェリカル）キリスト教徒との出会いが密接に関係していた．これらのキリスト教徒は，超越神の実在性や超自然的な奇跡の史実性，また聖典の無謬性について虚心坦懐な実在論の立場に立つ宗教的な保守主義者であった．キリスト教徒たちは，ガーンディーにヒンドゥー教からキリスト教に改宗する必要を迫った．ガーンディーはここで，それまで素朴に受け入れていた自身のヒンドゥー教徒としての宗教アイデンティティを初めて反省的に見つめ直すようになった．つまり，ガーンディーは，アートマンの不滅，神の実在性，輪廻転生，宇宙の起源等に関するヒンドゥー教の教義が，今後生きていく上で信じるに足る内容のものかどうか今一度深く省察する必要に迫られた．ガーンディーはこのプレトリア滞在中に80冊以上の宗教書を渉猟したと言われる［Doke 1909: 80］．

だが，ガーンディーは個人でヒンドゥー教思想を哲学的に省察する作業には限界を感じていた．この時期に，ガーンディーは自身が信頼する何人かの知識人と交流するようになった．その中でもガーンディーの宗教アイデンティティを確立する上で決定的な役割を果たしたとされるのが，ラージチャンドラであった.

ガーンディーは南アフリカに渡る以前の1891年にラージチャンドラに最初に出会っている．ガーンディーは，『アートマ・カター』の中で，ラージチャンドラと「初めて会った時に，彼は人格者で智者（*jñānī*）であることが分かった」と記録している［*AK*: 94］．当時，ラージチャンドラは宝石商として働いていたが，すでに周囲から，「シャーターヴァダーニー（*śātāvadhānī*, 同時に100のことを暗記し処理する能力のある人物）」として畏敬の念を抱かれていた．それ以上に，ガーンディーは，ラージチャンドラが「ヒンドゥー教の経典に関する広い学識，純粋な人格とアートマ・ダルシャン（*ātmadarśan*, アートマンのダルシャン（悟り，参拝，顕現，省察，直観））への激しい熱意」を持っていたことに「魅了（*mugdhya*）」されたという［*AK*: 94］．ガーンディーは，このようなラージチャンドラとの交流について次のように述べている．

> 私は宗教界の多くの指導者たちに接するようになって，様々の宗派の指導者たちに会うことに努めるようになった．だが，ラーエチャンドバーイーが私に与えたような影響を他の誰も与えることはなかった．［*AK*: 95］

南アフリカ滞在期に，「宗教的攪拌」の状態にあったガーンディーは，「純粋な智者」として自身が深い信頼を置くラージチャンドラに「庇護」を求めた［*AK*: 134–137］．

1894年に，ガーンディーはラージチャンドラ宛てに，「アートマンとは何か（*ātmā śuṃ che ?*）」という問いに始まる27個のヒンドゥー教の形而上学に関する問いを記した書簡を送った．ラージチャンドラはこれらの全ての質問に対する自身の詳細な回答を送った[15]．その後，約2年間にわたり，ガーンディーはラージチャンドラと書簡で交流を続け，ヒンドゥー教の哲学的知識を涵養していった．この間に，ラージチャンドラは自身の書簡の他に，自著の『解脱の詞華集（*Mokṣamāḷā*）[16]』（1884）［Rājcandra 2010b］やインド哲学関連の書籍も送った[17]．

ガーンディーは『アートマ・カター』の中で，このラージチャンドラとの交流を通して，「ヒンドゥー教（*hindu dharm*）の中には，微細（*sūkṣam*）で秘匿な（*gūḍh*）な思想があり，アートマンの省察（*ātmānuṃ nirīkṣaṇ*）があり，慈悲

(*dayā*) があるが，それらは他の宗教の中にはない」ことを教わったという [*AK*: 136]．つまり，ガーンディーはラージチャンドラとの交流を通して，「宗教的攪拌」の状態から解放され，ヒンドゥー教徒としてのアイデンティティを確立し，「平安 (*śānti*)」を取り戻したと言われる [*AK*: 136]．

(3)『ヒンド・スワラージ』に与えた影響

以下では，ガーンディーが自身のサッティヤーグラハの思想について説明した『ヒンド・スワラージ』の第 17 章の内容を，ガーンディーが読んだラージチャンドラの文書の内容と比較することで，後者が前者に与えた影響を見ていきたい．

『ヒンド・スワラージ』の内容は，特殊な文学形式で書かれている．『ヒンド・スワラージ』は，「読者 (*vācak*)」と呼ばれるサッティヤーグラハ闘争の方法に懐疑的でインドのスワラージを暴力的手段で達成しようと志す急進的なヒンドゥー教徒と，「編集長 (*adhipati*)」と呼ばれるサッティヤーグラハ闘争の意義を諭そうとする人物（これはガーンディー自身）との対話形式で書かれている[18]．このような形式で書かれた背景には，ガーンディーが『ヒンド・スワラージ』を執筆する直前に，ロンドンでスワラージを暴力的革命によって達成しようとする過激なヒンドゥー教徒の若者たちと接触したことが関係している[19]．

本章で扱う『ヒンド・スワラージ』の第 17 章は，以下のような読者の問いをもって開始する．読者は第 16 章までに編集長が説明してきたサッティヤーグラハ闘争の有用性に疑問を持ち，次のような問いを発した．

> 読者：あなたが話しているサッティヤーグラハあるいはアートマンの力 (*ātmabaḷ*) ということの何か歴史的証拠 (*aitihāsik purāvo*) はあるのか．今日まで，一つとして国民（プラジャー） (*prajā*) がそのような力 (*baḷ*) によって興隆した例は見られない．暴力 (*mārphāḍ*) なしに悪人はまともにならない，ということは今でもはっきりと経験されている．[*HS*: 182]

この問いに対して，編集長は次のように答える．少し長くなるが最初の問いに対する回答の全文を引用する．適宜，番号と下線を付す．

編集長：詩人（*kavi*）トゥルシーダースはこのように歌った．

①「慈悲（*dayā*）は宗教の根源（*dharmko mūl*）であり，身体の根源（*deh mūl*）は傲慢（*abhimān*）．トゥルシーは慈悲を捨てないように〔と言った．〕命が途絶える時まで．」

私にはこの成句が定理（*śāstravacan*）のように思える．2たす2が必ず4であるように，〔私は自分の〕確信を上の成句に置いている．②慈悲の力（*dayābaḷ*）はアートマンの力（*ātmabaḷ*）であり，サッティヤーグラハである．そして，この力（*baḷ*）の様々な証拠は至るところで見られる．その力がなければ，地上（*pṛthvī*）は奈落の底（*rasātaḷ*）に落ちてしまうだろう．

だが，あなたは歴史的な証拠（*aitihāsik purāvo*）を求めている．それゆえ，我々は歴史とは何を言うのか知らなければならないだろう．

③「歴史〔イティハース〕（*ithihās*）」の語意は，「このようになっていった（*ām thaī gayuṃ*）」である．その意味で取ると，あなたにサッティヤーグラハの証拠をたくさん示せるだろう．英語の言葉である「歴史」〔ヒストリー〕はその翻訳であり，その語の意味は帝王たちの年代誌（*tavārīkh*）であり，その意味で取るとサッティヤーグラハの証拠は見出せない．錫の鉱山の中であなたが銀を探そうとしても，どうして見つかるだろう．「ヒストリー（*hisṭrī*）」の中では世界（*duniyā*）の騒動（*kolāhal*）の物語（*kahāṇī*）のみが見つかるだろう．それゆえ，白人たちの中に，「ヒストリー」（騒動）のない人々は幸せであるという諺がある．王たちがいかに楽しみ，彼らがいかに血を流すか，彼らがいかに敵意を抱き合うか（*ver bāndhtā*），その全てが「ヒストリー」の中に見出されるのである．もしこれこそが歴史〔イティハース〕であるなら，もしこのようでしかなかったら，世界はすでに沈没してしまっていただろう．もし世界の物語（*kathā*）が闘争から始まっていたならば，今日一人として生き残っていなかっただろう．闘争の被害にあってしまった人々はまさにこのような状態になったのであった．オーストラリアの黒人たちは死滅してしまっている．彼らの中のほとんどを，オーストラリアの白人たちは生かさなかった．根絶させられてしまった人々は，サッティヤーグラヒーではなかった．生き残る者は，オーストラリアの白人たちも全く同じようになることを見るだろう．「剣を使う者たちの死は剣によって起こるだろう」．「泳ぐ者の死は，水の中である」，そ

のような〔諺が〕我々の間で言われている．
④世界（*duniyā*）にはこのような多くの人々がまだいるということは，世界の礎（*bandhāraṇ*）が武器の力（*hathiyārbaḷ*）ではないが，真理（*satya*），慈悲（*dayā*），すなわち，アートマンの力（*ātmabaḷ*）であることを知らせている．そのため，大きな歴史的な証拠は，世界が闘争（*laḍāī*）の騒乱（*haṅgāmo*）〔のただ中にある〕にもかかわらず存続しているというまさにそのことである．そのため，闘争の力（*laḍāīnā baḷ*）を行使することよりも他の力（*bījuṃ baḷ*）がその基礎（*ādhār*）なのである．
⑤何千いや何十万の人々が愛に囲まれて（*premvaś*）生活して人生を送っており，何億の家族の対立の取り込み（*kuṭumbonā kaleśnā samāveś*）は愛の情感（*prembhāv*）の中で起こっているのである．何百の国民（*prajā*）は調和（*samp*）しながら生活しており，その記録を「ヒストリー（*hisṭtī*）」は書かないし，「ヒストリー」はそもそも書けない．この慈悲の（*dayāno*），愛の（*premno*），すなわち，真理の流れ（*satyano prevāh*）が止められ，その中に分裂（*bhaṅgāṇ*）が起こる時こそ，その記録が書き記される．ある家族の兄弟二人が争った．その中の一人がもう一人に対してサッティヤーグラハを使用した．両方が後に和解して〔共に〕住み始めた．その記録を誰が記すのか．もし両方の兄弟の間で，弁護士の助けによって，あるいは，そのような他の理由によって敵意（*verbhāv*）が増加したり，彼らが武器（*hathiyār*）によって，あるいは法廷（法廷は一種の武器（*hathiyār*），物理的暴力（*śarīrbaḷ*）である）によって闘争したら，彼らの名前は大きく出版され，隣近所の人々が知って，またおそらく年代誌（*tavārīkh*）の中に記録されるだろう．家族の中，共同体の中，地域の中［の出来事］と同じように，国民（*prajā*）の中［の出来事］を理解すべきである．家族の中には1つの法（*kāyado*），また国民の中には他の［法がある］というように信じる理由はない．⑥「ヒストリー」は非自然的な事柄（*asvābhāvik binānī*）を記録していく．サッティヤーグラハは自然的（*svābhāvik*）であるため，その記録は残されない．［*HS*: 182–185，強調筆者，丸括弧内の補足語原文］

慈悲（ダヤー）

以下では，下線部を個別に見ていきたい．まず下線部①であるが，この詩の引用は，ここで有名な16～17世紀のヒンドゥー教の詩人トゥルシーダースのものであることが言われている．だが，詩の言葉は，ガーンディーが生前に親しんでいたトゥルシーダースの代表作である『ラームチャリトマーナス（*Rāmcaritmānas*）』や『アヨーディヤーカーンド（*Ayodhyākāṇḍ*）』の中には見当たらない[20]．また，A. パレルもこの詩がトゥルシーダースのものであるとする文献学的証拠はないとしている［Parel 2009: 88, note. 173］．とはいえ，詩の内容は広くインドの民衆に親しまれているものであったことも事実である．詩の作者が定かではないものの，ガーンディーはこの詩をしばしばトゥルシーダースの詩として引用していた［*GA* 24: 122, 36; 67, 50: 29］．

詩を考察する上で重要なのは，第一に，下線部①の後半部で，ガーンディーが「慈悲が宗教の根源」であるという「成句が定理（*śāstravacan*）のように思える」と述べていることである．第二に，パレルが指摘しているように，ガーンディーは詩を引用する際に，詩の2節目の「罪の根源は傲慢」という民衆詩の言葉を，「身体の根源は傲慢」という言葉に代替していることである［Parel 2009: 88, note. 173］．そして，後に秘書のマハーデーヴ・デーサーイーが記録しているように，ガーンディーは意図的に「身体」という言葉を民衆詩の引用の際に挿入した［*MD* 1: 111］．

まず，第一の点から考察したい．先に述べたように，ガーンディーは1894年から1896年にかけてラージチャンドラと書簡を通して交流した．実に，トゥルシーダースの詩とされる言葉と類似した内容は，この時期にラージチャンドラが書簡と共にガーンディーに送った自著の『解脱の詞華集』（以下，『解脱』）の第2課「万人に受け容れられる宗教（Sarvamānya Dharm）」［Rājcandra 2010b: 70-71］の中に見られる．

> もし宗教の本質（*dharmtattva*）について私に尋ねるなら，あなたに愛情をもって教えよう．それは全ての教義の骨子（*siddhānt sakaḷne sār*）であり，万人に受け入れられ（*sarvamānya*），万人に有益なもの（*sahune hitkār*）である．バガヴァーン〔ジャイナ教の開祖マハーヴィーラのこと〕は，説教（*bhāṣaṇ*）の中で語った．「慈悲（*dayā*）の他に宗教はない」．〔慈悲は，〕欠陥/穢れを消し去って（*kaḷvā doṣ*），生類（*prāṇī*）の恐れを取り除き（*abhay-dān*），満足を与える．真理（*satya*），謙遜（*śīḷ*），そして，全ての施し

(*saghḷāṃ dān*) は，慈悲があってこそ確実なものとなる．［Rājcandra 2010b: 70-71］

ここでマハーヴィーラの言葉として語られている「慈悲の他に宗教はない」という言葉は，トゥルシーダースの詩とされる言葉と酷似している．これに加えて重要なのが，『ヒンド・スワラージ』の中で，「この成句が定理のように思える」と述べられていたように，ラージチャンドラもまた，この成句が「全ての〔宗教の〕教義の骨子であり，万人に受け入れられ，万人に有益なものである」と語っていることである．実際に，この引用箇所が書かれた『解脱』の第2課の章題も，「万人に受け容れられる宗教」となっている．

合わせて第二の点についても考察したい．すでに述べたように，ガーンディーはトゥルシーダースのものとした民衆詩を引用する際に，そこに「身体」という語を挿入していた．後に，この点についてガーンディーがマハーデーヴ・デーサーイーと議論した際，デーサーイーは身体を慈悲実践の障害であるとするガーンディーの解釈は，民衆詩がバクティ詩人のトゥルシーダースのものとするならば本意を捉え損なっているのではないかと問うた．これに対して，ガーンディーは「もし我々が〔それを〕身体（*deh*）と理解するならば，『身体は傲慢の根源である』とは慈悲の道の妨げであるという意味となる」と述べ，このことは，解脱に向けた「最高の奉仕に従事することで，最も純粋な慈悲を得ることができる」ことを教える内容となるとして自身の立場を譲らなかった［*MD* 1: 111］．

このようなガーンディーの民衆詩の理解は，身体が解脱の障害となるとするラージチャンドラのジャイナ教思想を特徴付ける身体とアートマンの二元論と呼応するものであった［Kalārthī 2000: 95-96］．例えば，ガーンディーは，1913年7月2日付の親戚ジャムナーダース・ガーンディー宛てのグジャラーティー語の書簡の中で，上のトゥルシーダースの言葉とされる「慈悲は宗教の根源である（*dayā dharmko mūl hai*）」という詩の一節を引用している．その際には，トゥルシーダースの名は挙げられていない．そして，この詩の一節が「第一に理解されるべき基本的格言（*sahelum sūtr*）」であると語り［*GA* 12: 106］，「身体」に関する次のような言葉を述べている．

> アートマンが身体の拘束（*śarīr bandhan*）の中から解放（*chūṭe*）されたとき，解脱（*mokṣ*）が達成されたと見なされる．解脱の状態の中にいかなる状態が達成されているのか（*mokṣ daśāmāṃ kevī stiti varte che*）は，知覚可能なもの（*indriyagamya*）ではない．体験する（*anubhavāy*）ことでのみそれが可能である．［*GA* 12: 106］

このように書簡の中で，ガーンディーはジャムナーダースに，「慈悲は宗教の根源である」ことを書いた直後に，「身体の拘束」について説明している．そして，そこで解脱は「知覚可能なもの」ではないが「体験する」ものであることが語られた．

この「身体の拘束」に関する理解は，先に述べた1894年にガーンディーがラージチャンドラから受け取った書簡の中に書かれている．ラージチャンドラは書簡の中で，ガーンディーから送られた一通目の書簡に書かれた「解脱とは何か（*mokṣ śuṃ che ?*）」という質問に対して，次のように答えている．

> 身体（*deh*）などの中において――，アートマンは拘束（*pratibandh*）されており，それから完全に逃れる（*nivṛtti*）こと――自由（*mukti*）になること――，それが解脱の境地（*mokṣpad*）であると，智者たち（*jñānīo*）は述べた．［Kalārthī 2000: 99］

さらに，同じ書簡の中で，ラージチャンドラは「身体（*deh*）の拘束」を「縄」に喩えながら次のようにも語る．

> 1つの縄によって何度も巻き付けられ，腕が拘束（*bandh*）されてしまい，そこから拘束を1つ1つ解いていくように，拘束が解かれていくこと（*nivṛtti*）を経験する．そして，その紐の縺れが完全に解かれてしまうことを，最終的に，知る（*jaṇāy*）のである――体験する（*anubhavāy*）のである．［Kalārthī 2000: 99］

ここで，ラージチャンドラもガーンディー同様に，「解脱」が「身体」の「拘束」から解放されることを意味し，それは「知る」＝「体験する」種のものであることを語っている.

この他に,1913年のジャムナーダース・ガーンディーに宛ての書簡の中では,ガーンディーがラージチャンドラの書簡や著作を通して学んだと考えられる内容が多く記されている[21].

このように,下線部①でトゥルシーダースのものとされた「慈悲が宗教の根源」であるという発想や,「身体の根源は傲慢」であるという発想は,ガーンディーが南アフリカ滞在期に交流していたラージチャンドラのジャイナ教思想と深い親和性を持つものなのであった.

以下では,サッティヤーグラハ闘争の中心思想であるアートマン概念とラージチャンドラの思想との関係についてより詳しく見ていきたい.

自己(アートマン)

次に『ヒンド・スワラージ』第17章の引用箇所の下線部②を見たい.下線部②では,サッティヤーグラハは「慈悲の力」の他に「アートマンの力(*ātmabaḷ*)」と呼ばれている.実に,この「アートマンの力」という言葉は,『ヒンド・スワラージ』の第17章の副題においても使用されており,南アフリカ滞在期のガーンディーがサッティヤーグラハ闘争の原理を説明する際に最も頻繁に用いた概念の1つであった.

先に,ガーンディーが『アートマ・カター』の中で,ラージチャンドラとの交流について語っていたことを見た.その際に,ガーンディーは,慈悲概念の他に,ラージチャンドラから「ヒンドゥー教の中には,微細で秘匿な思想があり,アートマンの省察」があることを教わったと語っていた[*AK*: 136].また,ガーンディーはラージチャンドラの「ヒンドゥー教の経典に関する広い学識,純粋な人格とアートマ・ダルシャンへの激しい熱意」に印象付けられたこと,ラージチャンドラが「アートマ・ダルシャンにこそ生きていた」こと,ラージチャンドラの「関心,生きる目的は,アートマンを求道すること(*ātmaōḷkha*)」であったことを回想している[*AK*: 93–96].ガーンディーがラージチャンドラからの影響を語る際に最も頻繁に言及していた概念はこのような「アートマンの智識(*ātmajñān*)」に他ならなかった[22].

その中でも,ラージチャンドラが自身のアートマン概念を,「真の宗教の本質(Sattdharmtattva)」と題した『解脱』の第9課において「決定(けつじょう)宗教(*niścaydharm*)」と呼ばれる概念との関係で説明していることは重要である.

始まりなき時（*anādi kāḷ*）より，カルマの網の拘束によって（*karmajāḷnāṃ bandhanthī*），このアートマンは，輪廻の世界（*saṃsār*）の中を彷徨ってきた．一時もそれ〔輪廻を彷徨うアートマン〕に真の幸福（*kharūṃ sukhu*）はなかった．堕落（*adhogati*）していくこと，また堕落に陥ることから，アートマンを守るものの名が「宗教（*dharm*）」と呼ばれる．全知のバガヴァーン（*sarvajña bhagvān*）〔＝マハーヴィーラ〕は，その宗教の本質（*dharm-tattva*）の異なる区別を語った．その中の主要なものは２つある．1．実践宗教（*vyavahārdharm*）．2．決定宗教（*niścaydharm*）．［Rājcandra 2010b: 81］

ラージチャンドラはここで，宗教の意味を「アートマンを守るもの」と定義している．そして，その宗教の本質には，「実践宗教」と「決定宗教」という２つの側面が見出されることを述べる．この「実践宗教」とは「慈悲を主な〔原理〕」とする［Rājcandra 2010b: 81–82］．すなわち，慈悲は世俗世界においてジャイナ教徒が（動植物を含める）他者と交流する際に求められる実践的概念を意味するものとされた．

それに対して，宗教の本質を形成するもう１つの「決定宗教」は，「アートマン」の内省的な「認識」に関わる概念とされる．ラージチャンドラは続けて次のように説く．

もう１つの決定宗教――自身の自己の本質（*potānā svarūp*）の幻影（*bhramṇā*）を回避し，アートマンの気質（*ātmabhāv*）によって〔自己の本質を〕認識すること（*oḷkhvo*）．この輪廻世界（*saṃsār*）は，私のものではなく，私はそれと異なり，完全な孤立（*param asaṅg*）を達成した人に似ている（*siddhasadṛś*）のが純粋なアートマン（*śuddha ātmā*）であり，そのようなアートマンの本質が顕現されること（*ātmasvabhāvvartnā*）が，決定宗教である．［Rājcandra 2010b: 83］

このようにラージチャンドラは「慈悲」を主な原理とする「実践宗教」と，「〔自己の本質を〕認識」し「アートマンの本質」を「顕現」することを目的とする「決定宗教」とを，「宗教の本質」を表す２つの側面であると述べているのである．

このような慈悲概念とアートマン概念は，『解脱』のジャイナ教思想を支える２つの最重要概念であった．そして，すでに見てきたように，ガーンディーもまたサッティヤーグラハを慈悲とアートマンの２つの概念から定義していた．その際に，ガーンディーが第17章の中で，アヒンサーの語を使用していないことも看過されるべきではない[23]．

真理（サッティヤ）

次に下線部④を見ていきたい．ここではサッティヤーグラハ闘争が依って立つところの「真理〔の力〕」，「慈悲〔の力〕」，「アートマンの力」が世界の「基礎」をなしていることが言われている．そして，「アートマンの力」が実質的力を持ちうるという「歴史的証拠」は，「世界が闘争の騒乱〔のただ中にある〕にもかかわらず，持続しているまさにそのこと」にあると説かれている．

この下線部③の言葉と類似した内容は，『解脱』の第23課の「真理(Satya)」に見出される［Rājcandra 2010b: 104–106］．

> 一般的な言い習わしにおいてさえも，次のように言われる．真理はこの「世界の維持者（*sṛṣṭi dhāraṇ*）」である．すなわち，真理の基礎（*satyanā ādhār*）によって，この「世界は継続しているのである（*sṛṣṭi rahī che*）」．この言い習わしから，宗教（*dharm*），倫理（*nitī*），統治（*rāj*），また，実践（*vyavahār*）が真理によって推進される，という教えを得るのである．また，それらの４つがなければ，被造世界の状態（*jagatnuṃ rūp*）は，いかに危険なもの（*bhayaṅkar*）となるだろうか．それゆえに，真理が「世界の維持者」であると言うことは，何か大袈裟なこと，あるいは信じられないようなことではないのである．［Rājcandra 2010b: 104］

ここで，ラージチャンドラは真理が「世界[24]の維持者」であることを述べている．また，「宗教，倫理，統治，また，実践」という４つの要素が「真理によって推進される」のでなければ，「世界の状態」を維持することが困難であることを述べている．ラージチャンドラが，「真理の基礎（*satyanā ādhār*）」によって，「世界は継続しているのである」と述べた言葉は，まさにガーンディーの世界の「基礎（*ādhār*）」が「真理」であり，それによって世界が「存続している（*nabhī che*）」という言葉を彷彿させるものである．

下線部③と下線部⑤については，次節でトルストイ思想との関係から吟味していく．

以上見てきたように，『ヒンド・スワラージ』の第17章に見られる少なからぬ内容（慈悲，アートマン，真理）が，ラージチャンドラの『解脱』の内容と深い親和性を持っている．このようなラージチャンドラの思想とガーンディーの思想とを一次文献から比較した先行研究はこれまでなかった．このことの理由としては，先ほど述べたように，このような文献比較が，グジャラーティー語の読解を必要とするものであったからと考えられる．

だが，それ以上に，そもそもガーンディーとラージチャンドラの言葉を比較しようとする着眼点を得ることさえ先行研究では困難となっていた[25)]．ガーンディーは1910年1月に『ヒンド・スワラージ』を1冊の著作として出版した際に（『インディアン・オピニオン』紙には，1909年12月11日号と18日号に分載），それまで『ヒンド・スワラージ』に含まれていた全20章の他に，「付録（Pariśiṣṭ）」を新しく加えた．そして，この付録部において，ガーンディーは自身が『ヒンド・スワラージ』執筆の際に影響を受けた20冊の著作を読者に公開した［*GA* 10: 66］（*IHR* も同様である［*IHR*: i］）．先行研究は，この文献リストを手がかりに，ガーンディーの『ヒンド・スワラージ』の思想形成を論じてきた［Parel 2009: xiii-lxii; 1991］．

しかしながら，この文献リストの中に，ガーンディーはラージチャンドラの著作を1冊も掲載していないのである．この理由は恐らく，当時ラージチャンドラの名がインドの一部地域を除いて無名であり，また掲載してもラージチャンドラの文献を入手して読むことが多くの読者にとって不可能だったからと考えられる．

むしろ，ガーンディーは『ヒンド・スワラージ』の中で，ラージチャンドラの思想に重要な淵源を持つとされる言葉を，インド人読者により親しみのあるトゥルシーダースの詩として紹介することで，読者に自身の思想の意義をより効果的に伝えようとしたのではないかと思われる．そもそもガーンディーはこうしたラージチャンドラの慈悲概念が，ラージチャンドラに固有のものではなく，歴史を通して普遍的に見出される真理（「定理」）であると信じていたので，その思想の起源に拘泥することはなかった．あくまでガーンディーは，「文字（*akṣar*）」よりもテクストの文脈全体から読み取れる「隠れた意味（*rahasya*）」

あるいは「精神（spirit）」を読者に伝えることを重視した［*NJ*, 11-10-1925; *YI*, 25-8-1925］.

(4)ラージチャンドラからの警告

これまでガーンディーとラージチャンドラの思想的類似性について見てきた．だが，本節の冒頭で述べたように，両者が生涯に行っていた活動の性格は対照的であり，しばしばそれらの活動を支える思想にも相容れない側面が散見された．

16歳の時に書かれた『解脱』の執筆時点でも少しばかりは垣間見られたものの，ラージチャンドラは23歳あたりから俄かに隠遁主義的傾向を強めていった[26)]．『解脱』執筆から約10年後に書かれたガーンディー宛ての3つの書簡の中には（本章注15及び注22参照），このような隠遁主義的傾向が，『解脱』よりも遥かに顕著に見られた．そこでラージチャンドラは，「実践（*vyavahār*）」的観点よりも，専ら静寂主義的に解釈された「決定（*niścay*）」的観点を強調し[27)]，解脱の探求者が「アートマンの智識（*ātmajñān*）」の達成や「アートマンの探求（*ātmārthī*）」のために，世俗世界の喧騒から遠ざかり，自己の内面の深みに没入する重要性を説いた［Kalārthī 2000: 115-118］．

例えば，ラージチャンドラからガーンディーに宛てられた三通目の書簡の中で，ラージチャンドラは次のようにガーンディーの政治活動を戒めている．当時のガーンディーは，自身が結成したナタール・インド人会議（Natal Indian Congress）を通して，南アフリカにおける在留インド人のための公民権運動に邁進していた．

> ナタールの人々の福祉のために，あなたが世俗的活動に参与（*pravartvuṃ*）すべき〔と考える〕ことは，決定（*niścay*）とは見なされえない．〔……〕それだけでなく，これらの人々の福祉のためにあなたが行動すべきと仮定することは，〔そもそも〕あなたの間違った理解（*samajvāpher*）のように思われるのだ．［Kalārthī 2000: 118］

ここにおいてラージチャンドラは，アートマンの解脱を目的とする「決定」の観点から，ガーンディーの世俗的活動が「間違った理解」に基づいているものとして戒めている.『解脱』で説明されたように,「決定宗教」とは「自身の自己の本質の幻影を回避し,アートマンの気質によって〔自己の本質を〕認識すること」であり,「この輪廻世界は,私のものではなく,私はそれと異なり,完全な孤立を達成した人」と知ることであり,「アートマンの本質が顕現されること」を意味する内省的概念であった.

また,ガーンディーがラージチャンドラに送った最初の書簡の中に記された21番目と22番目の質問に対して,ラージチャンドラは書簡の中で次のように返信している.

> 質問〔ガーンディー〕:世俗世界の終わり(*duniyānī chevaṭ*)は,どのような状態になるのか.
> 答え〔ラージチャンドラ〕:完全な解脱の境地(*keval mokṣarūp*)に,全ての生類(*jīvo*)の状態が至るということ,あるいは,完全なこの世俗世界の破壊(*duniyāno nāś*)といったようなことが起こることは,私には合理的に(*pramāṇrūp*)思われない.移り来たる時を超えて,それらの〔生類の〕状態〔は変わらないまま〕であるように思われる.ある性質(*bhāv*)は変化し減衰し,またある〔性質は〕栄える.一方の領域が興隆すると,もう一方の領域は衰退する.そのようなことが,この世界(*sṛṣṭi*)の状態である.
> [Kalārthī 2000: 108,強調筆者]

> 質問:この非倫理的〔な状況〕から(*anītimānthī*),倫理的回復は起こっていくのか.
> 答え:この質問と答えを,非倫理(*anīti*)を好む生類が利用することは願わしくない.全ての性質(*bhāv*)などは〔永続的に〕存在している.〔すなわち〕倫理(*nīti*)—非倫理(*anīti*)〔は永続的に存在している〕.〔……〕全ての生類によって,非倫理が取り除かれ,倫理が行き渡るということを断言することはできない.なぜなら,極端にそのような状態が起こることは可能ではないからである.[Kalārthī 2000: 108-109]

ここで示されているラージチャンドラの世界理解は,次の二点にまとめられるだろう.(1) 世俗世界において全ての生命が解脱することは起こりえないということ，(2) 世俗世界において「倫理（＝善)」と「非倫理（＝悪)」は永続的に実在し続けるということである．すなわち，世俗世界において善悪は永続的であり，いずれか一方が支配的になるといった「極端な状態」は起こりえないということである．

これに対して，ガーンディーはラージチャンドラから批判を受けた1896年の時点でも明らかに，世俗世界における「極端な」倫理的回復が可能であると考えていた．そして，そのような信念が彼の政治活動の意欲の源泉となっていたのであった．ラージチャンドラから言わせれば，このような世界理解は「誤った理解」に他ならなかった．なぜなら，解脱はあくまで個人のレベルでのみ達成されうるものだからである．

この両者の思想的相違をよりよく理解するためには，ラージチャンドラの他にガーンディーが深く影響を受けたトルストイやヴィヴェーカーナンダの思想を吟味する必要がある．

2. レフ・トルストイからの影響

南アフリカ滞在期において，ラージチャンドラの他に，ガーンディーのサッティヤーグラハ思想に最も大きな影響を与えたと考えられるのが，ロシアの文豪であり宗教家であるレフ・トルストイ（Count Lev Nikolayevich Tolstoy: 1828-1910）であった．

ガーンディーは南アフリカ滞在期にトルストイの様々な著作を読んでいた．その中でも『神の国は汝らのただ中にあり――神秘的宗教ではなく，生命の新たな理論としてのキリスト教（*The Kingdom of God Is within You: Christianity Not as a Mystic Religion but as a New Theory of Life*）[28]』（1893）（以下，『神の国』）という著作の「独立した思考様式（*svatantr vicārśailī*），その成熟した倫理（*prauḍh nīti*），その真理（*satya*）」は，ガーンディーを「圧倒した（*gheryo*）」と言われる．それほどに，この著作の「影響（*chāp*）が，私〔ガーンディー〕の上に極めて深く及んだ（*bahu ūṇḍī paḍī*）」という[29]［*AK*: 137; *IO*, 5-6-1909］．

この著作の他にも，ガーンディーは少なくとも，トルストイの『芸術とは何か』（1897），『現代の奴隷制度』（1900），『第一段階――菜食主義について』（1892），『要約福音書，あるいは福音書の手短な解説』（1881），『復活』（1899）

などの著作を読んでいた.

特に，ガーンディーが『ヒンド・スワラージ』を執筆する直前に読んでいた「あるヒンドゥー教徒への書簡（A Letter to a Hindoo）」（以下，「あるヒンドゥー教徒」）と題された論稿は，後述する通り，『神の国』と並び『ヒンド・スワラージ』の内容に甚大な影響を与えた．そして，ガーンディーはこの論稿を読んで深い感銘を受けたことを機に，1909年10月1日からトルストイが没する（1910年11月20日）までの間に，4度の書簡の交流を行った[30)].

以下では，主にトルストイの『神の国』と「あるヒンドゥー教徒」の内容を見ながら，ガーンディーがトルストイから受けた思想的影響について見ていく.

(1)内的完全性と外的完全性

前節において，ガーンディーのサッティヤーグラハ思想には，ラージチャンドラの慈悲・アートマン・真理といった諸概念からの少なからぬ影響が窺われたにもかかわらず，両者の間には自己と世界の関係をめぐる理解に根本的な相違が見出されることを指摘した．すなわち，ガーンディーは個人の解脱と世俗世界の倫理的回復の両方が可能であると考えていたのに対し，ラージチャンドラは後者が起こりえないものとした．そして，ラージチャンドラはガーンディーの在留インド人の権利向上のための政治運動が「間違った理解」に基づくものであるとして批判した.

このようなラージチャンドラの思想に対して，トルストイの説く宗教思想は極めてラディカルな意味で内的（＝個人の）完成と外的（＝世俗世界の）完成の一致を説くものであった．『神の国』の題名にある「神の国」とは，このような内外の完全な一致が成就された状態を意味した.

より具体的には，神の国とは「自己の本質的意識」の「主要な特徴である愛」を全ての人々が実現している社会状態を意味した．トルストイ曰く，このような「自己」は，「神的自己，神的火花」である［Tolstoy 1984: 46］．そして，このような「生命の根源」に参与することによってのみ「真実の，合理的生命」が実現するとされた［Tolstoy 1984: 41；強調筆者］．すなわち，トルストイにとって，自己の本質である愛に生きることは，「超自然的」で「迷信的」な教義を説く「教会的真理」とも［Tolstoy 1984: 21-36］，教会的真理の反動として生まれた「科学的原理」とも［Tolstoy 1984: 37-47］明確に区別されるものとされた．このようなトルストイの説く「神の国」や「愛」の概念は，キリスト教で説かれる神学的二元論とは異なり，愛＝神的自己＝世界の一致という一元論的理解に基礎付けられるものであった．

トルストイは，『神の国』で次のように説く．

> キリストの教えはそれが完全な完成を要求する時のみ力を持つ．すなわち，全ての人間の魂に内在する神的本性と神の意思との融合であり，息子（the Son）と神（God）との融合である．キリストの教えに従った生命は，全ての人間に内在する神の息子（the Son of God）を動物〔的本性〕から解放し，父（the Father）に近付けることに他ならないのである．［Tolstoy 1984: 43］

こうした内外の一致を説くトルストイの『神の国』の思想を，南アフリカ滞在期のガーンディーは「最も合理的（*khūb j tarkśuddh*）」な思想であったと語っている［*GA* 9: 261］．

そして，内外の完全性が実現された状態こそ，「真理」が達成された状態としてトルストイは次のように語った．

> 「第一に天の王国〔神の国〕とその義を求めよ」．
> この教えの成就はより高い真理の達成，〔つまり〕その者の**中にある**さらなる愛をより堅固に確立していくということと，その者の**外にある**神の国をより広く確立していくということの妨害なき進歩の中にのみ見出されるのである．［Tolstoy 1984: 22，強調筆者］

さらに，次のようにも述べられる．

> 全ての新しい真理は，人間生命の秩序を変化させ人間性を発展させてきたが，最初の内は，それを内なる霊的直感（inner spiritual intuition）を通して理解した極めて少数の人間にのみ受け入れられる．残りの人類は既存の秩序が依って立つところの先行する真理を信頼し受け入れ，常に新しい真理の伝搬に反対するのである．

> だが，まず人々はじっとしてはいられないことを見るが，着実に真理の承認は大きくなっていき，それを人生に取り入れるようになっていく．そして，第二に，彼らが生きる時代において，教育も人種も異なる様々な人々の全てが新しい真理を理解するようになっていき，最初は霊的直感を持っていた人々に最も身近であった新しい真理は，ゆっくりと一人一人に，いずれは最も急速に伝搬するようになっていく．〔……〕
>
> そして，〔新しい真理の伝搬の〕動向は，さらに早くなっていき，新しい真理と世論の調和が形成されるまで，まるで雪達磨のように，かつてなかった規模にまで拡大していくのである．そして，その時に全ての大衆にも一気に新しい真理が伝搬され，それに従った新しい社会秩序が設立されるのである．［Tolstoy 1894: 111］

このような『神の国』で記された内外一致の思想は，ガーンディーのサッティヤーグラハ（＝真理堅持）の思想に多大な影響を与えたと考えられる．ガーンディーは『ヒンド・スワラージ』の序文で，南アフリカ滞在中に様々な著作を読むことで，「心の中で深く深く見ていたもの（*manmāṃ je ūṇḍuṃ ūṇḍuṃ*）」が「支持（*ṭeko*）」されたことを語っている（*HS*: xiii）．そして，『ヒンド・スワラージ』の付録部に書かれた計 20 冊の文献リストの最初に挙げられたのが，このトルストイの『神の国』なのであった［*GA* 10: 66］．

(2)『ヒンド・スワラージ』に与えた影響

それでは，トルストイの思想は，『ヒンド・スワラージ』の第 17 章に具体的にいかなる影響を与えていたのだろうか．その影響を窺わせる最初の点は，『ヒンド・スワラージ』の第 17 章で，ガーンディーが慈悲・アートマン・真理といったラージチャンドラが使用していた諸概念の他に，「愛（*prem*）」という概念を用いていたことである．

例えば，前節で見た第 17 章の引用箇所において，ガーンディーはサッティヤーグラハを説明する際に，「この慈悲の（*dayāno*），愛の（*premno*），すなわち，真理の流れ（*satyano prevāh*）」という表現を使用している．これらの慈悲や真理といったグジャラーティー語の概念に，グジャラーティー語の「愛（*prem*）」の概念が加わったのは，ラージチャンドラやヴィヴェーカーナンダが信愛（バクティ）思想の意義をしばしば二次的なものと見なしていたことから鑑みても［Kalārthī 2000: 109-110; Vivekananda 1947: 260-261］，トルストイの思想が重要な役割を果たしていたと考えられる．

ガーンディーは自身の手による『ヒンド・スワラージ』の英訳である『ホーム・ルール』の中で，『ヒンド・スワラージ』で「慈悲の力（*dayābaḷ*）」と表現されている箇所を［*HS*: 179-180, 182, 269］，「愛の力（love-force, the force of love）」［*IHR*: 71-72, 73, 103］という表現に置き換えている．

トルストイが『神の国』で示した愛概念や内外一致の思想は，前述したトルストイの「あるヒンドゥー教徒」の中で最も簡潔にまとめられている．ガーンディーは『ヒンド・スワラージ』を執筆する直前の1909年のロンドン滞在中にトルストイの「あるヒンドゥー教徒」を読んでいた．そして，ロンドンからケープタウンに向かう帰路の汽船上で，『ヒンド・スワラージ』と同時並行して，ガーンディーは「あるヒンドゥー教徒」のグジャラーティー語訳も完成させている．10月1日にガーンディーがトルストイに送った書簡の中で，ガーンディーは「あるヒンドゥー教徒」の翻訳の出版許可を求めている（これらの一連の経緯については，本章注19参照）．

『ヒンド・スワラージ』執筆直前に翻訳し精読していた「あるヒンドゥー教徒」からの影響は，『ヒンド・スワラージ』の第17章の中に少なからず見出されるものである．例えば，前節で見た引用箇所にあった下線部③と下線部⑤の「ヒストリー」に対する批判は，「あるヒンドゥー教徒」の次のような議論と類似している．つまり，トルストイは「あるヒンドゥー教徒」の中で，古代において様々な暴力を正当化していた神的権威を帯びた「君主，ツァーリ，スルタン，ラージャ，シャー」といった政治制度が，近代以降は「科学」（ここでは19世紀後半の社会進化論や人種思想が意味される）によって取って代わられたと述べる［Tolstoy 1966: 169-170］．科学はトルストイによって，かつての神権政治と同じような「新たな迷信」と見なされる．そして，科学は，「理性と良心に従って生きるべきではなく，人々の間に長く存続していたとされるものにこそ人類が従うべきとする観念」によって暴力を正当化するという．それが，「『科学』が『歴史的』法則（“historical” law）と呼んだものであった」［Tolstoy 1966: 170］．この「歴史的」法則は，「動植物の間の生存闘争は常に適者生存によって完結させられるものであり，同じ闘争が人間の間でも行われるべき」ことを主張する［Tolstoy 1966: 170–171］.

このような「ヒストリー」が人間の暴力の行跡のみを記録するという考え，そして，「愛の法（＝神的自己）」は，「ヒストリー」の観点からは零れ落ちてしまうという考えは，「理性を通して人は自己を観察する（*observes*）が，意識を通してのみ人は自己を知る（*know*）」というトルストイの「自己認識（self-cognition）」理解に基づいていたと考えられる［Tolstoy 2010: 1293，強調筆者］．こうした「ヒストリー」をめぐるトルストイの考えは，下線部③と⑤のガーンディーの言葉を彷彿させるものである．

また，すでに述べたように，ガーンディーが英訳した『ホーム・ルール』においては，『ヒンド・スワラージ』で「慈悲の力（*dayābaḷ*）」と語られていた箇所は，「愛の力（love-force）」という言葉に代替されていた．同様に，『ヒンド・スワラージ』の第17章の冒頭に引用されたトゥルシーダースの詩とされる「慈悲は宗教の根源」という言葉は，『ホーム・ルール』において「憐憫あるいは愛（pity or love）は宗教の根源」［*IHR*: 73］という言葉に置き換えられている[31]．このような「愛」を「全ての宗教の根源」とする思想も，「あるヒンドゥー教徒」の中に見出すことができる．

> 〔人間の〕生の外在的秩序〔＝社会秩序〕が何世紀にもわたり，現在でも続いているにもかかわらず，かつて——現在から数千年も前に，異なる民族やしばしば強制的な秩序にある生活のただ中から，唯一同様の思想が表現された——それは，全ての個人の中に唯一の霊的源泉が表出し，全てに生命を注いで存続させ，またその霊的源泉は全てと融合し調和しようとし，愛によってこの融合を達成しようとする．この思想は様々な形式を伴って，多かれ少なかれ異なる時代に異なる場所で語られた．それはバラモン教，ユダヤ教，マズダ教（ゾロアスターの教え），仏教，道教，儒教，そして，ギリシャやローマの聖人の文書，また，キリスト教とイスラーム教において表明された［Tolstoy 1966: 167–168，丸括弧内の補足語原文］．

このようなトルストイの思想はまた，ガーンディーの『ヒンド・スワラージ』の他の章に見られる，「宗教の意味」を「ヒンドゥー教やイスラーム教やゾロアスター教という」実定宗教ではなく，「全ての宗教の中にある宗教（*e badhā dharmmāṃ je dharm rahyo che*)」に求めるといった主張を彷彿させるものである［*HS*: 81］.

『ヒンド・スワラージ』の第17章で提示されたサッティヤーグラハ思想は，ラージチャンドラとトルストイの宗教思想がガーンディー自身の中で独自に折衷される中で彫琢されたものと考えられる．ガーンディーは前者から慈悲・アートマン・真理といった概念を学び，後者から愛の法という思想を学んだ．また，前者に見られる隠遁主義的な世界認識を，後者の内外一致の宗教思想によって代替した．

(3) トルストイからの賛辞

すでに述べたように，ガーンディーはトルストイが没する前年の1909年10月から書簡の交流を開始していた．ガーンディーは1910年4月4日付で，トルストイに3通目の書簡を送った際に，自らの書簡と一緒に『ヒンド・スワラージ』の英訳である『ホーム・ルール』，『インディアン・オピニオン』紙数号分，そして，サッティヤーグラハ闘争の協力者であるJ. ドークによるガーンディーの伝記［Doke 1909］を送った．

これに対して，トルストイは9月7日付で，ガーンディーに返信を送った．その書簡は，それまでにトルストイによって書かれたガーンディー宛てのどの書簡よりも5倍以上の長さがある最長のものであった．トルストイは書簡の中で，南アフリカにおけるガーンディーの活動を「間違った理解」に基づくものとして批判したラージチャンドラと対照的な次のような賛辞を記した．

> あなたのトランスヴァールでのご活動〔サッティヤーグラハ闘争〕は，世界の中心からは遠く離れているように見えるにもかかわらず，我々にとって最も根本的で最も重要なものであり，世界〔の人々〕が今こそ共有できるものであり，我々が必ずや参加することになる事柄の最も重大な実践的証拠を提供しているのであります．それはキリスト教徒にとってだけでなく，世界の全ての人々にとってそうなのです．［Murthy 1987: 38］

すでに世界的に名声を博していたトルストイが，当時はインドの一部の知識人と南アフリカの中を除いて，ほとんど無名に等しかったガーンディーの政治活動を高く評価し，その活動が「世界の全ての人々にとって」重要な意味を持ち，「我々が必ずや参加することになる」と，1910年の時点で予告していた点は特筆に値する．あたかもトルストイは，後にガーンディーの思想がキング牧師やネルソン・マンデラといった活動家たちに伝搬し，文化の境界線を越えてグローバルな影響を及ぼすようになることを見通していたかのようである．

トルストイはこの書簡が書かれた2ヶ月後の11月20日に没した．トルストイからガーンディーに送られた最後の書簡であった．

3. スワーミー・ヴィヴェーカーナンダからの影響

(1)『ラージャ・ヨーガ』(1896)

これまで『ヒンド・スワラージ』の第17章の分析を通して，南アフリカ滞在期のガーンディーのサッティヤーグラハ思想に及んだラージチャンドラとトルストイからの影響について見てきた．それでは，『ヒンド・スワラージ』に書かれてあるブラフマチャリヤ思想やナショナリズム思想についてはどうであろうか．

本節では，この『ヒンド・スワラージ』の第17章で説かれているブラフマチャリヤ思想とナショナリズム思想を，スワーミー・ヴィヴェーカーナンダ(Swāmī Vivekānanda: 1863-1902)の思想からの影響に着目しながら分析していく．そして，このヴィヴェーカーナンダからの影響が，他のラージチャンドラやトルストイから受けた思想的影響とどのように絡み合っていたのかを示したい．

ガーンディーはヴィヴェーカーナンダの様々な著作を読んでいたことを語るが，次の1冊を除いて具体的に何を読んだのかは定かではない［*CWMG* 19: 307-308; *MD* 1: 266］．ガーンディーが読んだことが確実に分かっているのが，『アートマ・カター』でガーンディーが言及しているヴィヴェーカーナンダの『ラージャ・ヨーガ(*Rāja Yoga*)』(1896)［Vivekananda 1908］であった［*AK*: 260］．『アートマ・カター』によれば，ガーンディーは『ラージャ・ヨーガ』を，南アフリカ滞在中の1903年に読んだとされる[32]．

『ラージャ・ヨーガ』は，ヴィヴェーカーナンダが生前に出版した5冊の代表著作[33]の中でも，インド国内外で最も幅広く読まれ，西洋社会における「近代ヨーガ(the modern yoga)」の普及に甚大な影響力を持った著作と評される

[Michelis 2005: 3-12]．『ラージャ・ヨーガ』は，ヴィヴェーカーナンダの名を一躍有名にした1893年のシカゴ世界宗教会議における講演後の1895年から1896年の冬に，アメリカ人を対象にニューヨークで行われた一連の英語の講義を収録したものである．この著作で語られるインド哲学の基本的枠組みは，ヴィヴェーカーナンダ自身のアドヴァイタ・ヴェーダーンタ（不二一元論）の根本理解を反映するものとされる［Michelis 2005: 149-180; Fort 1998: 3］．

本書は，大きく2つのセクションに分かれる．1つ目が，ヴィヴェーカーナンダがラージャ・ヨーガの身体技法を8つの段階に分けて解説した合計8章から成る第1部である［Vivekananda 1908: 1-78］．もう1つが，「ラージャ・ヨーガに関する最高の権威」であり「教科書」とされる［Vivekananda 1908: ii］，パタンジャリの『ヨーガ・スートラ』のサンスクリット語原文とヴィヴェーカーナンダの英語注解を記した合計4章から成る第2部である［Vivekananda 1908: 79-180］．

ヴィヴェーカーナンダは，これら12章からなる『ラージャ・ヨーガ』の議論を通して，読者に「インド哲学の全ての正統的体系」が目指すところの「魂〔アートマン〕の解放（the liberation of the soul）」という究極的目的に至るための具体的な身体技法と宗教哲学の枠組みを提示した［Vivekananda 1908: ii］．ヴィヴェーカーナンダによれば，ラージャ・ヨーガの思想は，世界のあらゆる宗教的神秘を読み解く「論理的根拠（rationale）」［Vivekananda 1908: 43］であり，真の意味での「合理的（rational）」［Vivekananda 1908: 4-5, 10, 57, 60-61, 87, 104］な教えを意味した．

(2)『ヒンド・スワラージ』に与えた影響

ブラフマチャリヤと精液結集

議論を本章の第1節で論じた『ヒンド・スワラージ』の第17章の引用箇所に戻したい．ガーンディー（＝「編集長」）はこの引用箇所の直後に提示された「読者」からのいくつかの質問の回答の中で，サッティヤーグラハの「慈悲の力」や「アートマンの力」を，「闘争の力（*laḍāībaḷ*）」［*HS*: 186］，「身体的力（*śarīrbaḷ*）」・「銃弾（*dārūgoḷo*）」［*HS*: 193］，「大砲の力（*topbaḷ*）」［*HS*: 195］，「武器の力（*hathiyārbaḷ*）」［*HS*: 200］などとの対比で説明している．ガーンディー曰く，サッティヤーグラハの意味は「闘争の力（*laḍāībaḷ*）の反対である」［*HS*:

186]．このような説明をした後に読者は，次のような問いを発する．

> 読者：それでは，あなたは我々が身体を鍛える（*śarīr kasvā*）必要はないと言うのだろうか．［*HS*: 203］

これに対して，「編集長（ガーンディー）」は次のように答える．

> 編集長：そのようにあなたはなぜなるのか．①身体を鍛え（*śarīr kasyā*）ずにサッティヤーグラヒーになることは難しい．しばしば，身体を甘やかして弱くしてしまった身体の中に住む心（*man*）も弱く（*nabaḷuṃ*）なっていく．また心の力（*manobaḷ*）がないところにアートマンの力（*ātmabaḷ*）がどうやってあるのだろう．我々は幼児婚などの，あるいは，優しく甘やかした暮らしという不品行を除去して身体を練磨（*śarīr to sajvāṃ*）こそしなければならない．脆弱な人間（*reñjīpeñjī māṇs*）に急に大砲の口〔の前〕に立ち上がれと私が言うならば，自らを笑い者にするだろう．［*HS*: 203-204，下線筆者］

さらに，読者は問う．

> 読者：あなたが言ったことから，サッティヤーグラヒーになることはちょっとやそっとのことではないと思えるし，また，もしそのようであれば，サッティヤーグラヒーにどうやってなれるのかをあなたは理解させる必要がある．［*HS*: 204］

そして，編集長はブラフマチャリヤの誓いに言及しながら次のように答えた．この引用箇所は，前章でも見たように，ガーンディーの南アフリカ滞在期の精液結集思想を考察する上で重要である．

> 編集長：サッティヤーグラヒーになることは簡単である．だが，簡単であるのと同時に努力が必要である．〔……〕
> ②体験から分かったのだが，国の利益（*deśhit*）のためにサッティヤーグラ

> ヒーになろうと欲する人間は，ブラフマチャリヤを遵守しなければならない．貧しさを保持しなければならない．真理の奉仕（*satyanuṃ sevan*）こそしなければならないし，また非恐怖（*abhaytā*）〔恐れを知らぬよう，勇敢〕にこそならなければならない．
> ③ブラフマチャリヤとは偉大な誓い（*mahāvrat*）であり，また，それなしの心（*man*）は引き締ま（*gāṇṭh sajjaḍ thanār*）らない．非ブラフマチャリヤ（*abrahmacarya*）によって，人間は精液を喪失した者（*avīryavān*）に，臆病（*bāylo*）に，また，劣ったもの（*hīṇo*）になってしまう．④性的快楽に彷徨う心によって（*jenuṃ man viṣaymāṃ bhame che tenāthī*），何か喫緊な行動はできない．このことは無数の事例から示されうるだろう．［*HS*: 204-205, 下線筆者］

このように，ガーンディーは『ヒンド・スワラージ』の中で，サッティヤーグラヒーが身体を鍛えることや精液結集をすることが必要不可欠であることを説き，その関連でブラフマチャリヤという「偉大な誓い」について語ったのであった．

最初に，引用箇所の下線部③について見ていきたい．この箇所と類似した箇所は，ヴィヴェーカーナンダの『ラージャ・ヨーガ』の第1部のヨーガ実践による霊力（＝サイキック・プラーナ）に関して書かれた第5章の中に見出すことができる．

> ヨーギーたちは，性的な思考（sexual thought）において性エネルギー（sex energy）として表出する人間のエネルギーの一部が，遮断され統制されるならば，容易にオージャス〔精妙な霊力〕に変化していくと言う．そして，ムーラーダーラ〔性エネルギーが眠る人体の臀部あたりに存在するとされるチャクラ〕がこれらを導く時，ヨーギーは中心に特別の注意を注ぐ．彼は全ての性エネルギーを取り上げ，オージャスに変換する（convert）．オージャスを上昇させ脳に蓄積できるのは純潔な（chaste）男性あるいは女性だけである．だからこそ，純潔（chastity）は常に最上の徳と見なされるのだ．もしある男性が自身を純潔でない（unchaste）と感じるならば，霊性（spirituality）は去ってしまい，彼は心の活力（mental vigour）と道徳的スタ

ミナ（moral stamina）を失うのである．（That is why chastity has always been considered the highest virtue. A man feels that if he is unchaste, spirituality goes away, he loses mental vigour and moral stamina.）［Vivekananda 1908: 48，下線及び強調筆者］

ここで，ヴィヴェーカーナンダは，ムーラーダーラから性エネルギーを「オージャス」に「変換」させる方法との関係で「最高の徳」とされる「純潔（chastity）」ついて述べている．そして，下線部にあるように，その徳を守らない者の「霊性は去ってしまい，彼は心の活力と道徳的スタミナを失う」という．この引用箇所の下線部は，先の『ヒンド・スワラージ』の引用箇所の下線部③の言葉と極めて類似している．さらに，両者の間の類似性は，ガーンディー自身が『ヒンド・スワラージ』を英訳した『ホーム・ルール』の言葉を見ることでより顕著になる．

〔『ホーム・ルール』〕純潔はそれなしでは心に必須な堅固さを得ることができないような最も偉大な規律である．純潔ではない男性はスタミナを失い，去勢され臆病になる．（Chastity is one of the greatest disciplines without which the mind cannot attain requisite firmness. A man who is unchaste loses stamina, becomes emasculated and cowardly.）［*IHR*: 82］

最初に，この『ホーム・ルール』の引用箇所と先の『ヒンド・スワラージ』の引用箇所の下線部③とを比較したい．そこにおいてはまず，ガーンディーが「ブラフマチャリヤ」を「純潔（chastity）」と英語で訳していることが分かる．そして，ガーンディーが「人間は精液を喪失した者（*avīryavān*）に，臆病（*bāylo*）に，また，劣ったもの（*hīṇo*）になってしまう」という箇所を，「スタミナを失い，去勢され臆病になる」と英語で訳していることが分かる．そして，この２つの英訳箇所は，ヴィヴェーカーナンダの『ラージャ・ヨーガ』で語られる「純潔（chastity）」の遵守と「心の活力と道徳的スタミナ」との関係を語る上の引用箇所の下線部の言葉と類似している．

さらに，ガーンディーとヴィヴェーカーナンダとの思想的影響関係は，上のヴィヴェーカーナンダの英語の言葉が，サンスクリット語のどの概念の訳語に当たるのかを示すことでより顕著となる．『ラージャ・ヨーガ』の第2部の『ヨーガ・スートラ』の第2章38節の英語の注解部分で，ヴィヴェーカーナンダはブラフマチャリヤに関するサンスクリット語の原文に対する自身の英訳と英語の注解を次のように記している．ここでは便宜的に，筆者による訳を丸括弧に入れることにする．

［『ヨーガ・スートラ』第2章38節］
Brahmacaryapratiṣṭhāyāṃ vīryalābhaḥ.（ブラフマチャリヤが確立した状態において，〔その者は，〕精液（*vīrya*）を得る．）

［上の原文に対するヴィヴェーカーナンダ自身の英訳］
By the establishment of continence energy is gained.（純潔の確立によって，エネルギーが得られる．）

［上の原文に対するヴィヴェーカーナンダ自身の英語の注解］
The chaste brain has tremendous energy and gigantic will power. Without chastity there can be no spiritual strength. Continence gives wonderful control over mankind. The spiritual leaders of men have been very continent, and this is what gave them power. Therefore the Yogi must be continent.（純潔者の脳はとてつもなく大きなエネルギーと巨大な意思力を持つ．純潔なしでは霊的な力はありえない．純潔は人類に素晴らしい支配〔力〕を与える．人々の霊的指導者は極めて純潔であり，このことが彼らに力を与えていたのである）．［Vivekananda 1908: 142-143］

まずこの引用箇所において，ヴィヴェーカーナンダがサンスクリット語の「ブラフマチャリヤ（*brahmacarya*）」の語を，英語で「純潔」を意味する“continence”，“chaste”，“chastity”という言葉で訳していることが分かる（“continence”と“chastity”の語は，本著作を通して相互に置き換え可能な語として用いられている［Vivekananda 1908: 48, 67-68, 71, 140, 188, 191］）．

第二に，サンスクリット語の「精液（*vīrya*）」は，英語で，“energy”，“tremendous energy”，“gigantic will power”と訳されており，これらのエネルギーは「霊的指導者たち（spiritual leaders）」の「霊的な力（spiritual strength）」との関係で説明されている．すなわち，先のサイキック・プラーナについて書かれた第1部第5章の「純潔（chastity）」と「霊性（spirituality）」・「心の活力（mental vigour）」・「道徳的スタミナ（moral stamina）」との関係理解とは，まさに，「ブラフマチャリヤ」によって行われる「精液」の結集による「（霊的）エネルギー」の獲得を意味するものなのであった[34]．

以上の『ヒンド・スワラージ』（あるいは『ホーム・ルール』）と『ラージャ・ヨーガ』に記されたブラフマチャリヤ思想に関する記述には，その内容や書き方だけでなく，訳語という観点からも少なからぬ類似点が見出される．

ブラフマチャリヤとナショナリズム

さらに，ここで重要になってくるのは，『ヒンド・スワラージ』の第17章に見られるブラフマチャリヤ思想には，上の引用箇所にあった通り，身体的強化によって，「臆病」や「劣ったもの」になることを克服し，それによって「去勢され」ることを防ぐ（＝男らしくなる[35]）ことが主張されていることである[36]．そして，上の『ヒンド・スワラージ』の引用箇所の下線部①でも，「身体を鍛えずにサッティヤーグラヒーになることは難しい」と語られていた．

さらに，下線部②で，ガーンディーはこのような身体的強化の重要性を，「国の利益」というナショナリスティックな観点から次のように説明していた．

> 体験から分かったのだが，国の利益（*deśhit*）のためにサッティヤーグラヒーになろうと欲する人間は，ブラフマチャリヤを遵守しなければならない．貧しさを保持しなければならない．真理の奉仕（*satyanuṃ sevan*）こそしなければならないし，また非恐怖（*abhaytā*）〔恐れを知らぬよう〕にこそならなければならない[37]．

その他にも，ガーンディーは『ヒンド・スワラージ』の様々な箇所で，「臆病（*bāylo*，女々しい者，去勢者）」［*HS*: 166–167, 204–205］の克服という主題を，「国の益」［*HS*: 162–163］，「インドに対する信愛（バクティ）（*hindnī bhakti*）」［*HS*: 12］，「愛国心（*svadeśābhimān*）[38]」との関係から説明していた．まさに，ガーンディーの南アフリカにおける活動の「目的（*uddeś*）は，ただ国（*deś*）に奉仕すること，また真理を探求すること，またそれに従って行動すること」にあったと宣言された［*HS*: xiv］.

イギリスの植民地支配からインドのスワラージを勝ち取るために，国民一人一人が身体的に強健になり「男らしい」精神を涵養し，「女々しさ」や「臆病」といった性質を払拭する必要があるとする理解は，『ヒンド・スワラージ』が執筆された同時期のインドの都市部知識人階層の間で広く共有されていたものであった[39]．中等教育以降，グジャラートの名門校で英語教育を受けていたガーンディーは（序章第3節参照），これら知識人階層の間に広まっていた時代的風潮を鋭敏に感じ取っており，青少年時代から「インドの国民再生（national regeneration）」という主題に少なからぬ関心を払っていた[40]．

世界宗教会議で雄弁な演説を行い国際的レベルで一躍時代の寵児となったヴィヴェーカーナンダは，会議の後，4年間にわたってアメリカとイギリスの諸都市を巡回して自身のヴェーダーンタ哲学に関する演説を行い，1897年にインド南部のマドラスに帰国した．その後，ヴィヴェーカーナンダは約5ヶ月間にわたり，インドの諸都市で演説活動を行った．『ラージャ・ヨーガ』を始めこの時期に行われたヴィヴェーカーナンダのインド国内外の演説を収録した5冊の代表著作（本章注33参照）に示された思想は，英米に対して根深い身体的・心理的な劣等感を抱いていた同時代のインド人知識人の間に大きな自信を与えたと言われる［Kakar 1983: 160–181］.

これらの代表著作の中で随所に示されるヴィヴェーカーナンダの思想の特徴の1つは，シカター・バナルジーが指摘しているように，「男性主義的ナショナリズム（masculinist nationalism）」とヒンドゥー教の霊性文化との融合にあった［Banerjee 2005: 58］．両者の融合によって生み出されたヴィヴェーカーナンダ独自のブラフマチャリヤ思想は，ベンガル・ナショナリズムの興隆に多大な影響を与えたバンキムチャンドラ・チャタジー（1838–1894）の『アノンドの僧院（*Ānand Maṭh*）』（1882）以来の「僧侶戦士（warrior-monk）」の理想を宗教哲学的に精密化させたものと言える［Banerjee 2005: 43–73］.

ヴィヴェーカーナンダの身体強化と霊性の探求とを融合させようとする「『がっしりとした』霊性（“muscular” spirituality）」［Banerjee 2005: 58］の思想は，『ラージャ・ヨーガ』においても少なからず見受けられる．例えば，ヴィヴェーカーナンダは『ラージャ・ヨーガ』の中で，「自分自身の身体を考えてみよ．そして，それが強く健康であるか確認せよ．それはあなたが持つ最高の道具である」[Vivekananda 1908: 19],「弱者は自由に決して到達できない. 弱さを捨ててしまえ」[Vivekananda 1908: 23] などと語っている. さらに,「その強く, がっしりとした, 若く, 健康で勇敢な者のみがヨーガ行者に適しているのである」[Vivekananda 1908: 144] とも述べる.

このようなヴィヴェーカーナンダ独自の「がっしりとした霊性」の思想は, 彼のナショナリズム意識と密接に結び付くものであった. 例えば, ヴィヴェーカーナンダは上述した世界宗教会議の後に行ったロンドンでの講演（1896年10月22日）において次のように述べている（講演は1902年に出版された『ギャーナ・ヨーガ』[Vivekananda 1902] に収録された).

〔……〕純潔（chastity）〔この語はヴィヴェーカーナンダによってブラフマチャリヤと同義語として使われる〕はネーションの生命である. ネーションの最初の死の兆候は不貞（unchastity）に陥ることであることは歴史を見れば明らかではないだろうか. もしそれが始まるならば, 人種の終焉は間近なのである. [Vivekananda 1902: 68]

そして, 英米の巡回講演からインドに帰国した後, ヴィヴェーカーナンダは1897年1月から6月にかけてインド各地を旅する中で計17回の講演を行い,「国民再生」の必要を強く呼びかけた [Vivekananda 1944: 52, 242, 316, 396]. この時期に, ヴィヴェーカーナンダはベンガルとオリッサに流布するヒンドゥー教のヴィシュヌ派（ここではチャイタニヤ派[41]）の伝統に見出される「女々しさ」に対して, 次のような危機感を抱いていたことをスレーンドラ・ナート・セーンに報告している.

このネーションを見よ. そして, そのような試み〔チャイタニヤ派のバクティの実践〕の帰結がどうなっているか知るがよい. そのような愛を教え広めることによって, ネーション全土が女々しく（effeminate）なってしまった. 女性のような人種になってしまった! オリッサ全土が臆病者（cowards）の土地となってしまった. そして, ラーダー〔クリシュナの恋人〕の愛（Radha-prema）を追い求めることで, ベンガルは過去400年の間に男らしさ（manliness）をことごとく失いかけているのだ! [Vivekananda

1947: 260-261]

そして，ヴィヴェーカーナンダはインド南部のマドラス滞在中に4つの講演[42]（全て1897 年に出版された『コロンボからアルモーラーまでの講演録』[Vivekananda 1944] に収録された）を行ったが，それらの中でも次のような事柄が語られた．

[1897 年2月9日，マドラスのヴィクトリア・ホールにて]
あなたがたの神経を強くしなさい．我々が欲しいのは鉄のような筋肉と鋼のような神経である．その中には雷電と同じ材質でできた心が宿っている．〔それは〕力 (strength)，男らしさ (manhood)，クシャトリヤの精液 (Kshatriya-Virya)〔である．……〕我々は十分に嘆き続けてきた．もう嘆くことはない．だが，自身の足で立ち，男たらんとしなさい．我々が欲しいのは男らしさを涵養する宗教 (man-making religion) である．我々が欲しいのは男らしさを涵養する理論 (man-making theory) である．我々が欲しいのは男らしさを涵養する教育 (man-making education) である．そして，ここに真実を試すための方法がある．何事でもあなたたちを，身体的，知的，また霊的に脆弱にするものを有毒なものとして拒絶しなさい．[Jyotirmayananda 1992: 29, cf. Banerjee 2005: 59; Vivekananda 1944: 137]

[1897 年2月13 日，マドラスのパチェーヤッパ大学にて]
何よりもまず，我々の〔国の〕若い男性たちは強くなければならない．宗教はその後からやってくるものである．友なる我が若者たちよ，強くなりなさい．これがあなたたちへの助言である．あなたたちは『ギーター』の研究よりもフットボールを通して天国に近づけるだろう．[Vivekananda 1944: 157]

[1897 年2月14 日，マドラスのハームストン・サーカス・パヴィリオンにて]
我々の間にはもう1つの欠落がある．女性たちには申し訳ないが，数世紀にわたる奴隷状態を通して，我々はまるで女性のネーション (nation of women) になってしまったかのようだ．〔……〕もし，外国人が来て我々を

蹴り付けても，何の問題も起こらない．というのも我々はそうしたことに慣れきってしまっているからだ．そうではないだろうか．奴隷は偉大な主人にならなければならない！　ゆえに，奴隷であることはやめようではないか．［Vivekananda 1944: 224］

以上のように，ヴィヴェーカーナンダの男性主義的ナショナリズムやブラフマチャリヤ思想は，彼が生前中の1896年から1902年にかけて出版した5冊の著作の中に顕著に見出されるものであった[43]．ガーンディーが『ラージャ・ヨーガ』以外のどの著作を読んでいたかは定かではないものの，ガーンディーがインド帰国後の時期に，「ヴィヴェーカーナンダの多くの著作を勉強した」こと，またヴィヴェーカーナンダの思想が「国民的覚醒（national awakening）」に少なからず有用であると述べていたことを鑑みても［*CWMG* 19: 308］，ガーンディーがこれらのヴィヴェーカーナンダの代表著作を読んでいなかったとは考え難い．後の章で論じるように，ガーンディーがインド帰国後に発見するインドのバクティ伝統に対する批判的視座は，上で見たヴィヴェーカーナンダの主張と深い親和性を持つものでもあった（第4章第1節参照）．

とはいうものの，仮にこうした両者の間の影響関係が考えられるとしても，以下の疑問が依然として残る．それは前節で見た『ヒンド・スワラージ』の付録部に公開された20冊の文献リストの中に，ガーンディーはヴィヴェーカーナンダの文献を1冊も掲載していないのである．前節でも論じたように，トルストイと比べて，無名のラージチャンドラによるグジャラーティー語の文献が掲載されていなかった理由は容易に想定できる．それに対して，世界宗教会議から10年以上が経った1909年の時点で，インド国内外で英雄的存在となっていたヴィヴェーカーナンダの『ラージャ・ヨーガ』を始めとした代表著作が文献リストに掲載されなかった理由は何であったのか．しかも，それらの著作は全て，多くの読者がアクセス可能な英語で書かれていた．

さらに，もう一点見落としてはならないことは，上で見たヴィヴェーカーナンダとガーンディーのブラフマチャリヤ思想の間には一見些細に見えるかもしれないが重要な相違が見出されるということである．すなわち，ヴィヴェーカーナンダは自身のブラフマチャリヤ思想における精液結集を説明する際に，精液を「性エネルギー」として捉えることで，精液のオージャスへの「変換」を語っていた．これに対し，ガーンディーは下線部④を記すことで，「性的快楽」の危険性に警鐘を鳴らしていた．前章で見た「秘密の章」の中でも，ガーンディーは精液結集の意義と並行して，その実践に伴う過剰な性欲嫌悪を露わにしていた．確かに，ヴィヴェーカーナンダもしばしば「不貞」を警戒していたものの，彼のブラフマチャリヤ思想の中に，精液と性欲との直接的因果関係を示唆する言葉は見出されない．

以下では，これら2つの点について，ヴィヴェーカーナンダの思想的影響を，トルストイとラージチャンドラとの交錯する思想的影響の中から考察していきたい．

(3) トルストイとの交錯する影響

第一の問いに対する答えは，『ヒンド・スワラージ』の付録部に挙げられているあるトルストイの論稿を読むことで得られる．前節で述べたように，ガーンディーは『ヒンド・スワラージ』の付録部で，トルストイの『神の国』を20冊の文献リストの1番目に挙げていた．これに続き，ガーンディーはトルストイの文献を計5冊も掲載している．これらの文献の中で，ガーンディーは『神の国』と並び，『ヒンド・スワラージ』の構想に多大な影響を与えた「あるヒンドゥー教徒」も挙げていた．この「あるヒンドゥー教徒」の内容を吟味することで，ガーンディーがなぜヴィヴェーカーナンダの著作を文献リストに入れなかったのかを知ることができる．

このトルストイの「あるヒンドゥー教徒」で語られているヒンドゥー教徒とは，ヴィヴェーカーナンダと故郷を同じにするベンガル出身のインド人革命家のターラクナート・ダース（Tāraknāth Dās: 1884-1958）のことであった．ダースは，1908年にカナダに移住してから，インド独立連盟（Indian Independence League）を設立し，北米のインド人移住者を集めて国外で反英闘争を推進していた急進的ナショナリストであった．

ダースの活動の中心的役割を果たしていたのが，ダースが創刊した『フリー・ヒンドゥスターン』という新聞であり，この新聞がスローガンとして掲げていたのが「暴政に対する〔暴力的〕抵抗は単に正当化されうるだけでなく，絶対的な義務である．無抵抗は利他主義と利己主義の両方にとって有害である」というハーバード・スペンサーの言葉であった[44]．

そして，ダースは『フリー・ヒンドゥスターン』の中で，トルストイの「愛の法」に基づく無抵抗主義[45]を不毛な理想主義として批判した[46]．そして，ダースは無抵抗主義についての疑問を記した自身の書簡に添えて，トルストイに対する批判を記した『フリー・ヒンドゥスターン』紙数号分を1908年にトルストイに送り付けたのであった〔Tolstoy 1966: 166〕．このダースの書簡に対する返信として書かれたのが，トルストイの「あるヒンドゥー教徒」であった．ダースはトルストイから受け取った書簡の内容を，『フリー・ヒンドゥスターン』紙の1908年12月14日号で公開した．

ガーンディーはこの『フリー・ヒンドゥスターン』紙に掲載されたトルストイの「あるヒンドゥー教徒」を，『ヒンド・スワラージ』が執筆される直前の1909年のロンドン滞在中に読んで深い感銘を受けていた（本章注19参照）．

トルストイは「あるヒンドゥー教徒」の中で，ダースの説く暴力革命の方法を批判し，自身の「愛の法」に基づく無抵抗主義の方法が，インドの独立の達成にも最も効果的で「合理的」な方法であることを論じた．そして，『神の国』で論じたのと同じように，自身の「愛の法」に対立する「科学」と「迷信」という2つの「暴力的」立場を取り上げながら，次のように述べた．

> 〔愛の法を受け入れないことで〕自らに招いた災難は，〔現在において〕最も激しいレベルに達している．その災難から抜け出るために，〔科学的観点に基づく〕新しい説明も，あなたの国でヴィヴェーカーナンダ[47]やバーバー・バーラティー[48]〔＝シヴァプリー・バーバー〕などが定式化したような古い宗教的迷信による正当化も，人々は必要としないのである．そして，誰も必要としていない我々のキリスト教世界における膨大な数の類似した新しい解釈者や解説者も人々は必要としないのである．〔Tolstoy 1966: 175，強調筆者〕

前節で見たように，トルストイは『神の国』の中で「迷信」や「神秘的宗教」を代表する立場として「教会的真理」を挙げていたが，ここではその立場に代替するものとして，傍点部にあるようにヴィヴェーカーナンダとその信奉者のシヴァプリー・バーバーの「古い宗教的迷信」を挙げているのである．トルストイは「あるヒンドゥー教徒」の別の箇所でも，ヴィヴェーカーナンダの思想が，「合理的な宗教的教えの不在」を意味するものであると述べている［Tolstoy 1966: 166］.

ヴィヴェーカーナンダ自身の思想は，身体的強化の重要性とアヒンサーや慈悲概念とが本質的に矛盾しないとする複雑なものであった［Vivekananda 1908: 14, 43, 59-60, 67-68, 70-71, 102, 140, 142］. だが，ダースと彼の同時代人は，専らヴィヴェーカーナンダの男性主義的ナショナリズム思想を，自分たちの暴力的革命を正当化する思想として利用した［Banerjee 2005: 43-73］. ダースもこれらのインド人革命家の少なからぬ影響下にあり，トルストイ宛ての書簡の中で，しばしば彼らの言葉を引用していた［Mukerjee 1998: 27-33］.

このように，トルストイは「あるヒンドゥー教徒」の中で，ヴィヴェーカーナンダの思想を自身の「愛の法」に対立する暴力革命を後押しする非合理的な「古い宗教的迷信」として批判していたのであった. 詰まるところ，ガーンディーは同じ『ヒンド・スワラージ』の第17章の中で，トルストイとヴィヴェーカーナンダという互いに対立する内容を含む文献から影響を受けていたことになる. 当然，これら両方の思想家の文献を『ヒンド・スワラージ』の付録部の文献リストにあげれば読者に混乱を呼ぶ恐れがある. ガーンディーはいずれかを選ばなければならなかった. そして，『ヒンド・スワラージ』の執筆直前にトルストイと直接交流を開始し，翌年にはトルストイの名を冠した共同農園（「トルストイ農園」，次章参照）を設立するほどガーンディーが南アフリカ滞在期にトルストイを深く尊敬していたことからも，ガーンディーはヴィヴェーカーナンダに優先してトルストイの著作を選んだと考えられる. つまり，ガーンディーはヴィヴェーカーナンダの『ラージャ・ヨーガ』を『ヒンド・スワラージ』の文献リストに入れることをしなかった.

こうしたガーンディーのヴィヴェーカーナンダに対する評価は第4章で論じる通り，インド帰国直後の時期に変化することになる.

(4) ラージチャンドラとの交錯する影響

次に本章の第3節(2)で指摘したもう1つの疑問点，すなわち『ヒンド・スワラージ』に見出されるガーンディーとヴィヴェーカーナンダのブラフマチャリヤ思想の相違点について考察していきたい. すでに述べたように，第3節(2)の引用箇所の下線部④において，ガーンディーは自身の精液結集の思想との関係から「性的快楽（*viṣay*）」の問題について語っている．確かにヴィヴェーカーナンダも「性エネルギー」の概念について言及していたが，ヴィヴェーカーナンダのブラフマチャリヤ思想において，性エネルギーはオージャスへと変換されうる潜在的可能性を有しており，それ自体は必然的に「不貞」に結び付きうるものではなかった．ガーンディーの精液結集と性欲との関係をめぐる理解は，前章で見たように，ガーンディーの南アフリカ滞在期のブラフマチャリヤ思想を特徴付ける１つの重要な要素であった．

ガーンディーは，『アートマ・カター』の第３部・第７章の「ブラフマチャリヤ-1（Brahmacarya-1）」の中で，南アフリカ滞在期において，最初にブラフマチャリヤ思想の意義をいかなる経緯で知るに至ったのかを次のように説明している．

> 唯一の妻〔を持っていたとして〕もブラフマチャリヤの遵守をすべきことを私は南アフリカの中ではっきりと理解した．いかなる機会に，あるいは，いかなる著作の影響（*prabhāv*）によってその考えが私に生まれたのかを今では私は思い出すことができない．その中で，ラーエチャンドバーイー〔ラージチャンドラの別名〕の影響（*asar*）が最も大きい（*prādhānya*）ものだったということは思い出せる．〔……〕
>
> 私は妻といかなる関係を持つべきか．妻を性欲放縦の乗り物（*viṣaybhognuṃ vāhan*）としてしまうことの中に妻へのいかなる忠誠心があるのか．私が性欲感情（*viśayvās*）に支配されてしまっていては，私の忠誠心の性質（*prakṛt*）はわずかばかりと見なされる．〔……〕
>
> 私は〔この考えに〕目覚めた後も，二度失敗してしまった．［*AK*: 203-204］

すでに述べたように，ヴィヴェーカーナンダの『ラージャ・ヨーガ』が最初に読まれたのは1903年であった．つまり，上でガーンディーはこの著作を読む前に，すでにラージチャンドラとの交流を通して，徐々にブラフマチャリヤの意義を認識するようになっていたことを語っている．そして，ブラフマチャリヤの誓いを1906年に交わす以前の1901年頃から，ガーンディーは失敗を重ねながらも少しずつブラフマチャリヤの実験を試みていた［*AK*: 204］．

性欲の問題について記された『アートマ・カター』の第4部・第30章「統制に向けて（Saṃyam Ptati）」において，ガーンディーは再びラージチャンドラについて次のように言及している．

> 今では日に日に，ブラフマチャリヤの観点（*brahmacaryanī daṣṭie*）からその〔食習慣の〕中に変化を起こすようになった．
>
> その中の最初の変化は乳汁を止めることであった．乳汁は感覚器官から性欲（*indriyavikār*）を生じさせるものであることを私は最初にラーエチャンドバーイーから理解したのだった．［*AK*: 329］

ここで，ガーンディーは再びラージチャンドラに言及し，ブラフマチャリヤと性欲の問題に関連した「乳汁」について語っている．そして，「乳汁が性欲を生み出すもの」であることを最初にラージチャンドラから学んだことを語っている．

それでは，このようなブラフマチャリヤ，性欲，乳汁の関係をめぐる理解を，ガーンディーはラージチャンドラのいかなる言葉を通して学んだのだろうか．本章の第1節でも論じたラージチャンドラの『解脱』の中に，これらの関係について記されている箇所がある．それは，『解脱』の第69課の「9つのブラフマチャリヤの柵（Brahmacaryanī Nav Vāḍ）」［Rājcandra 2010b: 185-187］である．ここにおいて，ラージチャンドラは，ブラフマチャリヤがアートマンの探求者に必要不可欠な実践であると述べ，ブラフマチャーリー（ブラフマチャリヤの実践者）が遵守すべき「9つの柵〔禁戒〕」の1つとして乳汁の摂取を控えることを語っている．

> 多かれ少なかれ乳汁，カード，ギーなどのような甘く油性の物質を摂取すべきではない．それらによって精液が増加し（*vīryanī vṛddhi*），狂気（*unmād*）が引き起こされ，それらによって性欲（*kām*）が高まる．［Rājcandra 2010b: 187］

ここにおいて，ラージチャンドラはブラフマチャーリーが乳汁を始めとした「甘く油性の物質」を摂取するべきではないことを述べている．それだけでなく，ここでラージチャンドラは，『アートマ・カター』でガーンディーが語っていたブラフマチャリヤ，乳汁，性欲の問題を，精液との関係を含めて語っている．そして，後の章でも詳しく論じる通り，ガーンディーはこの『解脱』の第69課の内容を晩年に至っても正確に暗記していた[49]（第6章第3節(1)参照）．

その他にも第69課には，「ブラフマチャーリーである聖者（サードゥ）（*brahmacārī sādhu*）は，女性，動物，あるいは，中性的人間（*paḍaṅg*）が住む場所に滞在すべきではない」，「ブラフマチャーリーは，女性の集団あるいは一人の女性に教えを説くべきではない」，「ブラフマチャーリーは女性たちと同じ場所に座るべきではない」，「ブラフマチャーリーである聖者は女性の身体のいかなる部位も見るべきではない」［Rājcandra 2010b: 186］といった厳しい禁欲主義的戒律が記されている[50]．

すでに述べたように，『アートマ・カター』の中でガーンディーは南アフリカ滞在期のブラフマチャリヤ思想がラージチャンドラの影響下にあったことを度々語っていた．まさに，先の『ヒンド・スワラージ』の引用箇所の下線部④や，前章で見た『インディアン・オピニオン』紙の「秘密の章」などに見られた精液と性欲との関係をめぐるガーンディーの理解の1つの主要な思想的淵源はラージチャンドラに求められるのである[51]．

先に見たように，ヴィヴェーカーナンダは『ラージャ・ヨーガ』の中で，精液＝性エネルギーの概念に触れながらも，このエネルギー自体は正しい身体技法によってオージャスという霊力に変換できるという精液結集の効用について語っていた．これに対して，ラージチャンドラは精液の増加と性欲の増加の問題を同一線状に捉え，性欲の増加を防ぐために精液を生み出すとされる乳製品の摂取を控えることを説いた．ここにはヴィヴェーカーナンダのような変換の発想はない．

以上のように，南アフリカ滞在期のガーンディーは，精液＝性エネルギーの変換を説くヴィヴェーカーナンダの積極的ブラフマチャリヤ思想と，精液＝性欲の増加を回避する必要を説くラージチャンドラの消極的ブラフマチャリヤ思想の両方から影響を受けていた．そして，両者を知的に調停させる理解を見出せていなかった南アフリカ滞在期のガーンディーは（前章参照），最終的に後者の側面をより強調するようになっていく（第3章参照）．

4. 結　語

本章では，『ヒンド・スワラージ』の第 17 章に見られるサッティヤーグラハ思想とブラフマチャリヤ思想の関係をめぐるガーンディーの理解について見てきた．そして，それがラージチャンドラ，トルストイ，ヴィヴェーカーナンダという三人の同時代人（＝近代人）のいかなる思想的影響下で彫琢されていたのかを分析した．

ガーンディーは，ラージチャンドラの『解脱』やラージチャンドラから送られた書簡を読む中で，自身のサッティヤーグラハ思想の基盤となる慈悲・アートマン・真理といった概念を学んでいった．しかしながら，ラージチャンドラの思想は同時に，決定（けつじょう）（＝アートマンの内省的探求）という観点から世俗的政治参加を否定する隠遁主義的性質を内含するものであった．そして，このような決定概念は，社会における「倫理的回復」が不可能であるとするラージチャンドラ独自の「合理的」な世界認識に裏付けられるものであった．これにより，ラージチャンドラは，南アフリカにおけるガーンディーの政治活動が，「間違った理解」に基づくものであったと批判した．

これに対して，ガーンディーはトルストイの『神の国』や「あるヒンドゥー教徒」等を読むことで，ラージチャンドラの隠遁主義とは異なる世界認識を取り入れていった．すなわち，トルストイは愛（の法）の概念を基盤としたラディカルな内外一致の宗教思想を提唱しており，これを教会的真理・迷信・科学的原理から区別した「合理的」な救済思想であることを説いた．このような内外一致の宗教思想を把持するトルストイは，ラージチャンドラと対照的に，ガーンディーのサッティヤーグラハ闘争が，後に「世界の全ての人々に」影響を与えるであろう「最も根本的で最も重要なもの」であると賞賛した．これら二人の思想が，『ヒンド・スワラージ』の第 17 章のサッティヤーグラハ思想に与えた影響は甚大であったと考えられる．

一方で，同じ『ヒンド・スワラージ』の第 17 章に記されたブラフマチャリヤ思想やナショナリズム思想の基礎的発想には，ヴィヴェーカーナンダが説く「合理的」なラージャ・ヨーガ思想からの少なからぬ影響が窺われた．すなわち，ガーンディーはヴィヴェーカーナンダ同様に，ブラフマチャリヤが最も偉大な誓いであり，その誓いを通して行われる精液結集の実践によって，国民的再生という目的の下で活動するサッティヤーグラヒーの活力が得られることを信じていた．しかしながら，ガーンディーは同じ『ヒンド・スワラージ』の第17章のサッティヤーグラハ思想に多大な影響を与えていたトルストイが，ヴィヴェーカーナンダの思想を「合理的な宗教的教えの不在」を意味する「古い宗教的迷信」であると批判していたことから，『ヒンド・スワラージ』の付録部の文献リストにヴィヴェーカーナンダの著作を入れることがなかったと考えられる．

これに加えて，ガーンディーのブラフマチャリヤ思想には，ヴィヴェーカーナンダの精液＝性エネルギーの変換という精液結集の効用を説く積極的ブラフマチャリヤ思想には見られない性欲についての峻厳な禁欲主義的態度が見出された．このガーンディーの禁欲主義的態度は，ヴィヴェーカーナンダの『ラージャ・ヨーガ』が読まれる以前にラージチャンドラから教わった消極的ブラフマチャリヤ思想が密接に関係していたと考えられる．そこにおいては，精液＝性欲は専ら回避されるべきもので，精液＝性エネルギーの変換という発想はなかった．

以上のように，南アフリカ滞在期におけるサッティヤーグラハ思想とブラフマチャリヤ思想との関係をめぐるガーンディーの理解には，自らの思想こそが真に「合理的」な教えであるとするラージチャンドラ，トルストイ，ヴィヴェーカーナンダという三人の人物からの複雑に交錯する思想的影響が見出されるのである．

次章では，本章で論じた精液と性欲をめぐる概念的緊張を伴ったガーンディーのブラフマチャリヤの実験が，南アフリカ滞在期のサッティヤーグラハ闘争の終盤に具体的にいかに実践に移されていたのかを見ていく．

1）その他，ガーンディーの生涯における入獄・勾留期間については，本書序章注59を参照されたい．

2）1908年1月の時点で，ガーンディーを中心としたサッティヤーグラヒー（サッティヤーグラハの実践者）の入獄者の数は150名を越えていた［*DASI*: 167-177］．

3）本書では，Indian National Congressの訳語については，1920年12月26日のナーグプルで開催された第35回大会の州組織の改組までは，政党としての性格を持っていなかったがゆえに「国民会議」とし，それ以降のものについては「国民会議派」あるいは「会議派」とする.

4) 総督 G. N. カーゾンは 19 世紀後半にベンガル管区のカルカッタを中心にインド都市部で高揚していた反英闘争の機運を制御する目的で 1905 年 10 月にベンガル分割令を発布した. これはベンガル管区をヒンドゥー教徒が多数派を占めるベンガル本州と, イスラーム教徒が多数派を占める東ベンガル・アッサム州に二分することによって, 反英闘争の基盤の弱体化をはかるものであった. この政治的意図を汲み取ったインド人知識人は, 分割に対する反対運動を開始した.

その後, 1906 年 12 月に, D. ナオロージーを議長として開催されたカルカッタの国民会議第 22 回大会では,「スワラージ」,「スワデーシー」,「ボイコット」,「民族教育」の四大決議が採択された (スワラージの語は, B. G. ティラクによってすでに 1890 年代から使用されていた [Suhrud and Sharma 2010: xv; Devanesen 1969: 377]). 1909 年には, B. C. パールがロンドンで『スワラージ (*Swaraj*)』と題した雑誌を発行しており, 国外の在留インド人にも反英闘争の国際的協力を呼びかけている.

全インド的規模とは言えないものの, ベンガル分割令反対運動は, 少なくともベンガル管区, ボンベイ管区, 連合州の主要都市で広範な盛り上がりを見せた. 一方で, 1907 年に国民会議はティラクや L. ラーイを中心とする急進派と G. K. ゴーカレーやナオロージーなどを中心とする穏健派に分裂した. また, ティラクらの急進派の指導者によって推進されたヒンドゥー教色の強い大衆扇動は, 国内のイスラーム教徒の反感を買うこととなった. 後者は 1906 年にイギリスの支援を受けて自らの利権の擁護を目的とした全インド・ムスリム連盟を結成し分離選挙を要求した. このように, ベンガル分割令反対運動は, 反英ナショナリズム意識だけでなく, 国内の政治的・宗教的対立も生み出した. 本書の第 4 章注 29 も参照されたい.

5) ガーンディーは南アフリカ滞在中に, 度々ベンガル分割令反対運動について言及していた [*IO*, 28-10-1908; 11-11-1905; 2-12-1905; 23-12-1905; 22-9-1906; 28-9-1907; 24-8-1912].

6) A. パレルが指摘するように, ガーンディーと同時代の政治的指導者の間では, 英語のネーションに対応する語として, 一般的に *rāṣṭr(a)* の語が用いられていた. これに対して, ガーンディーはグジャラーティー語の *purajā* の語をネーションに対応する主要な概念として用いた. パレルによれば, *rāṣṭr(a)* が中央集権的な国家機関としての意味合いが強いのに対して, *purajā* は政治的共同体をボトムアップに形成していく「人民 (people)」や「共同体 (community)」としての意味合いをより強く含む [Parel 1991: 262].

7) 『ヒンド・スワラージ』では, インド (人) のスワラージという目的に向けたガーンディー自身の文明論, 政治・経済論, 宗教論, 歴史論, 教育論といった幅広い主題が包括的に扱われている [Devanesen 1969: 364-403; Parel 2009: xiii-lxii].

8) ガーンディーのグジャラーティー語を直訳すれば,『(ヴィシュヌの住む) 天界は汝らの心の中にあり』となる.

9)　ガーンディーはラスキンの *Unto This Last* を『全ての者の興隆（*Sarvoday*,「全て（*sarv*）」＋「上昇（*uday*）」）』と題して，そのグジャラーティー語の抄訳・意訳を1908年に『インディアン・オピニオン』紙上で計9回に分けて連載した［*IO*, 16-5-1908; 23-5-1908; 30-5-1908; 6-6-1908; 13-6-1908; 20-6-1908; 27-6-1908; 4-7-1908; 18-7-1908］.

10)　管見の限り，ラージチャンドラがガーンディーに与えた思想的影響について，グジャラーティー語史料を用いて論じたのは，J. ジョーデンス［Jordens 1998: 45-60］と A. スカリア［Skaria 2009: 177-180］の先行研究のみである．だが，これらの先行研究の議論も以下の点で十分なものとは言い難い．例えばジョーデンスの研究は，いくつかのグジャラーティー語の史料（主に，ラージチャンドラの書簡）を使用しているが，ラージチャンドラの宗教概念の多義的で複雑な語の意味についてほとんど注意を払っていない．また，ジョーデンスの研究では，専らラージチャンドラの書簡が扱われるのみで，ラージチャンドラの主著である『解脱の詞華集（*Mokṣamāḷā*）』（1884）に関する考察がない．これに対して，スカリアの研究では，『解脱』に記されたいくつかの章についての若干の考察があるが，ジョーデンスと反対に，ラージチャンドラの書簡についての言及が皆無である．ラージチャンドラがガーンディーに与えた影響を適切に理解するためには，ガーンディーが読んだラージチャンドラの書簡と『解脱』という両方の史料を比較しながら，総合的な分析を加えることが必要不可欠である．

　ちなみに，ジョーデンスより20年以上前に，D. ベーデーカルは，ガーンディーとラージチャンドラとの思想的影響関係について，ジョーデンスやスカリアの研究に見られない独創的な議論を行っているが［Bedekar 1975: 77-95］，ベーデーカルの突然の死によってこの研究は未完に終わってしまった．筆者が見る限り，ベーデーカルはいくつかのラージチャンドラのグジャラーティー語の一次史料を用いているが，ベーデーカルが使用した史料が具体的に何であったのかは不明である．

11)　現存するラージチャンドラの全てのグジャラーティー語の文書を編纂した833頁の『シュリーマッド・ラージチャンドラ（*Śrīmad Rājcandra*）』［Rājcandra 2010c］があるが，英訳はまだ出版されていない．

12)　ラージチャンドラの生涯に関しては，Ś. Govardhandāsjī［2008］や M. Kalārthī［2009］に詳しい．

13)　その他，アデン植民地，クリアムリア諸島を含む．

14)　ガーンディーはロンドン滞在期に，E. アーノルドの『バガヴァッド・ギーター』の英訳『天上の讃歌（*The Song Celestial*）』［Arnold 1885］や仏陀伝である『アジアの光（*The Light of Asia*）』［Arnold 1884］に親しんでいた．また，H. ブラヴァツキーの『神智学への鍵（*The Key to Theosophy*）』［Blavatsky 1889］や T. カーライルの『歴史上の英雄，英雄崇拝，また，英雄的なもの（*On Heroes, Hero-Worship, and the Heroic in History*）』［Carlyle 1872］といった宗教哲学書も読んでいた．だが，この頃の宗教的関心はまだ趣味の範囲内に止まるものであった．

K. ティドリックの言葉を借りれば，ようやく「南アフリカにおいて，〔ガーンディーの〕宗教精神は生きた力となった」［Tidrick 2006: 53］．また，ロンドン滞在期に，ガーンディーはH. ウィリアムズの『食の倫理（*The Ethics of Diet*）』［Williams 1883］やA. キングスフォードの『完全な食事（*The Perfect Way in Diet*）』［Kingsford 1881］などを読んで菜食主義の意義についても学んでいたが，ガーンディーはこの頃の菜食主義を「宗教的観点」に基づくものではなく，あくまで「健康的観点」からものであったことを語っている［*AK*: 53］．

15）『全集（E）』には，ラージチャンドラがガーンディーに送った最初の書簡（1894年10月20日付）の英訳が収録されている［*CWMG* 32: 593–602］（グジャラーティー語原文は，［*GA* 32: 495–500］に収録）．だが，ラージチャンドラがガーンディーに送った2通目（1895年3月15日付）と3通目（1896年10月9日付）の書簡は収録されていない．本書では，ラージチャンドラの書簡は，全てM. カラールティー［Kalārthī 2000: 93–118］から引用する．

16） 合計108課（この著作では，「章（*prakaraṇ*）」ではなく，「教課（*śikṣāpāṭh*）」という表現が用いられている）で構成される．ラージチャンドラが16歳5ヶ月の時に，突如インスピレーションを受けて3日間で一気に執筆されたと言われる．一度，第67課まで執筆されたが，ペンのインクが尽きてしまい，もう一度最初から108課まで書き直された．書き直した際に，ラージチャンドラは全ての文を韻文体にした［Govardhandās 2008: 38–39］．『解脱』を含め，ラージチャンドラの著作は韻文体で書かれているため，ラージチャンドラは「詩人（*kavi*）」とも呼ばれる．

17） ラージチャンドラがガーンディーに送ったことが分かっているインド哲学関連の著作や文学作品は，以下の通りである．『ヨーガヴァーシシュタ（*Yogavāsiṣṭha*）』，『マニラトナマーラー（*Maṇiratnamālā*）』，『パンチーカラナ（*Pañcīkaraṇa*）』，ハリバドラの『シャッド・ダルシャナ・サムッチャヤ（*Ṣad-Darśana Samuccaya*）』［*AK*: 137］，ナルマダー・シャンカルの『ダルマ・ヴィチャール（*Dharm Vicār*）』［*AK*: 158］．

18） これらの編集長と読者の対話は，ガーンディーがロンドンで出会った急進的なヒンドゥー教徒の若者たちとの対話がモチーフになっている（本章注19参照）．また，『ヒンド・スワラージ』の文学的対話形式は，『ソクラテスの弁明』やH. ブラヴァツキーの『神智学の鍵』［Blavatsky 1889］の影響下にもあったと考えられる［Devanesen 1969: 397］．

19） ここで，『ヒンド・スワラージ』が執筆された背景を記しておきたい．ガーンディーは，1909年7月10日から11月13日にかけてロンドンに滞在し，南アフリカの新アジア人登録法の廃止を求めて陳情活動を行っていた．この4ヶ月の滞在中に，ガーンディーは想定外の出来事に遭遇した．ガーンディーがロンドンに到着する2日前に，シャームジー・クリシュナヴァルマーとV. D. サーヴァルカルの革命思想に影響を受けたインペリアル・カレッジ・ロンドンの工学部学生であるマダンラール・ディングラーが，W. H. カーゾン・ウィリー卿をロンドンのインド研究所の外で射殺する事件が起きていた．ガーンディーがロンドンに到着した時，ロンドンの若いインド人学生の間では，インドのスワラージを武力蜂起によって達成しようとする急進的革命思想が広まっていた．ガーンディーはこれらの学生と話して，「ショックを受け，激しく揺さぶられた」という．そして，このことが「ガーンディーにインド人の現状を知らしめ，これまでになかったほどの激しい想像の火を付けたのであった」[Devanesen 1969: 367]．

このように心理的に高揚していた時，ガーンディーはパリに住む友人のプランジーヴァン・メヘター博士から，カナダのインド人革命家であるターラクナート・ダースが発行する『フリー・ヒンドゥスターン（*Free Hindustan*）』紙の1908年12月14日号に掲載されたトルストイの「あるヒンドゥー教徒への書簡（A Letter to a Hindoo）」（以下，「あるヒンドゥー教徒」）という記事を受け取った（本章第2節(2)及び第3節(3)参照）．それは，革命家のダースに向けて，トルストイが「無抵抗主義（トルストイの無抵抗主義は，暴力に対して何の抵抗もしないという消極的無抵抗ではなく，暴力的手段を用いないものの，徹底的に不服従という方法で抗議しようとする積極的抵抗を意味した）」に基づく革命的方法を説いたものであった[Tolstoy 1966: 166–176]．ガーンディーはこの記事に深い感銘を受け，すぐに記事のグジャラーティー語訳の出版許可を求める書簡をトルストイに送った[Murthy 1987: 24–27]．

その後，ガーンディーは汽船S. S. キルドナン・キャッスル号で，ロンドンからケープタウンに向かう帰路（11月13日から11月30日），計276頁（グジャラーティー語で約3万字）にわたる『ヒンド・スワラージ』を10日間（11月13日から22日）で一気に書き上げた．手書き原稿は，途切れのない流れるような文体で書かれているが，最後の40頁からは右手が痺れてしまったため，左手で書いた．執筆が終わった後，細かな誤字脱字以外，わずか3行のみに訂正が加えられた[Devanesen 1969: 370–371]．

このように，ガーンディーの『ヒンド・スワラージ』の執筆背景には，ロンドンの急進的ヒンドゥー教徒との出会いと，トルストイの記事を読んだことが深く関係していた．特にトルストイからの影響は次の点を鑑みても極めて直接的であったと言える．例えば，汽船上で『ヒンド・スワラージ』を執筆中，ガーンディーは同時並行してトルストイの「あるヒンドゥー教徒」のグジャラーティー語訳と序文も完成させている（11月18日完成）．『ヒンド・スワラージ』執筆及び「あるヒンドゥー教徒」翻訳に至る経緯は，C. Devanesen [1969: 364–385] とA. Parel [2009: xiii–lxii] に詳しい．

南アフリカに帰った後，ガーンディーは『ヒンド・スワラージ』を『インディアン・オピニオン』紙の1909年12月11日号と18日号に分載した（1冊の著作としては，ナタール・フェニックスのInternational Printing Pressから1910年1月に出版された）．トルストイの「あるヒンドゥー教徒」の翻訳は，『インディアン・オピニオン』紙の1909年12月25日号，1910年1月1日号，1910年1月8日号で連載された.

20) この点は，東京外国語大学名誉教授の田中敏雄先生から教えていただいた．この場をもって感謝申し上げます.

21) 例えば，ジャムナーダース宛ての書簡に書かれた「化身（*avatār*）」に関する議論は［*GA* 12: 106］，ラージチャンドラが第1通目の書簡でガーンディーに教えた化身の内容と一致している［Kalārthī 2000: 99-101］．また，ジャムナーダース宛ての書簡の中で，ガーンディーは自身がラージチャンドラから書簡を通して教わった「アートマンの探求（*ātmānī śodh*）」に関する宗教哲学的議論について解脱との関係から詳細に説明している［*GA* 12: 106］．これに加えて，ガーンディーはジャムナーダース宛ての書簡で，性欲を作り出す乳汁の放棄（*tyāg*）の必要性を語るが［*GA* 12: 106］，これも後述する通り（本章第3節(4)），ガーンディーが生涯にわたって影響を受けたラージチャンドラの代表作である『解脱』の内容から学んだものと考えられる.

22) 先に述べた，ガーンディーがラージチャンドラに送った最初の書簡に記された1番目の質問は，「アートマンとは何か（*Ātmā śuṃ che ?*）」であった［Kalārthī 2000: 95］．そして，このアートマン概念についての最初の質問に対するラージチャンドラからの回答は，合計27個の質問に対する回答の中でも最も長いものであった［Kalārthī 2000: 95-97］．また，ラージチャンドラは2通目［Kalārthī 2000: 113-114］と3通目［Kalārthī 2000: 115-118］の書簡においても（本章注15参照），アートマン概念を重要な主題として扱い続けた．ラージチャンドラは，1通目の書簡で，アートマンが「智識を本質とする実体（*jñānsvarūp vastu*）」であること，「1つの状態で，3世（*trikāḷ*; 過去・現在・未来の意）にわたり，変わらずに存在することができる『永続的』存在物（"*nitya*" *padārth*）である」こと，アートマンが「生命（*cetan*，意識）」であることを書いている［Kalārthī 2000: 95-96］．2通目の書簡では，より完結に，「アートマンはある（*ātmā che*）」こと，「アートマンは永遠である（*ātmā nitya che*）」こと，「アートマンはカルマの行為主体（*ātmā karmno kartā*）である」こと，「アートマンはカルマの享受者である（*ātmā karmno bhoktā che*）」ことを書いた［Kalārthī 2000: 113］．これらの言葉の意味は，後のラージチャンドラの代表作である『アートマシッディ・シャーストラ（*Ātma Siddhi Śāstra*）』［Rājcandra 2010a］の中でより詳しく解説されている［Hazama Forthcoming］.

23) 第17章全体を通して，ガーンディーは後の独立運動のスローガンとなる「アヒンサー（*ahiṃsā*）」の概念を一度も使用していない．慈悲概念をジャイナ教の中核として据えることもまた，ラージチャンドラの『解脱』に見られる特徴であった．一般的にジャイナ教において，アヒンサーは五戒の1つとして定められているだけでなく，その禁戒の遵守はジャイナ教のアイデンティティそのものを表している［Laidlaw 1993: 151-172］．それに対して，ラージチャンドラの『解脱』では，ほとんどの箇所で，アヒンサーの代わりに慈悲概念が用いられているのである．それゆえに，『解脱』の序章の冒頭で，ラージチャンドラは，「拘束から自由になった者〔マハーヴィーラ〕の説教（*nirgranth pravcan*）に従って，簡潔にこの著作を作成した」と述べているが［Rājcandra 2010: 63］，そのマハーヴィーラ解釈はラージチャンドラ独自のものであったと言える．

24）ラージチャンドラの「世界」概念には，書簡や著作の中で，少なくとも，"*duniyā*"，"*sṛṣṭi*"，"*jagat*"，"*pṛthvī*"，"*saṃsār*"，"*bhav*"，"*prapañc*"という7つの概念が使用されていた．

25）『ヒンド・スワラージ』の言葉をラージチャンドラの言葉と比較している唯一の研究として，A. スカリアの研究［Skaria 2009］が挙げられる．だが，その議論は論文全体の中で瑣末なものに過ぎず，一節の中でわずかに触れられているに止まる［Skaria 2009: 177-180］.

26）とはいうものの，ラージチャンドラは10代半ばまでは，社会改革に対する深い関心を持っていたようである［Kalārthī 2009: 10-12］．ラージチャンドラの「実践的観点」と「決定的観点」との複雑な絡み合いを理解するためには，ラージチャンドラ自身が育った折衷的な宗教背景を考慮することが不可欠である．ラージチャンドラは自伝的記録である「サムッチャイヴァイチャルヤー（Samuccayvaycaryā）」において，彼の母がスターナクヴァーシー派のジャイナ教徒（Sthānakvāsi Jain）であったにもかかわらず，13歳まではヴィシュヌ派ヒンドゥー教徒であった祖父の影響を受けて熱心なクリシュナ・バクタとして育ったことを記している．ラージチャンドラは，『パラヴィーン・サーガラ（*Paravīṇ Sāgara*）』を読んだこともあり，「私は女性たちと幸福な状態で（*sukhmāṃ*）交わることによる喜びの状態（*ānanddāyak daśā*）を欲している」と語っていた［Rājcandra 2010c: 204］．彼の禁欲主義的なジャイナ教への関心は，13歳の時に『プラティクラマン・スートラ（*Pratikramaṇsūtra*）』などの著作を読んだ頃から起こったとされるが，その時においてもまだ，ラージチャンドラは「世俗的事柄（*saṃsārī tṛṣṇāo*）を欲している」と語っていた［Rājcandra 2010c: 205］.

27）ジャイナ教の古典における「決定的観点」の思想は，最も有名なディガンバラ派の研究者であるクンダクンダのいくつかのプラクリット文献の中でも詳しく説明されている．これらについては，B. バット［Bhatt 1972: 279-291］を参照されたい．

28）『神の国は汝らのただ中にあり（*Tsarstvo Bozhiye vnutri vas*）』は，1893年5月にトルストイによりロシア語で執筆された．出版後，ロシアでは発禁処分扱いとなったので，翌年1月にドイツ・ベルリンで出版された．同年に，コンスタント・ガーネットによって英訳され，ドイツ・フランス・イギリス・アメリカで出版された［Orwin 2002: 49-62］.

29）ガーンディーはインド帰国後も，例えば1928年9月10日の「トルストイ生誕百周年記念（*Ṭolsṭoy Śatābdī*）」において，トルストイの著作が「全生涯（*samgra jīvan*）にどれほどの影響（*asar*）をもたらせたか語り尽くせない」と述べている［*NJ*, 16-9-1928］.

30) ガーンディーとトルストイとの間に行われた書簡の交流は以下の通りである．（1回目）ガーンディーからトルストイ（1909年10月1日）［Murthy 1987: 24-27］，トルストイからガーンディー（1909年10月7日）［Murthy 1987: 28-29］．（2回目）ガーンディーからトルストイ（1909年11月10日）［Murthy 1987: 30-31］，謝辞だったためトルストイからの返信はなし．（3回目）ガーンディーからトルストイ（1910年4月4日）［Murthy 1987: 32］（この時，書簡と一緒に，『インディアン・オピニオン』紙，『ヒンド・スワラージ』の英訳［*IHR*］，また，J. Doke による伝記［1909］も送っている），トルストイからガーンディー（1910年5月8日）［Murthy 1987: 33］．（4回目）ガーンディーからトルストイ（1910年8月15日）［Murthy 1987: 34］，トルストイからガーンディー（1910年9月7日）［Murthy 1987: 35-39］．

31) また，この表現はロンドン滞在期からガーンディーが愛読していたE. アーノルドの仏陀伝である『アジアの光（*The Light of Asia*）』（1879）［Arnold 1884］の「憐憫と愛（pity and love）」という表現も彷彿させるものである［Arnold 1884: 23, 121］．このような西洋人の翻訳家にも倣いながら，ガーンディーは西洋人の読者にもより受け入れられ易いであろう「憐憫あるいは愛（pity or love）」という訳語を用いたと考えられる．

32) 『ラージャ・ヨーガ』については，『アートマ・カター』の他に，『ヤング・インディア』紙1924年9月4日号の文献リストの中でも言及されている．ガーンディーは，1922年から24年の獄中期間に，『ラージャ・ヨーガ』を読み返している．

33) それらは，次の通りである．『カルマ・ヨーガ』（1896）［Vivekananda 1901a］，『ラージャ・ヨーガ』（1896）［Vivekananda 1908］，『ハーヴァード大学大学院哲学協会での演説』（1896）［Vivekananda 1901b］，『コロンボからアルモーラーまでの講演録』（1897）［Vivekananda 1944］，『ギャーナ・ヨーガ』（1902）［Vivekananda 1902］．

34) ちなみに，南アフリカ滞在期にガーンディーはヴィヴェーカーナンダの『ラージャ・ヨーガ』と共にM. ドヴィヴェーディーによる『ヨーガ・スートラ』の注解書（1890）も読んでいたが［*AK*: 260］，そこにおいては，同じ第2章38節の注解が「霊性（spirituality）」だけでなく「オカルトの力（occult power）」との関係でも語られている．「精液（semen）が知性と大きな関連を持つことはよく知られた生理学的法であり，またそれゆえに，霊的な人々とも〔大きな関連を持つ〕．この存在（being）の重要な要素の喪失を回避することで，望まれるべく力，〔つまり，〕実在するオカルトの力を得ることができる．いかなるヨーガもこの法則を周到に準備することなしに成功したと報告されたことはない」［Dvivedi 2001: 57］．

35) 「男らしさ（*mardānī*）」の重要性については，『ヒンド・スワラージ』の他の箇所［*HS*: 195］で，より直接的に語られている．

36) 『ヒンド・スワラージ』以外の『イティハース』や『アートマ・カター』でも，身体と心の鍛錬について繰り返し言及されている．例えば，ガーンディーは『アートマ・カター』で，1906年にバンバサ暴動における衛生看護部隊の活動に従事していた際に，「身体（*śarīr*）を訓練していた（*kasī rahyo*）」ことについて語っている［*AK*: 317］．また，ガーンディーは『イティハース』で，衛生看護部隊の隊員の「鍛えられた体（*kasāyelā śarīr*）」を賞賛している［*DASI*: 112］．加えて，ガーンディーはトルストイ農園において，他のサッティヤーグラヒーが「自身の身体を完全に鍛え上げて（*pūruṃ kasī līdhuṃ*）」，他の居住者と一緒に労働するための「シャクティを得た」ことを嬉々として報告している［*DASI*: 225］．まさに，南アフリカ滞在期におけるブラフマチャリヤの「主要な目的（*mukhya hetu*）」の1つは，「身体を改良して，鍛え（*kasāyeluṃ*）」ることにあった［*AK*: 321］．

37）『ヒンド・スワラージ』の中で，ガーンディーは国に奉仕するために，自身の貧しさを受け入れた代表的人物として，国民会議のG. K. ゴーカレー（1866-1915）の名を挙げている［*HS*: 4］．

38）この語は直訳すれば「自国に対する傲慢さ」となるが，ガーンディー自身は『ホーム・ルール』で，"patriotism"と訳していた［*IHS*: 63-64］．

39）18世紀中盤から支配の基盤を固めていたイギリスは，1858年に英領インドを成立させるまでにインド側の組織的軍事力を無力化させていた．そして，19世紀後半から20世紀初頭において，反英闘争の機運が高まってくると，インドについてのイギリス側の新しい政治的・生物学的イデオロギーが機能するようになってきた．それはイギリス人や一部の部族民の「男性的」インド人と，ベンガルを中心とした都市部知識人の「女性的」インド人とを「人種」的観点から分断するものであった．反英闘争の指導者たちは，こうした宗主国側の二項対立的理解の枠組みを無意識の内に踏襲しながらも，「男らしさ」や「闘争性」といった性質を自国文化の中で復興させ，イギリスの支配に抵抗しようとした．ダヤーナンド・サラスワティーのアーリヤ・サマージ，バンキムチャンドラ・チャタジーの『アノンドの僧院』，B. G. ティラクの『バガヴァッド・ギーター』解釈に見出されるエネルギー主義［Tilak 1924; 1926］，ヴィヴェーカーナンダの実践的ヴェーダーンタの思想などはこのような時代背景の中で生まれた．ジェンダー化されたベンガル・ナショナリズムの生成については，L. Rudolph and S. Rudolph［2008a: 177-183］，K. Teltscher［2000: 159-170］，M. Sinha［1995］，A. Nandy［1983］を参照されたい．

40）例えば，18歳のガーンディーは渡英2ヶ月前にアルフレッド高等学校で行った演説で次のように語った．「私は他の人も私の例に倣って，イギリスから帰ってきた後にインドにおける改革（*sudhārā*）という大きな仕事を自身の本心から為すようにと願う」［*GA*1: 1］．『アートマ・カター』においても，ガーンディーは高等学校時代を振り返り，生徒の間でグジャラートの文人であるナルマダー・シャンカルの次の詩が歌われていたことを記録している．「イギリス人たちは〔インドを〕統治し，〔インドの〕国の人々は抑えられる．国の人々は抑えられる．両者の身体を〔比べて〕見てみよ．彼ら〔イギリス人〕は長身で，一人で〔インド人〕500人の相手ができる」［*AK*: 6］．また，ロンドン滞在期に『ヴェジタリアン』紙1891年2

月21日号に投稿した記事の中で，ガーンディーは「最初に認識すべきことは概してヒンドゥー教徒は悪名高く脆弱であるということだ」と書いている［*CWMG* 1: 23］.

41） チャイタニヤ・マハープラブ（1486-1534）の思想の影響を受けて発展したヴィシュヌ派の宗教運動．ラーダーとクリシュナをバクティの対象として崇拝する．ガウディーヤ・ヴァイシュナヴァとも呼ばれる．

42） それらは，以下の通りである．「運動についての私の計画」（1897年2月9日），「インドの賢者たち」（1897年2月11日），「ヴェーダーンタ哲学とインド人の生活上の問題に向けたその適応」（1897年2月13日），「インドの将来」（1897年2月14日）．

43） その他にも，ヴィヴェーカーナンダ［Vivekananda 1944: 95-96, 161-162, 275, 323, 353, 366-367; 1902: 303, 333, 346-347］を参照されたい．

44） *The Free Hindustan*［April, 1908］と *The Free Hindustan*［November-December, 1908］参照．この言葉は，同時代の最も有力な反英系の新聞である『インディアン・ソシオロジスト（*Indian Sociologist*）』にも引用されていた．『インディアン・ソシオロジスト』は，1909年にロンドンでカーゾン・ウィリー卿を殺害したマダンラール・ディングラーに多大な影響を与えたシャームジー・クリシュナヴァルマーによって編纂されていた（本章注19参照）．

45） トルストイの無抵抗主義については，本章注19を参照のこと．

46） ターラクナート・ダースのナショナリズム思想については，ダース［Das 1910: 144-148］を参照されたい．

47） 「あるヒンドゥー教徒」では，“Vive-Kanandas”と表記されている．

48） 「あるヒンドゥー教徒」では，“Babe Bharatis”と表記されている．

49） 付け加えれば，ガーンディーは乳汁に加えて，カードやギーも絶っていた［*AK*: 444; *GA* 15: 19, 32, 43-4］．これはラージチャンドラの『解脱』の記述と全く一致する．

50） このような発想は，『解脱』の第34課の「ブラフマチャリヤについての格言（Brahmacarya viṣe Subhāṣit）」にも見られる［Rājcandra 2010b: 125-126］．

51） 当然，ガーンディーの性欲嫌悪の発生起源を，ラージチャンドラからの思想的影響のみに還元することはできない．これについては，第3章第1節(3)参照．

第3章
乳汁と蛇
——南アフリカにおけるブラフマチャリヤの実験

愛についての私の第一の欲求は，裸の友人と一緒に裸で寝るという身体的な親密さや繋がりです．特に性的な事柄は吃緊だけども二の次なのです[1)]．
——エドワード・カーペンター

恐らく，彼〔ガーンディー〕を完全に理解している人はほとんど誰もおらず，もしかすると，あなただけが彼を一番側で理解しているのかもしれません．それゆえに，あなたの前で，彼はまるで少年のように嬉々としているのです．
——1938年7月9日付，ハンナ・ラザルからカレンバッハ宛ての書簡［*KP* 1, Group 12, S. No. 115］

はじめに

本章では，『ヒンド・スワラージ』を執筆して約半年後の1910年5月30日に，ガーンディーがヨハネスブルグから約22km離れたローレイという郊外に設立した「トルストイ農園（Tolstoy Farm）[2)]」（写真3-1・写真3-2）という居住地で行ったブラフマチャリヤの実験が，同時期に行われていたサッティヤーグラハ闘争といかなる関係にあったのかを分析していく．トルストイ農園とは，100名のサッティヤーグラハ闘争の隊員が，トルストイ主義の精神に従って自給自足の共同生活を行うために設立された約1100エーカーの農園である．

第1章でも述べたように，1906年から1914年にかけて行われたサッティヤーグラハ闘争の中で，闘争が最も大規模に展開したのは，闘争終盤の1913年5月3日から開始が宣告されたサッティヤーグラハの「最終戦争（*chevaṭnā yuddh*）」であった［*DASI*: 267-275］．その中でも，11月6日から10日の5日間

写真 3-1　トルストイ農園（Satyagraha House and Museum, Johannesburg 所蔵）

にかけて行われた「大行進（the Great March）[3]」と呼ばれる抗議活動では，男性 2030 人，女性 127 人，子供 57 人が，自発的に法を破ってナタールとトランスヴァールの国境を横断し入獄するという大規模の市民的不服従が実践された［*CWMG* 12: 258-269; *DASI*: 336-345］．この運動の影響力は甚大で，俄かに南アフリカ全土の世論を喚起することに成功し，闘争の存在を無視できなくなった南アフリカ連邦政府は，1914 年 5 月 28 日に人種差別法の撤廃を容認した[4]［*IO*, 3-6-1914］．

この最終戦争に決定的役割を持ったとされるのが，トルストイ農園で行われていたブラフマチャリヤの実験であった．ガーンディーは『イティハース』の中で，トルストイ農園における「霊的浄化（*ādhyātmik*[5] *śuddhi*）」や「霊的苦行（*tapaścaryā*）」といったブラフマチャリヤの実験なしには，最終戦争の実行が不可能であったであろうことを語っている［*DASI*: 295-296］．すでに述べたように，この最終戦争の開始が告げられるちょうど 1 週間前に，ガーンディーは自身のブラフマチャリヤの実験から得た精液結集に関する知見を，『インディアン・オピニオン』紙上の「秘密の章」と題した記事の中で公表した（第 1 章第 3 節参照）．

本章では，トルストイ農園で行われたブラフマチャリヤの実験を，実験の最も身近な参加者とされたヘルマン・カレンバッハ（Hermann Kallenbach：1871-1945，写真 3-3・写真 3-4）という人物との関係に着目しながら探究していく．カレンバッハとは，1896 年にヨハネスブルグに移住してきたユダヤ系ドイツ人であり，石工・大工・建築家の資格を持つ裕福な白人エリートであった

写真3-2　トルストイ農園の前に集う住人［Sarid and Bartolf 1997: Frontispiece］
中央列左から4番目がガーンディー，5番目がカレンバッハ．

[Sarid and Bartolf 1997: 10-11]．もともと奢侈な生活を送っていたが，1903年にガーンディーと出会ったことを機に，生活を一転させ，ダバコ・アルコール・セックスを放棄して質素な生活を送るようになった［*DASI* 286-287; *AK*: 329-330]．「がっしりとしたユダヤ人（muscle Jew）[6]」のニックネームを持つこの長身スポーツマンは[7]，華奢で小柄な体軀のガーンディーと出会ってから俄かに友情を深め［*AK*: 329-330]，1907年以降はガーンディーのサッティヤーグラハ闘争の最も親密な協力者となった[8]．トルストイ農園の土地も，もともとカレンバッハによって無償で提供されたものであった［*DASI*: 270]．『アートマ・カター』の中で，ガーンディーは南アフリカ滞在期のブラフマチャリヤの実験でカレンバッハが「主要な（*mukhya*）」役割を果たしていたと述べている［*AK*: 321]．

それにもかかわらず，両者の間に行われていた具体的な実験の内容について論じた先行研究はほとんど存在しなかった．これには2つの理由が考えられる．第一の理由は，ガーンディーがカレンバッハと共にトルストイ農園で行ったブラフマチャリヤの実験に関して唯一詳しく記されている「トルストイ農園(3)（Ṭolsṭoy Phārm-3)」と題された『イティハース』の第2部・第11章の内容の問題にある[9]．この第11章には，カレンバッハとの間に行われた2つの「アートマンの浄化（*ātmaśuddhi*)」の実験について語られている．1つがカレンバッハとの間に行われた「乳汁放棄（*dūdhnā tyāg*)」という実験である．ガーンディーは1912年以降，食生活改善の一環としてカレンバッハと共に乳汁

写真 3-3　トルストイ農園からヨハネスブルグに向かうカレンバッハ［*IO*, 11-5-1912: Supplement］

を飲むことを止め，果実食のみの生活を開始した．もう１つが「蛇（*sarp*）」に対する「ヒンサー（*hiṃsā*，暴力，殺生）」の実験である．郊外に位置していた農園はしばしば蛇の発生に悩まされており，蛇に対するヒンサー／アヒンサーの問題がカレンバッハを中心とした農園の住人の重要な課題となっていたのであった．

しかしながら，このカレンバッハとの間に行われた２つの実験は，『アートマ・カター』の記述だけを読む限り，一見相互に何の関連もないどころか，そもそもなぜこれらがブラフマチャリヤの実験の一環であると見なされていたのかさえ不明なのである．ガーンディー自身，第 11 章に書かれた「多くの思い出」が，読者にとって互いに「無関連に見えるだろう」ことを章の冒頭で予め断わっている［*DASI*: 279］．つまり，ガーンディーは第 11 章の中で，カレンバッハとブラフマチャリヤの実験を行っていたことを述べながらも，結局その実験の内容と意味が読者に十分に知られえないことを自覚していたのであった．

第二の理由は，ガーンディーとカレンバッハとの間に行われた実験に関して書かれた『イティハース』以外の一次史料の多くが近年になるまで公式に入手することができなかったからであった．ガーンディーとカレンバッハは生前に大量の書簡を交換していたが，後者が前者に送った書簡は，ガーンディーによ

写真 3-4　トルストイ農園で体を鍛えるカレンバッハ（Satyagraha House and Museum, Johannesburg 所蔵）

って生前中に「破棄」された[10]．一方でカレンバッハ宛ての書簡やカレンバッハがガーンディー以外の人物に宛てて書いた書簡や日記は二人の没後も残っていたが，それらはイスラエルのカレンバッハの親戚が運営する私設のアーカイブズに長らく所蔵されており，1990 年代前半までほとんど忘却されたままだった［Lev 2012: iv］．書簡の一部は 1994 年に『全集（E）』の別冊・第 96 巻として出版されていたが，その他の大量の史料を，2012 年 7 月にカレンバッハの親戚がロンドンで競売にかけ，同月にインド政府が約 1 億円（70 万ポンド）でそれらを買い取った[11]．本章では，筆者が 2017 年 2 月から 3 月にかけてインドのニューデリーにあるインド公文書館とネルー記念博物館・図書館で収集した原物史料及びその複写（*KP* 1, *KP* 2），さらに 2016 年 8 月に南アフリカのヨハネスブルグにあるカレンバッハとガーンディーの元居住地（後述する「クラール（Kraal）[12]」）で収集した原物史料の複写（*KP* 3）を主要な参照先としながらガーンディーとカレンバッハとの交流の実相を明らかにしていきたい[13]．

本章の構成は以下の通りである．第 1 節では，『イティハース』に書かれたブラフマチャリヤの実験の 1 つである乳汁放棄について考察し，その実験の背後にあったと考えられるガーンディーの複雑な性認識をめぐる問題を，前章までに明らかにしたガーンディーの精液結集との関係から明らかにしていく．これに加えて，第 1 節の後半部では，このような乳汁放棄の実験が，ガーンディーのサッティヤーグラハ闘争を特徴付けていたアヒンサー（＝慈悲）概念といかなる関係にあったのかを見ていく．これによって，ガーンディーのアヒンサー概念に根差すサッティヤーグラハ闘争が，単なる平和的手段を用いた戦略という意味を越えたガーンディー独自の身体宇宙論に支えられるものであったことを示す．続く第2節では，この乳汁放棄の実験と，『イティハース』に書かれたもう1つの実験である蛇のヒンサー／アヒンサーをめぐる実験との関係について分析を進める．一見無関係に見える乳汁放棄と蛇のヒンサー／アヒンサーの実験は，ガーンディーの精液結集と身体宇宙論に着目する時，相互に深く関連し合うものであったことが明らかとなる．

1. 乳汁放棄——ヘルマン・カレンバッハとの実験(1)

(1)『イティハース』の記述

第1節では，『イティハース』の第2部・第11章に記された乳汁放棄の実験について見ていきたい．ガーンディーは，第11章に，乳汁放棄を含めた合計7つの「ブラフマチャリヤの実験」について語っている[14)]．その中でも，ガーンディーは乳汁放棄を最も重要な実験と見なしていた．

例えば，農園で行われていた他の食事の実験との対比で，ガーンディーは乳汁放棄の実験について次のように述べている．

> 上の事例においてこのように行われた様々な食事の実験（*orāknā akhatrā*）〔本章注14の（6）の実験〕は，健康の観点から（*ārogyanī dṛṣṭie*）のものだった．だが，この農園のただ中で，私は自身に対して，ある極めて重要な実験（*atyant agatyano akhatro*）を行った．それはただ霊的な観点から（*ādhyātmik dṛṣṭie*）のものだった．［*DASI*: 294，強調筆者］

すでに述べたように，第11章では合計7つの実験について語られているが，その中でガーンディーは唯一，この乳汁放棄の実験を「霊的な観点」から行ったと述べる．それゆえに，この実験は「極めて重要」な意味を持つものであり，本章の締め括りとも言える最後の実験として位置付けられている．

それでは，乳汁放棄の実験を他の実験と差異化するこの霊的な観点とは具体的に何であったのだろうか．奇妙なことに，ガーンディーはその肝心な霊的な観点の内容について全く語っていないのである．第11章においては，以下のように書かれてあるのみである．

> 農園の中に住んでいた時に，私が持っている著作，あるいは小冊子の中で，カルカッタにおいて，牛や水牛を絞って，その乳汁を抽出することがなされていたことを知った．その記事の中には，プーンカー（*phūṅkavā*）[15]の非道（*ghātkī*）で恐ろしい（*bhayānak*）行為が記されていた．ある時に，カレンバッハ氏と一緒に乳汁を飲むことの必要性について議論していて，その一部に，この行為〔プーンカー〕の事も私は〔話〕した．他にも乳汁放棄に伴う霊的な利益（*ādhyātmik phāydāo*）について私は説明をして，また，乳汁の放棄がなされれば良いと私は言った．カレンバッハ氏は極めて勇敢（*atiśay sāhsik*）であったがゆえに，乳汁を止める実験をすぐに準備をすることにした．彼には私のした〔言った〕ことがとても気に入ったのだった．そして，ちょうどその日から，我々は二人とも乳汁を絶ち，最終的に我々は二人ともただ乾燥した果実食にのみに依拠するようになった．［*DASI*: 294-295，強調筆者］

このように第11章の中でガーンディーはカレンバッハと共に食生活の改革の一環として乳汁放棄に至った経緯について語っている．そして，乳汁放棄を決意するに至って，「プーンカー」の事実を知ったことが重要な契機となったことを述べている．これは本章の第3節で後述する通り，ガーンディー独自のアヒンサーの思想に絡む1つの重要な出来事であった．

ただ不可解なことに，このプーンカーは，乳汁放棄を他の6つの実験と区別する「霊的な観点」とは直接に結び付けられていない．つまり，上の引用箇所では，傍点部にある通り，プーンカーとは別に何かしらの「霊的な利益」があったことがわずかに仄めかされているに止まる．ガーンディーは乳汁放棄の実験が，ある霊的な観点が絡むがゆえに特別な重要性を持つと語っていたにもかかわらず，その霊的な観点を示唆すると考えられるこの霊的な利益の内容について，第11章の中で何も説明していないのである．

これはなぜなのか．また一体，乳汁放棄に伴う霊的な利益とは何であったのか．これらの問いに答えることなしに，乳汁放棄の実験が特別に重要であるとされた理由も，ブラフマチャリヤの実験の一環として捉えられていた理由も理解することはできない.

これらの問いに答えるためには，まずガーンディーとカレンバッハの乳汁放棄の実験について，次のより根本的な問いに注意を向ける必要がある．そもそもなぜガーンディーはこの極めて重要とされた乳汁放棄の実験を，トルストイ農園の住人全員とではなく，カレンバッハとのみ行ったのか．つまり，プーンカーという社会の暴力的慣習が絡むこの乳汁放棄という実験は，農園の全ての住人に共有される戒律となるべきではなかったのだろうか．第11章に書かれた7つの実験の中で，二人だけの間で行われた実験は唯一この乳汁放棄のみであった.

これらの問いに答えるためには，『イティハース』と並行して，乳汁放棄に関して書かれた『イティハース』以外のテクストを検討する必要がある.

(2)『アートマ・カター』の記述

断片的ではあるものの，『アートマ・カター』の中にも，カレンバッハと共に行った食事の実験について書かれている．それらは，『アートマ・カター』の第4部・第27章（「食事のさらなる実験（Khorāknā Vadhu Prayogo）」）[*AK*: 320-2]，第30章（「統制に向けて（Saṃyam Prati）」）[*AK*: 329-331]，第31章（「断食（Upavās）」）[*AK*: 331-333] である．これらの章の中でも，乳汁放棄について唯一触れられているのが第30章である.

以下では，主にこの30章の内容を参照しながら，『イティハース』の第11章で語られていた霊的な観点あるいは霊的な利益が何を意味するものであったのかを見ていきたい.

30章では，ガーンディーが南アフリカ滞在期に行った「食事のいくつかの変化（*khorāknā keṭlāk pherphāro*）」について語られている [*AK*: 329]．これらの食事の実験は，健康との関係から行われたものと，「ブラフマチャリヤの観点から（*brahmacaryanī dṣṭie*）」から行われた2種類のものがあったと言われる [*AK*: 329]．すなわち，『イティハース』の第11章で語られていた「健康の観点」と「霊的な観点」との対比は，ここでは「健康の観点」と「ブラフマチャリヤの観点」に置き換えられている.

『アートマ・カター』の第30章の中で，ブラフマチャリヤの観点から行われたとされる食事の改革の最初の変化は，南アフリカ滞在期初期に行われた「乳汁を止めること（*choḍvāno*）」，すなわち，乳汁放棄の実験であったことが語られている［*AK*: 329］．そして，『アートマ・カター』の中では，乳汁放棄に至った経緯が，『イティハース』とは異なる仕方で以下のように述べられている．

> ブラフマチャリヤの誓い（*brahmacaryanuṃ vrat*）を立てていなかったうちは，乳汁を止めることを特別に企図することはできなかった．身体の維持（*śarīrnā nibhāv*）のために，乳汁は必要でないということを，私はずっと以前から理解していたのであった．だが，それは急に止められるような事ではなかった．感覚器官の抑制（*indriyadaman*）のために乳汁を止めることは必要であると私はもっともっと理解していった．そのような中，雌牛や牝水牛に対して牛飼いによって実施されている残虐性（*dhātkīpaṇā*）に関するいくつかの文献が私のもとにカルカッタから届いた．この文献の影響は驚異的（*camatkārī*）だった．私はそれについて，カレンバッハ氏と一緒に議論した．［*AK*: 330］

『イティハース』同様に，ここでガーンディーは自身の乳汁放棄に至る経緯で，プーンカーが決定的影響を果たしたことを語っている．しかしながら同時にガーンディーは，それより「ずっと以前から」乳汁放棄の重要性を「理解していた」とも語っている．ガーンディーは 1906 年にブラフマチャリヤの誓いを交わす以前から乳汁放棄の重要性に留意しており，その誓いを交わした後に，乳汁放棄を止めることを「特別に企図する」ようになったと言う．なぜなら，この頃から乳汁放棄が「感覚器官の抑制のため」に重要であることを「もっともっと理解していった」からであった．

このようなプーンカー以前にガーンディーの中に起こったブラフマチャリヤの誓いと感覚器官の抑制に対する理解の深度という点は，『イティハース』の第 11 章では説明されていない事柄である．すなわち，この「ブラフマチャリヤの観点」から行われた「感覚器官の抑制」こそ，『イティハース』でわずかしか触れられていなかったプーンカーとは別の霊的な観点を絡む事柄であったと考えられるのである．

またガーンディーは『アートマ・カター』の第 30 章の冒頭で，より明確に「乳汁は感覚器官の性欲（*indriyavikār*）を生み出す物質である」と語っている．

つまり，乳汁が「感覚器官の抑制」の問題に絡むのは，乳汁が「性欲（*vikār*）」を生み出す原因となるからであった．そして，前章でも論じたように（第2章第3節(4)参照），ガーンディーはこのような乳汁と性欲との因果関係を最初に，ラージチャンドラから学んだ［*AK*: 329］．

第2章で論じた通り，乳汁と性欲との関係については，ラージチャンドラの代表作の1つである『解脱』の第69課「ブラフマチャリヤの9つの柵（Brahmacaryanī Nav Vāḍ）」の中に書かれてある．ラージチャンドラはこの課の中で，「乳汁，カード，ギーなどのような甘く油性の物質」が，「精液（*vīrya*）」を作り出し，「性欲（*kām*）」を生み出すことを記していた．それゆえに，精液や性欲の増加を食い止めるとされた乳汁放棄は，アートマンの探求者であるブラフマチャーリーにとって霊的な利益であると考えられていたのであった．

『アートマ・カター』の第30章の結語では，性欲と食事の改革との関係について次のようにも語られている．

> 心は身体と密接な関係があり，また性欲に囚われた心（*vikārī man*）は性欲〔を生み出す〕食事（*vikārī khorāk*）を探すものである．性欲〔に支配された〕心は様々な種の味覚（*svādo*）と享楽（*bhogo*）を探すものである．そして後にその食事と享楽がもたらたす影響が心に起こるであろうゆえに，そのようないくらかの食事に対する抑制（*ankuś*）と絶食（*nirāhār*）の必要が必ずや生じるのである．性欲に囚われた心は，身体（*śarīr*）に対する，〔つまり，〕感覚器官（*indriyo*）に対する抑制（*kābū*）を達成する代わりに，身体と感覚器官に支配されている（*vaś varte*）のであり，それゆえ，身体を浄化（*śarīr śuddh*）〔すること〕と，最小限に性欲を生み出す食事を制限（*maryādā*）〔すること〕の，また場合に応じた絶食の――〔つまり，〕断食（*upavas*）の必要があるのだ．〔……〕それらの支えによらない心（*man*）では，無性欲状態（*nirvikārtā*）〔の達成〕は不可能と思われる．［*AK*: 331］

このように，ガーンディーが『イティハース』でわずかに言及していた霊的な利益とは，「感覚器官の抑制」や，精液の増加を防ぐことで「無性欲状態」に近づくことを意味した．このことをガーンディーはラージチャンドラの『解脱』から最初に学んだと考えられる．そして，ラージチャンドラのブラフマチャリヤ思想は，すでに述べたように，乳汁が精液と性欲を同時に生み出すことを教えるものであった．それゆえに，ラージチャンドラは精液＝性欲の原因となる乳製品を使用した食事を控える必要を説いたのであった［Kalārthī 2000: 125-126］．そこでは，ヴィヴェーカーナンダの『ラージャ・ヨーガ』で言われるような精液＝性エネルギーを霊力へ変換させるといった発想はなかった（第2章第3節(4)参照）．

これまで『アートマ・カター』の記述において，乳汁が精液，性欲，さらに感覚器官の抑制や絶食といった禁欲主義的な主題と結び付けられるものであったことを見た．しかしながら，『アートマ・カター』の記述においても，本節の冒頭で投げかけたもう1つのより根本的な問い，すなわち，乳汁放棄の実験がなぜカレンバッハとの間においてだけ行われたのかという問いに対する回答を見出すことはできない．

とはいえ，『アートマ・カター』の第30章の中には，『イティハース』には書かれていなかった次のような含みのある言葉を見出すことができる．

> 彼〔カレンバッハ〕は完全に独り身だった．〔……〕私が家屋を捨てた後，また〔ガーンディーの〕最初の入獄の後に，我々は二人で一緒に住み始めたのであった．その時に，我々の二人の生活は極めて――実に――厳しかった．
>
> この我々の同居生活の間に（*bhegā vasvāṭnā samay darmyān*），乳汁についての議論が起こった．カレンバッハ氏は提案した．「乳汁の欠陥（*dūdhnā doṣo*）を，我々はしばしば話している．それなら，我々は乳汁を止めようではないか．それの必要はそもそもない」．私はこの意見によって喜びと驚き（*sānandāścarya*）を得た．私はこの提案を称賛した．そして我々は二人でトルストイ農園の中でまさにその瞬間に乳汁を放棄した．この出来事は1912年に起こった．［*AK*: 330］

このわずか2つの段落には，サッティヤーグラハ闘争が開始されてからガーンディーが最初に投獄され出獄した後の1908年からトルストイ農園が設立された後の1912年に至る5年間の時の経過が凝縮されている．

ガーンディーは『イティハース』でも書いたように，トルストイ農園に住んでいる時に，プーンカーに関する文献を読み，1912年に乳汁放棄に至ったことを記していた．しかしながら，上の引用箇所では，トルストイ農園が設立される以前の時期に，すでにガーンディーとカレンバッハとの間で乳汁の「欠陥」について話し合われていたことが記されていた．そして，そこではプーンカーについては触れられていない．この「欠陥」とはこれまで見てきた通り，1912年以前に乳汁をめぐって問題になっていた性欲の問題である．そして，上の引用箇所では，これらの事柄に加えて，乳汁の欠陥について話し合っていた時期に，ガーンディーとカレンバッハとが「同居生活」を送っていたことが語られているのである．

後述する通り，この同居生活は1908年3月からトルストイ農園に移住する1910年6月という約2年以上もの間（ガーンディーのロンドン陳情期間を含む）続いていた．それにもかかわらず，この同居生活に関するガーンディーの言及は，『アートマ・カター』と『イティハース』という2つの伝記的著作の中で，上の引用箇所と『アートマ・カター』の第2部・第30章の他の箇所にわずかに触れられているにとどまるのである［*AK*: 321-322］.

これまでの議論から次のことが分かった．1906年のブラフマチャリヤの誓いが交わされてから1912年に乳汁放棄が交わされるまでの間に，ガーンディーが「もっともっと理解していった」という霊的な観点とは，性欲をめぐる問題であった．そして，この性欲の問題は，カレンバッハとの同居生活中に浮上していたと考えられるのである．

本節の最初に投げかけたガーンディーがなぜ乳汁放棄をカレンバッハと二人の間だけで行ったのかという根本的問いに答えるためには，性欲の問題が浮上していた二人の同居生活が具体的にいかなるものであったのかを明らかにする必要がある．

だが，このことを考察する前に，今一度ガーンディーのブラフマチャリヤ思想を特徴付ける性欲概念の発生起源を見ておきたい．

(3) 性欲嫌悪の淵源

本書の第1章第2節で，1909年に執筆した『ヒンド・スワラージ』や1913年に出版した「秘密の章」の中で，ガーンディーが性欲に対して過剰な警戒心を示していたことを見た．ここで，このような性欲嫌悪（フォビア）とでも言えるガーンディーの理解が発生した諸要因を見ておきたい．

第2章で見たように，ガーンディーはラージチャンドラとの交流を通して，乳汁が精液＝性欲を生み出すことを学んだ．南アフリカ滞在期のガーンディーのブラフマチャリヤ思想は，ラージチャンドラから思想的に深い影響を受けたことで極めて禁欲主義的性質を帯びるものであった．だが，ガーンディーの性欲に対する根強い嫌悪感は，ラージチャンドラの著作を読む以前からすでに存在していたと考えられる．アーシーシュ・ナンディーの言葉を借りれば「パニック的」[Nandy 1987: 159] とも言えるガーンディーの性欲嫌悪の発生起源には，少なくとも次の3つの要因が考えられる．

第一に，ガーンディーが幼少期に育ったグジャラート地域に浸透する宗教環境からの影響を挙げられる．グジャラートはヒンドゥー教の中でも厳格な禁欲的戒律を要請する宗派として知られるスワーミー・ナーラーヤン派[16]や急進的なアヒンサー思想を教義の中心に据えるジャイナ教の聖地である．ガーンディーがこれらの宗教文化の哲学的意義を反省的に認識していくのは，南アフリカ滞在期以降であるが，幼少期から家族がこれらの宗派・宗教の僧侶と身近な交流があったことは無視できない [*AK*: 33-37; Devanesen 1969: 29-37]．前章で見たように，ラージチャンドラも厳格なジャイナ教徒であった（第2章第1節参照）．

第二が，ガーンディーが中等教育（1881-1887）から大学（1888-1891）までの期間に受けたヴィクトリア朝道徳観に根差したイギリス式教育とロンドン文化からの影響である．ガーンディーは大英帝国のインド駐在官によって建てられたグジャラートのラージコート市にあるアルフレッド高等学校で英語教育を受けた後，ロンドン大学附属のインナー・テンプル法曹院で法廷弁護士の資格を取得した．このイギリス式教育の影響は大きく，ガーンディーは南アフリカの地でサッティヤーグラハ闘争が開始される前後の時期まで，自身が誇り高い「大英帝国の臣民」であり，ヴィクトリア女王に対する忠誠心を公にしていた [Desai and Vahed 2015; 秋田 1998]．また，ロンドン留学中の一時期に，イギリス紳士になりきろうと，イギリス式の様々な礼儀作用の習得に勤しんでいたこともあった[17] [*AK*: 52-56; Devanesen 1969: 169-179; Hunt 1993: 7-13; Markovits 2006: 73, 137-139, 写真3-5]．このようなヴィクトリア朝道徳観からの影響は，ガーンディーの性欲嫌悪の中にも少なからず散見されるものである [Hay 1989: 86, 89;

写真 3-5　ロンドン滞在期のガーンディー [*GA* 1: Frontispiece]

Caplan 1987: 271-295].

そして，恐らく最も重要なのが，第三に，ガーンディーが青少年時代に体験した性交渉をめぐるトラウマ体験である．ガーンディーが『アートマ・カター』で報告しているところによると，ガーンディーは16歳の時に，痔瘻で病床にいた父を学校帰りに毎日看病していた．だが，ある夜に父を看病している時に，ガーンディーは一時的に叔父と父の看病を交代し，「性欲に駆り立てられて盲目になる」中で，寝室で妻カストゥールバーと性交渉をしていた（ガーンディーは自身が13歳，妻が12歳の時に結婚していた）．この性交渉中に，家の使用人がガーンディーの寝室の前に駆けつけて来て，「父の容態が非常に悪い」と扉を叩いた．ガーンディーが床に駆けつけた時には，すでに父は逝去していた．ガーンディーは「もし，性欲に駆り立てられて盲目になっていなければ，〔父の〕臨終にいられた」として，自身の行為を「恥じ入った」という［*AK*: 30-33］．そして，この体験のすぐ後に生まれたガーンディーとカストゥールバーとの間の初子は，生まれてからわずか数日で死んでしまった．ガーンディーはこの出来事と自身の父に対する「恥（*śaram*）」との明白な因果関係を信じていた[18]．この一連のトラウマ体験は，E. H. エリクソンが分析している通り，その後の生涯において「呪い」となってガーンディーを苦しめ続けたのであった[19]．

南アフリカ滞在期のガーンディーが，ラージチャンドラの極めて厳格なブラフマチャリヤ思想を受け入れることができた背景には，以上の３つの要因によってすでに醸成されていたガーンディーの強い性欲嫌悪が関係していたと考えられるのである.

(4) カレンバッハとの同居生活

話をカレンバッハとの同居生活に戻したい.『アートマ・カター』においては, ガーンディーとカレンバッハがトルストイ農園設立以前の時期に同居生活を送っていたことがわずかばかり記されていた. だがそこでは, 彼らの同居生活が具体的にいかなるものであったのかについては語られていなかった. なぜか. その理由は, 近年のいくつかの研究によっても明らかにされてきているように, 同居生活中に, 二人の間に「非凡に親密」[Lev 2012: 18] な「ホモエロティック」[Lev 2012: 20] な関係が築かれていたからと考えられる.

すでに述べたように, ガーンディーは故郷の宗教的環境, ヴィクトリア朝性道徳観, 青少年時代のトラウマ体験といった多様な要因から若い時期から強い性欲嫌悪の念に取り憑かれていた. 異性であろうと同性であろうと, もし誰かとの親密な関係から生じる「ラサ (*ras*, 感情, 味わい)」[*AK*: 321-322] に, 何らかの性欲が含まれているならば, それは厳格に取り除かれなければならない. とはいえ, 生物学的に同性愛が特殊な病理現象として見なされていた時代的制約も相俟って, 同性間の性欲感情を自覚することは当時のガーンディーにとって女性のそれよりも容易ではなかったと考えられる[20].

管見の限り, トルストイ農園が設立される以前の二人の同居生活について初めて語った文献は, 1997年にベルリンで出版されたカレンバッハの又姪であるイーサ・サリッドらによる『ヘルマン・カレンバッハ――南アフリカにおけるマハートマー・ガーンディーの友人 (*Herman Kallenbach: Mahatma Gandhi's Friend in South Africa*)』[Sarid and Bartolf 1997] (以下,『カレンバッハ』) という伝記著作であった. この著作の中で, ガーンディーとカレンバッハとが同居生活をしていた「クラール (kraal, アフリカーンス語で「(家畜) 小屋」を意味する)」と「テント (tent)」と呼ばれた小さな居住地 (後者は,「小さな家 (little house)」とも呼ばれた [*KP* 3]) について言及されている.

しかしながら, サリッドが学者ではないこと, また, この著作がベルリンで自費出版されていたこともあり, シモン・レヴとラーマチャンドラ・グハの先行研究 [Lev 2012; Guha 2015] を除いて,『カレンバッハ』は現在でもほとんど

写真3-6　クラール（Satyagraha House and Museum, Johannesburg 所蔵）

の研究者の間で認知されていない[21]．以下では，サリッドやレヴの文献と，筆者がニューデリーとヨハネスブルグで収集した一次史料（*KP* 1, *KP* 2, *KP* 3）を参考に，ガーンディーとカレンバッハとの同居生活の実相を明らかにしていきたい．

ガーンディーは1908年2月下旬からトルストイ農園が設立される1910年6月までの間，カレンバッハと同居生活を送っていた．その内，1908年2月から1909年7月までは，ヨハネスブルグのパイン・ロードにカレンバッハによって建てられたクラールという小さな小屋に住んでいた（写真3-6）．そして，残りの1909年6月から1910年10月までは，クラールから約1km南にあるリンク・フィールドリッジのマウンテン・ヴューという丘の上にカレンバッハが建てたテントと呼ばれる居住地にも住んでいた［Lev 2012: 12, note. 2，写真3-7］．

二人の同居生活が開始してから約2ヶ月半が経過した1908年5月16日に，ガーンディーはフェニックス・セツルメントの住人であるジョン・コールズに次のような書簡を送っている．

> この数日間に私たちの――つまり，カレンバッハと私との――共同生活（joint life）の形式の中にある偉大な変化（a great change）が起こりました．私たちは自分で料理から全てをこなすので使用人はいません．そのような余地が全くないのです．もし私たちが10時にベッドに向かうならば，私たちは5時に起床します．もし私たちが10時過ぎにベッドに向かうならば，私たちは5時半に起床します．日曜日はもう少し怠けることにして，私たちは果樹園に散歩に行って帰ってきます．私たち二人がエプロン姿で

写真3-7　かつて「テント」があったマウンテン・ヴュー
から眺望したヨハネスブルクの町（筆者撮影）

いることは最高の光景です．［Lev 2012: 18］

この書簡の中で，ガーンディーは「偉大な変化」を経験し，二人が寝起きを共にしていたことを語っている．このような親密な共同生活は，いく重の含意を有するものであった．なぜなら，シモン・レヴが指摘しているように，当時の時代状況にあって，ガーンディーやカレンバッハのような「自分の家を所有する豊かな人物たちが，家事を黒人の使用人を雇う代わりに自分たちで行うというのは異様な光景であった」からである．そこには，「白人とアジア人の境界線と甚大な社会的・経済的階級の差異を越えた彼らの友情，また言うまでもなく彼らの異様な着衣姿と霊性，洞察，宗教に対する執着」があったと指摘される［Lev 2012: 21］．

また，カレンバッハが1937年にガーンディーの秘書であるマハーデーヴ・デーサーイーに南アフリカでの同居生活について伝えたところによると，彼らは「同じ部屋に住んで」おり，「ほとんど同じベッドの中で」寝起きを共にしており，「そして彼〔ガーンディー〕が私たち〔ガーンディーとカレンバッハ〕の料理を作っている間，私〔カレンバッハ〕は掃除をしていた」［*HJ*, 29-6-1937］という．

さらに上の書簡が交わされたあたりの時期から，ガーンディーとカレンバッハは互いのことを，「上院（the Upper House）〔ガーンディー〕」と「下院（the Lower House）〔カレンバッハ〕」というニックネームで呼び合うようになった．これは下院であるカレンバッハがガーンディーの政治活動の経済的支援を行い（＝予算を立てて），上院であるガーンディーがそれを用いて政治活動（＝政策決定と立法）を行うという関係をイギリスの議会制度に倣って比喩的に表現したものである．このようなニックネームの呼び合いは，カレンバッハが 1945 年に没するまで書簡の中で続けられた（ちなみに，1915 年にガーンディーがインドに帰国した際，第一次世界大戦が勃発していたことから，ドイツ人であったカレンバッハはインドへの入国が許可されなかった．これ以降，1937 年と 1939 年にカレンバッハがガーンディーのアーシュラムを一時的に訪問したことを除いて，二人の交流は書簡によって続けられた）．

二人の同居生活が開始されて約 1 年が経過した時に交わされた書簡の中で，ガーンディーは次のように書いている．

> ［1909 年 4 月 5 日付］
> あなたは確実に私が毎日想っている一人です．私の体はあなたといなくても，私の魂（spirit）はいつもあなたと一緒にいます．あと，しばしば私は，〔あなたが不在の時も，〕あなたが私の分の家事をしてくれているかのように感じるのです！［*KP* 1, Group 5, S. No. 26］

> ［1909 年 6 月 11 日付］
> あなたのことを想わなかった日は一日もありません．私たちは互いをあまりに良く知っているから，言葉で話さなくても話ができるし，また何をすべきか，それをする前から理解できるのです．［*KP* 3］

多忙な二人は，しばしば遠方に出張することがあり，一時的に離れ離れになった．その度に上記のような書簡が交わされたが，このような出張期間が最も長く続いたのが，1909 年 7 月から 11 月までの間にガーンディーがロンドンに陳情に行っていた時期であった．このロンドン陳情から南アフリカへ向かう帰路の汽船の中で，ガーンディーの処女作である『ヒンド・スワラージ』が執筆された（1909 年 11 月 13 日～ 22 日）．

ガーンディーはロンドン滞在中に，カレンバッハに次のような書簡を送っている．

［1909年8月30日付］

私はあなたから論理的かつうっとりするような愛の手紙（logical and charming love notes）を受け取り続けています．〔……〕私はあなたの愛を拒むことはしません．それはあなたにとって良いことです．私にとってそれはあたかもあなたとの関係において私の自己中心性が義務であるかのように私を堕落させうるものです．〔……〕人々が歴史書や小説の中で読む過ぎ去った時代の友情を，あなたは私に思い出させてくれます．私はこれを約束します――私の心の中に見つけたあなたの居場所を〔他の人で〕二度と満たすことができないように祈るし，その愛が失われることは決してないだろうことを．それはほとんど超人間的（superhuman）なのです．

［*KP* 2, Group 1, S. No. 14，強調筆者］

［1909年9月24日付］

あなたの写真が私の部屋の暖炉の上に飾ってあります．暖炉はベッドの向かいにあります．永久不滅の楊枝がここにあります．櫛，コットンウッドとワセリンを見る度に思い出してしまいます．〔……〕それだから，仮に私の頭の中であなたのことを考えないようにしてもできなかったのです．〔……〕あなたと私に言いたいことは，あなたがいかに徹底的に私の体を奪ってしまったかを伝えることなのです（how completely you have taken possession of my body）．［*KP* 2, Group 1, S. No. 17，強調筆者，丸括弧内の補足語原文］

ガーンディーはしばしば二人の間の書簡を「愛の手紙」や「ラブレター」と表現していた．また上の引用にあるように，二人が同居生活中に生活用品を共有していたことや，その言葉の意味が具体的に何を意味するかは定かでないものの，「あなたがいかに徹底的に私の体を奪ってしまったか」という言葉は彼らの非凡に親密な関係を示している[22]．

先行研究が指摘するように，二人の関係は明らかに「ホモエロティック」な性質を帯びていたように思われる．とはいうものの，先の引用でもあったように，彼ら自身は自分たちの感情をあくまで純粋で真実な「友情」として理解しようとしていた．

これに加えて，彼らの間で精液の放出が厳格に禁じられていた点は重要である．

[1908年6月10日付：カレンバッハから兄サイモン宛ての書簡]
私たちはあるこの上なく非凡な生活（ein höchst eigenartiges Leben）を送っており，それは人間を状況に依存させないようにし，より善くすることに役立つものです．〔……〕そして，この18ヶ月間，私はあらゆる性交渉を放棄しました（habe ich jeden geschlechtlichen Umgang aufgegeben）．この間に，私は自分の人格が向上し，精神的に生き生きとし，身体的な力と肉体の健康が拡大し，改善したと信じています（Ich glaube, dass ich während dieser Zeit an Charakter gewonnen, an geistiger Frische zugenommen & physische Stärke & körperliches Wohlbefinden grösser & besser ist）．[*KP* 1, Group 13, S. No. 1]

[1912年6月16日付：ガーンディーからカレンバッハ宛ての書簡]
一人の受動的抵抗者〔サッティヤーグラヒー〕として，私は結婚が単に必要でないというだけでなく，積極的に公共的あるいは人道的活動の障害であるという結論に達しました．〔……〕独身（celibate）の生涯を送ろうとする者たちは，確実により偉大な，そして，より広範なエネルギーを持ちます．私の提案は全ての既婚者にとって良いものです．〔……〕自己統制は私にとって単なる理論ではありません．それは情熱です．[Hunt and Bhana 2007: 176, note. 6，強調筆者]

精液結集という言葉は直接語られていないものの，「性交渉」を放棄することで「精神的に生き生きとし，身体的な力と肉体の健康が拡大し，改善した」というカレンバッハの言葉や，「独身」や「自己統制」によって「広範なエネルギー」を得るというガーンディーの言葉は，まさに第1章と第2章で見てきたガーンディーの精液結集の思想を彷彿させるものである．ガーンディーが二人の同居生活を，「生きた実験室（living laboratory）」と呼んでいたことには [Lev 2012: 13]，このような射精の禁止によるシャクティの向上という発想が少なからず関係していたと考えられる．ちなみに，ガーンディーとカレンバッハが出会った1903年とはまさに，ガーンディーが精液結集を学んだヴィヴェーカーナンダの『ラージャ・ヨーガ』が読まれた年と同じであったことは無視できない（第2章第3節(1)参照）．

同居生活において二人の親密さが高まるにつれて，同時並行して行われていたサッティヤーグラハ闘争が「極めて凝集していった（*jāmī hatī*）」ことは［*AK*: 321］，きっと彼らに精液結集が有するシャクティの向上という効果を確信せしめたことだろう．前章で扱った『ヒンド・スワラージ』においても，ブラフマチャリヤの誓いの意義について語られていたが，まさに『ヒンド・スワラージ』が執筆されたのは，上で引用した二人の親密な友情を示す書簡が交わされていた最中のことなのであった．『全集（E）』の編纂者は，「彼〔ガーンディー〕の個人的また政治的な交流が広がり，公的活動がいっそう激しくになるにつれて，彼の個人レベルでの男女の関心は，かえって深まっていき，さらに活発になる」といみじくも指摘している［*CWMG* 14: ix］．ガーンディーの南アフリカ滞在期の公共的な政治活動は，親密圏における個人的交流と不可分なものであった［*KP* 1, Group 12, S. No. 115］．

とはいえ，ガーンディーがカレンバッハとの間に築かれていた友情の中に，何らかの性欲を感じ取っていた可能性は大いにありうる．この問題についてまず考察すべきは，ガーンディーが問題視していた性欲概念の正確な意味である．ガーンディーは自身の性欲を表す語として，グジャラーティー語の「ヴィシャイニー・イッチャー（*viṣaynī icchā*）」や「カーム（*kām*）」という言葉の他に，「ヴィカール（*vikār*）」という語を用いていた．ガーンディーはこれらの語を相互に置換可能な概念として使用していたが[23)]［Kakar 1990: 100-101; Parel 2006: 144-145］，特に後者のヴィカールには「無秩序」や「自然状態の変化」といった意味があることは看過されるべきではない［Deśpāṇḍe 2002: 808］．

ガーンディーにおいて，性欲が「罪障（*pāp*）」とされたのは，第1章でも論じたように，性欲が身体内の精液（あるいは秘密のシャクティ）の適切な機能・流動性を阻害し，「自然（*kudrat*）」の秩序を壊してしまうという「生理学的形而上学（physiological metaphysics）」に由来するものであった（第1章第2節(2)参照）．すなわち，個人のミクロなレベルの自然＝健康が失われることは，社会やネーションといったマクロなレベルの自然＝秩序の侵害に繋がるものとされた．それゆえに，ガーンディーが問題視していた性欲概念は，西洋キリスト教的な性道徳主義的枠組みよりも，南アジア地域に広く見られる「体液のバランスと調和」が政体と不可分であるとする「身体政治（body politic）」や「道徳環境学（moral ecology）」といった身体宇宙論［Bayly 1998: 11-19; Alter 1994: 50; Daniel 1984: 163-181; 田辺 2010: 257-284; 2012: 108-110］との関係から理解されるべきなのである．

ガーンディーとカレンバッハとの間に築かれていた極めて親密な友情は，その情動的でホモソーシャルな連帯のゆえに，時に他者排除的な暴力性を伴っていた．例えば，ガーンディーは1906年7月にブラフマチャリヤの誓いを交わし，妻との性交渉を絶った後［*AK*: 220-221］，しばしば妻に対する蔑みや憎悪の感情をカレンバッハに露わにしていた[24]．誓いを交わした後のガーンディーはますます力強く夫婦が別々の部屋で寝ること［*AK*: 338-340］，男女が別居することの重要性を主張するようになっていった［*DASI*: 271, 278-282］．また，フェニックス・セツルメントからも隔離した場所にあるクラールやテントでカレンバッハと営まれた同居生活は，何事も私秘的なものとして止めることを望まないガーンディーに，二人の間に交わされた書簡を「破棄」させるほどの親密さ（インティマシー）を作り出した（本章注10参照）．上の引用にもあった通り，ガーンディーはこうしたカレンバッハとの間に育まれていた過度に見えるほどの親密な感情をしばしば「自己中心性」や「堕落」といった否定的な言葉を用いても表現していた．

詰まる所，ガーンディーはカレンバッハとのホモエロティックでホモソーシャルな友情を強める中で，外部世界に対する暴力性，すなわち，自然＝シャクティ＝宇宙（すなわち，「一つの全体としての神の被造物」（第1章第2節(2)参照））との連帯感覚の喪失を意味する性欲（ヴィカール）を感じるようになっていったと考えられるのである．そして，これこそがガーンディーにとって霊的問題とされていた事柄であり，それゆえに，この性欲を増加させる恐れのある乳汁は絶たれなければならなかった．

以上のようなガーンディーとカレンバッハとの同居生活に見られる親密な性欲認識の問題に着目した時，『イティハース』の中で，なぜガーンディーが乳汁放棄による霊的な利益の内容を語ることができなかったのか，またなぜ実験が二人の間でだけで行われなければならなかったのかという理由を初めて窺い知ることができるのである．

(5)プーンカーの隠れた意味

これまで，『イティハース』の第2部・第11章で記されていた乳汁放棄の実験と，そこで曖昧にしか語られていなかった霊的な観点あるいは霊的な利益とがいかなる関係にあったのかを明らかにした．しかしながら，この実験に関する考察の最後の段階として，ではなぜその乳汁放棄の最終的な決定が1912年にプーンカーの事実を知ったことによってもたらされたのか，という問いに答えなければならない．

乳汁放棄に至る経緯は，『イティハース』には1回，『アートマ・カター』には2回に分けて記されていることを上で見た．その中でもすでに上でも引用した『アートマ・カター』の以下の箇所では，プーンカーに関する文献からの「驚異的」な影響という表現が用いられていた．

> ブラフマチャリヤの誓いを立てていなかったうちは，乳汁を止めることを特別に企図することはできなかった．身体の維持のために，乳汁は必要でないということを，私はずっと以前から理解していたのであった．だが，それは急に止められるようなことではなかった．感覚器官の抑制のために乳汁を止めることは必要であると，私はもっともっと理解していった．そのような中，雌牛や牝水牛に対して牛飼いによって実施されている残虐性に関するいくつかの文献が私のもとにカルカッタから届いた．この文献の影響は驚異的（*camatkārī*）だった．私はそれについて，カレンバッハ氏と一緒に議論した．［*AK*: 330，強調筆者］

傍点部にある“*camatkārī*”（名詞形“*camatkār*”）という言葉には，「驚異的」という意味の他にも，「奇跡的な」，「思いがけない」，「不思議な」といった意味がある［Belsare 2002: 416］．以下では，ガーンディーの乳汁放棄を基礎付ける霊的な観点あるいは霊的な利益と，この「驚異的＝奇跡的（*camatkārī*）」な影響と言われる事柄との関係について考察していきたい．

すでに見たように，前者の霊的な観点とは性欲の増加という個人の心理的・身体的問題と絡むものであった．それに対して乳汁放棄を決断させたプーンカーという出来事は，動物に対する「残虐性」という社会の暴力的慣習であった．これらは一見無関連なレベルの主題に思えるが，すでに見たガーンディーの性欲概念の意味に光を当てることで両者の緊密な結び付きを知ることができる．そして，この点においてこそ，多くの先行研究で見落とされてきたガーンディーのアヒンサー概念の独自性を見出すことが可能なのである．

まず，プーンカーの残虐性の意味について考察する前に，次の問いに目を向ける必要がある．先ほども述べた通り，もしこのプーンカーの残虐性を知った衝撃が，単に雌牛に対する物理的暴力に対する反省を呼び起こすものであったならば，乳汁を飲むことは個人的関心を越えた社会レベルの残虐行為に繋がるものであり，その残虐性から身を引くために，乳汁放棄の誓いはトルストイ農園の住人全員に課せられるべき戒律となるはずだったのではないだろうか．しかしながら，すでに述べたように，ガーンディーはプーンカーを知った後も，乳汁放棄をカレンバッハと二人だけの間で行った．つまり，ガーンディーのアヒンサー概念は，単に物理的暴力のみを問題とするものではないと考えられるのである．

前章で詳しく論じたように，ガーンディーは南アフリカ滞在期に慈悲概念の哲学的重要性を，最初にラージチャンドラから学んだ（第2章第1節(3)参照）．この慈悲概念はインド帰国後に語られるようになるガーンディーのアヒンサー概念の土台となるものであった（ラージチャンドラもわずかであるがアヒンサー概念を使用することがあった［Kalārthī 2000: 202］）．そして，『アートマ・カター』や『イティハース』の執筆時点で，ガーンディーは両者を同義語として使用するようになっている（以下，筆者が南アフリカ滞在期におけるガーンディーあるいはラージチャンドラのアヒンサーあるいは慈悲概念について記述的に論じる際には，「アヒンサー＝慈悲（*ahiṃsā=dayā*）」という表記を用いる）．

以下では，ガーンディー独自のアヒンサー＝慈悲概念を理解するために，南アフリカ滞在期にガーンディーに送られたラージチャンドラの書簡の内容を見てみたい．

1894年にガーンディーがラージチャンドラに送った書簡の中で，ガーンディーは次のように質問している．

> 〔ガーンディー〕もし蛇が嚙みついてきたら，それを私は嚙ませるままにすべきか，あるいは，私はそれを追い払うべき（*nāṅkhvo*）か．その際に，他の道によって〔蛇を〕遠ざけることが私にできないと仮定する．

この質問に対してラージチャンドラは返信の書簡の中で次のように回答している．

> 蛇をあなたに嚙ませるままにしておくべきことを教えることには躊躇いがある．しかしながら，あなたが「身体（*deh*）は仮初めのもの（*anitya*）である」ことを悟って（*jāṇyuṃ*）いたならば，本質的な価値のない身体の保護（*asārbhūt dehnā rakṣaṇ*）のために，それ［身体］を愛（*prīti*）するがために，蛇をどうして殺すこと（*mārvo*）ができようか．アートマンの利益（*ātmahit*）を欲する者であるならば，それ［＝蛇］に自身の身体を明け渡す（*jato karvo*）ことが可能である．〔だが，〕アートマンの利益を欲しない者がそれにそのようにするだろうか．それゆえ，その〔質問に対する〕回答は，ただ奈落などの中を行き来する（*narakādimāṃ paribhramaṇ*）〔＝低次の世界を輪廻する〕こと，すなわち蛇を殺すという教えをどうやってできるだろうかということである．〔相手が〕非アーリヤ的性質（*anāryavṛtti*）であるならば殺すことを教えるが良い．［Kalārthī 2000: 112］

ラージチャンドラの主張は詰まる所，蛇のヒンサーについての決断をどうするかは，行為者の「アートマンの利益」を求める心の状態に依るというものであった．すなわち，行為者のアートマンを求める心と，行為者のアヒンサーの実践との間に不釣り合いがあってはならない．これがラージチャンドラのアヒンサー＝慈悲概念の骨子であったと言える．それゆえ，ラージチャンドラはアートマンの利益を求めない者（「非アーリヤ的性質」の者）にはヒンサーを教えるようにとガーンディーに伝えた．

ここで留意すべきことは，すでに前章で明らかにした通り，ラージチャンドラのジャイナ教思想は強い個人主義的性格を帯びるものであったということである．つまり，仮に個人が完全なアートマ・ダルシャンを達成したとしても，それは蛇の咬傷という暴力的事態が発生している現象世界のあり方に影響を与えることはない．「倫理的回復」の望みのない「世界」の暴力的現実は継続されたままで，あくまで特定の個人だけが解脱するのである．

一方，本書の第2章第2節で論じたように，トルストイの愛概念は，個人の内にある神的自己と外的な非暴力的現実との一致を説くものであった．そして，ターラクナート・ダースらの解釈を内在化していたトルストイは，ヴィヴェーカーナンダの思想を安易にインド人革命家の暴力思想と同一線上に捉えることで，それを「古い宗教的迷信」として批判していた．とはいうものの，ヴィヴェーカーナンダ自身も，男性主義的ナショナリズムの主張と並行して，慈悲やアヒンサーの重要性を繰り返し説いてもいた．

ガーンディーは生涯を通して，『バガヴァッド・ギーター』と共に，『ヨーガ・スートラ』を愛読していたが，例えば，ヴィヴェーカーナンダの『ラージャ・ヨーガ』に収録された『ヨーガ・スートラ』第2章第35節のサンスクリット語原文に対するヴィヴェーカーナンダの英訳及び注解では次のようにアヒンサー概念が説明されている．

> [サンスクリット語の原文]
> *Ahiṃsāpratiṣṭhāyāṃ tatsannidhau vairatyāgaḥ.*[25)]
>
> [ヴィヴェーカーナンダの英訳]
> 不殺生（Non-killing）が確立すれば，彼の前で（他者の中にある）全ての敵意は消滅するだろう．
>
> [ヴィヴェーカーナンダの注解]
> もしある人が他者に対する不傷害（non-injuring）の理想を得るならば，彼の前で獰猛な本性を持つ動物たちでさえ平穏になる．そのヨーギーの前で虎と羊は一緒に戯れる．あなたがその状態に行き着いた時にのみ，あなたは不傷害を固く確立したと理解するだろう．［Vivekananda 1908: 142，丸括弧内の補足語原文］

ヴィヴェーカーナンダのアヒンサー概念は，行為者が完全にアヒンサー（「不殺生，不傷害」）を「確立」しているならば，行為者は他者を傷つけないだけでなく，他者自身も行為者に対して敵意を抱くことがなくなる（傷つけることがなくなる）というものである．そして，このような内外のアヒンサー的（*ahiṃsak*）状態の共時的対応が起こったことを見ることによって初めて，行為者は自身が「不傷害〔の誓い〕を固く確立したと理解する」とされた．

そして，『ラージャ・ヨーガ』において，このようなアヒンサーを含む禁戒を適切に遵守したヨーギーが持つ現象世界に対する精神物理的な影響力は，「神通力（*siddhi*, *aiśċarya*）」［Vivekananda 1908: 149–165, 166–168, 189］，あるいは，「奇跡（miracle）」［Vivekananda 1908: 25, 43, 166–168］と呼ばれた[26)]．

ガーンディーはラージチャンドラの個人主義的なアヒンサー＝慈悲概念と，トルストイの内外一致の愛概念と，ヴィヴェーカーナンダの神通力＝奇跡を可能ならしめるアヒンサー概念とを折衷することで，自身の独自のアヒンサー思想を彫琢していったと考えられる．

このことは，例えば，ガーンディーが南アフリカからインドに帰国した後，1916年2月16日にマドラスで行った公開演説の言葉から窺い知ることができる．これはガーンディーがアヒンサー概念の意味をアーシュラムの住人以外の一般大衆に向けて語った最初の演説であった．

> アヒンサーの本当の意味はあなたが誰にも反抗しないことである．つまり，あなたの敵だと敵自身が思っている者に対しても，決して無慈悲な思い（uncharitable thought）を抱かないことを意味している．〔……〕アヒンサーの教義に従う者にとっては，敵をつくる余地はないのである．〔……〕もしもあなたが自分の愛――アヒンサー――を表明するならば，そのような方法によって，敵と呼ばれている者（so-called enemy）に必ず訴えかけるのである．［*CWMG* 13: 228–229，強調筆者］

ここで言われている「アヒンサーの教義に従う者にとっては，敵をつくる余地はない」という発想は，蛇に嚙まれても蛇に対して心理的にもヒンサー的（*hiṃsak*）思いを抱かないというラージチャンドラの思想を彷彿させる．だが，ガーンディーの思想はそれに止まらず，傍点部にある通り，「アヒンサー」あるいは「愛」を具現化している行為者の心理状態が「敵と呼ばれている」他者にも精神物理的な影響を及ぼしうることが述べられている．

さらに，ガーンディーはこのような自己の外部に働きかけるアヒンサーが，ブラフマチャリヤの実験によるアートマンの浄化を行うことでより効果的となると考えていた．これについては本書の第6章で詳しく扱うが，例えば1930年代後半以降にヒンドゥー教徒とイスラーム教徒との宗教間対立（コミュナル）が激しくなってきた時期に，「非暴力はいかに機能するか」と題した次のような記事を『ハリジャン』紙に掲載した．

> サッティヤーグラハという言葉には一般的に力が伴うはずである．その力は無制限に武力を所有することによって得られるものではなく，〔自らの〕生活を浄化し，厳しく監視し，絶えずそのように実践することによって生み出されるのである．それはブラフマチャリヤの遵守なしには不可能である．〔……〕私は自身の思考に対する統制をまだ得ていないがゆえに，非暴力の探求を必要としている．私の非暴力が伝染的（contagious）で感染的（infectious）になるためには，私は自身の思考に対するより大きな統制を得なければならない．［*HJ*, 23-7-1938］

ガーンディーはブラフマチャリヤによる内面の心理的浄化と現象世界における物理的非暴力の実現とが常に共時的・流動的に対応しうるものと考えていた．ガーンディーの非暴力社会の理想という公共的主題は，このような意味で，ガーンディー自身の性欲の克服という個人の問題と密接に関連していたのであった［*AK*: 529］．そして，第6章でも扱うように，このようなブラフマチャリヤの実験（断食，供犠など）が厳格に行われる中で発生する宗教間暴動などに対する非暴力的効果は，ガーンディーやガーンディーの側近によって，しばしば，「奇跡（*camatkār*, miracle）」［*GN*, S. No. 10241; *GA* 45: 21-22; *SGV* 75: 8; *KC*; *HJ*, 12-10-1935; *CWMG* 77: 82］や「奇跡的影響（*camatkārik asar*）」［*GA* 50: 62］と呼ばれていた．

こうしたガーンディー独自のアヒンサー概念の意味に着目した時，ガーンディーがなぜプーンカーの事実を知ることによって，すぐに乳汁放棄の決断に至ったのかという理由も初めて充全に解釈可能となる．すなわち，ガーンディーが語っていたプーンカーの文献から受けたという「驚異的＝奇跡的」な影響とは詰まる所，プーンカーという残虐な外的現実を知ることによって，ガーンディーがカレンバッハとの間で行っていた秘密のシャクティの統制としてのブラフマチャリヤの実験が失敗していたことにはっきりと自覚したことを意味したのであった．換言すれば，現象世界の暴力的現実は，ガーンディー自身の内面の性欲（ヴィカール）を反映するものなのであった．

ガーンディーは1913年7月2日付のジャムナーダース・ガーンディー（マガンラール・ガーンディー[27]の弟）宛ての書簡で次のように書いている．

> 搾乳の主題〔＝プーンカー〕に触れた本にざっと目を通した．私は［それが］良いとは思わなかった．だが，私の〔心の〕状態こそがそのよう〔に思わせた〕であった．誰かが肉の中に身体（*śarīr*）に極めて良く働く要素を証明したとしても，〔私は〕それを放棄（*tyāgya*）する．そのように乳汁についても信じている．［*GA* 12: 106，強調筆者］

また，乳汁放棄が誓われる数ヶ月前[28]に書かれたカレンバッハ宛ての書簡（1912年8月30日付）で，ガーンディーは次のようにも述べている．

> あなたが私たちの全ての心配の原因は外にではなく内に求められることに気付いてくれることを願っています．私たちはある意味で世界の全ての悲惨さ，つまり私たちの周囲にある全ての不完全さのために咎められるべきなのです．それらは私たちが完全になる時に完全になるでしょう．［*KP* 1, Group 1, S. No. 9］

以上のような二点，すなわち，(1) 乳汁放棄に至る過程で問題視されていた霊的な観点や霊的な利益の意味（すなわち，性欲の問題），(2) ガーンディーのアヒンサー＝慈悲概念に含蓄される独自の意味（すなわち，内外の非暴力的一致）を明らかにして，初めてガーンディーが乳汁放棄に至った理由を十全に理解することができるのである．

このようなガーンディーのアヒンサー＝慈悲概念の意味は，次節で扱うトルストイ農園で行われた蛇のヒンサー／アヒンサーの実験を分析することでより明確なものとなる．

2. 蛇の殺生（ヒンサー）——ヘルマン・カレンバッハとの実験(2)

(1)『イティハース』の記述

これまでガーンディーの乳汁放棄が決断された背後には，ガーンディー自身の性欲と現象世界のあり方とが共時的・流動的に対応しているとする身体宇宙論があったことを指摘した．このようなガーンディーの身体宇宙論に着目した時，一見無関係に見える『イティハース』の第11章に書かれた乳汁放棄の実験と蛇のヒンサーの実験とが相互に密接に関連するものであったことを知ることができる．

ガーンディーはしばしばトルストイ農園において頻繁に出没する蛇の問題に悩まされていた．『インディアン・オピニオン』紙の1913年8月9日号の中で，ガーンディーはインド国内外において，蛇は「常に恐が（*darto*）」られていたことを語っている．また，ガーンディー自身は「違うだろうと考える」と述べながらも，インドにおいて蛇に噛まれて死んだ人々の数は毎年2万人に上るという政府の統計結果にも言及する［*IO*, 9-8-1913］．すなわち，ガーンディー曰く，一般的に蛇は「敵の象徴（*śtrunī upamā*）」であり，「蛇（*nāg*）ほど有毒なもの（*jherī*）はない」と見なされている［*GA* 32: 410］．このように広く危険視されている蛇とどのように向き合っていくべきかという問題は，トルストイ農園の住人たちにとっての重大な課題であった．

以下ではまず，『イティハース』の第11章に記された蛇のヒンサーの実験がいかなるものであったのかをまず概観したい．

ガーンディーは農園の住人たちに，蛇のアヒンサーを強要することはなかったが，蛇を始めとした動物のヒンサーの中には，明確に「罪障（*pāp*）」があるということを語っていた．『イティハース』の第11章では，ガーンディーがこのことをカレンバッハに話した時のことが記されている．

> 彼〔カレンバッハ〕と一緒に宗教的な会話（*dhārmik saṃvādo*）をいつもしていた．私にアヒンサー，真理などの禁戒（ヤマ）以外に他のいかなる事柄がありえるだろうか．蛇などの動物を殺すこと（*mārvā*）の中に罪障があるという話によって，最初，私の他の多くのヨーロッパ人の友達たちのように，カレンバッハ氏もショックを受けた．だが，最終的には本質的な観点

> (*tāttvik dṛṣṭi*) からその結論〔が正しいこと〕を彼は承認した．智性 (*buddhi*) から受け入れた事柄は実行するのが相応しく，また宗教的義務 (*dharm*) であると，彼は我々の最初の交流の頃から信じており，またそれゆえにこそ，彼は自身の生活の中に重大な変化 (*mahattvanā pherphāro*) を一瞬の躊躇もなく起こすことができたのであった．〔*DASI*: 287–288〕

そして，カレンバッハはガーンディーに蛇のヒンサーには罪障があることを教わってからすぐに，蛇に対する以下のような実験を開始した．

> さて，蛇などを殺すこと (*mārvā*) が正しくないのであったなら，それとの友情 (*mitratā*) を育むことを，カレンバッハ氏はしたくなった．最初に多種多様な蛇の識別をするために，蛇についての文献を彼は集めた．その中で彼は全ての蛇が有毒ではないこと，また一部の蛇は畑の作物を守ってくれるものであるということを知った．彼は皆に蛇の識別を教え，最終的には農園の中から捕まえた一匹の恐ろしい大蛇 (*jabardast ajagar*) を飼った．〔*DASI*: 288〕

この実験を部分的に評価しつつも，ガーンディーはカレンバッハを次のように諭した．

> 穏やかな仕方で私はカレンバッハ氏にお願いした．「あなたの情感 (*bhāv*) は純粋 (*śuddh*) であるにもかかわらず，大蛇はあなたを識別できません．というのもあなたの愛情 (*prīt*) と一緒に，恐れ (*bhay*) が〔心の中に〕潜んでいるからです．それを〔檻から〕出して一緒に遊ぶ勇気 (*himmat*) は，あなたにも私にもありません．〔……〕それゆえ，この蛇を飼うことに，私は善意 (*sadbhāv*) を見ますが，アヒンサー (*ahiṃsā*) は見ません．我々の行為は，その大蛇が識別できるようなものでなければなりません．〔……〕その〔蛇の〕習性 (*rītbhāt*)，その習慣 (*ṭevo*) などを知るために，それを檻に入れてしまっています．それは一種の自分勝手な楽しみ (*svacchand*) です．友情 (*maitrī*) の中にはそのようなことはあり得ません．〔*DASI*: 288〕

このように，ガーンディーは蛇に対する完全な「友情」を育むことが困難であり，「恐れ」が心中に生じて行う行為はアヒンサーではないことを伝えた．
このように諭された後，カレンバッハは次のように応じた．

> カレンバッハ氏は，この理論（*dalīl*）を理解した．だが，その大蛇をすぐに解放したくはなかった．〔……〕だが，この囚人は自分だけで自分の逃げ道を見つけたのだった．檻のドアが開いてしまっていたのだろうか，あるいは，工夫して自分でそれを開けることができたのだろうか．いずれの理由であれ――2，3日が経ったある朝に，カレンバッハ氏は彼の友人（*mitr*）である囚人に会いにいくと，檻は空であった．彼は喜んだし，また私も喜んだ．だが，この実験（*akhatrā*）によって，蛇は我々の会話の日常の主題となったのだった．［*DASI*: 288-289］

カレンバッハはガーンディーから諭されて自身の心中に蛇に対する「恐れ」があることを認めたが，同時に「友情」が芽生えていたことも否めなかった．結果的に，蛇が自分自身で檻から逃げ出したことで，ガーンディーとカレンバッハの悩みは解消した．
上のカレンバッハとの実験と並んで同じ第11章の中には，次のような蛇のヒンサーをめぐる出来事についても書かれてある．

> ある日，カレンバッハ氏の部屋の中で一匹の蛇が見つかり，その場所からそれを追い出すこと，あるいは摑むこともできそうになかった．農園の一人の生徒がそれを見つけた．私を呼んでから「さあどうしますか」と尋ねた．殺すこと（*mārvā*）の許可を彼は求めた．〔……〕殺す許可を与えることは，私の宗教的義務（*dharm*）であると理解して，私は許可を与えた．〔……〕蛇を手で捕まえること，あるいは農園の住人たちを何らかの方法で非恐怖（*nirbhay*）〔恐れを知らない状態〕にするためのシャクティを，私は持っていなかったし，今日でもそれを育めていない．［*DASI*: 289-290］

このように，トルストイ農園では，蛇に対する友情の構築が試みられたが，「恐れ」という行為者の心の罪障のゆえに，その実験は断念された．ある機会では蛇自身が檻から逃げ出したことで問題は解決したが，別の機会では上のように住人の安全を優先して，ガーンディーは蛇のヒンサーを許可したのであった．

以上が『イティハース』の第2部・第11章に書かれてある蛇のヒンサーをめぐる実験である．このような実験は，前節で検討した乳汁放棄の実験といかなる関係があったのであろうか．このことを明らかにするために，今一度，南アフリカ滞在期のガーンディーの蛇概念がいかなるものであったのかを知る必要がある．

(2)蛇の両義性と身体宇宙論

先にガーンディーが『インディアン・オピニオン』紙の中で，蛇がインドで人々から恐がられていることを語っていたことを見た．だが，同じ記事の中に，ガーンディーは自身の蛇に対する両義的理解を，ヒンドゥー教の民衆信仰との関係から論じてもいた．

例えば，ガーンディーは『インディアン・オピニオン』紙の中で，「ナーグパーンチャム（*nāgpāñcam*）の日」について語っている．これは蛇神の祭日であり，インドの人々の間で特別視されている．また，ガーンディーはヒンドゥー教の有名な創造神話において，ヴィシュヌ神の生きた乗り物とされる蛇神の「シェーシュナーグ（*śeṣnāg*）」についても言及する．さらに，17世紀のヒンドゥー教王国であるマラーター王国の王であるシヴァージーが「蛇の数珠（*māḷā*）」をつけていたことにも触れている．多くのヒンドゥー教徒がインドにおいて蛇を「恐がる」と同時に蛇を崇拝しており，また，「蛇の智性（*buddhi*）と智能（*jñān*）を信じている」ことをガーンディーは語った．

ここで重要なのは，これらのヒンドゥー教における「蛇に関する信仰（*sarp viṣe mānyatā*）」や「伝説（*dantakthāo*）」が人々の間に生まれた理由を，ガーンディーが動物界における蛇の両義的位置に求めていることである．

> それ〔蛇〕の咬傷がもし確実ならば死（*mot*）が発生し，また死を我々が望まないがゆえに，蛇によって恐れる（*darīe*）のである．蛇を恐れ（*bhay*）から崇拝することも，理解することができるだろう．もし蛇が非常に小さい生き物（*taddan nāno jantu*）であったなら，そのような恐ろしさ

(*bhayankar*) にもかかわらず，ひょっとすると崇拝されていなかったかもしれない．だが，それが大きく (*moṭuṃ*)，雄大で (*viśāḷ*)，美しく (*sundar*)，また，奇妙な (*vicitr*) 種類の生類であることによって，それは崇拝もされるのである．[*IO*, 9-8-1913，強調筆者]

ガーンディーによれば，蛇は人間を死に至らしめる猛毒を持っていること，体が大きいこと，このような要因からも恐れられるにたる動物である．だが，それだけでなく，ガーンディーは蛇が「美しく」，また「奇妙な種類の生き物」であるとも述べている．すなわち，蛇が崇拝されるのは，ただそれが危険だからではなく，それが他の動物には見られない美しさや奇妙さをも備えた動物界において類を見ない境界的(リミナル)な生き物だからなのであった．

獰猛さと美しさの両方を備えた両義的動物の蛇であるが，ガーンディーはしばしば近代社会において，人々が蛇の有毒性のみを強調してそれを機械的に大量殺害することを問題視して次のように述べている．

蛇を創造した者 (*sarpne pedā karnār*) も唯一の神 (*ek j īśvar*) である．神の全ての働きを我々は理解することができない．彼は虎，ライオン，蛇，蠍などをただ我々が殺すことができるようにと望んで創造したのではない．蛇が集まっていると考えて，人々がそれを見て殺す．それゆえ，ただ蛇を殺すためだけに神は人間を創造したのだろうか．[*IO*, 9-8-1913]

すなわち，ガーンディーは蛇の有毒性や危険性が存在していることの背後には，必ず自然界の合理的理由が存在していることを語っているのである．そして，なぜ蛇が人間を嚙み，恐れを与えるのかということについての理由を次のように述べる．

インドのジャングルの中には，何千ものヨーギーやファキール〔イスラーム教の苦行者〕たちが住んでいる．彼らは虎，狼，蛇たちなどの中で，恐れることなく (*nirbhaypaṇe*) 散歩しており，また彼らが〔動物たちを〕傷つけ (*ījā*) ているのを見たことがない．〔……〕つまり，何匹かの恐ろしいとされる動物たち (*bhayaṅkar gaṇātāṃ praṇīo*) は，何人かのヨーギーやファキールたちに友情（*maitrī*）をもって，彼らをそのままにしておいた．私は信じているのだが，我々がそれぞれの生類（*jīv*）に対する敵意（*ver-bhāv*）を取り去るならば，その生類は我々の上に敵意を向けることはない．慈悲（*dayā*）あるいは愛（*prem*），それは人間の偉大な性質（グナ）（*mahāguṇ*）である．〔……〕慈悲，それは宗教の根源（*mūḷ*）であるということを，全ての宗教の中に，多かれ少なかれ，その片鱗（*jhāṁkhī*）を我々は見出すのである．［*IO*, 9-8-1913］

上のように語った後に，ガーンディーは蛇の危険性の原因を次のように語った．

蛇などの発生（*utpatti*），あるいは彼らの残酷な（*krūr*）本性（*svabhāv*）は，我々の本性の反映（*paḍgho*）ではないのだろうか．〔……〕我々の身体（*śarīr*）の中で虎と羊（*vāgh-gheṭāṃ*）の闘争（*laḍat*）が展開している限り，この被造世界と身体（*jagat-śarīr*）の中でそのような闘争が行われていることに何の不思議があるだろう．被造世界の鏡として（*jagatnī ārsīrūpe*）我々が存在している．被造世界の全ての性向（*bhāv*）は，我々の身体と被造世界（*śarīr-jagat*）の中に起こっているのである．それが変容すれば，被造世界の性向（*jagatno bhāv*）も変容することは明らかである．〔……〕それは神（*īśvar*）の偉大な幻力（マーヤー）（*mahāmāyā*）である．それは顕現の美（*khūbī*）であり，またその中に我々の幸福の根源（*sukhnuṃ mūḷ*）もある．［*IO*, 9-8-1913］

このように，行為者に対する蛇の危険性は，行為者自身の「本性」の表れであることが語られている．ゆえに，行為者自身の心身の「清浄」さに応じて，「被造世界」の現前の仕方も変化することが言われている．外的世界は行為者自身の内的世界の「鏡」なのである．そして，もし完全な「慈悲」の情感が行為者の中で達成されれば，いかなる獰猛な生類も行為者に対して「友情」を持つ．このような「身体と被造世界」をめぐる関係理解は，前節で明らかにしたガーンディーの身体宇宙論をはっきりと示すものである．

(3)乳汁放棄との関係

このような蛇に対するガーンディーの理解に着目した時，トルストイ農園でカレンバッハと共に行われた蛇に対するヒンサー／アヒンサーの実験が乳汁放棄の実験と密接に関連するものであったことが明らかとなる.

すなわち，ガーンディーの乳汁放棄の決断は，雌牛に対する残虐な仕打ち（＝ヒンサー）が行われている現実を目の当たりにすることで，自身の内部にある性欲に自覚的になることで下されるに至った．乳汁は性欲を増加させ，性欲の増加は現象世界におけるヒンサーを引き起こすものと信じられた.

同じように蛇に対するヒンサーもまた，行為者の内部に伏在する「恐れ」という心の「罪障」に自覚的になることによって行われるものであった．蛇は「美しさ」と「危険」を備え，「恐れ」も「友情」も引き起こしうる存在であった．そして，蛇がいかなる状態で行為者に現前するかという問題は，行為者の身体と心の「清浄」さに対応するものと考えられた.

詰まる所，乳汁放棄も蛇のヒンサーも共に，ガーンディーの中で発生した正負の心理状態に世界の現前の仕方が対応するとする身体宇宙論をその理解の根底に据えるブラフマチャリヤの実験の一環に他ならなかった．ここで重要なのは，ガーンディーが南アフリカ滞在期において，ヴィヴェーカーナンダのブラフマチャリヤ思想で語られていたような精液の変換を正しく行うための具体的な思想・方法を習得していなかったことである．第1章で論じたように，南アフリカ滞在期において，ガーンディーによって提示された性欲回避の唯一の具体的方法は，食事の制限の他に，水風呂のみであった（第1章第2節(2)）．ガーンディーは精液や蛇といった対象をめぐって，それらが心中に引き起こす負のエネルギー（「性欲」，「恐れ」）が，正のエネルギー（「シャクティ」，「友情」）の発生の可能性に優越してしまうことを懸念したがゆえに，正負のエネルギーを引き起こす原因物そのものを放棄・ヒンサーすることを決断したのであった［*AK*: 221］.

3. 結　語

本章では，南アフリカ滞在期において，サッティヤーグラハ闘争が最も大規模に拡大していた終盤の時期に，ガーンディーが行っていたいくつかの主要なブラフマチャリヤの実験がいなるものであったのかを明らかにした．具体的には，ガーンディーとカレンバッハとの間に行われていた乳汁放棄と蛇のヒンサー／アヒンサーの実験について考察してきた．これらの２つの実験は一見無関係に見えるが，両者の実験を基礎付ける身体宇宙論の認識構造において相互に密接に結び付くものであった．

このようなガーンディーのブラフマチャリヤの実験は，次の２つの点において，南アフリカ滞在期におけるガーンディーのブラフマチャリヤ思想の重要な特徴を浮かび上がらせるものである．第一に，トルストイ農園で行われた７つのブラフマチャリヤの実験の中でも最も重要なものとされていた乳汁放棄の実験は，ガーンディーとカレンバッハとの間に発生していた過度に親密でホモソーシャルな友情に関わるものであった．この実験に至る過程には，自身の妻を始めとした女性に対するガーンディーの他者排除的な態度がしばしば見受けられた．こうした態度は，前章で見たヴィヴェーカーナンダの男性主義的ナショナリズムやラージチャンドラの女性に対する禁欲主義的態度とも呼応するものであったと言える．ガーンディーのブラフマチャリヤの実験の中で行われていた精液結集の実践において，女性が果たしうる肯定的役割はほとんど想定されていなかった．

第二に，南アフリカ滞在期におけるブラフマチャリヤの実験においては，実験が対象としていた精液や蛇に潜在する正のエネルギーを顕現させる思想・方法は得られていなかった．ガーンディーは自身の身体に内在する性欲や恐れといった罪障に対する自覚から，精液を増加させる乳汁を放棄すること，また人々に噛み付く可能性がある蛇をヒンサーすることを決断した．このような考え方の背後には，前章で論じたヴィヴェーカーナンダの積極的ブラフマチャリヤ思想よりも，ラージチャンドラの消極的ブラフマチャリヤ思想からのより強い影響が窺われる．『アートマ・カター』の中には，南アフリカ滞在期のガーンディーのブラフマチャリヤ思想を特徴付けるその禁欲主義的な性格について次のように語られている．

> 私は〔ブラフマチャリヤの〕誓いに縛られることなくしては，人間は迷妄（*moh*）に落ちることが分かった．誓いによって縛れることは，姦通（*vyabhicār*）〔の罪〕から逃れ，一人の妻との関係に縛られるようなもので

ある．〔……〕私を噛もうとしている〔性欲という名の〕蛇を，私は断固として（*niścaypūrvak*）放棄（*tyāg*）するのであり，放棄の単なる努力をするのではない．私は単なる努力のみでは死（*marvuṃ*）に至ることを知っている．努力の中において，蛇の恐ろしさ（*vikarāḷtā*）ははっきりと認識されていない．[29)] [*AK*: 221]

次章からは，これまで第1部で見てきた南アフリカ滞在期におけるガーンディーのブラフマチャリヤ思想が，インド帰国後にいかに変容・発展し，そのことがガーンディーの独立運動の盛衰といかに関わっていたのかを見ていく．

1）「男性における性的倒錯」（当時のホモセクシュアリティに対する呼称）の一事例として，性科学者H. エリスの『性の心理（*Psychology of Sex*）』で引用されたエドワード・カーペンターの言葉［Ellis 1987: 46–47］．上の言葉が語られたより具体的な背景については，都築忠七の研究［Tsuzuki 1980: 38–48］を参照されたい．ガーンディーは南アフリカ滞在期にエリスの著作を読み，カーペンターの「中間的性（intermediate sex）」に関する研究にも少なからず精通していた可能性がある．本章注20も参照されたい．

2）ちなみに，『イティハース』ではグジャラーティー語で「トールストーイ・ファールム（*Ṭolsṭoy Phārm*）」と音写されているが，『アートマ・カター』では「トールストーイ・アーシュラム（*Ṭolsṭoy Āśram*）」という表現が使用されている［*AK*: 334–336, 339–341, 343］．

3）また，スシーラー・ナイヤルの研究以降，「英雄的行進（the Epic March）」とも呼ばれるようになった［Nayar 1989: 643–667］．大行進に関する先行研究は，Tendulkar［1: 139–145］，R. Huttenback［1971: 316–319］，M. Swan［1985: 243–256］を参照されたい．しばしば有名な1930年の「塩の行進」とも比較される［Dalton 2012: 101–105; *CWMG* 29: 240–243］．

4）具体的には，1914年5月28日に，「インド人救済法（Indians' Relief Bill）」が成立し，6月30日に，以下の協定を結んだ［*SA*, S. No. 5973, 5999］．（1）3ポンド税の廃止すること，（2）1920年までに年季契約労働を廃止すること，（3）ヒンドゥー教徒・イスラーム教徒・ゾロアスター教徒などの宗教儀礼に則った結婚を容認すること．

5）"*ādhyātmā*"（形容詞形："*ādhyātmik*"）は，"*adhi-*"（〜に関すること）と"*ātmā*"（アートマン）の複合語であり，語源的に「アートマンに関すること」を意味する．ガーンディー自身は*ādhyātmik*を［*AK*: 7］，英語の文書の中で，「霊的

(spiritual)」という言葉で訳している［*AB* 1: 4–5］．本書ではガーンディーの訳し方を参考に，*ādhyātmik* を「霊的」，*ādhyātmā* を「霊性」と訳すが，霊性という言葉が原語的ニュアンスとして，「アートマンに関すること」を意味することを強調しておきたい．

6） これは同時代の反ユダヤ主義者が抱いていた身体的に脆弱なユダヤ人のステレオタイプとは正反対のものであった［Sarid and Bartolf 1997: 12］．

7） カレンバッハは，アイススケート，テニス，水泳，自転車サイクリングといった多様なスポーツを得意とした．同時に，熱心な読書家で庭師でもあった［Sarid and Bartolf 1997: 8, 11, 23］．

8） シモン・レヴは，「ガーンディーは自覚的だった自身の〔身体的〕劣等感を補うために，〔体格の良い〕ヨーロッパ人の支持者を必要とした」と指摘する［Lev 2012: 24］．また，J. ハントとS. バーナが指摘している通り，カレンバッハの抑圧されたユダヤ人アイデンティティと，ガーンディーが南アフリカで感じていたインド人の少数派意識は，彼らの友情の結束を強化した［Hunt and Bhana 2007: 200］．興味深いことに，南アフリカ滞在期において，ガーンディーの抗議運動に最も身近で協力した白人のほとんどがユダヤ人であった［Chatterjee 1992］．

9） ちなみに，ガーンディーはトルストイ農園について，『イティハース』の中で合計3章（それぞれの章題は，「トルストイ農園（1）」，「トルストイ農園（2）」，「トルストイ農園（3）」）にわたって詳述している．個人生活に光を当てた『アートマ・カター』と異なり，政治闘争の記述に焦点が当てられた『イティハース』において，ガーンディーがこのトルストイ農園の体験について第9章から第11章という計3章にもわたって語っていることは特筆に値する．この3章の中で，ガーンディーがブラフマチャリヤの実験について最も詳しく語っているのが，3番目の第11章「トルストイ農園（3）」であった．

10） 1909年7月30日付でロンドン滞在中のガーンディーがカレンバッハに宛てた書簡には，次のように書かれてある．「あなたが送ってくれる手紙にうっとりする（letters are charming）．あなたがそれらを私以外の人に読んで欲しくないことを知っている．そして，私がある場所から別の場所へ頻繁に行き来しなければならないので，私はそれらを破棄しようと思う」［*KP* 2, Group 1, S. No. 9］．

11） *Reuters*, 2012年6月13日号（http://www.reuters.com/article/us-gandhi-letters-idUSBRE85C00020120613　2012年6月30日閲覧），*BBC News*, 2012年7月10日号（http://www.bbc.com/news/world-asia-india-18765729　2012年8月2日閲覧）．

12） クラールは，現在は「サッティヤーグラハ・ハウス」と命名され，宿泊施設が併設された博物館となっている．*KP* 3の収集については，同博物館の歴史家のエリック・イスキン氏のご助力をいただいた．この場をもって感謝申し上げます．ちなみに，改竄問題が浮上して発売禁止になった1998年の電子版『全集（E）』において抜け落ちている史料の大半がカレンバッハ宛ての書簡であったことも，この領域が研究されてこなかった原因の1つとなっていたと考えられる（本書序章注55

参照).

13) インド政府が買い取ったカレンバッハ関連の原物史料は全てインド公文書館に収蔵されているはずであるが，筆者が2017年に訪問した際には，その史料の多く（特に，ガーンディーとカレンバッハとの間に交わされた書簡）がアクセス不可能な状態にあった．この点については，公文書館の副館長のサンジャイ・ガルグ博士と副館長補佐のジャヤープラダー・ラヴィーンドラン氏にも再三理由を尋ね，史料の提供を願い出たが許可されなかった．だが，ネルー記念博物館・図書館とヨハネスブルグのクラールにはそれらの多くの原物史料の複写が収蔵されていたので，本書では公文書館で入手できなかった史料に関しては後二者の複写史料で補った．

14) 第11章には，『イティハース』の他のいかなる章より4倍以上の長さがある．11章は，序論と結語に対応する2つの段落と，その他の26の段落との合計28の段落で構成されている．これら26の段落はさらに，以下のような個別の7個の主題を扱う段落群に分けられる．(1) 女性に対する性欲の問題（第2-10段落），(2) ヒンドゥー教徒とイスラーム教徒の共生（第11-14段落），(3) G. K. ゴーカレーの訪問（第15-16段落），(4) 蛇の殺生（第17-21段落），(5) 現地役人との友好関係（第22段落），(6) 健康的観点に基づく食生活の改善・自然療法（第23-25段落），(7) 霊的観点に基づく食生活の改善・乳汁放棄（第26-27段落）．

15) 唐辛子などの刺激物を雌牛の乳に吹き付ける強制的搾乳．

16) アヨーディヤー出身のスワーミー・ナーラーヤン（1781-1830）が創設したヴィシュヌ派の一派．スワーミー・ナーラーヤンを「至高存在（Puruṣottama）」の化身（アヴァターラ）として崇拝する．厳しい禁欲的戒律を特徴とし，カーティーヤーワード半島で広範な影響力を持っている．

17) ガーンディーは当時流行の最先端のスーツを買い揃え，ダンス・フランス語・バイオリン・演説を習った．

18) ガーンディーは『アートマ・カター』の中で，父の死と妻との性交渉について語った章を次のような言葉で締め括っている．「この私の二重の恥（*bevḍī śaram*）〔について〕の章を終了する前に，次のことも言っておこう．妻に生まれた赤子は，2日か3日，息をしただけで死んでしまった．他の帰結〔性欲に盲目となっていたこと以外の理由〕がありうるだろうか．親や幼い夫婦はこの事例によって教訓を得るように」[*AK*: 33].

19) E. エリクソンは精神分析的観点から，この体験がガーンディーにとっての「呪い」となって，ガーンディーの「残りの生涯全てに解消されることのない実存的負債として残存し続けた」と分析している [Erikson 1969: 128].

20) M. メイソン曰く，後期ヴィクトリア朝の「性道徳主義（sexual moralism）」は，「様々な信念」によって正当化されていた．すなわち，「生物学的信念」，「人間本性全体の形成に関する信念」，「社会の正しい形態〔についての信念〕」，「宗教〔に関する信念〕」といった異なる信念が「調和して」，人々の「人間の性行動に影響を及ぼしていた」[Mason 1994: 171-172]．そして，このような性道徳主義は異性愛主義を確固たるイデオロギー的支柱としていた［Mason 1994: 4, 6］．この点については，C. スミス＝ローゼンバーグ［Smith-Rosenberg 1978: 213］も参照されたい．A. バシャムは同性愛が古代インドにおいて極めて稀にしか行われておらず，それが古代ギリシャやローマのように広範に行われ慣習化されたことは皆無に等しかったと指摘する［Basham 1954: 172］．

とはいえ，1911年7月29日付で，ガーンディーはロンドンの同性愛権利擁護論者であるエドワード・カーペンター（1844-1929）に書簡を送り，カーペンターを「先進的な思想家（advanced thinker）」と高く評価していた点は特筆に値する（*Edward Carpenter Collection*, Shefield City Council, Shefield, UK, S. No. 376. 9）．この書簡の中で，ガーンディーはカーペンターにカレンバッハやトルストイ農園についても紹介している．そして，1911年8月19日から22日間，カレンバッハはロンドンを旅した際に，ガーンディーの紹介を受けてカーペンターに直接会っている［*KP* 1, Group 11, S. No. 9］．

ガーンディーが確実に読んだことが分かっているカーペンターの著作は，『文明，その原因と治癒』（1889）［Carpenter 1921］と『アダムズ・ピークからエレファンタへ――セイロンとインドでの記録』（1892）［Carpenter 1892］である．前者はガーンディーの『ヒンド・スワラージ』の西洋文明批判論に多大な影響を与えた［*SA*, S. No. 5056］．後者は，1932年のヤラワダー刑務所入獄中に読まれた［*GA* 49: 473-474］．さらに，ガーンディーは南アフリカ滞在中に読んだ性科学者のH. エリスの著作を通して，間接的にカーペンターの同性愛について論じられた『愛の新時代』（1896）［Carpenter 1906］，『中間的性――男性と女性のいくつかの伝統的系統について』（1896）などの著作の内容を知っていた可能性がある．エリスは，主著の『性の心理』の中でカーペンターの『愛の新時代』を「卓越した著作」と評しており［Ellis 1897: 142］，様々なカーペンターの著作の言葉を引用している［Ellis 1897: 46-47, 142; 1906: 110-111; 1911: 46, 53, 79-80, 116, 172, 419, 510］．

21）イーサの著作以降，このクラールとテントの生活について言及した研究は，管見の限りS. レヴ［Lev 2012］のみである．トルストイ農園の中で行われたカレンバッハとの実験に関する先行研究としては，J. ハントとS. バーナ［Hunt and Bhana 2007: 174-202］があるが，これらの農園の実験を正しく理解するためには，それ以前に行われていたクラールとテントでの生活に関する考察が必要不可欠である．その他，仔細な研究分析にまで踏み込んでいないものの，カレンバッハとの「ホモエロティック」な関係については，T. Weber［2004: 74］やJ. Lelyveld［2011: 87-88］でも言及されている．

22）引用箇所にあるワセリンの使用が具体的に何を意味していたのかは定かではないが，それが当時，同性間の性交渉にも用いられるものであったことは付記しておきたい．その他，二人の親密な関係を示す書簡は，*KP* 1［Group 1, S. No. 19; Group 5, S. No. 26］，*KP* 2［Group 1, S. No. 62, 130, 138, 231］，*KP* 3の中などでも少なからず見られる．

23) ちなみに，これらの参照先では，*kām* については言及されていない．だが，筆者が調べた限り，ガーンディーは *kām* の語も *vikār* と *viṣay*(*nī icchā*) と同様に相互に置換可能な概念として用いていた［*IO*, 26-4-1913; *AK*: 10; *AC*: 39］．

24) 最も顕著なものとして，ガーンディーが 1914 年初頭にカレンバッハに送った書簡の言葉を挙げることができる．ガーンディーはこの頃，病床に伏していたカストゥールバーに対して激しい殺意を感じたことを報告している．「私は彼女の思考の内には罪障があり，彼女の病気はその罪障が大きく原因していると柔和にだが戒めるように告げた．突然，彼女がうなり声をあげて吠え始めた．私は彼女がちゃんとした食事ができないようにして殺そうとした．私は彼女にうんざりしている．私は彼女に死んでほしいと願っている」［*KP* 2, Group 1, S. No. 146］．さらに，ガーンディーはカストゥールバーが病気によって死去すると考えており，葬式まで手配していた［*KP* 2, Group 1, S. No. 137］．カストゥールバーに対する不満，怒り，蔑みの念を漏らすガーンディーの言葉は，1909 年から 1914 年にかけて，カレンバッハに送られた書簡の中に頻繁に見受けられる［*KP* 2, Group 1, S. No. 1, 14, 33, 34, 40, 52, 83, 130］．

25) 「アヒンサーの状態が確立するならば，その人の傍で，全てが敵意を捨てる」(筆者訳)．

26) ちなみに，ラージチャンドラもまた，「アートマンの智識（*ātmajñān*)」と「神通力（*aiścarya*)」との関係を，ガーンディーに送った最初の書簡の中で次のように述べている．「智識などによる神通力（*aiśvarya*）を有するものが，神と呼ばれるに相応しいのである．この神性（*īśvartā*）は，アートマンの本来の姿であり，その姿はカルマに関する事柄（*karmprasang*）を知らされることはないが，本来の姿（*anyasvarūp*）に関する事柄を知っており，アートマンに注意が向けられている．その時に必然的に，全知などの〔能力を持つ〕神通力者（*sarvajñatādi aiśvaryapaṇ*）が，アートマンにおいて，〔自らを〕知る（*jaṇāy*）のである．〔……〕神はアートマンの別名である．」［Kalārthī 2000: 98］．

27) マガンラール・ガーンディー（1883-1928）．ガーンディーの叔父の孫に当たる．南アフリカ滞在期からガーンディーのサッティヤーグラハ闘争に協力し，ガーンディーにサッティヤーグラハ闘争の将来の重要な指導者の一人として期待されるが 1928 年に夭逝する．

28) 乳汁放棄の誓いは，1912 年末頃に交わされた［*KP* 1, Group 10, S. No. 4］．

29) ガーンディーは，『ヤング・インディア』紙 1920 年 5 月 12 日号においても，アートマンの浄化を「蛇との格闘（to wrestle with the snake)」に喩えている［*YI*, 12-5-1920］．さらに，ガーンディーがしばしば，インドの伝統的な神話解釈（ナーグパーンチャムの祝祭では蛇像に乳汁がかけられる［Alter 2011: 114-116］）に基づいて，乳汁が蛇の獰猛さ（政府の圧政）を強化するものであることを比喩的に語っていた点も見落とすべきではないだろう［*IO*, 9-2-1907］．また，ガーンディーが南アフリカ滞在期に読んだ E. メイトランドと A. キングスフォードの『完全な道』(1882) には，アポローン神とピュートーン神との闘いが，物質と霊との間の戦いのアレゴリーとして書かれてあるが，この物質性はさらに蛇との比喩でも語られている［Maitland and Kingsford 1882: 61, 193］.

第２部

インド帰国から暗殺まで（1915-1948）

第4章
響応する身体とネーション
――インド独立運動の盛衰

はじめに

本章では，1915年にガーンディーがインドに帰国してから1922年にガーンディーが率いる最初の独立運動が終焉するまでの7年間の時期を扱う．1915年に南アフリカからイギリスを経由してインドに帰国した後，ガーンディーは俄かに国内の政治的指導者となるべく地位を築いていった．帰国してわずか4年の内に，ガーンディーは植民地史上初となる全インド・レベルの独立運動を始動させることに成功した．

具体的には，1919年3月から4月にかけて，ガーンディーの呼びかけに応じて，ボンベイ管区とパンジャーブの都市部を中心に，「ハルタール（*hartāl*）[1]」と呼ばれる宗教的一斉休業運動が行われた．さらに，国民会議の活動とヒラーファト運動[2]とを巧みに合流させることで，1920年からガーンディーは「一つの国民（プラジャー）（*ek prajā*）」のスローガンの下に「非暴力的非協力運動（non-violent non-co-operation movement）」を開始した．圧倒的な統率力とカリスマ性を国内外に誇示したガーンディーは，1920年の時点で実質上，独立運動の最高指導者となった．

しかしながら，非協力運動を開始してわずか2年後の1922年4月に，連合州のゴーラクプル県にあるチャウリー・チャウラーという小さな町で起きた農民暴動（「チャウリー・チャウラー事件[3]」）を機に，突如ガーンディーは非協力運動の一斉停止を指示するに至った．運動全体からすれば，ほとんど政治的重要性を持たないチャウリー・チャウラーという僻地の暴動事件によって，ようやく軌道に乗り出していた3億5000万人の反英闘争を急遽停止するというガーンディーの決断は，同時代の政治指導者たちを驚愕させた．当時獄中にいたジャワーハルラール・ネルーは運動停止の知らせを受けた時の会議派中枢部の党員たちの様子を，自身の『自叙伝』の中で以下のように記している．

> チャウリー・チャウラー事件後に起こった唐突な運動停止を聞いて，ほとんど全ての会議派の指導者たちは憤慨した．もちろん，ガーンディージー[4]を除いてであるが．（当時獄中にいた）私の父〔モーティーラール・ネルー〕は仰天した．若い世代の人々は当然ながらもっと動揺していた．〔……〕
>
> チャウリー・チャウラーは僻地の村であり，人里離れた場所の昂揚した農民が，仮に一時的な停止であったとしても，自由に向けた我々の国民闘争に終止符を打ったというのか．もしこれが暴力の散発的発生がもたらした不可避の帰結であったならば，非暴力闘争の哲学と技術には明らかに何かが欠如しているのである．［Nehru 1941: 79–80，丸括弧内の補足語原文］

このような独立運動史の重要な一場面となったチャウリー・チャウラー事件については，これまで当然ながら様々な議論が重ねられてきた．とはいうものの，ガーンディーが運動停止の決断に至った理由に限っては，「チャウリー・チャウラーの虐殺以前の時期から」，大小の暴動事件を垣間見る中で，ガーンディーが「市民的不服従のための真の準備が欠如していることに徐々に気付いていった」［Brown 1989: 167］という茫洋とした説明以上のものはなされていない[5]．しかしながら，このような説明はそもそもなぜ他の様々な暴動があったにもかかわらず，運動停止の決断に至る契機がチャウリー・チャウラー事件でなければならなかったのかという根本的理由を説明していない[6]．クラウド・マルコヴィッツのいささか誇張めいた表現を借りれば，ガーンディーはチャウリー・チャウラー事件という「暴力的出来事を糾弾した」にもかかわらず，他の全ての暴動については「沈黙していた」のであった[7]［Markovits 2004: 155–156］．

本章では，ハルタール開始から非協力運動停止までの第一次独立運動期に行われていたガーンディーのブラフマチャリヤの実験を分析することで，ガーンディーによる運動停止の背後にあった身体宇宙論に根差す正当化の論理を分析していく．

これまで第一次独立運動期においてガーンディーが果たした役割については様々な角度から議論がなされてきた．それにもかかわらず，これらのいずれの研究においてもガーンディーの政治行動とブラフマチャリヤの実験との関係を論じたものはなかった[8]．このような研究動向の背景には，序章で述べたように，ガーンディーの公的領域における政治行動と私的な性欲統制の実験との間には何ら重要な関係性がないという根強い先入観があったことを指摘できる（序章第1節参照）．そもそもガーンディー研究外部の歴史学研究一般においてさえ，個人の身体（特に性的欲望の問題）とナショナリズムとの関係について論じたものは極めて少ない[9]．殊に男性身体とナショナリズムとの関係について内在的思想分析を加えたものはほぼ皆無に等しかった[10]．

しかしながら，序章でも述べた通り，そもそもアートマンとネーションに対する二重のスワラージの意味を含蓄するガーンディーのナショナリズム思想に，私的な「霊的領域」と公的な「政治的領域」の二項対立的区分を設けることは困難である[11]．なぜチャウリー・チャウラー事件がナショナリズム運動停止の契機となり得たのかという理由は，ガーンディーの政治行動と一見無関係に見えるブラフマチャリヤの実験に光を当てることで初めて明らかにできる．

本章の構成は以下の通りである．第1節では，1915年に南アフリカからインドに帰国して全インド的ハルタールが開始されるまでの時期に起こったガーンディーのブラフマチャリヤ思想の理解の変容・発展について分析していく．具体的には，この時期にガーンディーが強めていった精液結集に伴う心理的緊張状態が，ガーンディーの「ヒンサーの中のアヒンサー（*hiṃsāmāṃ ahiṃsā*）」（ヒンサー行動であるにもかかわらず，アヒンサーと見なされる暴力正当化の思想）という逆説的なアヒンサー思想の誕生と，どのように関係していたのかを見ていく．第2節では，ガーンディーがこのヒンサーの中のアヒンサーについて語り始めていた1918年に，死を予期させるほどの大病を患い，回復のためにそれまで放棄することを誓っていた乳汁を飲むようになった過程を論じる．そして，このような乳汁摂取によって引き起こされた新たな性欲をめぐる問題意識と，体調が回復して数日後に知ったインド統治法[12]に先駆けるローラット法[13]発布の勧告が，ガーンディーの中でいかに関連付けられていたのかを示す．次に第

3節では，ガーンディーの非協力運動の精神について論じられた有名な2つ記事（「剣の教義」と「スワデーシーについての演説」）の内容を，その前後に書かれた公私の文書の内容と比較しながら精読することで，運動中のガーンディーのアヒンサー思想の意味を，ブラフマチャリヤの実験との関係から考察していく．これによって，運動開始以前に高まりを見せていた精液結集に伴う心理的緊張状態が，物理的暴力を許容するヒンサーの中のアヒンサーの思想といかに関連していたのかを示す．第4節では，スワデーシー運動が開始して数ヶ月後に起こったチャウリー・チャウラー事件と，ガーンディーの精液結集に対する理解のあり方には密接な繋がりあったことを論じる．チャウリー・チャウラー事件は，ガーンディーに自身のブラフマチャリヤの実験の方法が不適切であることを知らしめるものであった．すなわち，ガーンディーはネーション・レベルの独立運動が誤った道に進んでしまっていることを，身体的・心理的レベルのスワラージの失敗を悟ることで確信したのであった．

1.「ヒンサーの中のアヒンサー」と生殖器官の「禁圧」

(1)用語の置換——慈悲からアヒンサーへ

まず本節では第一次独立運動が開始するまでの時期，すなわち，ガーンディーが1915年にインドに帰国してから，1919年にハルタールが開始されるまでの4年間の時期を扱う．そして，この時期に1920年以降の非協力運動を支えることになるアヒンサー思想のある画期的な理解（「ヒンサーの中のアヒンサー」）が，ガーンディーのブラフマチャリヤの実験との関係で生じたことを論じる．

本章の冒頭で述べたように，南アフリカからイギリスを経由して1915年にインドに帰国したガーンディーは，わずか4年の内に，急速に独立運動の指導者的地位に昇りつめていった．著名な歴史家のジュディス・ブラウンが指摘するように，この短期間に国内でほぼ「無名」であったガーンディーがインド政治のトップに昇格するという「劇的な」変化を，安易に「現実に基づいたメカニズム」といった外在的な環境要因から説明することは困難であろう[14)][Brown 1972: xiv]．それにもかかわらず，この時期にガーンディー以前の有力な政治的指導者たちのポストが空いていたこと，すなわちG. K. ゴーカレーやフィーローズシャー・メヘターが死去していたこと，スレーンドラナート・バネルジーも時代の傍流となっており，アニー・ベサントやB. G. ティラクらの政治的生命も末期を迎えていたことは無視できない［Brown 1972: 25］.

だがそれにもまして，ガーンディー自身が1919年までにインド各地で3つの地方レベルのサッティヤーグラハ闘争を行っていたことは，その後の運動の展開にとって欠かせないものとなった．ここにおいて，ガーンディーは南アフリカとは異なる新天地の運動構成員の特徴と習性を迅速に学び取っていった［Parekh 1989: 60］.

これら3つのサッティヤーグラハ闘争とは，(1) 1917年の4月10日から翌年初頭にかけて断続的に指導されたビハールのチャンパーラン区のインディゴ栽培農民の小作料引き下げのための農民争議［Prasad 1949; Tendulkar 1957; Pouchepadass 1999］，(2) 翌年の1918年2月22日から3月18日にかけて，故郷グジャラートのアフマダーバードで行われた紡績工場者のストライキ［Desāī 1950; Erikson 1969］，(3) 同年の3月22日から6月3日にかけて，アフマダーバードから約50マイル離れたケーダー県のナディーアードで5000人の農民を率いて行われた地税不支払い運動である［Patel 1990; Hardiman 1981: 86-113; Erikson 1969: 227-440］.

これら3つのサッティヤーグラハ闘争は，ガーンディーの思想形成史上，極めて重要な意味を持つ．なぜなら，ガーンディーはこの時期に初めてアヒンサーの言葉をスローガンにサッティヤーグラハ闘争を行ったからである．ガーンディーはインド帰国後に，それまでの南アフリカにおけるサッティヤーグラハ闘争で使用していたジャイナ教・仏教的概念である「慈悲（*dayā*）」という言葉を，インドの大多数の民衆により馴染みの深い「アヒンサー」という言葉に置換した[15)]（また，ガーンディーによるアヒンサーの訳語としてのnon-violenceという言葉は，1919年4月にハルタールが停止した時から使用されるようになった［間 2011］）．だが，この語の置換は，ガーンディーにとって予想外の非常事態を生み出した．

この点を考察する上で，次のような語の根本的意味の相違に着目する必要がある．慈悲の概念は，南アフリカ滞在期におけるガーンディーのサッティヤーグラハ闘争が平和裡に展開する上で重要な役割を果たした[16)]．だが，この概念は本質的に平和的手段を用いた戦略という外面的行為そのものではなく，その行為者の心理的動機や身体状態を第一義的に指し示すものであった（第3章第1節(5)参照）．サッティヤーグラハ闘争で最も重要視されたのは，サッティヤーグラヒー（サッティヤーグラハの実践者）のアートマンの状態であり，その状態が結果としていかなる外面的行為・効果を生み出すかは二次的な問題とされていた［*DASI*: 119–122］．これに対して，インドの民衆に流布しているところのアヒンサーは，必ずしも行為者の背後にある心理的動機を重視する概念ではなかった［Ghassem-Fachandi 2010: 144–175］．それはより一般的には，菜食主義や雌牛保護に代表されるような日常生活の慣習行動を表すものとされた[17]．もしアヒンサーの意味が外面的な慣習としてのみ理解されてしまった場合，それは行為者のアートマンの状態を第一義的なものと考えるガーンディーのサッティヤーグラハ思想と相反するものとなる．ガーンディーがインド帰国後に語を置換することによって直面した問題は，まさにこれらの語が有する意味の相違に由来していたと考えられる[18]．

ガーンディーは上に挙げた3つの闘争の中でも，最後のケーダー・サッティヤーグラハ闘争直後の時期に，民衆が自身のアヒンサーの意味を根本的に誤解していたことに気付いたと『アートマ・カター』で語っている［*AK*: 468］．ガーンディー曰く，ケーダーの民衆は，外面的な不殺生行為をアヒンサーと同一視していた．つまり，ケーダーの民衆はアヒンサーの行為を，単に自分たちが身体的に傷つき，命を落とすかもしれないという恐れの感情から実践しているに過ぎなかったとガーンディーは看取した．そこにはサッティヤーグラヒー自身が環境的要因に左右されずにアヒンサーを遵守していこうとする行為者の意志の自発性は存在しなかった．この「苦い体験（*kaḍvā anubhavo*）」は，ガーンディーにとって南アフリカでは味わったことのない衝撃的なものであったと言われる［*AK*: 468］．ガーンディーはこの事態に猛烈な焦燥を覚え，ほとんど「狂った」ように［*CWMG* 15: 17］，自身のアヒンサー概念が単なる外面的慣習を意味する「弱者の武器」ではなく，行為者がアヒンサーの宗教的意義を確信する中で用いられる「強者の武器」であることを説いて回った[19]．だが最終的に，「ケーダーの人々はサッティヤーグラハの本質（*svarūp*）を完全に理解できなかった」［*AK*: 468］という．ガーンディーは「唯々諾々とした〔ケーダーの民衆の受動的な〕雰囲気」に，「落ち着いていられなかった」［*AK*: 474］．

このような心理的動乱期に，ガーンディーは自身のアヒンサー概念に，それまで南アフリカで語っていた慈悲や愛の概念には含まれえない，ある新しい意味を付与するようになった．これは，E. H. エリクソンを始めとした先行研究でもしばしば取り上げられていたように，ガーンディーのサッティヤーグラハ思想の形成史において不可欠な「新しい驚くべき見解」を示すものであった［Erikson 1969: 374; Steger 2000: 141–179; Brock 1981: 71–84］．

(2)マガンラール・ガーンディー宛ての書簡（1918）

以下では，ガーンディーのアヒンサー概念に，新しい意味が初めて付与された1918年7月25日付のガーンディーの書簡［*MD* 4: 166–167］を，グジャラーティー語原文から精読していきたい．ガーンディーはケーダーの民衆にサッティヤーグラハ思想の本質を説いてまわる中，親戚のマガンラール・ガーンディー宛ての書簡の中で，自身のアヒンサー概念について以下のように書いた．

①スワーミー・ナーラーヤン[20]（派）[21]とヴァッラバ・アーチャーリヤ（派）[22]は，我々の男らしさ（*māṇsāī*）を奪ったと〔私は〕思うようになった．〔……〕スワーミー・ナーラーヤン（派）とヴァッラバ（派）によって教えられる愛（*prem*）は，虚しい実践（*vevlo*）である．それらの中から純粋な愛（*śuddh prem*）が生じることはないだろう．アヒンサーの純粋な性質（*ahiṃsānuṃ śuddh lakṣaṇ*）を彼らは考えることすらできない．②アヒンサーとは心の波（ヴリッティ）（*cittvṛtti*）を止滅（*nirodh*）させることである．人間相互の関係の中でその主要な実験がある．そのほんの欠片すらも彼らの文書の中に見られない．〔……〕③ヒンサーの中にアヒンサーがある（*hiṃsāmāṃ ahiṃsā che*），そのことが分からなかったが，今では分かるようになった．それは大きな変化であった．アルコールに溺れてしまった人を侵害（*atyācār*）して妨害すること（*aṭkāvvānī*）の義務（*pharaj*）を完全に理解していなかったし，甚大な苦痛を被っている犬の命を奪うことの必要性（*jīv levānī jarūriyāt*）を理解していなかったし，狂犬病の犬を殺す必要性（*mārvānI jarūriyāt*）を私は理解していなかった．この全てがヒンサーの中のアヒンサー（*hiṃsāmāṃ ahiṃsā*）である．ヒンサーは身体の性質（グナ）（*śarīrno guṇ*）である．④性欲の傾向性（ヴリッティ）を放棄（*viṣayvṛttino tyāg*）すること，それがブラフマチャリヤである．だが我々は我々の子供たちを陰萎者

> (*napuṃsak*[23]，去勢者，女々しい者，脆弱な者）になるように育てるのではない．彼らが最高の精液所有者（*atyant vīryavān*）になっているにもかかわらず，自身の感官の性的機能（*potānī viṣayendriya*）を禁圧する（*roke*）こと，それこそがブラフマチャリヤ．同じように我々の子供たちは身体的に力強く（*śarīre baḷiyāṃ*）なければならない．彼らがヒンサーの傾向性（ヴリッティ）（*hiṃsāvṛtti*）を完全に放棄できないならば，彼らにヒンサーをさせ，闘争の力（*laḍvānī śakti*）を使用させれば彼らはアヒンサー的（*ahiṃsak*）になれるだろう．アヒンサーの教え（*ahiṃsāno upadeś*）はクシャトリヤたちからクシャトリヤに伝えられてきた．［*MD* 4: 166，下線筆者］

最初に下線部①から見てみたい．ここでガーンディーは故郷グジャラートに広く浸透するスワーミー・ナーラーヤン（派）やヴァッラバ・アーチャーリヤ（派）などのヴィシュヌ派の教えが「純粋な愛」ではなく「虚しい実践」に過ぎないものであると批判している．ここで含意される「虚しい実践」とは，「人々が酒，煙草などを放棄したこと」とされるが，このような禁欲主義的実践が「本来の〔アートマンの救済という〕目的（*sādhya vastu*）」を失い，上辺だけの慣習になってしまった現状をガーンディーは慨嘆している［*MD* 4: 166］．そして，このような形骸化した禁欲主義的実践が，グジャラートの人々の「男らしさ（*māṇsāī*）」を奪ってしまったと非難する．

これらのスワーミー・ナーラーヤン（派）やヴァッラバ（派）に対する厳しい批判の言葉は，本書の第2章第3節(2)で見た以下のようなヴィヴェーカーナンダの男性主義的ナショナリズム思想に見られるヴィシュヌ派批判を思い起こさせる．

> このネーションを見よ．そして，そのような試み〔チャイタニヤ派のバクティの実践〕の帰結がどうなっているか知るがよい．そのような愛を教え広めることによって，ネーション全土が女々しくなってしまった．女性のような人種になってしまった！　オリッサ全土が臆病者の土地となってしまった．そして，ラーダーの愛（prema）を追い求めることで，ベンガルは過去400年の間に男らしさのことごとく失いかけているのだ！［Vivekananda 1947: 260–261］

先の下線部①に見られるガーンディーのヴィシュヌ派の「愛（*prem*）」概念批判に応じて，下線部②にあるように，ガーンディーは自身のアヒンサー概念の意味を，物理的ヒンサー／アヒンサーとの関係からではなく，「心の波（ヴリテッィ）（*cittvṛtti*）を止滅（*nirodh*）させることである」と定義した．この言葉は，ガーンディーがヴィヴェーカーナンダの『ラージャ・ヨーガ』の第2部に収録された『ヨーガ・スートラ』の第1章2節の「ヨーガとは心の波（ヴリッティ）（*cittavṛtti*）を止滅（*nirodha*）させることである」という言葉を彷彿させる［Vivekananda 1908: 79］．ガーンディーはここで，『ラージャ・ヨーガ』において主語が「ヨーガ」として書かれていた全く同じ内容を「アヒンサー」を主語にして反復しているのである．

さらに，ガーンディーが下線部④で，自身のアヒンサー概念を説明するに際して，「陰萎者（*napuṃsak*，去勢者，女々しい者，脆弱な者）」の概念を批判していたこと，「精液所有者（*vīryavān*）」の概念を「男らしさ」や「クシャトリヤ」の概念との関係から説明していたことを鑑みても，インドに帰国して直後の時期に，ガーンディーの中で，ヴィヴェーカーナンダ，あるいは，その同時代人の間で流布していた男性主義的ナショナリズム思想の重要性に対する再評価が起こっていたことは大いに考えられる[24]．

このことに加えて，ガーンディーの思想形成を考察する上で欠かせないものは，下線部③で語られている，ガーンディーの「ヒンサーの中のアヒンサー（*hiṃsāmāṃ ahiṃsā*）」という言葉である．ここにおいて，ガーンディーは一定の条件下にある人間や動物に対するヒンサーが許容されるだけでなく，それがアヒンサーと見なされうることを説いている．つまり，下線部④にあるように，行為者が「ヒンサーの傾向性（ヴリッティ）を完全に放棄できないならば，彼らにヒンサーをさせ，闘争の力を使用させれば彼らはアヒンサー的になれるだろう[25]」（強調筆者）というのである．そして，このような思想の発見が，自身の中の「大きな変化」であったとガーンディーは述べる．

南アフリカ滞在期におけるガーンディーのアヒンサー＝慈悲概念もまた，ラージチャンドラから教わったように，行為者の内的動機と行為の一致を目指すものであった．とはいえ，ヒンサーはあくまで行為者のアートマンの傾向性と矛盾しない限りで行われる一種の妥協的行為に過ぎなかった（第3章第1節(5)）．換言すれば，ヒンサーはあくまでヒンサーなのであり，それがアヒンサーであると語られることは決してなかった．つまり，マガンラール宛ての書簡に見出されるガーンディーのアヒンサー思想には，ラージチャンドラのアヒンサー＝慈悲概念との決定的な差異，すなわち，仮に限定的な使用であるにしても物理的ヒンサーをアヒンサーの名で語る暴力正当化の発想が新たに付与されたのであった．

この点を考察する上で重要になってくるのが，下線部④の言葉である．ここでガーンディーはブラフマチャリヤ思想の意味を，「自身の感官の性的機能を禁圧（*roke*，防止）すること」（強調筆者）と定義している．第3章で論じたように，もしガーンディーの身体宇宙論の論理構造に根差すならば，現象世界におけるヒンサーの発生・使用は性欲の発生を暗示している．つまり，ヒンサーの傾向性が許容されている状態は，論理的に性欲の傾向性が放棄されていない状態を表している．だが，この「禁圧」という方法に特徴付けられるブラフマチャリヤ思想は，専ら「性欲の傾向性」の「放棄」を意味すると言われているにもかかわらず，物理的ヒンサーの発生・使用を容認するのである．ここに，現象世界のヒンサー／アヒンサー状態とアートマンの浄化の達成度とが対応するとするガーンディーの身体宇宙論の論理構造のずれを見出すことができる．

心理的・身体的に脆弱なケーダーの人々の姿を垣間見る中で，ガーンディーはある種暴力的とも言える独特のアヒンサー思想と性的に抑圧的なブラフマチャリヤ思想を提唱するようになっていった．だが，この「狂った」ように激昂した心理的緊張状態で行われたガーンディーのケーダーにおける巡回活動は決して長くは続かなかった．つまり，マガンラール宛ての書簡を書いたわずか2週間後に，ガーンディーは大病にかかって倒れてしまった［*CWMG* 14: 443; Erikson 1969: 371］．

2. 乳汁放棄の断念とローラット法の発布

(1)『アートマ・カター』第5部・第29章の構成

1918年8月11日から翌年の1月上旬にかけて，ガーンディーはグジャラートのナディーアードで，自身曰く生死を彷徨う大病を患った．ガーンディーは，1日に3，40回という頻度の下痢と切れ痔の激痛を伴う「危機的」な赤痢にかかった［*AK*: 444-448］．

この病気の発生がガーンディーの生涯の中で重要な意味を持つのは，病気によってガーンディーが南アフリカ滞在期の1912年からカレンバッハと共に交わしていた乳汁放棄の誓いを侵犯することになったからである．第1章第1節(2)でも論じたように，ガーンディーにとって誓いは死を覚悟して交わされるべきものであり，その侵犯は「この世とあの世の両方において，罰に値する」行為と考えられた．

ガーンディーは病気になった頃からハルタールが開始されるまでの約半年間の出来事を，『アートマ・カター』の第5部の第28章と第29章で詳しく記している．しかしながら奇妙なことに，この第5部の2つの章の中でガーンディーは病気にかかったことと，その回復後にローラット法案を知ってハルタールの組織化を開始したことの2つの出来事を，別々の章に分けて記すことなく，あえて同じ章の中で混在させているのである．

具体的には，ガーンディーは「死の床にて（Maraṇpathārīe）」と題された第28章の中で，病床中に起こった様々な出来事について詳しく書いている．だが，この第28章の中には，肝心の医師の診断後に乳汁が飲まれた出来事については書かれていない．この出来事のみ，ガーンディーは次章のハルタールに向けた全インド的組織化について書いた第29章の前半に組み込んでいる．そして，第29章は，「ローラット法と私の〔乳汁放棄の誓いをめぐる〕ジレンマ（Roleṭ Ekaṭ ane Mārum̧ Dharmasaṅkaṭ）」と題された．

ガーンディーが意図的にこの2つの公私の出来事を同じ章の中に書いたことは以下に説明する通り明らかであったように思われる．換言すれば，誓いを破って乳汁を飲むようになったことと，ローラット法案の勧告を知ったこととは，ガーンディーの中で切り離すことのできない連続的事件と見なされていた．しかしながら，前章で論じた『イティハース』の第2部・第11章同様に，恐らくこの『アートマ・カター』の第29章のみを読んで，読者がなぜ両者が関係しているのかを理解することはほとんど不可能なように思われる．

本節では，この一見無関係に見える乳汁摂取とローラット法案の勧告という出来事が，ガーンディーの中でいかなる関係を持つものとして捉えられていたのかを，ガーンディーのブラフマチャリヤの実験・思想に着目する中で分析していきたい．

(2)山羊の乳汁とローラット法

最初に『アートマ・カター』第5部・第29章の前半部に記されている乳汁放棄の誓いをめぐる「ジレンマ（*dharmasaṅkaṭ*）」がいかなるものであったのかを見ていく．

すでに述べたように，「ヒンサーの中のアヒンサー」の概念が提唱されてから約2週間後の1918年8月11日からガーンディーは重度の赤痢を患い，病状は同年の10月頃に危機的なものになった．そして，この時期にガーンディーは病気の回復のためには乳汁を飲むことが必要不可欠であるとの医師の診断を受けたのであった．だが誓いの断固たる貫徹を決意していたガーンディーは素直にその言葉に従うことができなかった．ここでガーンディーは，誓いを貫徹するために死を選ぶか，誓いを破って回復を求めるかの岐路に立たされたのであった．

この二者択一的な選択肢に対して解決策を提示したのがガーンディーの妻のカストゥールバーであった．彼女は，ガーンディーの誓いはあくまで雌牛の乳汁の放棄についてのものであったのだから，山羊の乳汁ならば摂取が可能ではないかと提案する．誓いの「文字（*akṣar*）」よりも「精神（アートマン）（*ātmā*）」を重視していたガーンディーはこのような提案に積極的に賛同することはできなかったと言われるが，自身が回復して独立運動に参与していきたいという衝動に屈し，不承不承でこの第三の選択肢を選ぶに至った．

筆者は本書の第3章で，南アフリカ滞在期に乳汁放棄が決意されるまでのガーンディーの心理的変化の過程を見てきた．ガーンディーは『イティハース』の第2部・第11章で乳汁放棄に至った決定的な要因をプーンカーの残虐性に求めていた．だが，このプーンカーの残虐性を知ったことの背後にあった直接的な意味とは，雌牛に対する物理的暴力の自覚というよりも，ガーンディーがそれ以前から自身の「霊的な観点」に基づいて問題視していたカレンバッハとの性欲（ヴィカール）の問題に自覚的になったことにあった．だが，ガーンディーはこのカレンバッハに対する他者排除的な性欲の問題を注視する「霊的な観点」や「霊的な利益」の意味について，『イティハース』の第11章の中で説明することがなかった．これゆえに，第11章で語られている様々な実験の相互の論理的繋がりを読者が理解することは困難なものとなってしまっていた．

類似した事情を，この『アートマ・カター』の第5部・第29章の中に見出すことが可能である．なぜなら，上で述べた乳汁放棄の誓いを破ることに対するジレンマを経験していった過程で，ガーンディーは乳汁に付随する「霊的な観点」の中身，すなわち，性欲の問題について全く触れていないからである．

以下に，第29章に書かれた乳汁摂取に至る過程でガーンディー，医師，カストゥールバーの三人の間で交わされた会話を引用したい．

彼〔医師〕は話した．

「あなたが乳汁を飲まない限り，あなたの身体を私は回復させることができません．回復のためにはあなたは乳汁を飲まなければならず，鉄分とヒ素の注射をしなければなりません．このようにしたら，あなたの身体に元気を取り戻せることを私は『保証（ギャレンティー）』します」．

「注射はして下さって結構ですが，乳汁は飲めません」と私は返事をした．

「あなたの乳汁の誓い（*pratjñā*）は何ですか」とドクターは尋ねた．

①「雌牛や雌水牛の上にプーンカーが実施されていることを知ってから乳汁を嫌悪するようになったのです．また，それは人間が食するものではないと私はずっと信じているために，私は乳汁を放棄しました」．

「それでは山羊の乳汁を飲んではどうですか」とカストゥールバーイーが床のすぐ傍に立ちながら話し出した．

「山羊の乳汁を飲むならば，私は仕事〔治療〕をできます」とドクターが〔話の〕間で話した．

②私は堕落した（*Huṃ paḍyo*）．サッティヤーグラハ闘争の幻想（*mohe*）が私の中に生きることの貪欲さ（*jīvvāno lobh*）を生み出したのであり，私は誓いの文字（*akṣar*）の遵守をすることで充足して，その精神（アートマン）（*ātmā*）を殺した（*hanyo*）．乳汁の誓いを交わした時に，私の前にあったのは，雌牛と雌水牛だけであったが，私の誓いはあらゆる乳汁と見なさなければならなかった．〔……〕真理の崇拝者（*sayanā pūjārī*）がサッティヤーグラハの闘争のために生きたいと欲して自身の真理に汚点（*jhāṅkhap*）を付けたのだった．［*AK*: 448-449，下線筆者］

まず下線部①であるが，ガーンディーは医師の「あなたの乳汁の誓いは何ですか」という質問に対して，「プーンカー」の残虐性を挙げている．そして，ガーンディーは「それは人間が食するものではないと私はずっと信じている」と付言している．だが，ガーンディーはここで乳汁を飲むことに伴う性欲の増加の問題について語っていない．

これに対して下線部②であるが，ガーンディーはカストゥールバーの山羊の乳汁に関する提案を受け入れたことを，自身の「堕落」と表現している[26]．なぜなら，この受容はガーンディーが誓いの「文字面」（ガーンディーは同じ章の中でこれを誓いの「身体（*śarīr*）」とも換言している）のみを守り，その「精神（アートマン）（*ātmā*）」を殺したことを意味したからであった．ガーンディーは「乳汁の誓いを交わした時に，私の前にあったのは，雌牛と雌水牛だけであったが，私の誓いはあらゆる乳汁と見なさなければならなかった」と語っている．なぜか．もしこの理由が，性欲の増加にあると考えるなら説明がつく．なぜなら，雌牛の乳汁であろうが，山羊の乳汁であろうが，ガーンディーの性欲を増加させることには変わりがないからである．そして，ガーンディーは『イティハース』の中で，性欲増加の問題を「霊的な観点」を暗示するものとして語っていたが，ここでも性欲増加の問題を「霊的（*ādhyātmik*）」という言葉の語源と関わる「アートマン」の概念との関係で語っているのである（第3章注5参照）．つまり，この箇所は，ガーンディーが誓いの文字面のみに従い，その「霊的な〔アートマンに関わる〕観点」を蔑ろにした出来事と解釈可能なのである．

このような解釈をした時に初めて，ガーンディーが乳汁を飲むようになったことと，ローラット法案について知ったこととの密接な関係を理解できるのである．山羊の乳汁を飲むようになった直後に，ローラット法案を知った時の場面について，ガーンディーは『アートマ・カター』で以下のように記している．

> 山羊の乳汁を始めて後の数日後，ダラール博士は切れ痔の手術をして，それは非常にうまくいった．
>
> 床の中から起きて少し希望が湧いてきて，新聞などを読み始めるようになった．そのような中で，ローラット委員会の報告が私の手の中に渡った．その勧告を見て，私に衝撃が走った（*camakyo*，はっとした，身震いがした）のだった．バーイー・ウマルとシャンカルラールは何か行動に踏み出さなければならないと要請した．その1ヶ月の内に私はアフマダーバードへ行った．［*AK*: 450］

ガーンディーは山羊の乳汁を飲むようになり，切れ痔の手術を成功させた後に，ようやく体調を回復させた．そして，病気が回復して自由に歩き回れるようになったわずか数日後の1919年1月18日に，『ガゼット・オブ・インディア』紙上でローラット委員会による法案についての勧告を知ったのであった．ガーンディーはこの時に自身の内に「衝撃が走った（*camakyo*）」と語っている．

その後，ガーンディーはすぐにサーバルマティー・アーシュラムで，ローラット法に抗議するための「サッティヤーグラハの誓い」を親しい20人の政治家たちとの間で交わした［*AK* 450-1; *CWMG* 1915: 101-102］．そしてわずか1ヶ月の間に，ボンベイで「サッティヤーグラハ連盟（*satyāgraha sabhā*）」を結成して法案に抗議するためのサッティヤーグラハ闘争の全インド的ネットワーク作りを開始したのであった．上の引用箇所の後（第29章の後半部）には，翌月に開始されたハルタールに至る具体的な組織化の過程が記されている［*AK*: 450-1］．

上の乳汁摂取とローラット法の勧告を知って「衝撃が走った（*camakyo*）」という一連の過程は，『イティハース』で書かれていたプーンカーを知った時にガーンディーが驚異的＝奇跡的（*camatkārī*）影響を受けた場面を思い起こさせる．つまり，南アフリカ滞在期のガーンディーは，カレンバッハとの実験の中で自分たちの内にあった性欲の問題を薄々感じていた．そのような時に，ガーンディーがプーンカーに関する文献を読み，自身の内面の性欲の問題に対してはっきりと確信したのであった．

これと類似した心理的過程をこの『アートマ・カター』の第29章の中に見出すことが可能である．つまり，前節で論じた通り，ガーンディーは重病にかかる直前の時期に，ブラフマチャリヤによる性欲器官の「禁圧」という新たな抑圧的方法によって自身の性欲とヒンサー／アヒンサー思想の理解をめぐる心理的緊張状態にあった．これに輪をかけるように，ガーンディーは病気を回復させるためにカレンバッハとの誓いを破って，性欲を増加させる原因となる乳汁を飲まなければならなくなった．このようなアートマンの観点を蔑ろにした自身の行為をガーンディーは「堕落」と呼んだ．そして，ガーンディーは乳汁を飲むようになり体調が回復した矢先に，ローラット法の発布という現象世界の暴力的現実を知ったのであった．ガーンディーはまたしても，自身の性欲の問題と，外部の暴力的現実との共時的・流動的対応を見出したと考えられるのである．

このような解釈を施すことで，なぜガーンディーが第29章に「ローラット法と私のジレンマ」というタイトルを付け，わざわざ闘病中の時期について書かれた第28章からこの乳汁摂取の出来事のみを切り離して，第29章に組み込んだのかという理由を窺い知ることができるのである．

以上のような経緯から，1919年4月に，ガーンディーは自身の性欲とアヒンサーとの関係理解をめぐる極度の心理的緊張状態に陥る中でハルタールを開始することになった．

3. 非暴力の教義と外国製衣服焼却運動

(1)独立運動の開始

ローラット法の発布が委員会より勧告されてから，インド国内では俄かに反英闘争の機運が高まっていた．立法府のインド人議員は全員が法案に反対投票をし，ガーンディーも事前にインド総督に向けて，法案が成立すればサッティヤーグラハ闘争を開始する旨を通知していた［*CWMG* 15: 102-103］．それにもかかわらず，政府はこれらの反対を全て無視して，1919年3月21日にローラット法を成立させた．これに伴って事前に通知していた通り，ガーンディーは4月6日（3月30日）から全インド・レベルのサッティヤーグラハ闘争，すなわち，ハルタールを開始したのであった．運動はインド各地で一斉に行われたが，特にアフマダーバードやボンベイなどのボンベイ管区の都市部，デリーやラーホールといったパンジャーブの都市部では大きな成功を収めた［Kumar 1971: 6-7］．ガーンディーは，『自叙伝』の中で合計3章を割いて，この時の様子を「その驚くべき光景！（E Adabhuta Daśya!)」と興奮気味に書いている［*AK*: 485-496］．

だが運動が開始して間もなく，いくつかの地域で非常事態が発生した．ハルタールの開始は，3月30日から4月6日に延期されていたにもかかわらず，デリーでは情報の誤信により，3月30日に開始された．そして指揮の混乱によりデリー，パンジャーブ，ラーホールでは俄かに暴動が発生した．続いてボンベイ，アフマダーバード，ヴィラシガームといった地域でも運動開始後，1週間の内に暴動が勃発していった［*AK*: 493-496; *CWMG* 15: 214-215, 220-224; *SA*,

S. No. 6546; Kumar1971]．これに加えて，4月13日にはアムリットサルのジャリアーンヴァーラー・バーグでダイヤー准将が指揮するイギリス軍が，反英闘争の集会に参加するインド人を無差別に発砲する事件（女，子供を含む死者1200人，負傷者3600人）が起こり，運動はますます混乱に陥っていった．これらの事態を垣間見る中で，ガーンディーは自身が準備を十分にしないままでハルタールを開始してしまったという「山のような〔山のように大きな〕誤り（*pahāḍ jēvḍī bhūl*）」を犯したとして，4月18日に運動を一時的に停止した［*AK*: 497-499; *YI*, 9-7-1919; *CWMG* 16: 530-532］．

ここで注意しなければならないことは，ガーンディーが山のような誤りを犯したと語っているにもかかわらず，「群衆の暴動はサッティヤーグラハ〔の原理〕と何ら関係がなかったと確信していた」ことであった［*CWMG* 15: 243］．「換言すれば，サッティヤーグラハ〔自体〕は大混乱の原因でも理由でもなかったのであり」［*CWMG* 15: 244］，暴動はあくまで神経を尖らせた警察と周辺にいる暴徒とのたまたまの衝突によって発生したものに過ぎなかった［*CWMG* 15: 243-245］．それゆえに，事態を沈静化するために運動を一時的に停止したものの，ガーンディーは暫くした後に運動を再開し，「真理と非暴力の実践を継続して指導する」ことを宣言したのであった[27]［*GN*, S. No. 2232］．

運動の再開にガーンディーは16ヶ月の期間をかけた．この間にガーンディーは，第一次世界大戦以降，俄かに国内で盛り上がりを見せていたイスラーム教徒による大衆規模の反英闘争であるヒラーファト運動の指導者から全面的信頼を獲得することに成功した．1919年11月23日にデリーで開催された全インド・ヒラーファト会議では，ガーンディーは議長を務めるまでに至った[28]．ガーンディーは会議の中でヒンドゥー教徒とイスラーム教徒が共闘する「非暴力的非協力運動（non-violent non-co-operation movement）」の開始をヒンディー語（ヒンドゥスターニー語）で呼びかけ（運動の名称は英語で唱えられた），翌年の8月から反英独立運動を再開した．これは一時的であるものの，宗教間対立（コミュナル）の乗り越えを意味する画期的な超-宗教集団的ナショナリズム運動であった[29]．再開された運動は，インドの都市部と地方の双方において，前回のハルタールよりも遥かに甚大な影響力があり，また持続的な戦略を伴うものであった［Brown 1972: 250-304］．

さらに，1920年以降の独立運動において，ガーンディーが反英闘争のシンボルとして「チャルカー（*carkhā*）」と呼ばれる糸紡ぎ車を使用したことは，宗教間対立だけでなく，インドにおける裕福で教養のある都市部エリートと識字能力のない貧しい地方農民との間の階級間対立の超克に寄与するものであった．A. パレルの言葉を借りれば，「糸紡ぎ車による訴えは〔全インド・レベルで〕ネーションの良心を喚起すること」に成功した［Parel 2006: 172］．次第に手織綿布（カーディー）を着て「最も貧しい者（*garībmāṃ garīb*）」に倣おうとするガーンディーの姿は，様々なマス・メディアと人々の噂の力によって神格化されていき，その政治的意図を全く理解していなかった農民にも多大にアピールをすることになった[30)]．

こうして1920年以降に開始されたガーンディーの非協力運動は，俄かに全国規模で超-宗教集団的，超-階級的，超-地域的，超-言語的，超-政党的な広がりを見せていった．

(2)「剣の教義」(1920)

1920年8月から開始されたガーンディーの非協力運動を基礎付ける「非暴力（non-violence）」思想の精神（以下，筆者が非協力運動以降のガーンディーのアヒンサーあるいは非暴力思想について記述的に論じる際には，「アヒンサー＝非暴力（*ahiṃsā*=non-violence）」という表記を用いる）は，運動開始から10日後にガーンディーが英語で出版した「剣の教義（The Doctrine of the Sword）」という有名な記事（自身の週刊紙『ヤング・インディア』に掲載）の中で最初にまとまった形で語られた．以下ではこの記事の内容の一部を精読し，ガーンディーのアヒンサー＝非暴力思想の意味を考察していきたい．

> もし臆病と暴力という選択肢しかないならば，私は暴力を取ることを提言することに疑いはない．〔……〕
>
> だが，私は非暴力が暴力よりも無限に優れており，宥恕（forgiveness）が懲罰よりも遥かに男らしいと信じている．クシャマー・ヴィーラシャ・ブーシャナム（*kṣamā vīrasya bhūṣaṇam*）．宥恕は兵士を飾る（forgiveness adorns a solder）．だが，禁制（abstinence）は懲罰する力のある時だけ宥恕となる．それは無力な者によって実行されるなら無意味である．〔……〕
>
> それゆえ，確実な宥恕の意味は，我々の力の明確な認識である．見識の

ある宥恕（enlightened forgiveness）があれば，我々の内にある力の大きな波動（a mighty wave of strength in us）がやって来るのであり，ダイヤー〔准将〕やフランク・ジョンソン〔中佐〕[31)]が〔神聖な大義に〕専心するインドに侮辱を加えることは不可能となる．〔……〕

それだから，私はインドが弱者であるから非暴力を実践せよと懇請しているのではない．私は彼女〔＝インド〕に自身の強さ（strength）と力（power）に自覚的となった上で非暴力を実践してもらいたい．〔……〕

もしインドが剣の教義を取るならば，彼女〔＝インド〕は一瞬にして勝利を得るだろう．［*YI*, 11-8-1920］

ガーンディーは，非暴力の教義が，「自身の強さと力に自覚的となった上で」実行される「剣の教義」であると語っている．このような「強さ」や「力」を強調する非暴力思想は，前節で見たガーンディーの男性主義的なアヒンサー思想を彷彿させるものである．

しかしながら，このことにまして重要なのが，上でガーンディーが「非暴力」の同義語として使用している「宥恕」という概念である．この宥恕概念は，「男らしさ」，「禁制」，「懲罰する力」といった概念との関係で説明されている．そして，この宥恕概念には，「力の明確な認識」が必要不可欠であることが説かれている．ここで言われる力とは，ダイヤー准将やフランク・ジョンソン中佐による物理的暴力をも防ぐことのできる「我々の内にある力の大きな波動」（強調筆者）であると説明されている．

さらに，「禁制」との関係で引用される「クシャマー・ヴィーラシャ・ブーシャナム（*kṣamā vīrasya bhūṣaṇam*）」というサンスクリット語の格言で使用されている「ヴィーラシャ（*vīrasya*）」の概念（ガーンディーは「兵士（solder）」と訳している）は，「男らしさ」や「勇敢さ」を備えた「勝利者，英雄」を意味するサンスクリット語の「ヴィーラ（*vīra*）」の単数属格である．そして，このヴィーラの語から派生した単語が，本書で一貫して「精液」と訳している「ヴィールヤ（*vīrya*，精液，生命力，活力，男らしさ）」なのである．すなわち，この「剣の教義」で言われている宥恕の力（＝「力の大きな波動」）は，「禁制」や「ヴィーラ」の概念と結び付けられていることからも，ブラフマチャリヤの精液結集によって得られたシャクティと関係がありそうである．だが，この記事の中からだけでは，宥恕の力とブラフマチャリヤの実験との関係を十分に知ることは困難である．

この「剣の教義」で語られた宥恕の力の概念の意味をより的確に理解するためには，「剣の教義」の約１ヶ月前に『サーバルマティー（*Sābarmatī*）』紙上に掲載されたガーンディーのグジャラーティー語の演説の言葉を吟味することが不可欠である．この演説は，1920年6月下旬頃に，ガーンディーのサッティヤーグラハ・アーシュラムの住人に向けて行われたものであった．この演説の中で，ガーンディーは宥恕概念の意味をブラフマチャリヤ思想との関係から以下のように語った．

> 我々はここ〔サッティヤーグラハ・アーシュラム〕で，ある新しい実験（*akhatro*）を遂行したい．〔……〕
>
> 〔アーシュラムにいる男女〕は，互いに接触することで穢されるべきではない（*sparśdoṣmāṃ na āvvuṃ joīe*）．接触による穢れ（*sparśdoṣ*）が生じることは，ブラフマチャリヤにとって有害（*hānī*）である．〔……〕
>
> 我々が国の奉仕（*deśsevā*）こそしようとするならば，私は日に日に分かってきたのだが，精液の適切な保持（*vīryasaṃrakṣaṇ*）が確実に必要なのである．あなたの全く脆弱な身体（*reñjīpeñjī śarīr*）によって私はどんな仕事をこなせるというのだろうか．〔……〕
>
> 身体が棒のよう〔に虚弱〕な者が宥恕の性質（グナ）（*kṣamāno guṇ*）をどうして得ることができるだろうか．〔……〕ゆえに，私はあなたに言うが，もしあなたが宥恕〔の性質〕に満ち満ちた真理を把持するヴィーラ（*kṣamāvān ane satyavādī vīr*）になりたいならば，あなたは精液の決然とした保持（*vīryanuṃ barābar rakṣaṇ*）をしなければならないのである．〔……〕
>
> 誰でも自身によっては止まることができず，自身の性欲感情（*viṣayvās*）があまりに目覚めて自身の抑制（*kābū*）の中で抑えられないように感じたならば，その人はすぐにここから去るべきである．だがアーシュラムに汚点（*kalaṅk*）を残してはならず，またこのような聖なる実験（*pavitr akhatrā*）を侵害してはならない．〔……〕自身の感覚器官（*indriyo*）〔から性欲〕が目覚めてしまった者は，そのような時にこそ抑圧（*dābī*）をすべきであるが，〔性欲が〕高まらない者は特別の努力をする必要はない．［*SA*, S.

No. 7195, 下線筆者]

この記事において重要なのは，下線部にあるように「宥恕の性質（グナ）」が明確に「精液の適切な保持（*vīryasaṃrakṣaṇ*）」によって得られる「力」の概念と結び付けられていることである．そして，このような「宥恕の性質」を体現した者が「ヴィーラ」として語られている．このヴィーラ概念はすでに述べたように，「剣の教義」でも使用されていた．この演説記事が「剣の教義」の1ヶ月前に出版されたことは偶然ではないだろう．この演説記事と合わせて「剣の教義」を読む時，初めて後者の中で語られていた宥恕の力（=「力の大きな波動」）が，精液結集を行った精液把持者が有するシャクティと密接に関係するものであったことを知ることができるのである．

さらに，この記事の中で特筆すべきもう1つの概念は，最終段落の下線部にある「抑圧（*dābī*）」という概念である．この概念は同じ段落にある「性欲の感情」の「抑制（*kābū*）」ができなかった者に課される禁欲実践とされる．「抑圧」という概念は，「抑圧する（suppress）」の他に，「抑えつける（press）」・「圧縮する（compress）」，さらには，「隠す（conceal）」・「秘密にしておく（keep secret）」といった意味を持つ［Belsare 2006: 635］.

前節で見たマガンラール・ガーンディー宛ての書簡では，ガーンディーのアヒンサーとブラフマチャリヤ思想との間には，身体宇宙論をめぐる論理のずれがあったことを指摘した．そして，そのようなずれを伴ったブラフマチャリヤの方法は，「禁圧」という概念を用いて説明されていた．この禁圧の方法は，性欲が発生している現実を自己否認しようとする心理的圧迫という側面を有するものであった．これと同様に，ガーンディーの非協力運動で説かれるアヒンサー=非暴力思想も，禁圧の方法と類似した抑圧という方法との関係から説明されていたのである．

では，ここで言われるブラフマチャリヤの抑圧という方法は，具体的にいかなる身体実践を意味するものだったのだろうか．南アフリカ滞在期において，ガーンディーは精液結集によって発生する性欲を防止するための具体的な身体実践として水風呂に入ることを奨励していた（第1章第2節(2)参照）．帰国後の非協力運動時でも，ガーンディーはこれに代わるより良い方法を見出していなかった．

ガーンディーは運動中にブラフマチャリヤに関する質問を記した多くの書簡を受け取ったと語るが，それらの書簡に答えるために，『ヤング・インディア』紙の1920年10月13日号で，「自分自身だけでなく，自分と親しい多くの人々の体験に裏付けられた」ブラフマチャリヤに関する10個の「基礎的な規定」を書いた．そこでは，(1) 若い男女が純潔であるとは思い込まないこと，(2) 食事を制限すること，(3) 夫婦が別々の部屋に住むこと，(4) 心身を常に健康にしておくこと，(5) 早寝早起きの厳守，(6) 全ての不潔な文学作品を避けること，(7) 性欲を喚起する映画を見ないこと，(8) 夫婦が純潔を行うことが不可能であると思い込まないこと，(9) 純粋な心になれるように日々祈ること，が挙げられている．そして，10個の規定の中で唯一射精を防ぐ「最善の方法」として挙げられていた規定が水風呂なのであった．

> 夢精は心配するに及ばない．冷たい風呂はいつもそのような事態を防ぐ最善の方法として強い効果を発揮する．無意識の夢に対してその場凌ぎの放縦〔マスターベーション〕が安全策というのは間違いである．［*YI*, 13-10-1920］

以上のように，ガーンディーは非協力運動を開始して10日後に，「剣の教義」を出版し，自身のアヒンサー＝非暴力思想の意味を定義した．そして，この記事の中でアヒンサー＝非暴力思想を，力強く男らしいヴィーラのみが行使できる宥恕の力との関係で語った．さらに，この宥恕の力とは，その直前に出版された『サーバルマティー』紙の記事を分析することで，精液結集によって得られるシャクティと密接に関係するものであったことが明らかとなった．しかしながら，このような宥恕の力を得るための精液結集の実践は，専ら抑圧的な性格を有しており，精液結集によって発生した性欲の問題に対処するための具体的な方法は，南アフリカ滞在期と変わらず水風呂以上には何ら提示できずにいたのであった．

(3)「歴史的集会」(1921)

1920年8月から開始された非協力運動は，9月4日にカルカッタで開催された会議派特別大会とその後の11月の選挙ボイコット［Brown 1972: 251–271］，

12月26日のナーグプルで開催された国民会議第35回大会［Brown 1972: 272-304］を経て，紆余曲折を経ながらも1921年に「絶頂」に達した［Rolland 1930: 93］．そして，ガーンディー以前の反英闘争の中心的指導者であるB. G. ティラクの死没一周年記念日の前日に当たる1921年7月31日からガーンディーは「スワデーシー」のスローガンの下に外国製衣服を焼却する大衆扇動運動を開始した．これは人間に対する暴力ではないものの，生活用品の大量破壊を伴う急進的な抗議活動であり，タゴールやC. F. アンドリュースといったガーンディーの身近な支持者たちも行き過ぎたパトリオティズムとして批判した［Rolland 1930: 96-119］．

以下では，この非協力運動の絶頂期と言われる外国製衣服焼却運動の開始が宣告されたボンベイ郊外のエルフィンストーン・ミルの近くで開催された「歴史的な集会」［*CWMG* 20: 454］での英語の演説（「スワデーシーについての演説」）の内容を精読していきたい．これによって，「剣の教義」以降のガーンディーのアヒンサー＝非暴力思想とブラフマチャリヤ思想の特徴について見ていきたい．

> この日はボンベイにとって神聖なものであると私は感じている．今日，我々は自分たちの身体から穢れを取り除くのである．我々は奴隷の烙印である外国製衣服を破棄することで，自身を浄めるのである．今日，我々は自由の宮殿（Temple of Freedom）（スワラージ）に入るに相応しいものとなる．〔……〕
>
> 我々が今日，自分たちを浄めるにあたって覚えておかなければならない最も肝心なことは，我々は明日，ローカマーニヤ〔B. G. ティラクの尊称〕の死没記念日を祝う予定にあるということである．我々はスワデーシーの誓いを交わすまで自身を浄めることはできない．それゆえ，私は自分たちの〔外国製〕衣服を広めたり外国に送ったりすることを止めた者たちが二度と外国製衣服を着ないという固い決意を持つことを望んでいる．私はローカマーニヤの意向を継ぐ最善の方法がスワラージの達成にあることを確信している．そして，スワラージはスワデーシーなしには不可能である．そして，スワデーシーは，完全で永久の外国製衣服のボイコットによって開始を告げることができる．ゆえに，この焼却の儀式を私は秘蹟

(sacrament) と見なしている．そして，この聖なる儀式が私によって遂行されることを幸運に思っている．どうか我々の内外を問わない汚れを神が取り除いて下さいますように！［*CWMG* 20: 454–455，丸括弧内の補足語原文］

この演説の中で留意したい点は，ガーンディーが外国製衣服焼却というスワデーシーの政治行動を，「穢れ」と「浄め」との関係で，「神聖なもの」・「焼却の儀式」・「秘蹟」・「聖なる儀式」といった宗教的な象徴表現を用いて説明していることである．これはガーンディーの独立運動が，赤裸々な文化ナショナリズムとして急進化していたことを示している．また，このような儀礼は，「内外を問わない汚れ」という言葉があるように，単に外国製衣服焼却という外なる汚れだけでなく，それを通して「自身を浄める」こと，つまり，アートマンの浄化を行うことを目的としたものであった．

それでは，この演説で語られたアートマンの浄化の意味は，ガーンディーのアヒンサー＝非暴力概念といかなる関係にあったのだろうか．このことを知るためには，この演説の数日前にガーンディーと A. I. C. C. (All India Congress Committee) との間に交わされたグジャラーティー語で記録された議論の内容を見る必要がある．

質問：衣服の焼却は，アヒンサーの誓い (*ahiṃsā vrat*) を破ることにはならないのですか．

回答：穢れ (*mel*) を洗うことの中にヒンサーはありません．アートマンの堕落 (*ātmānuṃ patan*) の中に罪障 (*pāp*) があります．いくつかのヒンサーは不可避です．様々な経典 (*śāstro*) で語られていることですが，呼吸 (*śvāsōcchavās*) の中にさえヒンサーがあります．さらに，植物の中にも生命 (*jīv*) があり，植物を我々は食しているにもかかわらず，その中で我々はヒンサーをしているとは思っていません．顕微鏡を通して見るならば，我々は水の中も細菌に満ちていることを知るでしょう．乳汁の中にも実のところ細菌がいます．それにもかかわらず，我々は水を飲むことの中に穢れ (*doṣ*) があるとは見なさないし，乳汁は実に栄養価の高い食物と見なしています．私は今でもあなたの前で話していますが，その中にもいくらかのヒンサーが潜んでいるのです．だが，このようなヒンサーは不可

避であり，その中に我々は罪障があるとは思いません．［*NJ*, 11-9-1921］

ここでは3つの点に着目する必要がある．第一に，ガーンディーは「穢れを洗うことの中にはヒンサーはありません」と断言していることである．すなわち，A. I. C. C. の疑念に対して，ガーンディーは自身の焼却運動のアヒンサー性を主張しているのである．第二に，ガーンディーはここで人間の現実生活におけるヒンサーの不可避性について語っている．これは，本章の第1節の引用箇所で語られていた「ヒンサーは身体の性質（グナ）である」という言葉を彷彿させる．ガーンディーは同じ時期に書いたC. F. アンドリュース宛ての書簡の中で次のようにも語っていた．「戦争は常に我々の前にあるだろう．全ての人間の本性が変えられる可能性はないように思われる．解脱とアヒンサーは個人が達成するものである」［*CWMG* 14: 509］．第三に，ガーンディーがこのようなヒンサーの不可避性の事例の1つとして水の他に乳汁に言及していることである．ガーンディーはここで乳汁を飲むことが，微生物に対するヒンサーを犯すことであると述べながらも，それを飲むことを肯定している．ここには乳汁を飲まざるをえなくなったガーンディー自身に対する自己正当化の心理を読み取ることも可能である[32)]．

以上のように，ガーンディーはスワデーシーに伴うヒンサーを「ヒンサーではない」と断言しており，このような主張はまさに，第2節で見たマガンラール宛ての書簡で書かれたガーンディーのヒンサーの中のアヒンサーの思想の延長線上にあったものとして解釈できるだろう．

このようなヒンサーをアヒンサーとして正当化する主張はさらに，1ヶ月後に行われたC. F. アンドリュースとの質疑応答においてより鮮明に見受けられる．ガーンディーはこの質疑応答を掲載した記事を「破壊の倫理（Ethics of Destruction）」と題して『ヤング・インディア』紙上に出版した．

〔アンドリュースの質問〕あなたが美しい生地で織られた衣服をも積み上げた衣服の山を焼却している写真を見て，私は心底ショックを受けました．我々は自分たちが属する偉大で美しい世界の景色を失いかけており，インドで自己中心性に陥ってしまっています．そして，このことが（私は恐れているのですが）古い悪しき自己中心的ナショナリズムに戻っていることを明らかに示すもののように私は思います.〔……〕私には〔あなたの活動が〕ほとんど暴力の一種に見えるということだけをお伝えします.〔……〕私は外国製衣服の問題が1つの宗教と化している事態は到底好ましいようには思えません.

〔ガーンディーの回答〕このスワデーシーの精神を推進することで狭隘さや排他性が発展しているのではないかと我々は恐れる必要はありません.我々は他者の聖域を保護する前に,自分自身の身体を放縦による破滅から保護しなければなりません.インドは今日,他者の意思によって動かされる死せる群衆と化しています.彼女〔＝インド〕を自己浄化(self-purification),すなわち,自己抑制(self-restraint)と自己否定(self-denial)によって生き返らせましょう.［*YI*, 1-9-1921,強調筆者,丸括弧内の補足語原文］

このようにガーンディーは,アンドリュースの「古い悪しき自己中心的ナショナリズム」への回帰ではないかという懸念や,「外国製衣服の問題が1つの宗教と化している事態」に対しても,専ら自身のスワデーシー運動を「自分自身の身体を放縦による破滅から保護しなければな」らないという自己防衛的観点から正当化したのであった.

さらに,特筆すべき点は,ガーンディーが上で「自己浄化」について語った際に,それを「自己抑制(self-restraint)」だけでなく「自己否定(self-denial)」という概念との関係でも説明していたことである.この自己否定という概念は,南アフリカ滞在期のブラフマチャリヤの実験には見られないもので,これまで本書で見てきた「禁圧(*roke*)」や「抑圧(*dābī*)」といった禁欲主義的概念と重なり合うものである.

さらに「スワデーシーについての演説」が行われた2週間後には,『ナヴァジーヴァン』紙上に「平和の力(Śāntinuṃ Baḷ)」と題した精液結集に関する記事が掲載された.そこでガーンディーは,「平和の力」の意味を次のように説明した.

恐れ(*bīk*)や弱さ(*nabaḷāī*)から維持される平和(*śānti*)は平和ではない.

力（*baḷ*）と輝き（*tej*）が備わった時のみ，真の平和（*kharī śānti*）と呼ばれうるのである．〔……〕平和とはある保持された精液（*ek sūkṣam vīrya*）でもある．その集積（*sañcay*）をすることで，確立したブラフマチャーリー〔ブラフマチャリヤの実践者〕（*prauḍh brahmacārī*）になるのであり，それによって光を放つ者（*tejsvī*）となるのである．［*NJ*, 14-8-1921，強調筆者］

このように，ガーンディーはスワデーシー運動中も，精液結集の重要性について語った．そして，「剣の教義」と同様に，精液結集によって得られるシャクティの効力を，ここでは「平和」概念との関係で説明した．ガーンディーにとって平和とは物理的暴力が不在している状態を意味するだけではなく，「ある保持された精液」によって生じる「力と輝き」という実体も意味する．平和はエネルギーの一様態に他ならないのである．このように，ガーンディーが自身のアヒンサー＝非暴力思想と並行して語っていた精液結集の実践は，平和的状態を生み出すシャクティの潜在的力を含蓄するものなのであった．

しかしながら，前節で見たように，ガーンディーの精液結集の方法は，不適切に行われるならば，性欲を発生させることにもなる．そして，ガーンディーの身体宇宙論の論理に従うならば，性欲の発生と現象世界におけるヒンサーの発生とは共時的・流動的に対応しているはずである．だが，ガーンディーの「破壊の倫理」という記事に見られたように，非協力運動のアヒンサー＝非暴力思想がますますヒンサー性を帯びていったにもかかわらず，ガーンディーは決してその原因が自身の抑圧的な精液結集の方法にあると見なさなかった．

4. チャウリー・チャウラー事件と性欲統制の失敗

すでに述べたように，ガーンディーはハルタールの開始後，いくつかの暴動事件の発生を体験していた．とはいうものの，ガーンディーはそれらが本質的に自身のサッティヤーグラハの原理に起因していたとは考えず，あくまで偶発的事件であったとして，運動を一時的に停止するに止めた．その後，運動が再開されてから「剣の教義」や「スワデーシーについての演説」に見られたように，それ以前に語られていたヒンサーの中のアヒンサーの思想はますます声高に唱えられていった．そして，このような物理的ヒンサー／アヒンサーを超越するようなアヒンサー思想は，ガーンディーの精液結集の「禁制」・「抑圧」さらには「自己否定」といった抑圧的方法を特徴とするブラフマチャリヤの実験・思想と共に発展していった．

しかしながら，非協力運動が展開する中で，ガーンディーが自身の運動に対して何の懸念も抱いていなかったわけではなかった．例えば，スワデーシー運動の開始が宣言されてから約1ヶ月後にマドラス管区のマーラーバール区において発生した「モープラー暴動[33]」以降，ガーンディーは次第に，暴動の原因が偶発的なものではなく，自身のサッティヤーグラハとブラフマチャリヤに由来しているのではないかという疑いを吐露するようになった．

ガーンディーはモープラー暴動発生後の1921年9月4日に，『ナヴァジーヴァン』紙上に「モープラー暴動（Moplā Utpāt）」と題した次のような内容の記事を掲載した．

> マーラーバール〔の暴動〕は我々の非協力運動者が，抑制（*kābū*）を完全にできていなかったことを教えた．〔……〕
>
> モープラーたちの上に〔シャクティの〕影響（*asar*）を及ぼせるような清浄さ（*cokhkhuṃ*）を我々は持っていない．彼らに非平和（*aśānti*）が発生しないような彼らの心（*dil*）の転換（*parivartan*）は起きなかった．〔……〕
>
> 私ははっきりと分かったのだが，我々に対する最も大きな妨害は，政府からではなく，我々自身の〔内〕から〔やって来るの〕である．我々の弱さ（*nabḷāī*），我々の倒錯（*avaḷāī*），我々の無明（*aṇsamj*）といった状態を我々が防ぐために，我々は政府の倒錯を防ぐのではない．政府の倒錯を我々は自分たちの堕落であり，自分たちの弱さ，あるいは自分たちが倒錯し堕落していることを示すものであると理解している．実に，〔自身の〕アートマンこそが我々の敵（*śatru*）であり，我々の友（*mitr*）であるのだ．その敵に打ち勝ってこそ平和的非協力（*śāntimay ashakār*）の完全な勝利があるのである．［*NJ*, 4-9-1921］

このように，ガーンディーはそれまでの暴動と異なり，モープラー暴動が政府ではなく，「我々自身の〔内〕」に原因していること，つまり，人々のアートマンの状態に原因しているのではないかとの懸念を語ったのであった．そして，このことはガーンディーのブラフマチャリヤの「抑制」の不完全さを意味するものとされた．なぜなら，ブラフマチャリヤの「抑制」が完全であったならば，「モープラーたちの上に〔シャクティの〕影響」が及んでいたはずだからであった．

そして，上の記事を書いた次の日（9月5日）に，ヴァッラブバーイー・パテール宛てのグジャラーティー語の書簡で，ガーンディーは市民的不服従の停止について考えていることを述べた．

> マドラスからラージャゴーパーラーチャーリーは，彼の〔新しい〕電報を手に入れるまでは，私が〔カルカッタを〕離れるべきではないとの電報を送って来た．〔いずれにしろ，〕私はここで12日までは仕事もある．〔……〕
>
> この月に法の違反（*kāydāno bhaṅg*）〔市民的不服従〕を停止した方が良いように思われる．〔……〕もっと決死の覚悟で（*marṇiyā thaīne*）行えると思える時に，我々は法の違反〔市民的不服従〕をする〔べきな〕のである．［*GA* 21: 53］

そして，ガーンディーは翌月の10月30日には，『ナヴァジーヴァン』紙上で「スワデーシーとブラフマチャリヤ（Svadeśī ane Brahmacarya）」と題した記事の中で，両者の関係について，それまでとは異なる次のような見解を表明した．

> ある友人が，スワデーシーの勢力が増してきたが，〔人々の間に〕ブラフマチャリヤの〔関心・理解の〕増加は起こっていないと〔手紙で〕書いてきた．男女たちが自身の心（*man*）を抑制（*aṅkuś*）できないならば，スワラージはどうやって獲得できるだろうか．<u>この考えはもっとものように見えるが，そこには必然的な関係はない．スワデーシーとブラフマチャリヤは2つの非連続的な主題である．</u>〔……〕
>
> <u>ブラフマチャリヤは，わずか〔の人々〕が遵守するだろう．</u>〔だが，〕全ての人々が遵守するのが望ましい．全ての人々が遵守するならば，この世とあの世の王国（*ā ane par duniyānuṃ sāmrājya*）を獲得していくだろう．そ

れを遵守することは我々の宗教的義務（*dharm*）である．だが，それをスワデーシーと一緒にすることで，とても容易であるスワデーシーは，ブラフマチャリヤのように困難なものになる．

これら2つの間にある距離を理解し，〔また〕理解させた後に，私は当然，全ての活動を行っている男女がスワラージの獲得をするまでブラフマチャリヤを遵守するようにと言いたいのである．［*NJ*, 30-10-1921，下線筆者］

ここに書かれている内容には，「困難な」ブラフマチャリヤをめぐるガーンディーの極めて両義的な態度が示されている．ガーンディーは一方で，ブラフマチャリヤは「全ての人々が遵守するのが望ましい」と語りながらも，それまでの運動中の発言には見られなかったスワデーシーとブラフマチャリヤとの「距離」について言及したのであった．ガーンディーは両者の間には，「必然的」な繋がりはなく，両者が「2つの非連続的な主題」であると主張した．それがゆえに，ガーンディーは「ブラフマチャリヤは，わずか〔の人々〕が遵守するだろう」と語った．このような主張は，この2，3ヶ月前に語られていた「スワデーシーについての演説」や『ナヴァジーヴァン』紙上に掲載された「平和の力」やC. F. アンドリュースに対して書かれた「破壊の倫理」と題した記事の内容と著しい対照をなしている．すなわち，ガーンディーはモープラー暴動以後に，独立運動の非暴力的発展のあり方を左右する自身のブラフマチャリヤの実験の方法に初めて疑いを持ったと考えられるのである．

さらに，翌月の11月10日に，ガーンディーは「ブラフマチャリヤはどのように遵守できるか（Brahmacarya Kem Paḷāy?）」と題した『ナヴァジーヴァン』紙上の記事で次のように書いている．

ある奉仕者が非常に惨めな手紙を書いてきた．そこで，多大な努力をしているにもかかわらず，彼がブラフマチャリヤの遵守ができないと言ってきた．彼が寝ている間に穢れ（*doṣ*）〔夢精〕が起こってしまうため，〔彼は〕しばしば自殺したくなってしまうという．ここに私は錯乱（*gabhrāṭ*）を見る．［*NJ*, 10-12-1921］

ガーンディーはこのように語った後に，「ブラフマチャリヤを持続的に遵守する者」が守るべき12個の「規定（*niyamo*）」を書いたが，その中には次のような内容が書かれていた．

2. 食において香辛料（マサーラー），大量のギーを使ったもの，焼かれた物，甘いもの，肉等を放棄すべきである．〔……〕
4. 秘密の部位（*guhya bhāgo*）〔性器〕を常に2，3回，冷たい水によって洗いなさい．冷たい水を注ぎなさい．〔……〕
10. 女性と一緒に二人きりで決して戯れては（*bhogvvo*）ならない．［*NJ*, 10-12-1921］

そして，ガーンディーは「このような規定（*niyamo*）を遵守する者は，必ず性欲を克服（*jitendriya*）するだろう」と語った．

つまり，ガーンディーは自身のブラフマチャリヤの思想・方法に対して次第に疑いを持ち始めていたにもかかわらず，その疑いを払拭するための具体的な方法については，非協力運動が開始されて間もない1年前と何ら変わるものを提示できなかった．また，ここでも，外面的な禁欲実践が提案されているのに対して，性欲の根源と考えられていた乳汁の放棄については語られていない．

そして，ガーンディーのアートマンの未浄化に対する自覚は，1921年11月17日に皇太子プリンス・オブ・ウェールズがボンベイを親善訪問した際に，より一層強められることとなった．皇太子がボンベイに到着した後，ガーンディーはボンベイの会議派支部を指導して抗議集会を開きハルタールを開始した．集会では非暴力主義と宗教間融和が説かれたが，民族感情に鼓舞された一部のヒンドゥー教徒とイスラーム教徒は共同して暴動を起こした．これにより，市内のヨーロッパ人，英印混血人（アングロ・インディアン），ゾロアスター教徒が殺害された．この知らせを聞いたガーンディーはすぐに市内を巡回し，暴動の現状を目の当たりにして「震え上がった」という［Brown 1989: 166］．

その後，『ナヴァジーヴァン』紙の11月24日号の「ボンベイの不名誉（Mumbaīno Apayś）」と題した記事でガーンディーは次のように語った．

私は自分で熟慮した上で，現状では大衆の手による礼節を伴った法の違反

(*kāydāno savinay anādar*)〔市民的不服従〕を始められるような状態ではないという考えに至った.〔……〕それは私の非シャクティ(*aśakti*)の痛ましい告白である. だが, 今の私の姿ではなく, 私の創造主(*sarjanhār*)の前にもっと喜んでもらえるような姿になるべきである.［*NJ*, 24-12-1921］

このように語った後, ガーンディーは翌月の19日から21日にかけて, ボンベイの暴動沈静化と贖罪を目的とした断食を行った. すぐに会議派支部の政治家やあらゆるコミュニティの指導者たちがガーンディーのもとに駆けつけ, 断食を解くことを懇請した. これらの指導者たちの指導により暴動はすぐに沈静化したものの, ガーンディーは再発を防ぐための継続的な融和活動の必要を説いた［*YI*, 24-12-1921］.

この後, ガーンディーは12月26日にアフマダーバードで開催された会議派第36回年次大会で非暴力的非協力の方針を再度明確に打ち出し, 翌年の2月からグジャラートのバールドーリーで行う予定にあったサッティヤーグラハ闘争に備えた. しかしながら, 1921年2月1日に, インド総督に向けて1週間後の闘争の開始を布告する通知書［*YI*, 9-2-1922］を送ったわずか3日後にチャウリー・チャウラー事件が発生した. ガーンディーは事件発生から4日後に通知を受けたので, まさに運動を開始する前日にチャウリー・チャウラー事件を知ることとなった.

この後, ガーンディーは2月8日にサッティヤーグラハの活動委員会のメンバーに宛てた書簡の中で,「私が大衆的市民的不服従を開始する前日に, 突然の衝撃を受けることになった」と語り,「もしそれ〔市民的不服従〕が停止されるべきならば, それは一定期間, 十分に長い期間停止されるべきである」と書いた［*CWMG* 22: 350］. さらに, 10日にバールドーリーで会議派の活動家に向けて行われた演説では,「私が知らされたこと〔チャウリー・チャウラー事件〕で, ついに私はここにいるほとんどの者たちが非暴力のメッセージを理解し損なっていることを確信した」と述べ,「私はすぐに市民的不服従を停止しなければならない」と伝えて演説を締め括った［*CWMG* 22: 377］. そして, 12日にバールドーリーで開かれた会議派活動委員会の集会で, ついに公式に運動停止の決議を採択するに至った［*YI*, 16-2-1922］. 同時に, この日から16日までチャウリー・チャウラー事件の贖罪を目的とした断食も開始した［*NJ*, 7-10-1923］.

断食を解いた2月16日には，『ヤング・インディア』紙上で「チャウリー・チャウラーの罪」と題した次のような記事が出版された．

> 神は私を豊かに思いやって下さった．彼は三度にわたって，大衆的不服従を正当化するような，市民的という言葉では全く説明しきれない柔和で，真実で，謙虚で，知的で，精力的であると同時に，愛情深く，決して罪を犯したり憎悪に駆られたりしないような真実で非暴力的な雰囲気がインドにはまだないということを，私に警告して下さった．
>
> 彼は1919年にローラット法に対する動乱が起こった時に，私に警告して下さった．アフマダーバード，ヴィランガーム，そして，ケーダーは過ちを犯した．アムリットサルとカスールも過ちを犯した．私は自身の歩みを振り返って，それをヒマラヤ山のような大きな誤算（Himalayan miscalculation）と呼び，神と人の前に身を低くして，単に大衆的市民的不服従を停止し，私自身が市民的で非暴力的であろうとしていたことを反省した．
>
> 二度目はボンベイで起こった事件〔皇太子の訪問時に起きた暴動〕を通して，神は大きく警告して下さった．彼は私に11月17日のボンベイ暴動をこの目の前に直にお見せになった．暴徒は非協力の利害に基づいて行動を起こしたのであった．私はバールドーリーでまさに始まろうとしていた大衆的市民的不服従を中止する旨を発表した．辱しめは1919年のものよりも大きなものであった．だが，それは私に良いことであった．私は国民が中止によって益を得たであろうと確信している．インドは停止によって真理と非暴力を保つことができた．
>
> だが，それを上回る最も苦い辱しめが来ようとしていた．マドラスは警告をしていたが，私は注意を向けなかった．だが，神はチャウリー・チャウラーを通してはっきりとお語りになった．［*YI*, 16-21-922，下線筆者］

下線部にあるように，ガーンディーは本書で検討してきた暴動事件を，「神」の三度にわたる「警告」であったと語っている．しかしながら，ここで重要なのは，この三度の警告の中に，1万人の死者を出した最大規模のモープラー暴動が数えられていないことである．モープラー暴動は，単にチャウリー・チャウラー事件について語られた下線部で,「マドラスは警告をしていたが, 私は注意を向けなかった」と補足的に書かれてあるのみである. 1万人の死者を出したモープラー暴動に対して, チャウリー・チャウラー事件の死者は23人であり, 規模としては桁違いである. しかも, 時期的にチャウリー・チャウラー事件の前に起こった暴動は, 皇太子のボンベイ訪問時の暴動であり, 時系列にモープラー暴動を記していないことからも, その重要性の低さが窺われる. この問題は,「はじめに」で言及したように, 先行研究で言われていたような「チャウリー・チャウラーの虐殺の以前の時期から」ガーンディーが「市民的不服従のための真の準備が欠如していることに徐々に気付いていった」といった解釈では説明し尽くせないだろう. この解釈は, 先に述べたガーンディー自身の「不可解な」暴動性の基準について何ら説明を提供していないからである. すなわち, ガーンディーの見解は「政治的運営のより大きな困難の発見に基づくものではなかった」のである〔*CWMG* 23: 84, 強調筆者〕.

このガーンディーの暴動認識の意味を読み解く鍵は, ガーンディーのブラフマチャリヤの実験にある. 実にガーンディーは, 運動停止を指示した同じ日に, 並行して『ナヴァジーヴァン』紙上で「身体の富 (Śarīrsampat)」と題したブラフマチャリヤに関する記事を出版していたのであった. そして, そこで運動の失敗と自身のブラフマチャリヤの方法との関係について以下のように語っていた.

〔……ある匿名の男性〕が, 身体の保護 (*śarīrrakṣā*) についても手紙を書いてきた. 彼が考えるところによると, ブラフマチャリヤの身体的果実 (*brahmacaryanāṃ śarīrik phaḷo*) について, また実践について私はあまり書かなかったという.〔手紙を〕書いてきた人物は,〔グジャラートの〕スーラト出身の者である. 彼が知らせてくれたところによると, スーラトの人々は十分に〔ブラフマチャリヤを〕意識しているが, 身体が弱くなって, 彼らは刑務所の苦しみ (*duḥkh*) などサッティヤーグラヒーたちが被る苦痛 (*kaṣṭo*) に耐える準備ができないでいる. 彼らが暴力 (*mārnī*) にどうして耐えられるだろうか.

この勧告はもっともなものである. だが, ブラフマチャリヤの主題について繰り返し書くことは困難である. さらに, 私の信じるところでは, ブラフマチャリヤの使用は単に身体のためにあるのではない．もしそうならば，それは1パイを1ルピー[34]のお金で交換するようなものである．スワラージの他の部分を推進することに関わる者は，ブラフマチャリヤの必要性を自然と（*saheje*）知っていくだろうと私はすっかり信じていた．［*NJ*, 12-2-1922］

ここでガーンディーは自身の運動において，人々が「ブラフマチャリヤの必要性を自然と知っていくだろうと〔……〕すっかり信じていた」ことを語るが，この匿名の人物の書簡を通して，人々がサッティヤーグラハを適切に行うための「ブラフマチャリヤの身体的果実」を得ていないことを認識したと述べる．

こう語ってからガーンディーは再度，自身がそれまで人々に提示していた抑圧的ブラフマチャリヤの細かな規定（思考の統制，身体の強化，日々の運動，食事の制限など）をまとまりなく網羅的に書いた．そして，これらの規定を語った後，締めくくりの最終段落で次のように述べた．

だが，私は分かったのだが，私〔の性欲統制の問題〕は〔このように〕定めていた制限（*dhārelī maryādā*）〔によって制御できる範囲〕を越え出てしまったのだ．ブラフマチャリヤに関連する多くの主題があるが，それを〔この〕ノートに〔全て〕含めることはできない．［*NJ*, 12-2-1922］

運動が停止された同じ日に，上の記事が出版されたことは偶然ではないだろう．このように，ガーンディーはそれまで決して認めることをしなかった自身のブラフマチャリヤの方法が，（サッティヤーグラハの実践と性欲統制に）不十分なものであること（＝「制限を越え出てしまった」こと）を初めて告白したのであった．換言すれば，チャウリー・チャウラー事件と上で引用した匿名の男性から受け取った書簡の内容が，ガーンディーに自身のブラフマチャリヤによる性欲統制が失敗していたことを知らしめたのであった．

これまで見てきたように，ガーンディーの独立運動の展開は，常にブラフマチャリヤの実験と関連付けられる中で語られてきた．つまり，後者で示されている精液結集をめぐる認識の変容が，ガーンディーの非協力運動を特徴付けるアヒンサー＝非暴力思想の発展を読み解く重要な手がかりとなっていた．具体的には，ガーンディーが全インド的ハルタールを開始する直前の時期に発見した「ヒンサーの中にあるアヒンサー」という思想と性欲の「禁圧」，現象世界に力の波動をもたらす「宥恕」の概念と性欲の「抑圧」，さらには，スワデーシー運動を基礎付けていた「破壊の倫理」と「自己否定」という抑圧的方法は，身体宇宙論をめぐる論理のずれを伴いながら常に対応していた．そして，後者の「禁圧」・「抑圧」・「否定」といった方法では，もはや自身の性欲を統制することが不可能であることを，ガーンディーはチャウリー・チャウラー事件を機にはっきりと自覚するに至ったのであった．

こうして大衆の「不健康で緊張した興奮」[Amin 2010: 5，強調原文] に包まれた最初の反英独立運動に，自己の「心の状態こそが全て」であると考えたガーンディーは終止符を打った [*YI*, 16-2-1922]．問題にされていたのは，暴動の外在的規模ではなく，暴動の内在的規模なのであった．

5. 結　語

本章では，第一次独立運動期におけるガーンディーの政治行動とブラフマチャリヤの実験とが，相互にいかに関連しながら発展していったのかを探究してきた．ジュディス・ブラウンの研究以降，ガーンディーのインド帰国後の政治行動を安易に「現実に基づいたメカニズム」に還元して説明することが困難であることが指摘されてきたが，その運動の背後にあったブラフマチャリヤの実験・思想に光が当てられることはなかった．これにより，そもそもなぜチャウリー・チャウラー事件という僻地で発生した小規模の農民暴動が，全国規模の非協力運動を緊急に停止する契機となり得たのかという最も素朴かつ根本的な問いが正面から答えられることはなかった．

第一次独立運動を支えるアヒンサー＝非暴力思想の特徴である「ヒンサーの中のアヒンサー」という発想は，1918 年に語られるようになった性欲に対する「禁圧」という抑圧的な精液結集の方法にその心理的起源が求められる．このヒンサーの中のアヒンサーの思想は，ヒンサー行為をアートマンの未浄化に由来するものとして否定的に捉えていた南アフリカ滞在期のガーンディーのアヒンサー＝慈悲概念との重要な変化を示唆するものであった．ガーンディーがヒンサー行為をアヒンサーの名で正当化しようとした背景には，ガーンディーが心理的・身体的に脆弱で「陰萎者（ナプンサク）」に過ぎないように見える地方農民と活動を共にする中で，精液結集によってインド人ネーションの「男らしさ」や「クシャトリヤ」性を涵養し，「身体的に力強く」する必要を看取するようになっていったことが関係していた．それにもかかわらず，南アフリカ滞在期と同様に，ガーンディーは自身の性欲を適切に統制するための具体的方法を得られずにいた．ハルタールが開始される直前の時期から誓いを破って飲み始めた乳汁は，このようなガーンディーの性欲統制の問題をめぐる心理的緊張をいよいよ強めることとなった．

1920年8月から開始された全インド的非協力運動においては，しばしば暴力的とも言えるアヒンサー＝非暴力思想が説かれるようになっていった．このような思想の発展は，「禁圧」や「自己否定」といった言葉で語られる抑圧的なブラフマチャリヤの方法が密接に関係していた．そして，運動が隆盛するに伴って，例えば，1921年の外国製衣服焼却運動に見られるような過激な物理的破壊行為を行っても，ガーンディーはその行為を背後で生み出していたと考えられる精液結集の方法を見直すことがなかった．ガーンディーは，あくまで現象世界のヒンサー行為をアヒンサーの名で正当化することで，自身の性欲統制の問題を意識的・無意識的に否認し続けた．

だが，モープラー暴動以降，ガーンディーはスワデーシー運動とブラフマチャリヤの実験との「距離」を語るようになり，現象世界で生起しているヒンサーが自身の性欲統制の方法に起因している可能性を吐露するようになっていった．とはいえ，それでもガーンディーは次第に感じられるようになっていたブラフマチャリヤの方法に内在する本質的問題に正面から向き合おうとしなかった．

しかしながら，チャウリー・チャウラー事件の発生と，同時期にガーンディーに送られてきた匿名の男性からの書簡（『ナヴァジーヴァン』紙上の「身体の富」に掲載）の内容は，ガーンディーのブラフマチャリヤの方法が，性欲統制に不適切であることをガーンディーにはっきりと知らしめるに至った．そして，自身の内面世界のスワラージの失敗こそ，外面世界の暴動発生の原因であることを確信したガーンディーは，急遽非協力運動の停止を指示したのであった．

運動停止後の3月10日の深夜1時半に，ガーンディーはサーバルマティー・アーシュラムの傍で逮捕された．その後，ガーンディーは同月18日に6

年の禁固刑を受けてプネーにあるヤラワダー刑務所に投獄された（結果的に2年で釈放される）．ガーンディーはこの獄中期間に，しばし自己を内省し，運動中に見出されたブラフマチャリヤ思想の問題を解決するための新たな身体統制の方法・思想を模索していくことになった．

1）グジャラーティー語の「ハート（*hāṭ*，市場）」と「タールン（*tāluṃ*，錠）」から成り，「一斉休業」を意味する．元々，商人が役人の不正に抗議して店を一斉に閉鎖する活動を意味したが，1919年のガーンディーの独立運動以降，商店以外にも学校や輸送機関などの公共施設も含めたストライキ活動を意味する語として広く南アジア地域一帯に定着していった．さらに，ガーンディーはハルタール中に，人々に断食による自己浄化を呼びかけるなど運動に宗教的意味も付与した．

2）カリフ（＝イスラーム国家の最高主権者）擁護運動．第一次世界大戦後，敗戦国となったオスマン帝国のスルタン＝カリフ制は，国内外の圧力により，その存続をめぐって危機状況に陥った．これに呼応し，ムハンマド・アリー（1876–1931）とその弟であるシャウカト・アリー（1873–1938）などの指導の下に，インドのイスラーム教徒は，イギリス統治こそがカリフの地位を脅かしているとし，カリフ制の擁護を訴える大衆規模の反英闘争を開始した．1922年にオスマン帝国が衰亡し，1924年にはカリフ制も廃止されると運動は消滅した．

3）1922年2月4日，チャウリー・チャウラーでデモ行進を妨害され激昂した農民集団が，23人の警察官を殺害し警察署を焼き払った事件．

4）「〜ジー（*jī*）」は，名前に付す敬称で，「〜さん」といった意味．

5）例えば，チャウリー・チャウラー事件について論じたS. Amin［1995: 16–18; 2010: 1–61］，S. Kuśavāhā［2014］，N. Batsha［2009: 28–41］，D. Dalton［2012: 46–49］，K. Tidrick［2006: 176–182］，D. Hardiman［1981: 156–157］においても同様の説明しか見られない．

6）有名なS. アミーンの研究は，チャウリー・チャウラー事件にサバルタン歴史学の観点から新たな光を当てた．この研究はチャウリー・チャウラー事件をめぐる植民地統治権力者や農民の言説がいかに交差し，相互に影響を与え合う中で，事件の「記憶」の構築・再構築が起こっていったのかついて独自の綿密な分析を行っている．だが，「集合的責任の致命的重圧が，ゴーラクプル県の全ての人々と国民一般に降りかかった」［Amin 1995: 18］というガーンディーの「唐突な」政治的決断に至った理由に関しては，本章注5で述べた先行研究と何ら変わらない解釈を施している．

7）この表現が「誇張」であるのは，本書で後述する通り，ガーンディーは他の暴動に対して決して「沈黙」していたわけではなかったからである．それでも，ガーンディーにとってこれらの暴動は運動停止の契機とはならなかったという意味で，明らかにチャウリー・チャウラー事件と意味の重みが違っていた．

8) 例えば，R. クマール［Kumar 1971］には，1919年のハルタールに関する9本の論文が収録されているが，いずれにおいてもブラフマチャリヤの実験については触れられていない．同様に，この時期の歴史学的研究としては恐らく最も詳しく論じられたJ. ブラウンのハルタール［Brown 1972: 160-189］と非協力運動［Brown 1972: 250-349］に関する研究でも，ブラフマチャリヤの実験については一言も触れられていない．

9) ナショナリズム研究の古典として知られるB. Anderson［1991］，E. Hobsbawm［2013］，A. Smith［1983］，A. Smith and J. Hutchinson［1994］，E. Gellner［1983］においては，専ら政治経済といった制度的・政策的側面，宗教シンボルの政治的利用，言語政策といった点に分析が集中しており，ナショナリズム運動において個人の倫理的・心理的問題がいかに機能していたのかはほとんど語られない．例外的に，G. Mosse［1985］やE. Martin［2001］のナショナリズム研究においては，ジェンダー・セクシュアリティの問題が扱われている．

10) 男性身体を分析対象にした植民地ナショナリズム研究としては，わずかながら，J. Alter［1994; 2000］, S. Banerjee［2005］, C. Chakraborty［2011］, A. Beatty［2016］がある．だが，これらの研究においても，男性身体とナショナリズムとの関係について十分な内在的思想分析が行われているとは言い難い．女性身体を扱ったナショナリズム研究としては，K. Sangari and S. Vaid［1990］，P. Chatterjee［1993］，S. Ray［2000］，G. Fur［2009］などが挙げられる．

11) 世俗化された均質的時空間の想像に近代的ネーションの淵源を求めるB. アンダーソン［Anderson 1991］の研究に対して，P. チャタジーは植民地インドにおけるナショナリズムが植民地エリートに先導される公共的・科学的・合理的・男性的な「『外側』（“outer”）」の言説空間で機能するナショナリズムとそれに抵抗する形で生まれた都市部ミドルクラス率いる私的・霊的・宗教的・伝統的・家庭的・女性的な「『内側』（“inner”）」の言説空間で機能するナショナリズムの「極めて対照的な区別」に特徴付けられると分析する［Chatterjee 1993: 6-12］．だが，より近年の研究は，こうしたチャタジーの二分法的理解に収まらない遥かに多様なナショナリストの言説が植民地インドで「競合していた」ことを明らかにしている［Hansen 1999: 44-46; Bhushan and Garfield 2011: 3-111; Copley 2003: 6-15; Brass and Vanaik 2002］．

12) 1919年12月23日成立，1921年1月1日に施行．中央政府を除いた州政庁に行政の一部（教育・公共事業，農業）を委ね，インドに一定の自治権を与えることを約束したもの．インド担当大臣であるモンタギューとインド総督のチェムスファドの提案によるもので，モン＝ファド改革とも呼ばれる．第一次世界大戦中のインド人の戦争協力の代償として制定された．しかしながら，イギリスはこの法に先立って，ローラット法を制定することで，反英闘争が拡大しないように取りはかった．

13) 1915年に治安維持を名目として成立した「インド防衛法（Defence of India Act 1915)」の内容を拡張した緊急刑事特別法．判事シドニー・ローラットを委員長とする治安問題調査委員会（＝ローラット委員会）によって作成された．革命的活動に参与しているとされる者の令状なし・裁判なしの逮捕・投獄の権限をインド総督に与えた．国内のインド人たちからは「暗黒法（Black Act)」と呼ばれた．

14) 1915年のインド帰国から1922年の非協力運動終了までの時期に起こった急速な「ガーンディーの権力掌握」という出来事について，J. ブラウンは詳細な歴史学的分析を行っている．ブラウンは，それまで支配的だった「出来合いの伝記研究，心理学的研究」あるいは聖人伝的記述と区別しながら自身の「現実に基づいたメカニズム」の解明を目指す歴史研究を位置付けている［Brown 1972: xiv］．それにもかかわらず，ブラウンの研究が行き着いた結論は，次のようなものであった．「主要な政治的指導者としてガーンディーが承認されていったことは，権力の継続的拡大によって起こったことではなかった．彼の影響力の高まりは，風変わりな過程（erratic process）の中で起こったのであり，あまりに多くの同時代人が，法廷，法的・政治的結社，また地元行政などを通してしたように，名声に対するいく分の期待も彼は持っていなかった」［Brown 1972: 352；強調筆者］．つまり，逆説的にもブラウンの研究は，ガーンディーの権力掌握の過程に，外在的な環境要因に還元不可能な「風変わりな過程」があったことを発見するに至ったのであった．

15) 「アヒンサーは最高の宗教的義務である（*ahiṃsā paramo dharmaḥ*)」という格言は「インドの全ての農村に知られる」ものであった［Bondurant 1958: 111］．

16) 南アフリカ滞在期にアヒンサーの語はサッティヤーグラハ闘争と関係付けて語られていなかった．このことにガーンディーが自覚的であったためか，『イティハース』の中で，南アフリカ滞在期のサッティヤーグラハ闘争が回想された際，その闘争原理はアヒンサーではなく，「平和（*śānti*)」概念を用いて説明されていた［*DASI*: 126］．この点は，東京大学の井坂理穂先生にご教示いただいた．この場を以って，感謝申し上げます．

17) 『ヒンド・スワラージ』の第9章と第10章の中でも宗教間対立が，雌牛保護を推進するヒンドゥー教徒とそうではないイスラーム教徒との間に発生していたことが問題視されている［*HS*: 98, 111–113］．

18) ここでアヒンサー概念の意味の二重性が生じた歴史的経緯について文献学的観点からも注記しておきたい．アヒンサーという語は，インド経典上，大きくヴェーダ時代（Vedic period：2500 to 600BCE頃）に書かれた初期経典と，叙事詩時代（Epic Period：600BCE to 200 CE）に書かれた後期経典とで，その含意が異なっている．ヴェーダ時代の経典において，アヒンサーは，若干の例外はあるものの［Tähtinen 1976: 2–3］，倫理的含意が見られない．そこでは，アヒンサーは動物犠牲を捧げる人間自身の安全性を示唆する概念として使用されているに止まる［Gonda 1959: 116; Tähtinen 1976: 38, 65］．つまり，ヴェーダ時代の人々の間では，動物犠牲は1つの重要な習慣として受容されており，動物への不傷害（*paśu*–

ahiṃsā）や，全ての生類（*sarva-bhūta*）への配慮といった倫理原則はあまり知られていなかったか，あるいは尊重されていなかったと考えられる［Walli 1974: 113–145］．

それに対して，叙事詩時代に書かれた経典では，アヒンサーに倫理的意味合いを見出すことができる．こうした倫理的なアヒンサー（以下，倫理的アヒンサー）は，動物や生類に対する傷害を忌避する．そして，この倫理的アヒンサー概念を基礎付ける論理として，U. ターティネンは3つの存在論があることを指摘している．第一が全生命の単一性，第二が個々の霊魂（*jīva*）の自律性，第三が個我の非永続性である［Tähtinen 1976: 44］．

こうした叙事詩時代に生まれたアヒンサーの倫理的含意が一体何に由来しているかという問題に対して，大きく2つの見解がある［Schmithausen 2000: 253–4］．第一は，倫理的アヒンサーが紀元前5世紀前後に勃興したアンチ・ヴェーダを掲げた仏教やジャイナ教などの沙門宗教に由来しているとする見解である．これらの沙門宗教の信者は，動物犠牲を行うバラモン教の伝統を「無慈悲」なものとして非難し，自ら狩猟・畜殺・肉食を断った．祭式儀礼における動物犠牲を重視していたバラモン教は，これらの沙門宗教を異端視した［Bodewitz 1999: 38］．こうした立場は，「反儀礼的禁欲主義（antiritualist asceticism）」と呼ばれる［Schmithausen 2000: 253; Bodewitz 1999: 33–38］．

第二の見解が，倫理的アヒンサーがヴェーダ時代の宗教の発展の中で生じたとする「バラモン教的アヒンサー（brahmanical ahimsa）」を説く立場である．この立場は，その起源をヴェーダ時代の動物犠牲の伝統に求めるもので，それは「儀礼的ヴェーダ伝統（retualist Vedic tradition）」と呼ばれる［Schmithausen 2000: 253］．

これらの議論をまとめると，ヒンドゥー教のアヒンサー概念は，バラモン教的儀礼主義の伝統を汲む超倫理的アヒンサーと，仏教・ジャイナ教などの反儀礼主義的禁欲主義の倫理的アヒンサーの両方を内在させていることになる．仏教・ジャイナ教的な慈悲概念からヒンドゥー教のアヒンサー概念への移行に伴う意味のずれを考察する際に，このような意味の二重性に留意することは有益である．

これらの先行研究の動向に関しては，東京大学名誉教授の永ノ尾信悟先生にご教授していただいた．この場を以って感謝申し上げます．

19）E. エリクソンは，この時期のガーンディーが「著しい仕方で『気がふれていた』」と指摘する［Erikson 1969: 371］．実に，ガーンディーはケーダーのサッティヤーグラハ闘争が終結した後の6月21日から8月上旬にかけて，第一次世界大戦中のイギリスに協力するためにケーダーで徴兵募集活動を精力的に行っていた［*AK*: 472–477; *GA* 14: 386–388］．

20）ここでガーンディーがSvāmīnārāyanという言葉を，その創始者の個人名として使用していたのか，宗派を指すものとして使用していたのかは定かではない．ここでは，両方の可能性を考慮して，丸括弧内に「派」と記しておいた．Vallabhācāryaについても同様である．

21)　第 3 章注 16 参照.

22)　15 世紀にテルグのブラフマンだったシュリー・ヴァッラバ（1479-1531）が創設した宗派. クリシュナを「喜びの形相（*ānanda svarūpa*）」として崇拝する「純粋不二一元論（Śuddhādvaita）」を説く.

23)　字義的には「中性者」を意味する.

24)　第 2 章注 39 参照.

25)　ここでガーンディーが語る「闘争の力」や「ヒンサー」は, 先の「アルコールに溺れてしまった人を侵害して妨害することの義務」,「甚大な苦悩を被っている犬の命を奪うことの必要性」,「狂犬病にかかった犬を殺す必要性」といった物理的暴力・殺生を意味するものとして使用されている. このことは, ガーンディーが下線部④の直後の文章で, 戦争における自衛の暴力使用を「（自己）統制」との関係から語っていることから知ることができる [*MD* 4: 167].

26)　この「堕落」に関する同時期のガーンディーの詳しい心理的葛藤については, 1919 年 1 月 21 日付のナラハリ・パリーク宛ての書簡も参照されたい [*GA* 15: 70-2].

27)　このハルタールの停止が指示された日に, ガーンディーは G. A. ナテサン宛てに打った電報で, 初めて英語の「非暴力（NON-VIOLENCE）」（大文字原文）という語を使用した [*GN*, S. No. 2232]. また同じ日にボンベイで原稿が書かれて, 4 月 21 日に『ヒンドゥー（*The Hindu*）』紙に掲載された「市民的不服従の停止に関する声明」と題された英語記事でも, ローマ字表記の "ahimsa" に丸括弧付きで "non-violence" という訳語が付されている [*CWMG* 15: 244; 間 2011: 7, note. 4].

28)　ガーンディーは, 少なくとも 1916 年の段階で, オスマン帝国のカリフ擁護のために反英闘争を呼びかけていたムハンマド・アリーと交流をしていた. 戦時中にムハンマド・アリーとその弟のシャウカト・アリーが投獄された際には, アリー兄弟の釈放を呼びかけるなど, ガーンディーはカリフ擁護に全面的な支持を表明していた. 戦後に敗戦国のオスマン帝国でスルタン＝カリフ制が危機的状況に瀕して以降, インドにおいてカリフ擁護を訴える反英闘争の声は俄かに求心力を増し, ヒラーファト運動（本章注 2 参照）として大衆規模で拡大していった. ハキーム・サーヘブとアーサフ・アリーは, 予てからアリー兄弟に支持を表明していたガーンディーを, 1919 年 11 月 23 日にデリーで開催された全インド・ヒラーファト会議に招聘した.

29)　ヒンドゥー教徒とイスラーム教徒の共闘による最初の大規模な大衆的反英闘争は, 1857 年から 1859 年に起こったインド大反乱であった. だが, 反乱は短期的に勃発した偶発的大衆運動としての性格が強く, イギリスによる反乱鎮圧後は, 俄かに影響力を失った. また, 反乱はインド西部と南部の地域には広がらなかった. その後の大規模な大衆的反英闘争は, 1905 年のカーゾン卿によるベンガル分割令に抗議して起こった国民会議主導の反対運動である（第 2 章注 4 参照）. だが, B. G. ティラクらの国民会議急進派の指導者によって推進されたヒンドゥー教色の強い大衆扇動は, 国内のイスラーム教徒の反感を買うこととなった. 後者は 1906 年にイギリスの支援を受けて自らの利権の擁護を目的とした全インド・ムスリム連盟を結成し，分離選挙を要求した．その後，国内には，ヒンドゥー教徒とイスラーム教徒との間の政治的・宗教的利害をめぐる宗教間対立の意識が生まれていった．

30) ガーンディーが，いかに農村地域で神格化され，その思想がいかに独自の仕方で解釈されていったのかについては，J. Brown［1974: 477-478; 1972: 346］，S. Amin［1995; 2010］，G. Pandey［2010: 166］，S. Sarkar［2010: 305］の研究を参照されたい．

31) フランク・ジョンソン中佐．1919年4月12日から5月29日にかけて，24万人が住むラーホールの民間区域で1500人の兵士と警察隊を率いて戒厳令を敷いた．

32) ちなみに，先に引用した『ヤング・インディア』紙1920年10月13日号で挙げられた規定の1つである食事の制限においても，ガーンディーは乳汁の放棄を語らなかった．

33) またの名を，「マーラーバール暴動」．1921年1月にマドラス管区のマーラーバール区で行われていたヒラーファト運動を政府が違法とし，運動の指導者を逮捕したことに対する反発として起こった．同年8月中旬に指導者の何人かが釈放されてから，マーラーバール区のムスリム農民である「モープラー」たちと政府との間で暴動が勃発した．予てからモープラーたちの中に高まっていた宗教間対立の意識も相俟ってヒンドゥー教徒の地主との間の宗教間暴動ともなった．最終的に1921年末にイギリス軍の介入によって暴動は鎮圧されたが，1921年8月から半年の間に1万人の死者を出した．モープラー暴動に関する詳細は，R. Hitchcock［1925］，P. Bamford［1925: 174-176］を参照されたい．

34) 貨幣単位．1ルピーは，192パイ．

第5章
蛇の力
——近代タントラ学からの影響

はじめに

前章で見たように，ガーンディーはインドに帰国してから生殖器官を「禁圧」し，乳汁放棄の誓いを断念することで，精液結集に伴う極度の心理的緊張状態に陥っていた．この時期のガーンディーは，「陰萎者（ナプンサク）」を批判する中で，「身体的に力強く」，「男らしい」サッティヤーグラヒー（サッティヤーグラハの実践者）になる必要を説いた．このような男性主義的・抑圧的ブラフマチャリヤ思想を背後に持つ第一次独立運動において，ガーンディーはしばしば物理的破壊行為をアヒンサーの名で正当化する暴力的とも言えるアヒンサー＝非暴力思想を唱えるようになっていった．

しかしながら，ガーンディーは自身のブラフマチャリヤ思想で説かれる性欲統制の方法が不適切であったことを，チャウリー・チャウラー事件を通してはっきり自覚するに至った．つまり，ガーンディーは自らの内に発生している性欲が，自身の「定めていた制限〔によって制御できる範囲〕を越え出てしまった」ことを告白し，2年間にわたって指導した非協力運動を即停止することを指示した．これをもって，ヒンドゥー教徒とイスラーム教徒が一丸となって行われた植民地史上初となる全インド・レベルの反英独立運動は終焉を迎えた．

運動が停止してから1ヶ月後，ガーンディーは自身の居住地であるグジャラートのサーバルマティー・アーシュラムの傍で逮捕され，プネーのヤラワダー刑務所に投獄された．興味深いことに，ガーンディーは獄中生活を必ずしも否定的なものとは考えていなかった．ガーンディーはしばしば刑務所を，静謐な

「〔ヒンドゥー教の〕寺院（*mandir*）」に譬えた［*MP*: 3］．それまでの過密スケジュールから開放されたガーンディーは，この獄中期間に，毎日チャルカーを6時間回し，4時間を読書に当てながら，それまでの自身の思想と行動を静かに内省した1)．2年間の獄中生活で渉猟された英語・グジャラーティー語・ヒンディー語・サンスクリット語・ウルドゥー語・マラーティー語という多言語で書かれた文献は131冊以上2)を数える［*YI*, 4-9-1924; *SA*, S. No. 8039］．この獄中生活において，ガーンディーはそれまで見出していたブラフマチャリヤ思想の問題を解決するための糸口を模索することができた［*SA*, S. No. 8696; *GA* 23: 169-79; *YI*, 4-9-1924］．

本章では，1922年から1924年にかけてガーンディーが獄中で読んだ著作が，出獄後のガーンディーのブラフマチャリヤ思想にどのような影響を与えるものであったのかを分析していく．そして，出獄後に新たに定義されていったブラフマチャリヤ思想が，1930年にガーンディーが率いていくことになる「塩の行進」といかに関わるものであったのかを論じる．

具体的には，本章の構成は以下の通りである．まず第1節では，上で述べたヤラワダー刑務所出獄後に起こったガーンディーのブラフマチャリヤ思想の意味の発展・変容を見ていく．その際に，南アフリカ滞在期に出版されたガーンディーの『健康に関する一般的知識』（1913年，第1章第2節(2)参照）を加筆修正した『健康の鍵（*Ārogyanī Cāvī*）3)』（1942年）の内容を参照する．第2節では，出獄後にガーンディーのブラフマチャリヤ思想が発展・変容していく上で，いかなる文献が主要な役割を果たしていたのかを明らかにする．具体的には，ガーンディーがヤラワダー刑務所内で読んだ「タントラ（*tantra*）4)」というヒンドゥー教の異端的・密教的な儀礼・哲学についての研究書が，ブラフマチャリヤ思想の新しい意味の発生に少なからず影響を及ぼしていたことを指摘する．第3節では，このような新しいブラフマチャリヤ思想の意味が，1930年に行われたガーンディーの塩の行進といかに結び付くものであったのかを分析していく．そして，第4節では，再び『健康の鍵』に記されたブラフマチャリヤ思想の内容を吟味し，出獄後のブラフマチャリヤ思想に対してガーンディーが抱くようになった新たな心理的葛藤に光を当てる．

1. 刑務所出獄後（1924年以降）のブラフマチャリヤ思想

(1)アートマ・シャクティ

本節では最初に，ヤラワダー刑務所出獄後に見られるようになったガーンディーのブラフマチャリヤ思想の新しい意味について見ていきたい．

非協力運動が終了して，ヤラワダー刑務所に入獄してから2年が経過した1924年1月8日に，ガーンディーは獄中で急性盲腸炎にかかった．その後，12日にプネーのサスーン病院で手術を受け，無事成功したものの，様態の悪化を懸念した政府は，刑期終了まで残り4年の期間が残っていたにもかかわらず，翌月の2月4日にガーンディーを釈放した．

刑務所の外では，すでに第一次独立運動の熱狂は収まっていた．国内のヒラーファト運動は衰退し（1922年にオスマン帝国は滅亡し，1924年3月にカリフ制も廃止された），かつてのヒンドゥー教徒とイスラーム教徒との間にあったナショナルな連帯は過去のものとなっていた．宗教間対立（コミュナル）の不穏な空気が漂う中，人々はそれまで送っていた被植民地下の不満を抱えた日常生活に戻っていた．

ガーンディーは釈放されてから5月末頃までにボンベイに滞在していた．この滞在中にガーンディーは後にしばしば振り返ることになる睡眠中の「悪い夢」を見たことを報告している［Ashe 2000: 254］．ガーンディーは生涯に3度の激しい「心の乱れ」を伴った精液漏洩の体験をしたことを公式の出版物で告白している（詳細は第6章第3節(1)参照）．その最初の体験にあたる夢精が，1924年5月に起こった．そして，この夢精の直後の時期にガーンディーは『ナヴァジーヴァン』紙1924年5月25日号で，それまでとは異なる仕方でブラフマチャリヤを次のように定義したのであった．

> この〔ブラフマチャリヤに関する〕主題について書くことは容易ではない．だが，私自身の体験はその〔主題の〕いくらかを読者に提供するように願って止まないほど重大（*viśāḷ*）なものである．〔……〕
>
> ブラフマチャリヤの完全で正確な意味（*pūro ne barobar arth*）は，ブラフマンの探求（*brahmnī śodh*）である．ブラフマンは万物の中に住まわれるがゆえに，その探求は内観（*antardhyān*）とそれから生じる内なる智識（*antarjñān*）によって可能である．

ここで重要なことは，ガーンディーがこの時に，ブラフマチャリヤを「ブラフマンの探求」と定義したことである．そして，ガーンディーはそのブラフマンを「内観」や「内なる智識」と関係付けている．1924年5月以前の時期において，ガーンディーのブラフマチャリヤ思想は，精液結集，五戒，身体規律との関係から語られることはあったが［*IO*, 26-4-1913; *YI*, 13-10-1920; *NJ*, 3-11-1920］，ウパニシャッド形而上学のブラフマン概念との関係から語られることはなかった．

そして，この翌年の4月初頭，ガーンディーはインド各地で演説活動を行っていた．ちょうど，6年前の1919年の4月初頭に全インド的ハルタールが開始されたこともあり，ガーンディーはこの時期の演説の中では，ハルタールという「予想外に莫大だった大衆規模のナショナルな覚醒」を今一度思い起こし，その出来事を「インド人の記憶に永遠に止める」必要性を人々に説いて廻っていた［*YI*, 2-4-1925］．

このような中，同じ月に，ガーンディーはグジャラートのマダダーで演説を行った際，有名なヒンドゥー教神話の1つであるシヴァ神に対するパールヴァティー神姫の「タパシュチャリヤー（*tapaścaryā*，霊的苦行）[5]」に言及しながら[6]，この神話の教訓に倣って，人々がスワラージに向けた無私の自己犠牲の精神であるアヒンサーの理想を追求していく必要を訴えていた．

そして，演説の中で，ガーンディーはアヒンサーの理想を真に追求していくために，ブラフマチャリヤの誓いを遵守することの重要性について説明した．その際に，ガーンディーはアートマンが未成熟な者が行うブラフマチャリヤは偽善的であると批判しながら次のようなことを語った．

> 少しのブラフマチャリヤ〔の誓い〕の遵守によって我々は誇っていき，少しの無所有（*aparigrah*）〔の精神〕によって被造世界（*jagat*）〔の人々〕を啓発（*bodh*）していこうとは，何と横暴なことだろう！　私にはブラフマチャリヤの定義の範囲がゆっくりゆっくりと拡大している（*kṣane kṣane vadhto*）ように思えるし，今でも私はその完全な定義を下すことができないブラフマチャーリーなのである．［*NJ*, 12-4-1925］

ここでガーンディーは自身のブラフマチャリヤの「定義の範囲がゆっくりゆっ

くりと拡大している」と語っている．だが，ガーンディーは「その完全な定義を下すことができない」とも述べた．

さらに1年後の1926年4月4日に，ガーンディーは『ナヴァジーヴァン』紙上に，「ブラフマチャリヤについて（Brahmacarya viśe）」と題した記事を掲載した．ここにおいてガーンディーはブラフマチャリヤの意味を「アートマン（ブラフマン）」との関係から次のように説明した．

> ブラフマチャリヤとはアートマン（ブラフマン）を認識する方法を意味する（*ātmane* (*brahmne*) *oḷakhvāno mārg*）．それゆえ，全ての感覚器官の制御（*indriyono nigrah*）とは，女性または男性にとって，言葉（*vācā*）と身体（*kāyā*）を用いて性的快楽に放縦すること（*viṣaybhog*）を放棄（*tyāg*）することを意味する．〔*NJ*, 4-4-1926，丸括弧内の補足語原文〕

ここでガーンディーは，アートマンという語の後の括弧内に「ブラフマン」という語を挿入し，ブラフマチャリヤの実験がアートマン＝ブラフマンに至る実践であると語った．

ガーンディーはこの頃から，ブラフマチャリヤの実験を「（アートマ＝）ブラフマ・ダルシャン」を目的とする実践であるとはっきりと語るようになっていった〔*SN*, S. No. 8646; *NJ*, 11-10-1925; *AK*: 222; *HJ*, 25-3-1933; *HJB*, 22-6-1947〕．

さらに，同年の7月21日付のプラブダース・ビーカーバーイー宛ての書簡の中では，次のように言われた．

> その〔ブラフマチャリヤの〕価値（*kimmat*）は感覚器官（*indriya*）を制圧（*daman*）する甚大な努力（*mahāprayatn*）に横たわっており，その制圧はアートマンへと感覚器官を集中させることになるのであり，そこにおいて全宇宙（*ākhā brahmāṇḍ*）に浸潤するシャクティを生み出すことができるのである．〔*GA* 31: 167〕

ガーンディーは感覚器官の「制圧（*daman*）」という概念を使用し，それが「禁圧」・「抑圧」・「否定」と異なり「アートマンへ感覚器官を集中させること」を意味するものであることを書いている．そして，それによって，「全宇宙に浸潤するシャクティ」が生み出されると述べた．すなわち，このアートマンのシャクティ（以下，「アートマ・シャクティ」[7]）には，それまでのガーンディーのシャクティ概念には含まれえないブラフマンとしての宇宙論的な意味が付与されたのであった．

さらに，8ヶ月後の『ヤング・インディア』紙の1927年3月24日号においても，ガーンディーはブラフマチャリヤを「魂〔アートマン〕」概念との関係で次のように述べた．

> それ〔ブラフマチャリヤ〕は簡単であるように見えて難しい．ブラフマチャリヤとはある魂（soul）〔アートマン〕の性質である．そして，あなたがたの魂は，死んでいるのではなく眠っているのである．それらはただ覚醒させられることを待っている．我々は不信仰になってしまったので，それらを覚醒させることが困難になってしまった．［*YI*, 24-3-1927］

ここでガーンディーは，ブラフマチャリヤの実験が「眠っている」アートマンを「覚醒させる」方法であることを語ったのであった．

以上のように，ガーンディーはヤラワダー刑務所出獄後の時期から，ブラフマチャリヤの定義を拡大していく必要を語るようになった．そして，ガーンディーはその拡大していったブラフマチャリヤ思想の意味に，アートマ・シャクティの実現によるブラフマンとの合一という宇宙論的形而上学を新たに付与していった．

(2)ウールドヴァレーター

出獄後のブラフマチャリヤ思想には上の点に加えてもう2点，新しい特徴が見出される．その1つが，ブラフマチャリヤの実験における最も重要な実践である精液結集に関するものである．上で引用した「ブラフマチャリヤの価値」について書かれた1926年7月21日付のプラブダース・ビーカーバーイー宛ての書簡の中で，ガーンディーはブラフマチャリヤを精液結集との関係でも次のように語っていた．

> 精液把持（*vīryanigrah*）のサンスクリット語の意味がウールドヴァレータ

ー（*ūrdhvaretā*）〔精液がスシュムナー管（*suṣumṇā*）[8]を上昇して頭頂のサハスラーラ（*sahasrāra*）・チャクラ[9]に結集された状態〕であると，ある経典学者（*śāstrī*）が私に教えた．その後に，『バーガヴァタ[10]』の著者の記述に見られるクリシュナ神が，ウールドヴァレーターであったがゆえに，姦通（*vyabhicār*）[11]をすることができたと私に伝えた．それで，あなたは〔そのような人物を〕ブラフマチャーリー〔ブラフマチャリヤの実践者〕と見なす準備があるか．今ではあなたはプラーナーヤーマ（*prāṇāyām*）〔呼吸法〕によって達成されたブラフマチャリヤの価値はほとんどないことを理解するだろう．その価値は感覚器官を制圧する甚大な努力に横たわっており，その制圧はアートマンへと感覚器官を集中させることになるのであり，そこにおいて全宇宙に浸潤するシャクティを生み出すことができるのである．［*GA* 31: 167］

ここでガーンディーは女性との交流の中で，性欲から自由になった者を，「ウールドヴァレーター」という概念との関係から語っている．そして，『バーガヴァタ・プラーナ』で描かれたクリシュナ神の「姦通」が，このウールドヴァレーターの状態を達成する中で行われていたことを「ある経典学者」から教わったと語っている．

さらに，ガーンディーが「今ではあなたはプラーナーヤーマによって達成されたブラフマチャリヤの価値はほとんどないことを理解するだろう」と語っていることは特筆に値する．なぜなら，ガーンディーがヴィヴェーカーナンダの『ラージャ・ヨーガ』を通して学んだ男性主義的なブラフマチャリヤ思想は，『ラージャ・ヨーガ』の中で，「サイキック・プラーナ」（第1部・第4章）［Vivekananda 1908: 38-43］と「サイキック・プラーナの統制」（第1部・第5章）［Vivekananda 1908: 44-48］と題するヨーガの呼吸法について論じられた章の中で説明されていたからである．つまり，上の引用箇所では，ガーンディーがヴィヴェーカーナンダの著作で知ったブラフマチャリヤの方法を乗り越えうるものを知るに至ったことが仄めかされている．

このこととの関係で，ガーンディーが，1920年代中盤からヨーガ実践について頻繁に言及するようにもなったことにも留意する必要がある．これらの中には誤ったハタ・ヨーガの危険性に警鐘を鳴らす批判的な内容［*CWMG* 33:

336; *SGV* 65: 386]，すなわち，ガーンディーはヨーガ実践における精液結集が「長い訓練」を要するものであることを語っており [*CWMG* 31: 353]，このような実践が容易に失敗し，「有害な結末」を引き起こしうることを述べていた [*CWMG* 26: 167].

いずれにしろ，これらの言葉はガーンディーがそれまでの精液結集の方法を刷新するための糸口を，1920年代中盤からウールドヴァレーターという新しい身体技法・形而上学の中に探すようになっていたことを示している.

(3) 女性性

このような2つの新しい特徴を伴ったガーンディーのブラフマチャリヤ思想であったが，1920年代後半以降，次のようなさらなる特徴を有するようになった．それは，ブラフマチャリヤ思想における「女性性」の重視である．前章までに見てきたように，南アフリカ滞在期からチャウリー・チャウラー事件に至るガーンディーのブラフマチャリヤ思想は，しばしばヴィヴェーカーナンダやその同時代人の男性主義的ナショナリズム思想の影響を窺わせる「男らしさ」の徳性に結び付くものであった．それは女性との接触を戒めるものであり，また，「女々しさ」や「陰萎者」を厳しく非難するものであった．それに対して，出獄後のガーンディーのブラフマチャリヤ思想では，女性との接触の重要性が説かれ，そのような接触がシャクティの向上という観点からも評価されるようになった.

例えば，1920年代後半以降のガーンディーはしばしば側近女性の肩に手をおいて歩くことがあった（写真5-1)．特に，自身と血縁関係にあるマヌ・ガーンディーやアーバー・ガーンディー（義理の従姪孫）などの側近の女性を，ガーンディーは「私の杖（*mārī lākḍī*)」と呼んで共に歩いた[12)]．さらに，少なくとも1930年代後半には，ガーンディーは自身の妻だけでなく，かかりつけの医師であるスシーラー・ナイヤルや他の側近女性に日々の入浴後のマッサージをさせていた（時に一緒に入浴することもあった）[*CWMG* 67: 60-61]．また1940年代においてはブラフマチャリヤの実験の一環として，側近の女性たちと裸の同衾を行った（第6章参照).

このようなガーンディーの女性との身体的接触はしばしば「度が過ぎた放縦」として批判を招くことがあった [*HJ*, 3-10-1936]．これに対し，ガーンディ

写真5-1　側近のアムトゥル・サラーム（左）とマヌ・ガーンディー（右）の肩に手を乗せて歩くガーンディー（ユニフォトプレス提供）

ーは「社会の安寧（*loksaṅgrah*）」に配慮して，一時的に女性との接触を止めることもあったが［*GN*, S. No. 5547, 2993］，女性との接触を上辺だけ回避することは偽善的であり，重要なのは女性と接触していても，心中が性欲に支配されていない「自然な」状態でいることであるとして実験を再開した［*GA* 37: 244–6; *CWMG* 67: 194–198；*HJ*, 23-7-1938; *PP* 1: 88–91; *NKB*, Group 14, S. No. 60–70］．

次節で扱う晩年の「極秘」の議論の2日後に書かれた1947年3月18日付のアムリット・カウル宛ての書簡において，ガーンディーは男女の交流について，入獄以前とは異なる次のような見解を述べている．

> 最後に私に関しては，〔ケーダル・〕ナートジーとスワーミー・アーナンドの愛情が込もっているものの嘆かわしい訪問があった〔この訪問については次節で扱う〕．私は可能な限り時間を割いて彼らに応じた．我々はあらゆることを，率直に誠意をもって議論した．我々の内で誰も知ることのないブラフマチャリヤの完全な価値と含意についての私の額面通りの意味を，あなたは容易に受け入れることだろう．〔……〕私は無数〔の女性たち〕に接触してきた．だが私の接触は決して性欲に駆られていることを意味しなかった．私はそれらの何人かとは裸で同衾をした．そこでも決して性欲を満足させる意図はなかった．私の接触は我々の相互の［霊的］向上のためにある．もし私から異なる意図を感じた者がいるならば，真剣に私を訴えて欲しい．［*GN*, S. No. 6511，強調筆者］

この引用箇所で言及されているケーダル・ナートとスワーミー・アーナンドという人物の訪問については，次節で見ていく．ガーンディーはこの書簡の中で，アムリット・カウルに，自身の女性との裸の同衾を含めた身体的接触が「相互の〔霊的〕向上」を目的とするものであったことを語っている．同時に，ガーンディーはそうした接触が自身の性欲から自由になった状態でのみ可能であることを説いた．

このような女性との接触に関する新たな視座は，ガーンディーの女性性に対する崇敬の念にも根差していた．例えば，ガーンディーは『ハリジャン』紙の1940年2月24日号で，自身のアヒンサー概念の意味を女性性（母性）との関係から次のように説明した．

> 私はこれらの記事の中で女性はアヒンサーの化身であることを語ってきた．アヒンサーは無限の愛を意味し，繰り返すが，受難のための無限の潜在力を意味する．男性の母である女性の他に，一体誰がこの潜在力を十分に示すことができるだろうか．彼女は9ヶ月の間，自分を犠牲にして，喜んで赤子をおなかに抱えて食物を与えるのである．［*HJ*, 24-2-1940］

さらに，『ハリジャン』紙の1938年7月23日号でも次のように述べた．

> 私は自分自身で制限を作って，私の実験に招いた者たちを導いてきた．私は所定の規則に従っていなかったがゆえに，宗教的文献の中に見出される女性が全ての悪と誘惑の根源であるとする記述をなおさら受け入れなかった．そこで〔女性に対して〕私が善性を見出しているのは全て私の母に負っている．私は女性を性欲の充足の客体物と見たことは一度もなく，私の母に負いながら，いつも崇敬の念を持って見ていた．［*HJ*, 23-7-1938］

このような発言は，入獄前の男性主義的なブラフマチャリヤ思想に基礎付けられていたアヒンサー思想と対照的な性格を有するものである．ガーンディーはここで，女性に対する「崇敬の念」について語っている．秘書のピャーレーラール・ナイヤルが報告しているところによると，ガーンディーは晩年に，「女性に真に仕えることができるのは完全なブラフマチャーリーのみである」と発言していた［Pyarelal 1958: 578，強調原文］.

このようにガーンディーは出獄後の時期に，それまでの男性主義的で禁欲主義的なブラフマチャリヤ思想とは異なる思想を培っていったのであった.

(4)「秘密の章」の加筆修正

このような「アートマ・シャクティ」，「ウールドヴァレーター」，「女性性（あるいは陰萎性）」といった思想については，ガーンディーが1942年に執筆した『健康の鍵（*Ārogyanī Cāvī*）』の「ブラフマチャリヤ（Brahmacarya）」と題された章（第1部・第10章）の中で最も良くまとめられている．この第10章は，本書の第1章で詳述した1913年の『健康に関する一般的知識』の「秘密の章」の内容を大幅に加筆修正したものである．これらの加筆修正の中には，南アフリカ滞在期のブラフマチャリヤ思想との重要な差異を見出すことが可能である．以下では，1913年の記事との差異に着目しながら『健康の鍵』の「ブラフマチャリヤ」の章の内容を詳しく見ていきたい.

> ブラフマチャリヤの元来の意味（*mūḷ arth*）は，ブラフマンと邂逅するための行為（*brahm maḷe tevī caryā*）である．統制（*saṃyam*）なくしてブラフマンと邂逅することはできない．統制には全ての感覚器官の統御（*sarvoparī indriya-nigrah*）が含まれる．一般的に，ブラフマチャリヤは女性と性交渉（*strīsaṅg*）をしないこと，また精液結集（*vīryasaṅgrah*）を達成すること〔を意味する〕とされる．全ての感覚器官の統制（*sarv indriyonā saṃyam*）をするために精液結集〔をすること〕は，自然かつ自発的に（*sahaj ne savābhāvik*）行われることである．自然な仕方でなされる精液結集（*svābhāvik rīte thayelo vīryasaṅgrah*）によってこそ，望ましい結果が与えられる.〔……〕
>
> そのようなブラフマチャリヤは，女性たちと一緒にいることによって，あるいは彼女たちの接触によって穢される（*abhaḍāśe*）ことはない．そのようなブラフマチャーリーにとって，男女の区別はなくなってしまうのである.〔……〕性欲のシャクティ（*viṣayāsakti*）が完全に燃え尽きてしまった者の心において，女性と男性の区別は消え去ってしまい，また消え去らなければならない.〔……〕ゆえに，美しい女性を見ても彼は駆り立てら

れる（*vihval*）ことがない．彼の生殖器官も異なる形に変化するだろう（*jannēndriyē paṇ judum̩ rūp līdhum̩ haśē*）．すなわち，彼は永久に性欲が欠如した状態（*vikārrahit*）になるだろう．彼は精液の欠乏（*vīryahīn*）によって陰萎者（*napum̩sak*）になるのではなく，彼の精液の転換（*vīryanum̩ parivartan*）によって，彼は陰萎者のように見えるのである．〔……〕自身のラサを燃やし切ってしまうことによって，ウールドヴァレーター（*ūrdhvarētā*）になった者の陰萎性（*napum̩saktva*）は，まさに全く異なる（*sāv judum̩ j che*）ものであり，またそれが全ての者に望まれるものである．

〔……〕永続的に発生する精液（*nitya utpann thatā vīrya*）は，自身の心理的（*mānsik*），身体的（*śārīrik*），またアートマン的（*ātmik*）シャクティを増加するために使用されるべきである．〔……〕老化の一般的な徴候を，そのようなブラフマチャーリーにおいて見出すことはないであろう．熟した葉あるいは実が自ら現実に落ちていくように，時間の経過と共に，人は遍在するシャクティ（*sarv śakti*）の充足の中で現実に落ちていくだろう．そのような人の身体が時間の経過と共に衰えるように見えたとしても，彼の智性（ブッディ）（*buddhi*）は衰える代わりに永続的に発展（*nitya vikasvī*）していくはずである．その栄光の中で，また〔シャクティが〕増加していくはずである．そのようなブラフマチャリヤにおいて，このような徴候〔智性の衰退〕は見られることがない．これら全てが正しいなら――あるいは私の主張が正しいのなら，健康の真の鍵（*kharī cāvī*）は精液の蓄積にあるのである．［*AC*: 36-40，下線筆者］

下線部で記した箇所は全て1913年の「秘密の章」には見られない加筆修正部分であるが，これらは次の点で「秘密の章」の内容と決定的に異なっている．第一に，ガーンディーが1913年の段階で「精液所有者（*vīryavān*）」という言葉（この語はインド帰国後においても専ら男性主義的概念として用いられていた．第4章第1節(2)）で表現していた精液結集者のことを，ここにおいては「ウールドヴァレーター」という言葉で説明していることである．第二に，このウールドヴァレーターの概念が，女性との接触によって達成される女性性と男性性の区別を根絶した「陰萎性（*napum̩saktva*）」概念との関係から語られていることである．前章までに見てきたように，「陰萎者」の概念は第一次独立運動期まで，

「男らしさ」を最大限に高めた精液所有者に対立する「女々しい者」,「臆病(者)」の代名詞とされていた. これに対して, ガーンディーは上の引用箇所で, かつて使用していた精液所有者の概念をウールドヴァレーターに置換し, 精液結集の意味を陰萎性概念との関係から捉え直しているのである [*GN*, S. No. 5892]. 第三に, ガーンディーは, ウールドヴァレーターから得られるシャクティを, 宇宙論的意味を持つアートマ・シャクティ概念との関係から語るようになったということである.

このように, ガーンディーの出獄後のブラフマチャリヤ思想には,「アートマ・シャクティ」・「ウールドヴァレーター」・「女性性(あるいは陰萎性)」という3つの新たな意味が付与されたのであった.

2. 近代タントラ学からの影響

(1) ジョン・ウッドロフ卿/アーサー・アヴァロン

これまで出獄後のガーンディーのブラフマチャリヤ思想を特徴付ける3つの新しい意味について見てきた. それでは, このようなブラフマチャリヤ思想に付与された新たな意味は, いかなる思想的影響下に起こったのだろうか.

「はじめに」で述べたように, ガーンディーはヤラワダー刑務所に入獄中, 131冊以上の大量の文献を渉猟した. この読書体験は, その後のガーンディーの宗教・政治・経済・言語・文明といった様々な主題に関する理解の発展に少なからず貢献するものであった. しかしながら, これらの文献の中で, ガーンディーの出獄後のブラフマチャリヤ思想の発展に影響を与えたと考えられる著作は決して多くはない. その中でも, ガーンディーが具体的な著者名を挙げて影響を語った人物は一人だけであった.

ガーンディーは自身が暗殺される2年前にビハールにおいて, 自身が指導する独立運動の身近な協力者であるスワーミー・アーナンドとケーダル・ナートと面会し, 3日間(1947年3月14日から16日)にわたって「極秘の[13]」議論を交わした. そこでガーンディーは, 自身の新たなブラフマチャリヤ思想に「深く影響」を与えた次の人物について語った.

今日でさえ, 一般の人々を考慮する限り, 私はあなたがたが古い考えだと

写真5-2　ジョン・ウッドロフ卿［Taylor 2001: Illustration 1］

> 呼ぶ実践を提示している．同時に，すでに言った通り，私に限っては近代思想に深く影響を受けている[14]．我々の中でさえ，タントラ学派があり，裁判官のジョン・ウッドロフ卿のような西洋の役人に影響を与えた．私は彼の様々な著作をヤラワダー刑務所で読んだ．あなたがたは皆，正統派の伝統の中で育ってきた．私の定義によると，あなたがたは真のブラフマチャーリーとは見なされない．［Pyarelal 1958: 589］

ここでガーンディーは自身の思想が「古い考え」であると同時に，「近代思想に深く影響を受けている」ことを語り，そのような影響を与えた近代思想家の一人としてジョン・ウッドロフ卿という人物の名前を挙げている[15]．そして，ガーンディーは「正統派の伝統」に根差す戒律を遵守するだけでは，「真のブラフマチャーリーとは見なされない」と語った．

ジョン・ウッドロフ（別名：アーサー・アヴァロン．写真5-2・写真5-3）とは，西洋世界に初めてヒンドゥー教の異端的・密教的な儀礼・哲学の伝統である「タントラ（*tantra*，語源的にはサンスクリット語で「織物」を意味する）」を紹介した「近代タントラ学の父」として知られる人物である［Taylor 2001］．彼は英領インドの裁判官という地位を持つと同時に，シヴァチャンドラ・ヴィッディヤルナヤ・バッタチャルヤというベンガルの導師（グル）の下で帰依したタントラ入信者（ターントリカ）であった．ガーンディーは上の引用箇所で，このウッドロフの

写真 5-3　ドーティを着てコーナーラクのスーリヤ寺院の前に立つウッドロフ卿［Taylor 2001: Illustration 5］

「様々な著作」をヤラワダー刑務所で読んだことを語っている．

当然ながら，出獄後のガーンディーのブラフマチャリヤ思想の拡大が起こった原因を，ウッドロフの影響にのみ還元することはできない．例えば，ガーンディーは獄中で『バーガヴァタ・プラーナ（*Bhāgavatapurāṇa*）』や『ギータ・ゴーヴィンダ（*Gītagovinda*）』，15世紀グジャラートの神秘家であるナラシンハ・メヘターの「シュリンガール（*śringār*，男女のエロティックな愛で表現される神に対する愛情）」に特徴付けられる宗教詩を読んでいた［*YI*, 4-9-1924］．こうしたバクティ伝統への関心は，出獄後の時期に，ガーンディーが身近な仲間たちと一緒に「建設的計画（*racanātmak kāryakram*）[16]」と呼ばれる農村改革運動を推進する中で［*RK*］，都市部知識人の合理主義的宗教観と異なる信念体系の中に生きる農村地域の人々と積極的に交流するようになったこととも少なからず関係していたと考えられる[17]．さらに，1920年代中盤以降には，神智学者 W. L. ハレや同性愛権利論者エドワード・カーペンターの性科学や南アジアの密教思想に関する著作にも親しんでいた[18]．もっといえば，南アフリカ滞在期においてもすでに，ガーンディーはハヴェロック・エリスの性科学やバートランド・ラッセルのジェンダー論，さらに前述したカーペンターの文明論にも通じていた（第3章注1，20参照）．

それにもかかわらず，次の2つの理由からウッドロフの影響を論じることは特別な重要性がある．第一に，すでに述べたように，ガーンディーが語る自身の新しい非正統的なブラフマチャリヤ思想との関係で，個人名が挙げられる中で直接的な影響が語られたのは，ウッドロフ以外に存在しないからである[19)]．さらに，ジェフリー・アッシュによると，ガーンディーは晩年に周囲の者たちに「タントラ教を研究することを激励していた」とも報告されている［Ashe 2000: 370］．

第二に，上で挙げたプラーナ文献に見られる神学的エロティシズムもまた，そもそもタントラ思想と切り離すことができないものであり[20)]，ハレやカーペンターといった西洋思想家の著作さえもタントラ思想の少なからぬ影響下にあったからである[21)]．それだけでなく，エリスの反ヴィクトリア朝的な性科学思想も，タントラ的影響下にあったカーペンターの著作を重要な拠り所の1つとしていた[22)]．すなわち，近代タントラ学の父であるウッロドフからの影響を明らかにする作業は，出獄後のガーンディーのブラフマチャリヤ思想に影響を与えた他の様々な文献の思想的源流とでも言えるものの探究を意味するのである．

以下ではウッドロフの著作の内容を精読していくことで，前節で論じた出獄後のガーンディーのブラフマチャリヤ思想の拡大について考察していきたい．

(2)『シャクティとシャークタ』(1918／1920)

先の引用箇所であったように，ガーンディーはヤラワダー刑務所でウッドロフの様々な著作を読んだことを語っていた．その中で，ガーンディーが確実に読んだことが分かっているのが，ウッドロフの代表作の1つである『シャクティとシャークタ（*Shakti and Shākta*)』(1918)（以下，『シャクティ』とする）［Woodroffe 1920］であった．ガーンディーは，ヤラワダー刑務所で記したグジャラーティー語の日記の中で，『シャクティ』を1923年12月23日から30日までの間の投獄期間中に読んだことを記している［*GA* 23: 177］．これはガーンディーが出獄するまさに直前の時期であり，本章の第1節で述べた急性盲腸炎にかかる8日前に当たる．

本節では最初に，ウッドロフの『シャクティ』の内容を検討していきたい．だがその前に，『シャクティ』を扱うに当たって次の2点に留意しておく必要がある．第一に『シャクティ』に書かれた内容はとても体系的なものとは言い難く，その中では様々な「シャクティ派〔シヴァ神を崇拝するシヴァ派に属し，シヴァ神の妃が持つとされる性エネルギー＝霊力を自らの内に取り込もうとする一派．狭義のタントラはこの宗派を意味する〕のタントラ（*śākta tantra*)」に関連する様々な思想潮流が網羅的に論じられているということである［Taylor 2001: 154, 177］．このことは，ウッドロフ自身が植民地主義者やベンガルの郷紳（ボッドロロク）層の間で流布していたタントラ主義（tantr*ism*）に対する凝り固まったイメージに懐疑的であり，その思想が本来的に有する多義性や定義の困難さを意識的に描写しようとしたことに起因している[23]．それゆえに，本節では『シャクティ』の内容のうち，前節で論じたガーンディーの3つのブラフマチャリヤ思想の特徴と関連のある議論にのみ焦点を当てて考察を加える．

第二に，『シャクティ』は1918年にロンドンのルザック社から出版されて以降［Woodroffe 1918］，二度の改訂（1920年［Woodroffe 1920］と1929年［Woodroffe 1929］）を重ねたが，最後の第3版では，第1版の3倍以上の頁数となり，随所に内容の大幅な変更が加えられた．ガーンディーが『シャクティ』を読んだのは1924年であったので，第3版である可能性はないが，第1版であったのか第2版であったのかは定かではない．しかしながら，1918年に出版されてからわずか1年後に第2版が出版されたことからも，1924年に流通していたものは，第2版であった可能性が高い．また，ガーンディー自身が常に最新の学問的知識を入手しようとしていたことや，多読のガーンディーが1冊の本を読み終わるまで7日という日数を要したことからも，ガーンディーが読んだものが191頁しかない第1版であったとは考え難い（第2版は448頁；第3版は724頁）．以上のような理由から，本節では1920年に出版された第2版［Woodroffe 1920］を用いる．

まず出獄後のガーンディーのブラフマチャリヤ思想を特徴付ける「女性性」と「アートマ・シャクティ」という2つの側面について見ていきたい．非体系的で網羅的な内容が書かれたウッドロフの『シャクティ』であるが，この著作全体を通して繰り返されている主題の1つは，「母神礼拝（Mother-worship）」，「母神崇拝（Cult of the Mother）」，「シャクティ崇拝（Shakti cult）」という女性原理をめぐる儀礼実践である．一般的にタントラの教義において女神原理であるシャクティは「最も中心的な概念」とされる．シャクティとは，シヴァ神の配偶者である女神パールヴァティーが持つ特別な性エネルギーであり，また化身（アヴァターラ）としての彼女の別名でもある．その性エネルギーは，「神の能動的力」を意味する「神通力（*siddhi*）」を意味した［Taylor 2001: 158］．

『シャクティ』が女性原理の「シャクティ（Shakti）」，あるいはシヴァ神との結合を達成した両性具有者・原理である「シヴァ・シャクティ（Shiva-Shakti）」を理論の中核に据えていることは，同時代のヴィヴェーカーナンダの男性主義的ナショナリズム思想や植民地主義イデオロギーを特徴付ける超男性性（ハイパー・マスキュリニティ）とは著しい対照をなしていた［Nandy 1983: 48–54; Parekh 1999: 204–205］．

ウッドロフは合計17章から構成される『シャクティ』の中でも最も重要な第4章の「シャクティとシャークタ」［Woodroffe 1920: 63–103］において，「シャクティ派の信仰あるいはシャクティ崇拝」は，「世界に最も浸透した最古の宗教の本質的特質である」とし次のように書いている［Woodroffe 1920: 63］．

> シャークタたちの美しく優しい概念である神の母性性は，神をシャクティあるいは1つの力と見なすものであり，それは宇宙を生み出し，維持し，また断念する．これが崇拝者の思想である．『サンモーハナ・タントラ（*Sammohana Tantra*）』は，仏教の克服者としてシャンカラを高い地位に位置づけるのである．［Woodroffe 1920: 95］

ここで重要なのが，ヒュー・アーバンが指摘しているように，「女神を恐ろしい，暴力的力を持つカーリー女神のイメージとして描写する他のシャクティ派の文献と対照的に」［Urban 2010a: 65］，ウッドロフの著作の中では，タントラの女性原理が「無限の憐れみを持つ〔……〕慈悲の蜜の大海」として語られていることである［Urban 2010a: 146］．これは第一に，ウッドロフの近代タントラ学が，同時代の植民地主義者やベンガル人郷紳層の間に流布していたタントラ思想に対する偏見を打ち壊すための精力的な試みの中で生まれたものであったということ［Urban 2010a: 135–147］，第二に，ウッドロフの『シャクティ』が，「女性のシャーストラ（woman's *śāstra*）」の異名を持つ『マハーニルヴァーナ・タントラ（*Mahānirvāṇa Tantra*）[24]』に対する緻密な研究に由来するものであったということに起因している［Woodroffe 1972; 1920: 329］．

さらに，このような女性的・母性的原理の重視に加えて，ウッドロフの『シャクティ』全体を貫く1つの特徴は，上の引用箇所でシャンカラが言及されているように，ウッドロフが「アートマン」，「パラマートマー（至高のアートマン）」，あるいは「ジーヴァートマー（生類に内在する生命としてのアートマン）」などの概念の「霊的実現（spiritual realization）」に関する宇宙論的議論を，アドヴァイタ哲学の枠組みによって基礎付けていることである［Taylor 2001: 174; Banerji 1992: 106］．ウッドロフは，シャクティ崇拝においてシャークタたちが「解脱（Moksha）」の究極的な自由の境地に至ることを，アートマンと「現実（Reality）」・「全体（Whole）」・「全て（Pūrṇa）」との融合を意味するものであると語った．

例えば，ウッドロフはシャクティ派のヨーガ思想をアドヴァイタ的枠組みの中から次のように説明している．

> ヨーガという言葉は語源的に，管との関係（spiral sense）で，「接合する」という意味の“ユジ（Yuj）”に由来しており，それは人間精神を神的精神の近くに至らせ，それとの意識的融合，あるいは神的精神への没入を実現する過程である．その神的精神は人間の精神の本質と分離されたもの（二元論（ドヴァイタ）〔マドヴァが提唱した存在論的二元論〕，制限不二論（ヴィシシュタードヴァイタ）〔ラーマヌジャが提唱したバクティ思想との両立をはかった不二論〕），あるいは，1つのもの（不二（アドヴァイタ））として捉えられる．我々が唯一考察しているシャクティ派の教義では，後者の立場が支持される．ヨーガは永遠に存在している2つ（ジーヴァートマーとパラマートマー）の同一化の過程であり，それはヨーギーあるいはヨーガの実践者によって実現される．［Woodroffe 1920: 403，丸括弧内の補足語原文］

以上のように，ウッドロフの『シャクティ』の中には，前節で見た出獄後のガーンディーのブラフマチャリヤ思想を特徴付ける「女性性」と「アートマ・シャクティ」という2つの側面を見出すことが可能である．とはいえ，後者の点については第6章（第4節(3)）で論じるように，ガーンディーが晩年に至るに連れて，「神の恩寵（*īśvarkṛpā*）」の重要性を語るようになり，ラーマの唱名（*rāmnām*）によって，自らの全てを神に明け渡すバクティ的な実践をも重視するようになっていった点も見過ごすべきではない．

(3)『蛇の力』(1919)

次に，ガーンディーの出獄後のブラフマチャリヤ思想のもう1つの特徴である「ウールドヴァレーター」概念とウッドロフのタントラ思想との関係を見ていきたい.

「クンダリニー・ヨーガ」と題された『シャクティ』の第16章は，精液結集の身体技法について詳述したものである［Woodroffe 1920: 403-429］.「クンダリニー（*kuṇḍalinī*）」とは，人体の尾骶骨付近のチャクラである「ムーラーダーラ」に眠っているとされる性エネルギー＝霊力を意味する.「螺旋を巻くもの」というクンダリニーの語源にある通り，そのエネルギーはシヴァ神の配偶者であるシャクティ女神が蛇の姿となってムーラーダーラに眠っている姿として象徴的に描かれる［Woodroffe 1920: 235, 421］. このクンダリニーはウッドロフによって「蛇の力」と称され，シャクティ派のヨーガ思想の中心にあるものとして位置付けられた.

> ヨーガには4つの主要な形態がある. すなわち，一般的な区分によれば，マントラ・ヨーガ，ハタ・ヨーガ，ラヤ・ヨーガ，ラージャ・ヨーガであり，これらの一般的な特徴は「蛇の力（The Serpent Power）」において説明される. ここではクンダリニー・ヨーガがラヤ・ヨーガであることを述べておくので十分であろう.［Woodroffe 1920: 404］

ウッドロフは自身のヨーガ論を，ヴィヴェーカーナンダが重視したラージャ・ヨーガではなく,「蛇の力」である「クンダリニー・ヨーガ（＝ラヤ・ヨーガ)」に依拠しながら説明する. このような人体の中の「クンダリニー・シャクティ（Kundalinī Shakti）の覚醒」，すなわち「解脱」は，シヴァ神とパールヴァティー神姫の象徴的結合を身体化したものと見なされた［Woodroffe 1920: 407］.

しかしながら,『シャクティ』の中で，ウッドロフは「クンダリニー・シャクティの問題を扱う『蛇の力』」に関する「一般的原理と意味はまだどこにも出版されていない」と指摘し,『シャクティ』の第17章は，クンダリニー・ヨーガに関する「短い要約」に過ぎないことを述べている［Woodroffe 1920: 405］.

それゆえに，この『シャクティ』の第1版が出版された翌年に，ウッドロフは「クンダリニー・シャクティ」という主題に絞って論じたもう1つの代表作である『蛇の力（*The Serpent Power*)』（1919）［Woodroffe 1919］を出版した. そして，ウッドロフはこの『蛇の力』と題した著作において，クンダリニー・ヨーガを「ウールドヴァレーター」の概念との関係で以下のように論じたのであった.

まずウッドロフは「ラヤ・ヨーガ」について集中的に論じた『蛇の力』の第6章の中で［Woodroffe 1919: 196-264］，ウールドヴァレーターについて次のように説明している.

> もし精液（ヴィールヤ）が統制されるならば，性欲が粗雑な種へと発展する上で生じる衝動の背後にある力が，上部へと流れ出し（ウールドヴァレータス），マナスとプラーナの両方が統制される．プラーナーヤーマによって，精液（シュクラ）は枯渇する．精液の力は上昇し，シヴァ・シャクティの蜜（アムリタ）として戻ってくる．［Woodroffe 1919: 213，丸括弧内の補足語原文］

そして，ウッドロフは『ハタ・ヨーガ・プラディーピカー（*Haṭhayoga-pradīpikā*）』と『ヨーガタットヴァ・ウパニシャッド（*Yogatattva Upaniṣad*）』に依拠しつつ，ブラフマチャリヤを，ウールドヴァレーター概念との関係から説明していく．ウッドロフは後者の経典が，特に「精液，心，生命との関係を示」すものであると説く．そして，「ハタ・ヨーガ・サーダナーの初期段階において，熱（heat）は上昇し，ペニスは縮み，そして，性的力の大部分が喪失される．射精を伴う性交はこの段階で致命的となる．だが，シッダ〔達成者〕は性的力を再度獲得し，それを機能させる」と論じる［Woodroffe 1919: 204, note. 2, 221, 225-226, 231, 234-235, 239-240］.

ここで重要なのは，W. D. オフラハティも指摘するように，クンダリニー・ヨーガにおけるウールドヴァレーターによって頭頂のチャクラに達した「微細な精液」は，体外に排出される「粗雑な精液」と明確に区別される超 - ジェンダー的な両性具有的エネルギーとなるということである［O'Flaherty 1980: 179-190］.

このようなウールドヴァレーターの概念は，先に見た『シャクティ』の特徴の1つであるアドヴァイタ哲学によって基礎付けられたアートマ・シャクティ概念との関係でも次のように論じられる.

心はアーギャー〔3番目のチャクラ〕に固定されるが，シッディ〔達成された状態〕に至ると共に，この「クンダリニーへと向かう上昇の道（ウールドヴァ・クンダリニー）」は，全宇宙を支配する．これはアートマンと一体であるヨーギーの身体の中で実現されるのである．［Woodroffe 1919: 221，丸括弧内の補足語原文］

さらに，同じ章の中で，ウッドロフは次のように議論を続ける．

全宇宙を支持するものは，アナンタ〔無限者，ヴィシュヌ神の別名〕，蛇の主宰神（the Lord of Serpents）と呼ばれるがゆえに，「身体を支持する」クンダリニーを意味する．それは全てのヨーガ実践を支持する．そして，「その力は扉を開ける鍵である」のであり，ゆえに，ヨーギーはシャクティ，イーシュヴァリー（女性の主宰神），クティランギー（曲がったもの），ブジャングギー（蛇），アルンダティー（善行を助ける止まることないもの）といった様々な名前で知られるクンダリニー（渦巻いているもの）の助けによって自由（モークシャ）の扉を開ける力を得るようになる．このシャクティは人体の中にある至高のシャクティ（パラシャクティ）であり，あらゆる形態の全ての力を具現化している．ゆえに，性的力は微細なエネルギーの形で保持され，プラーナと共にシヴァのもとへ上昇する．それゆえに，それは身体的死の原因の1つになる代わりに霊的生活の源泉となる．性欲を消滅させることで，心はその最も力強い拘束から解放されるのである．［Woodroffe 1919: 234-235，丸括弧内の補足語原文］

前節で述べたように，ガーンディーもまた1920年代中盤から精液結集を，ウードヴァレーターとの関係で語るようになっていた．ガーンディーは『シャクティ』以外のウッドロフの様々な著作を読んでいたと語るが，その場合に，ウッドロフがクンダリニー・ヨーガの思想に特化して，ウールドヴァレーターの方法を文献学的に論じた『蛇の力』を読んでいなかったとは考え難い．また，前節で引用したプラブダース・ビーカーバーイー宛ての書簡で言及されていた「ある経典学者（シャーストリー）」とはよもやウッドロフのことであったのかもしれない．

以上のように，1920年代中盤から見られるガーンディーのブラフマチャリヤ思想の拡大を特徴付ける３つの要素は，ウッドロフのタントラ思想を基礎付ける諸特徴と少なからず重なり合うものなのである．

このようなガーンディーのブラフマチャリヤ思想の拡大は，次の点でも重要な意味を持つ．第一に，ガーンディーがタントラ思想から影響を受けたことによって，それまでのラージチャンドラの禁欲主義的なブラフマチャリヤ思想とも，ヴィヴェーカーナンダの男性主義的ヨーガ思想とも異なる，ウールドヴァレーターとしての「精液の転換（*vīryanuṃ parivartan*）」の発想を学ぶことができたということである［*AC*: 36-40］．そこにおいてシャクティに転換された精液は，女性的あるいは両性具有的（ガーンディーの言葉を使用すれば「陰萎的」）なアートマ・シャクティの概念によって説明された．

さらに，このことには次のような象徴的意義があることも指摘しておきたい．すなわち，第３章で論じたように，ラージチャンドラのブラフマチャリヤ思想や青少年期のトラウマ体験などの影響によって，ガーンディーの精液結集は常に自身の性欲に対する激しい心理的緊張を孕むものであった．それゆえに，性欲はしばしば猛毒を持つ「蛇」の例えを用いて「敵視」されることになった（第３章第２節及び第３節参照）．ガーンディーは，女性がこの敵視される性欲＝蛇を誘発しうるがゆえに，女性との交流を厳格に回避する必要を説いていた．南アフリカ滞在期のホモソーシャルなブラフマチャリヤの実験に見られる他者排除的な暴力（性欲（ヴィカール））は，そうした女性嫌悪の問題と決して無関係なものではなかった．

これに対して，ガーンディーはタントラ的なウールドヴァレーターの方法を知ることで，それまでの禁欲主義的なブラフマチャリヤ思想において敵視されていた性欲＝蛇を，女性との交流の中でアートマ・シャクティに変換し，友好的に活用する視座を培っていったと解釈できる．まさに，『蛇の力』というウッドロフの著作のタイトルにある通り，出獄後のガーンディーは，かつて否定的なものとして認識していた「蛇〔性欲〕の力」を自らのブラフマチャリヤ思想の最重要要素として取り込んだのであった．このようにして，ガーンディーはチャウリー・チャウラー事件によって自覚的になった自身の抑圧的なブラフマチャリヤ思想を乗り越えるための哲学的基盤を得たのだった．

3. 塩の行進とブラフマチャリヤの実験

これまで，ヤラワダー刑務所出獄後のガーンディーのブラフマチャリヤ思想の発展・変容（＝拡大）を，ジョン・ウッドロフのタントラ思想との関係から見てきた．それでは，このようなガーンディーのブラフマチャリヤ思想の発展・変容は，出獄後のガーンディーの政治活動といかなる関係を持つものだったのだろうか．

本節では，1930年から1934年にかけて会議派主導で行われた第二次独立運動の中で，ガーンディーの圧倒的なカリスマ性を国内外に誇示した歴史的出来事である「塩の行進」あるいは「塩のサッティヤーグラハ」において[25]，これまで本章で見てきた出獄後のブラフマチャリヤ思想がいかに関係していたのかについて論じていく．

(1)行進開始の背景

1919年に成立したインド統治法は，10年目の見直しに備えて憲政改革を迫られていた．この改革に向けて，イギリス政府は1927年1月にジョン・サイモン自由党議員を長とする憲政改革調査委員会（通称，「サイモン委員会」）を任命した．だが，この委員会は全て白人で構成され，インド人は一人もいなかった．これを不服とした国民会議派は，1927年12月にマドラスで開催された第42回大会で，サイモン委員会に対するボイコットとインド人自らの手による憲法草案を作成するための全政党協議会（All-Parties Conferences）を開催することを決議した．翌年2月にサイモン委員会が憲政改革調査のために訪印した際には，インド各地でボイコット活動が起こった．そして，8月には，全政党協議会で任命されたモーティーラール・ネルーを長とする委員会によって憲法草案（通称，「ネルー報告」）が作成された．こうした反英闘争の機運が高まる中，1929年12月末，会議派ラーホール大会において，インドの「完全独立（*pūrṇ svarāj*）」の決議が採択され，翌年1月26日から，ガーンディーを指導者とする第二次独立運動（全インド的サッティヤーグラハ闘争）が開始された［Brown 177: 1–98; Nanda 1958: 269–287; Weber 2009: 55–83］．

とはいうものの，この時点では，会議派はサッティヤーグラハ闘争のための具体的な政策を欠いており，闘争をいかに展開していくかについて，専ら「ガーンディーの想像」に任せていた．ラーホール大会の後，ガーンディーは闘争のための「霊感」を得るために，しばしアフマダーバードのサーバルマティー・アーシュラムに戻った[26]［Dalton 2012: 92］．その後，ガーンディーがサッティヤーグラハ闘争のための「肝心な『定式』」を公表したのは，ようやく運動が開始される1ヶ月前の2月中旬であった［Dalton 2012: 92; *YI*, 20-2-1930］．そこで語られるようになったのは，イギリスの「インド塩税法（India Salt Act）[27]」の廃止を求めたサッティヤーグラハ闘争の開始であった[28]．ガーンディーは，イギリスがインドの塩を専売することで，インドの最も貧しい人々を搾取しており，これこそがイギリス支配の悪を象徴するものだと糾弾した［*YI*, 27-2-1930; *GN*, S. No. 6; *GA* 43: 28-29］．

そして，同年3月2日付で，ガーンディーはインド総督のアーウィン宛てに書簡を送り，もし塩税廃止の要求を受け入れないならば，サッティヤーグラハ闘争を開始すると宣言した．

> もしあなたが自身でこれらの悪に応じる仕方が分からず，私の書簡があなたの心に何も訴えかけることがないならば，この月の11日〔塩の行進は12日に開始〕に，私が引き連れることができるアーシュラムの同僚たちと塩税法の条項に対する違反活動を行うでしょう．［*SN*, S. No. 16624］

その後，ガーンディーは，1930年3月12日から4月5日にかけて，弟子78人を率いてサーバルマティー・アーシュラムから，南へ390km離れたグジャラートのアラビア海岸沿いにあるジャラールポール区のダーンディーという人口460人の小さな村に向けて徒歩で行進を開始した[29]．目的地の海岸に到着した後，ガーンディーは1万2000人に膨れ上がった村の群衆の前で一塊の塩を片手に持ち上げ，イギリスの塩税法に違反すべく製塩活動の開始を告げた（写真5-4）．この活動開始の宣告と共に，海岸に集まっていた群衆は一斉に塩税法を破って自らの手で塩を作り行商を始めた．

行進開始の前に，イギリス政府はガーンディーの「奇妙な考え」を知って「一笑に付した」と言われる．また，「会議派の知識人も困惑した」［Kishwar 1985: 1696］．ネルーは当時の心境を振り返って，ガーンディーが行進を開始する直前に，突如，塩を対象とした運動を行っていくと宣言した時，「我々は困

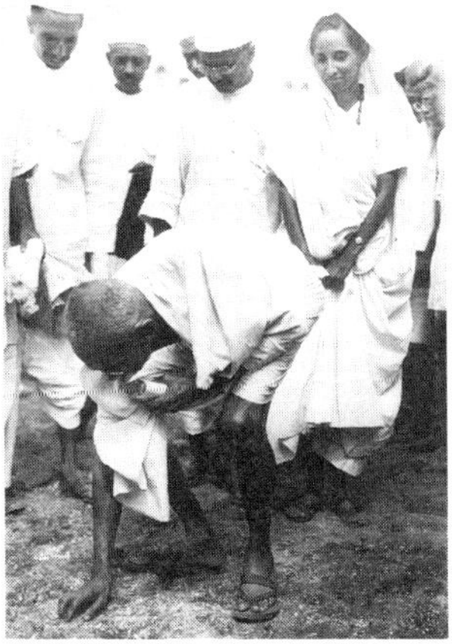

写真 5-4　4月6日午前6時30分，ダーンディーの海岸で塩税法を破る歴史的瞬間として知られる写真（ユニフォトプレス提供）
実際には3日後にスーラトのビームラードで撮られた［Weber 2009］．後ろにいるのは，独立運動の著名な女性指導者であるミトゥベーン・ペーティト．

惑したのであり，人々にとって日常的な塩がなぜ国民闘争に関係するものであるのか分からなかった」［Nehru 1941: 157］と『自叙伝』で回想している．

だが，塩の行進は，1930年1月に開始を告げた第二次独立運動を，誰も予期しない形で急速に盛り上げた．当時出版された『ボンベイ・クロニクル』紙1930年4月5日号は，運動開始から3週間後には，「全世界の人々の目がダーンディーに集中していた」［Dalton 2012: 113］と報告している．国内外の世論喚起という点で，ガーンディーの塩の行進が持った莫大な影響力はイギリス政府を戦慄させた．イギリス政府はインドの人々にあまりに莫大な影響力を持つガーンディーの逮捕をめぐってジレンマに陥り，行進開始から1ヶ月もの間，法律を大胆に破るガーンディーを逮捕することができなかった（5月5日に逮捕）[30]．そして，1930年の末頃には塩の行進に鼓舞されて反英活動を開始した6万人のインド人がそれぞれの場所でサッティヤーグラハを行って入獄し，インド国内の獄中を埋め尽くした．このような塩の行進は，ダニス・ダルトン曰く，「近代インド史の中で最もドラマティックな出来事の1つ」であった［Dalton 2012: 91］．

(2)反英ナショナリズムの「女性化」

ガーンディーの塩の行進の背後にあった複雑な歴史的経緯と政治的戦略についてはすでに優れた先行研究があるので議論を控えるが［Brown 1977; Weber

2009; Dalton 2012: 91-138]，本節では塩の行進を特徴付けていた次の宗教的・象徴的側面を照射したい．それはマドゥ・キシュワルが指摘しているように，「塩のサッティヤーグラハが〔独立〕運動における女性参加という新たな最高水位を印付けるものであった」ということである［Kishwar 1985: 1696］.

トーマス・ウェーバーが指摘しているところによると行進が開始して1ヶ月後にダーンディー周辺の町々に駆け付けた数千人の支持者の30～40パーセントの人々が階級差を問わない女性たちであった［Weber 2009: 417］．中流階級以上の男性エリートが支配的であったそれまでの英領インドの反英闘争で，これだけの割合の女性が参加した事例は過去に存在しなかった．さらに，運動に参加した数千人規模の「女性たちは次第に勇敢になっていき，興奮した空気に感染されて」，塩税法違反のためのピケット活動を開始し，塩のサッティヤーグラハにおける抗議主体の中心的人材となっていった［Weber 2009: 417-418］．まさに，ガーンディーの塩の行進によってインド・ナショナリズムの「女性化(feminization)」が起こった［Chatterjee 1993: 116-57; Chakraborty 2011: 122-167; Nandy 1983］．女性が独立運動の主体となることで，ガーンディーが率いる「一つの国民（ブラジャー）」には，超-ジェンダー的性質が新たに付与されたのであった.

このような女性参加が促された1つの理由として，ガーンディーが運動のスローガンとして利用した塩が持つ象徴的意味を指摘できる．ガーンディーは「空気や水の次に，塩は恐らく生活上の最も重要な必需品である」［*YI*, 27-2-1930］と語っていたが，まさにマドゥ・キシュワルが述べるように，「女性の領域として追いやられた一見取るに足らない〔塩という〕日常生活の些細な必需品をガーンディーが占有したこと」で，都会の有閑階級の女性も農村の女性も共に「想像力」が掻き立てられた［Kishwar 1985: 1696］．そして，キシュワルは，このような女性の日常生活の象徴である塩を用いたという「非暴力の強調が，多くの女性の参加を可能にした」と指摘する［Kishwar 1985: 1697］．ネルーは，この象徴行為に言及し，「塩は俄かに神秘的な言葉となって力を帯びた」と述べている［Nehru 1965: 61］．また，ジュディス・ブラウンが指摘するように，女性が運動の参加主体となったことで，運動を取り締まる警官は女性に暴力を振るうことができず，運動は概して非暴力的様相を帯びることとなった［Brown 1977: 146］.

このような女性の日常生活の象徴である塩はまた，ガーンディーのアートマンの浄化という主題とも密接に関係するものであった．ガーンディーは，4月5日に海岸に到着した後，夜通し祈りを捧げ，翌朝に海岸で塩を手に取り塩税法を破った．ここで重要なのは，この塩税法違反の直前にガーンディーが海岸での沐浴を行ったことであった．海岸でガーンディーは，「この市民的不服従という宗教戦争（*dharmyuddh*）を，我々は自分たちを塩の水によって沐浴して浄化した後にのみ開始すべきなのである」と語った［Mehtā ane Desāī 1969: 52–53］．すなわち，塩は女性性の象徴であると同時に，アートマンの浄化の象徴とも見なされた．

それでは，このような女性性とアートマンの浄化という象徴的意義を持つ塩の行進は，ブラフマチャリヤの実験といかなる関係にあったのだろうか．実のところ，ガーンディーは塩の行進を開始する直前の3月12日の早朝に，サーバルマティー・アーシュラムで祈りの集会を開いていた．そして，この集会で行われた演説の最後に語られた事柄がブラフマチャリヤなのであった．

> 覚えておくべきことは，これ〔行進〕が生涯をかけた清貧（*jindgībharnī fakīr*），生涯をかけたブラフマチャリヤであり，また，無所有（アパリグラハ）の誓い（*pratijñā*）であるということである．（行進を行う者は，）この場所からブラフマチャリヤの情感（*brahmacaryanā bhāv*）をもって出発し，その情感の中にとどまり続ける．真理の専心（*satyaparāyaṇ*）〔という徳目〕に生き，また，それを実践し，それを語る者は勇敢な人間（*bahādur māṇs*）である．〔……〕
>
> 生死（*janmmaraṇ*）（は継続的に繰り返される．）これ〔塩の行進〕は偉大な宗教戦争（*mahā dharmyuddh*）であり，1つの広大無辺な供犠（*ek mahāvyāpak yajña*）であると〔我々は〕言う．そして，その中に全てを献納（*homāī*）すべきなのである．仮にあなたがたの〔間に，〕非シャクティ（*aśakti*）〔弱さ，欠陥〕が生じたことが判明したとしよう．〔その場合，〕あなたがたの非シャクティはあなたがたの汚点（*śaram*）ではなく，私の汚点なのである．なぜなら，主宰神（*prabh*）が私に与えたもうシャクティは，あなたがた全員の中にもあるからである．**アートマンはただ1つである．**私の中にある（シャクティ）は覚醒（*jagrat*）されたが，他の者たちの中ではそのようになるに至っていないのである．［*MD* 13: 258–260，強調筆者，丸

括弧内の補足語原文]

ガーンディーが塩の行進を開始する直前に語ったことが，何ら政治的戦略や旅の物資の必要といった世俗的事柄ではなく，専らブラフマチャリヤという宗教的主題をめぐるものであったことは等閑視されるべきではないだろう．そして，そこで語られたブラフマチャリヤの意味は明らかに前節までに見てきた，自身の内にあるアートマ・シャクティの「覚醒」というアドヴァイタ的理解（「アートマンはただ1つである」）と結び付けられるものであった．女性性を象徴する塩の使用やアートマンの浄化のプロジェクトは，まさにガーンディーのヤラワダー刑務所出獄後のブラフマチャリヤ思想の発展・変容を示すものなのであった．

ガーンディーはタントラ思想の知見を得ることで，それまでの男性主義的なブラフマチャリヤとは異なる女性原理の重要性を看取していたが，この塩の行進の出来事は，ガーンディーに「女性はアヒンサーの化身である」という理解をより一層推し進めたと考えられる．これ以降，ガーンディーはより頻繁に側近女性と身体的接触を持つようになり，そこに生まれるシャクティの向上について積極的に語るようになっていった．

(3)ヒンドゥー教的言語使用の問題

ガーンディーのカリスマ的指導力が十全に発揮された第二次独立運動であったが，この時期が同時に，後に劣悪化していく宗教間（コミュナル）対立の引き金として機能した点は看過されるべきではない．非協力運動後の政治的対立構造は，もはやインド対イギリスという二項対立的図式で捉えることが不可能なものとなっていた[31]．そして，会議派はこのような多様なネーション主体，殊にイスラーム教徒の利害を決して十分に代表することができなかった．

先に述べたサイモン委員会に抗って作成されたネルー報告はこの問題を最も顕著に露呈するものであった．国内のイスラーム教徒の利益を代弁しようとする全インド・ムスリム連盟の指導者であるM. A. ジンナー（1876-1948）は，ネルー報告が本質的にヒンドゥー教徒を優遇し，イスラーム教徒を周辺化する中央集権的政府の創設を意味するものと考えた．ジンナーは1928年12月26日に，ネルー報告を全面的に撤回しないまでも，(1) イスラーム教徒が多数を占めるパンジャーブとベンガルの州議会の定数の内，半数をイスラーム教徒へ留保すること，(2) 中央政府の権限を州議会に分散すること，(3) 中央議会の定数の内，3分の1をイスラーム教徒へ留保することを主要事項とする修正案をネルー委員会に提示した．翌日，この修正案はカルカッタで開催されていた全政党協議会の全国大会で審議されたが，全く顧みられることがなかった．さらに翌日に，ジンナーは大会の総会にやって来て，再度修正案を受け入れるように力強く演説で訴えたが[32]，その案を支持する者はなかった［Nanda 1958: 118-119］．

ジャムシェード・ヌッサーワンジー・メヘターが報告しているところによると，同じ時期に，ジンナーはガーンディーを含む会議派の20人の特別委員会の党員と政策の見直しを求めた面会もしていたという．ここにおいても，ガーンディーとジャムシェードを除いた全ての集会の参加者がジンナーの案を取り下げた．この晩，ジャムシェードは，ジンナーが宿泊先であまりの屈辱感に涙を流していたのを見たという．そして，翌朝，デリーに向けて出発しようとしていたジンナーを駅まで見送りに来たジャムシェードに対して，ジンナーは，「さあ，ジャムシェードよ，これが〔ヒンドゥー教徒とイスラーム教徒の〕分岐点（parting of the ways）だ」と告げた［Singh 2009: 148］．

ジンナーは意を決したかのように，この後，統一インドに向けた会議派の全ての政策に反対するようになっていった[33]．翌年1月から，ジンナーは全政党協議会に対抗する全政党ムスリム協議会（All Parties Muslim Conferences）を主催するようになり，年末にはムスリム協議会の執行員会が第二次独立運動に従わないことを決議した．同じ内容は，塩の行進が開始された3ヶ月後にもムスリム協議会によって確認された．こうして，塩のサッティヤーグラハ闘争に，北西辺境州を除く国内のほとんどのイスラーム教徒は参加することがなかった［Dalton 2012: 119-120］．

ネルー報告をめぐる政治的対立だけでなく，第二次独立運動期に，ガーンディーが使用したヒンドゥー教色の強い宗教言語もまた，国内のイスラーム教徒の反感をより一層引き起こす要因となったと考えらえる．例えば，「非暴力的非協力運動（non-violent non-co-operation）」という英語の用語を用いて，イスラーム教徒とヒンドゥー教徒の共闘を謀った第一次独立運動と異なり，ガーンディーは1928年頃から英語の文書（『ヤング・インディア』紙）の中でも，しばし

ばローマ字表記で *ahimsa* の言葉を使用するようになった［*YI*, 6-9-1928; 11-10-1928; 25-10-1928; 1-11-1928; 22-11-1928］．さらに，塩の行進が開始された同日に，ガーンディーは『アナーサクティ・ヨーガ（*Anāsaktiyoga*）』（1931）［Gāndhī 1986］と題したヒンドゥー教の中心的経典の１つである『バガヴァッド・ギーター』の注解書を出版していた[34]．前項で述べた行進直前の祈りの集会で語られたブラフマチャリヤやアートマ・シャクティに関する演説も，ガーンディーの行進がヒンドゥー教の宗教思想に深く根差した運動であったことを示すものであった．

ガーンディーの宗教言語の使用が，国内の宗教間対立を煽った側面があることは少なからぬ研究で指摘されている［Gould 2004: 176-178; van der Veer 1994: 95; Hansen 1999: 45; Bayly 1998: 120; Parekh 1989: 189-190; Nanda 1958: 405］．この点について，例えば，D. ダルトンは次のように述べる．

> インドの分離独立に対して，ガーンディーの思想と指導に責任があるとすれば，彼のヒンドゥー教的象徴，つまり彼の明らかな土着的言語の使用がイスラーム教徒を味方につける上で弱みとなったことにある．彼ら〔イスラーム教徒〕にとってそれはヒンドゥー教徒の統治を意味するものに思えたのであり，〔ヒラーファト運動の中心的指導者の一人である〕シャウカト・アリー[35]が主張したように，それはイスラーム教徒を永久的に二流市民とする支配を後押しするものとされた．［Dalton 2012: 121］

このようなガーンディーのヒンドゥー教的言語の使用は，ガーンディーの説く非暴力的ネーション構想の意味を根本から問い直しうるものである．ガーンディーは国内の宗教的・文化的・階級的・地域的・ジェンダー的差異を超越するインド人ネーションを表す概念としてグジャラーティー語の「プラジャー（*prajā*）」を用いていた．確かに中央集権的な国家機関としての意味合いが強い「ラーシュトラ（*rāṣṭra*）」と比べて，プラジャーは「人民（people）」や「共同体（community）」としての意味をより強く持つ［Parel 1991: 262］．とはいえ，その語は語源的に前近代社会のヒンドゥー教の「ラージャ（*rāja*，王，君主号，貴族の称号）」に仕える「臣民」に由来する概念であり，明らかにヒンドゥー教的ルーツを背後に持っていた［Parel 2006: 33］．

ガーンディー自身は，『ヒンド・スワラージ』の中で，プラジャーの原型を，ラーメーシュワラム，ジャガンナート，ハリドワールなどのインドにおける聖地巡礼の慣習を作った「祖先たち（*pūrvajo*）」あるいは「先見の明のある人たち（*dīrdhdarśī puruṣo*）」に求めている．つまり，ガーンディー曰く，これらの祖先たちは互いの言語を学び合い，最初に，「インドは自然によって（*kudrate*）1つの領土とされているのだから，1つのプラジャー（*ek-prajā*）にならなければならない」と考え，「異なる聖地を定めて人々に統一の観念（*ektāno khyāl*）を世俗世界（*duniyā*）の中で他の場所にない仕方で与えた」[*HS*: 96-97].

ここで，A. パレルが指摘するように，次のような「近代インドのナショナリズムにおける根本的な問い」が浮かび上がる．つまり，「ガーンディーが語っていたプラジャーの概念は疑いなく，インド史におけるイスラーム教がやってくる以前の時代に対応するものである．では，イスラーム教徒がやって来た後の時代の人々をもインド人プラジャーと呼ぶことができるのだろうか」[Parel 2006: 34，強調原文].

ガーンディーが『ヒンド・スワラージ』の執筆時から構想していたインド人ネーションの理想は，ヒンドゥー教過激派のそれとは異なる仕方であったものの，あくまでヒンドゥー教の伝統（特に，アドヴァイタ哲学）に根差した宗教的包括主義を暗に意味するものなのであった．第二次独立運動期においては，ガーンディーのナショナリズム思想に伏在していたこのような排他的側面が露呈されたのだった．

4. 新たな心理的葛藤——供犠

(1) ウッドロフのジレンマ

本章の第1節から第3節にかけて，これまで出獄後のガーンディーのブラフマチャリヤ思想の新たな意味を，主にウッドロフのタントラ思想との影響関係から見てきた．そして，このようなタントラ思想が相まって新たにされたガーンディーのブラフマチャリヤ思想は，1930年の塩の行進とも，密接に関係していた．第二次独立運動の絶頂期に当たる塩の行進は，男性主義的ナショナリズム思想に根差していた第一次独立運動と対照的に，女性的シャクティの思想に根差すものであった．このようなブラフマチャリヤやアヒンサー概念の再定位は，先に論じたように，それまでのアヒンサー思想と性欲統制をめぐるガーンディーの心理的緊張を少なからず緩和するものであった．

とはいうものの，このようなウッドロフのタントラ思想は，決してガーンディーのブラフマチャリヤ思想に対する仙薬というわけではなかった．むしろ，ウッドロフとガーンディーの両者共に，タントラ思想に内在する，ある側面をめぐって少なからぬ心理的葛藤を経験していた．本節では，タントラ思想に対するウッドロフとガーンディーの両義的認識の問題について考察を加えたい．

本章の第2節で述べたように，ウッドロフのタントラ学は，同時代のインド人知識人や植民地主義者の批判的言説に対するアンチテーゼとして生まれたものであった．では，そもそもウッドロフの同時代人はなぜタントラ思想を批判していたのだろうか．また彼らが持っていたタントラ思想に対する否定的イメージとは具体的にどのようなものだったのだろうか．

ヒュー・アーバンは，19世紀末から20世紀前半のベンガルにおける郷紳（ボッドロロク）層の間に共通して持たれていたタントラに対するイメージが，「最も原始的で，偶像的であり，また，インド人の思考における非道徳的側面を表しており，さらには宗教的熱狂主義，テロリスト的暴力」とされていたことを指摘する［Urban 2010a: 134］．なぜなら，これらの批判者たちの中で，タントラは一般的に「左道タントラ」と呼ばれる「ヴァーマーチャーラ（*vāmācāra*）」によって代表されていたからであった．ヴァーマーチャーラにおいては，「性的な儀礼，性的液体の使用，酒や肉の摂取」をはじめとした「パンチャタットヴァ（*pancatattva*）[36]」と呼ばれる「逸脱的な実践」が行われた［Urban 2010a: 40］．

このようなタントラのヴァーマーチャーラを痛烈に批判した代表的ベンガル知識人の一人が，ヴィヴェーカーナンダであったことは無視できない［Urban 2010a: 147–157］．ヴィヴェーカーナンダは，英米訪問から1897年に帰国した後，カルカッタで「あらゆる段階におけるヴェーダーンタ」と題した講演を行った．そこにおいてヴィヴェーカーナンダはヴァーマーチャーラを次のように批判したのであった．

> 卑劣なヴァーマーチャーラを放棄しなさい．それはあなたの国を殺しています．〔……〕ヴァーマーチャーラが我々の社会にいかに入り込んでいるかを知った時，私はそれが全ての文化の中でも最も恥ずべきものであるこ

とが分かりました．これらのヴァーマーチャーラの宗派はベンガル社会を蜂巣状にして〔蝕んで〕います．〔……〕カルカッタの父親たちよ．あなたがたはこれらのヴァーマーチャーラ・タントラという忌まわしいものが翻訳書も含めて，あなたがたの少年少女たちの手に渡り，彼らの心を毒し，〔彼らが〕これらこそ聖典（シャーストラ）でありヒンドゥー教であると考えて育ってしまうことを恥ずかしいと思わないのですか．［Vivekananda 1944: 271］

このように，ヴィヴェーカーナンダはヴァーマーチャーラを激しく非難した[37]．この講演の言葉は，本書の第2章第3節(2)で見たヴィヴェーカーナンダの男性主義的ナショナリズムを示す言葉が窺われた『コロンボからアルモーラーまでの講演録』（1897）に収録されたものである．

皮肉なことに，ヴィヴェーカーナンダの導師（グル）であるラーマクリシュナ（1836-1886）の教えの中には少なからずヴァーマーチャーラ的要素が垣間見られることが近年の研究でも指摘されている［Kripal 1995; 1994; Kripal and McDermott 2003: 196-222; Sharma 2013: 32］．そして，ヴィヴェーカーナンダ自身そのことに自覚的であった．ヴィヴェーカーナンダはヴァーマーチャーラ的要素も含むラーマクリシュナの掴み所のない神秘主義的言説を，同時代のベンガル人知識人にも受け入れられ易い合理主義的・男性主義的・道徳主義的なアドヴァイタ哲学の体系へと修正していた（それはしばしば「ネオ・ヴェーダーンタ」や「ネオ・アドヴァイタ」と呼ばれる［Minor 1997: 387-389; King 1999: 135-142］）．ヒュー・アーバンの言葉を借りれば，ヴィヴェーカーナンダは自身の思想を体系化する上で，導師のヴァーマーチャーラ的要素に対して「防臭加工（deodorize）」を施した［Urban 2010a: 135］．ピーター・ファン・デル・フェールもこの点でヴィヴェーカーナンダによる「植民地主義的翻訳」に着目しており，「ヴィヴェーカーナンダは導師である（タントラ・ヨーガの実践者の）ラーマクリシュナの宗教思想と実践を，カルカッタの近代化された中流階級のために近代化し清潔なものにした（サニタイズド）」と指摘している［van der Veer 2009: 1107-1108，丸括弧内の補足語原文］．

このようなヴィヴェーカーナンダや同時代の知識人階級のタントラに対する否定的イメージを払拭するために，先にも述べたように，ウッドロフはタントラがヴァーマーチャーラによって代表されえない遥かに多義的なものであり，広義のタントラが正統的なバラモン教の教えと矛盾しない極めて倫理的で「清浄な」教義であることを強調した［Halbfass 1988: 378-403］.

とはいえ，たとえ部分的であったとしても，このヴァーマーチャーラがタントラ思想の重要な一要素として存在していることには変わりがない．この点でウッドロフは，経典上の真理を伝えなければならないという責任感と，自身の個人倫理との間の少なからぬ心理的葛藤に陥っていたと考えられる［Taylor 2001: 185; Woodroffe 1920: 325-377］.

このタントラのヴァーマーチャーラの実践に対するウッロドフの心理的葛藤は，「シャクティとシャークタ」と題された『シャクティ』の第4章の中で最も鮮明に見出される．ウッドロフは，そこにおいて，ヴァーマーチャーラの「供犠（ヤッギャ）（*yajña*，自己あるいは他者の究極的関心あるいは生命を最高存在に捧げる儀礼）[38]」が，修道者（サーダカ）に必要不可欠な実践であると同時に，多大な「危険」を伴う実践であるとして次のように警告した．

> 〔ヴァーマーチャーラの〕いくつかの規律は確かに危険であり，もし適切な権威と分別がないままに行われるならば，恐らく破滅に導かれる．〔……〕自己を拘束する最も強力な身体的現れである情欲（特に，飲食や性的充足に対する根源的衝動）の諸力は活用されることで，部分的な生から宇宙的な生へと上昇する．従来は下降し排出される（しばしば浪費される）情欲は，内に向けられることで力へと昇華する．だが，飲食や性交渉といった低次の欲望を制圧するだけでなく，修道者（サーダカ）はこの段階で全ての8つの拘束（パーシャ）を断ち切る必要がある［Woodroffe 1920: 83-84，丸括弧内の補足語原文］

ウッドロフは，ヴァーマーチャーラにおける供犠を完全に成功させた「ヴィーラ」が，過激な性的実践のただ中で「情欲を統制」して「自身の性欲と他の情欲を生贄として捧げる」ことができると語った［Woodroffe 1920: 377］．これによって，ヴィーラは「宇宙的な生」に向けた「力」を実現するとされた．同時に，その「規律は確かに危険であり，もし適切な権威と分別がないままに行われるならば，恐らく破滅に導かれる」と断った．

インド学研究者のヘンリヒ・ツィンマーは，『シャクティ』を始めとしたウッドロフの様々な著作を参照する中で，ヴァーマーチャーラを含むタントラ思想の儀礼について次のような評価を下している．

> タントラの修道者（サーダカ）〔……〕の目指すものは，〔世俗的慣習において〕除外された諸勢力とすでに受容されている諸勢力の両方を導入することで，対立する二極化の本質的な非存在——それを消し去ること，その涅槃（ニルヴァーナ）——を体験することにある．つまり，闇に包まれているように見える危険な空間の中で内的な清浄性と純潔性を体験することにある．このようにして，彼は自己の内に「禁じられたもの」の緊張を打ち破り，全てを明るみに晒す．すなわち，世界を日常的に維持する1つのシャクティを万物の中に認識するのである．［Zimmer 1953: 579，強調筆者］

ヴァーマーチャーラという「闇」を「防臭加工」あるいは「消毒」しようとしたヴィヴェーカーナンダのネオ・アドヴァイタ思想と異なり，ウッドロフのタントラ的アドヴァイタ思想は激しい心理的葛藤を伴いながらも「闇」をも解脱に至るための必要不可欠な要素とした．このような「『擁護できないもの』の擁護」［Taylor 2001: 183-187］という側面こそ，『マハーニルヴァーナ・タントラ』の影響下で構築されたウッドロフの「女性的タントラ」思想の背後に横たわる形而上学的緊張を示すものであった．

(2)ガーンディーのジレンマ

それでは，このようなウッドロフのタントラ思想のヴァーマーチャーラ的要素に対する両義的態度は，出獄後のガーンディーのブラフマチャリヤ思想といかに関係していたのであろうか．

歴史家のチャンドラ・デヴァネッセンがいみじくも指摘しているように，ガーンディーはしばしば自身が読んだ著作から「深い影響」を受けたが，その影響の全てが必ずしも「すぐに起こったわけではなかった」［Devanesen 1969: 261］．この点は，ガーンディーのタントラ思想の受容においても当てはまることである．確かに，ガーンディーは出獄後の1920年代中盤から，自身のブラフマチャリヤの定義を拡大していったが，その拡大の過程は本章第1節の引用箇所であったように「ゆっくりゆっくり」起こっていった．前節で見た塩の行進はそのような過程の一段階を示すものである．

次章で詳述する通り，ガーンディーは塩の行進後に起こった様々な政治的挫折に直面する中で，自身のアートマンの浄化としてのブラフマチャリヤの実験のあり方を継続的に発展・変容させていかなければならなかった．ガーンディーは政治的失敗が自身の無性欲(ヴィカール)状態（*nirvikārtā*）の達成度と密接に対応すると考えていたからである．

ガーンディーは，1925年11月に執筆を開始した『アートマ・カター』の序文において次のように語っていた．

> 私は完全な確信を持っているが，私の呼吸の主（*śvāsocchvāsno svāmī*）と見なしている方，私に塩を与える方（*nimakno denār*）と見なしている方から未だに私は遠くにおり，そのことが私を一瞬一瞬疼く（*sāle*）のである．その理由が私の性欲(ヴィカール)（*vikār*）であると私は分かるのだ．だが，それを未だに除去（*kāḍhī*）できない．［*AK*: 8; *NJ*, 29-11-1925］

ガーンディーは前年の5月からブラフマチャリヤ思想の再定義を語るようになっていたが，それは，このようなガーンディー自身の様々な心理的葛藤と共に起こったことでもあった．

これと対照的に，ガーンディーは『アートマ・カター』の他の章の中で，「性欲に盲目となる状態（*viṣayāndh*）」から「解放（*chūṭtāṃ*）」されたことを仄めかしていたり［*AK*: 29］，「今ではブラフマチャリヤを1つの切迫した苦行（*tapaścāryā*）とする代わりに楽しいもの（*rasmay*）とするようになった」とも語っていた［*AK*: 207］．それだけでなく，同じ時期に書かれたガーンディーの書簡の中では，自身が生涯において自慰行為を一度も行ったことがないことをいささか誇り気に語ってもいた［*GA* 35: 340］．

一方で，塩の行進が始まる前年に記した『アートマ・カター』の終章において，ガーンディーは「楽しいもの」としながら行っていたはずの自身のブラフマチャリヤの実験が，再びいかに「恐ろしく困難」であるかを告白した．

> だが，この浄化の道（*śuddhino mārg*）が恐ろしく困難（*vikaṭ*）であることを，私は一瞬一瞬，体験している．浄化するという意味は，心（*man*）で，

言葉（*vacan*）で，身体（*kāyā*）で無性欲状態（*nirvikār*）になることであり，情愛と憎悪などから自由（*rāgdveṣādirahit*）になることである．その無性欲状態に到達することを一瞬一瞬，望んでいるが，私は到達しておらず，それゆえ人々の称賛は私を欺くことはできないのであり，その称賛によって多くの場合苛まれている．心の性欲（*mannā vikāro*）に勝利することは，被造世界を武力戦争（*śastryuddh*）によって勝利することよりも私には困難に思われる．インドに帰った後も，私は私の中の隠れ潜む性欲（*santāī rahelā vikāro*）を見つけることができたし，恥じ入ったが，負けてはいない．真理の実験をしながら，私は大いに味わい楽しんでいるし（*ras lūṇṭyo che*），今日でも大いに〔味わい〕楽しんでいる（*lūṇṭī rahyo chuṃ*）．だが，私は私がまだ恐ろしく困難な道を切り詰めていかねば（*kāpvāno*）ならないのを知っている．［*AK*: 529–530; *NJ*, 3-2-1929，強調筆者］

ガーンディーのブラフマチャリヤ思想の拡大は，このような「困難さ」と「楽しみ」を絶えず伴っていた．つまり，次章で詳しく論じる通り，塩の行進後の1930年代前半には，不可触民差別をめぐるヒンドゥー教徒内部の対立が顕在化していった．さらに1930年代後半以降，これに加えて国内の宗教間（コミュナル）対立も最高潮に達していった．ガーンディーはこのような政治状況の悪化を見る度に，自身のブラフマチャリヤの実験における浄化の不十分さを告白した．

本章の第2節では1942年に執筆された『健康の鍵』の「ブラフマチャリヤ」と題した章について見た．すでに述べたように，この章には，出獄後のガーンディーのブラフマチャリヤ思想が1つのまとまった形で書き表されている．そして，この章の中では，それまでの第一次独立運動中に見出された性欲統制の問題を克服するための新たな思想・身体技法についても語られていた．

しかしながら，これらの内容を書いた直後に，ガーンディーの次のような意味深長な言葉を記して，その日の筆を止めたのであった．

ブラフマチャリヤを遵守するという誓い（*vrat*）を私は1906年に立てた．すなわち，その試みは37年間行われてきた．私は自身の定義を完成できてはいないが，私の観点ではその発展（*pragati*）が起こっており，また神の恩恵（*īśvarkṛpā*）があるならば，完全な成功（*pūrṇ saphaḷtā*）を，身体が滅びる前において（*dēh paḍyā pahēlāṃ*）さえ見ることができる．私の試みにおいて，私は愚鈍（*mand*）になることはない．ブラフマチャリヤの必要性について，私の考えがもっと厳格になると知っている．いくつかの私の実験は，社会の前に提示するような状態には達していない．もし，私を満足させるような成功が得られたならば，社会の前に提示することを望んでいる．［*AC*: 38，強調筆者］

ガーンディーは『健康の鍵』の「ブラフマチャリヤ」と題した章の中で，自身の実験に付与された新しい意味について説明していたが，この章の末部に「いくつかの私の実験は，社会の前に提示するような状態には達していない」ことも告白していた．さらに，ガーンディーはその実験が「もっと厳格」な性格を帯びるであろうことを仄めかし，もし「私を満足させるような成功が得られたならば，社会の前に提示することを望んでいる」と書いた．だが，これを書いた後にガーンディーは一旦筆を止め，翌日にはこれとは異なる主題に議論を移したのであった[39)]．ゆえに，この章の中では，その「いくつかの実験」が具体的にいかなるものであったのかは語られることがなかった．

しかしながら，ガーンディーはこの予告通り，自身のブラフマチャリヤの実験に関する最終見解を4年後に，すなわちインドが分離独立する1ヶ月前の政治的動乱期に，突如『ハリジャンバンドゥ』紙上に連載したのであった．そして，本書の序章で述べたように，その記事の冒頭でガーンディーはこのような自身の行動が「狂気」と見なされるであろうことを語っていた．

これらの最晩年のブラフマチャリヤに関する連載記事の内容が拠り所としていたものが，記事が出版される約半年前から開始されたマヌとの「大供犠（マハーヤッギャ）（*mahāyajña*）」であった．この実験の中で，二人は何度も裸で寝床を共にした．実験後にガーンディーは先に引用した通り，スワーミー・アーナンドとケーダル・ナートとの「極秘の」議論の中で，自身の非正統的なブラフマチャリヤの実験を基礎付けていた思想的淵源にウッドロフのタントラ思想からの深い影響があることを告白したのであった．

ガーンディーは，この晩年のブラフマチャリヤの実験が「一抹の〔心の〕穢れ（*jarā paṇ meluṃ*）も生じる」ことが許されないものであり，もし失敗すれば「悲惨な結末」を呼び起こすものであることをマヌに語っていた［*GNDD*:

7-8]．すなわち，大供犠は，ガーンディーにとって自身の生涯にわたるスワラージの理想を成就するための「激しい火の中を潜る試験（*bahu tāvṇīmāṃ tapvuṃ*）」を意味したのであった［*GNDD*: 134-135］．

5. 結　語

本章では，第一次独立運動終了後の獄中期間に読まれた著作，殊にウッドロフの近代タントラ学に関する著作が，出獄後のガーンディーのブラフマチャリヤ思想にいかなる影響を与えるものであったのかを分析してきた．これによって，ガーンディーの出獄後のブラフマチャリヤ思想を特徴付ける（1）アートマ・シャクティ，（2）ウールドヴァレーター，（3）女性性という3つの側面について見てきた．これらの新しい意味が付与されることによって，ガーンディーはそれまでの第一次独立運動期の男性主義的で抑圧的な性格を持つブラフマチャリヤ思想の意味を変容させることができた．

このような意味の刷新を経たガーンディーのブラフマチャリヤ思想は，1930年から会議派主導で開始された第二次独立運動，特にその運動が極点に達した塩の行進において重要な機能を果たすものであった．つまり，女性の象徴である塩を用いた第二次独立運動の背後には，ガーンディーの新たなブラフマチャリヤ思想を特徴付ける女性原理としてのアートマ・シャクティの思想が密接に関係していた．このような女性的なブラフマチャリヤ思想をその基盤に据えた塩の行進は，植民地史上類例を見ない大多数の女性参加を促すことに成功した．ジュディス・ブラウンがいみじくも指摘するように，概して「19世紀後半から20世紀初頭のヒンドゥー教徒の女性が，家庭の中における男性の補佐役，主に子供を産み育てる養育者として扱われていた」に過ぎなかったことに反して，ガーンディーの塩の行進において，「インドの女性たちは，極めて重要な英雄となることができた」［Brown 1989: 208-209］．確かに，ガーンディーの塩の行進は，そこで語られるヒンドゥー教的宗教言語によって，国内の宗教間対立の機運を高めたという負の遺産を残したものの，インド独立運動史において，ナショナリズム運動の「女性化」を引き起こした極めて画期的な出来事であった点で評価されうるものである．

他方で，ウッドロフのタントラ思想から「深く影響」を受けたガーンディーは，それまでにはないブラフマチャリヤ思想をめぐる新しい心理的葛藤を覚えるようになっていた．それはウッドロフ自身の内に見出されるヴァーマーチャーラの供犠をめぐる無意識の両義的態度とも対応するものであった．つまり，ウッドロフは超 - 倫理的な供犠実践を内包するヴァーマーチャーラの「破滅」的な「危険」を警告すると同時に，そこに潜在する「宇宙的な生」に向けた「力」の実現の可能性を説いた．ウッドロフの供犠思想はヘンリヒ・ツィンマーがいみじくも指摘するように，究極的に「闇に包まれているように見える危険な空間の中で内的な清浄性と純潔性を体験する」という逆説的実践を意味するものとして解釈可能であった．

ガーンディーは出獄後に自身のブラフマチャリヤの定義を「ゆっくりゆっくりと拡大」させる中で，この新しいブラフマチャリヤの思想・方法をめぐる新たな心理的葛藤を経験するようになっていった．この「楽しみ」と「困難さ」を伴う供犠を完全に成功させ，無性欲状態を達成するためには，女性との最も親密な身体的接触という「激しい火の中の試験」を行う必要があった．つまり，塩の行進後に，様々な政治的挫折を経験する中で，ガーンディーはインドの「完全なスワラージ」を達成するためには，「完全なブラフマチャリヤ」の実験，すなわち，大供犠と呼ばれる最も困難な性欲統制の実験を開始することが必要不可欠であると次第に看取するようになっていった．

1）秘書のピャーレーラールが報告しているところによると，ガーンディーは多忙な政治活動の傍らで1日に多い時で56枚の書簡を書いた［Pyarelal 1965: 12］．ルドルフ夫妻は，ガーンディーのアーシュラムで送られる過密スケジュールを，マックス・ウェーバーの『プロテスタンティズムと資本主義の精神』で扱われているベンジャミン・フランクリンの生活と比較する興味深い研究を行っている［Rudolph and Rudolph 2008b: 233-237］.

2）「以上」と言ったのは，ガーンディーが獄中期間に綴った日記の中にある文献リスト［*YI*, 4-9-1924; *SA*, S. No. 8039］には，文献のタイトルのみが掲載されており，例えば，『マハーヴァーラタ』，『バーガヴァタ・プラーナ』，『ラーマーヤナ』などの宗教書は幾冊にも跨るからである．

3）第1部（全10章）と第2部（全5章）で構成される．1913年に『インディアン・オピニオン』紙上で連載された『健康に関する一般的知識』（本章第1章第2節参照）を大幅に加筆修正したもの．ガーンディー没後の1948年に出版されたが，原稿は1942年8月29日から12月18日までに執筆された．本章で扱う第1部・第10章の「ブラフマチャリヤ」と題された章は，1942年12月11日から13日にかけて執筆された．

4) 「タントラ」を一義的に定義することは困難であるものの，A. パドゥは一般的なタントラの特性を，「この世界，特に身体の諸要素を活用する儀礼的・心霊的・肉体的実践であり，それは二極化された男性と女性の性を持った神的概念だけでなく，神的力に没入する宇宙と人間という概念に関わる実践と観念である」と説明する［Padoux 1981: 351］．ここで宇宙と身体との密接な関わりが言われているように，タントラの「世界観（*weltanschauung*）」において，「人間の心と身体は，宇宙の反映として体験される」．すなわち，「身体それ自体がマンダラ」と見なされる［Eliade 1958: 244］．また，D. G. ホワイトは，タントラをより形而上学的宇宙論との関係から次のように定義している．「我々が体験する宇宙がその宇宙を創造し維持する神々の神的力の具現化に他ならないという原理に基づいて，人間の大宇宙のただ中において，創造的で解放的な方法によって，その〔宇宙の〕力の波長に儀礼的に適合させていこうとする一連のアジア的な信仰と実践の総体である」［White 2000: 9］．

5) しばしば，ガーンディーはタパシュチャリヤーを，ブラフマチャリヤやアヒンサーと同義の概念としても用いた．また，原実が指摘している通り，ヒンドゥー教の古典的伝統において，*tapas*としての霊的苦行は，*bala*［原 1979: 87-92］，*vīrya*［原 1979: 92-96］，*śakti*［原 1979: 99-102］などを生み出す呪術的実践とされていた．

6) シヴァ神は神姫のサティーが死去し，失望して結婚に関する関心を喪失していた．だが，サティーの化身であるパールヴァティーが，シヴァ神に1000年にわたる禁欲的な祈りの求婚儀礼を行うことでシヴァ神との結婚に至る神話．

7) ちなみに，ガーンディーはこのアートマ・シャクティを，*divya śakti, mahā śakti, amogh śakti, sarv śakti, vīryaśakti*といった様々な語で代替表現していた．ガーンディーのアートマ・シャクティ概念が最も鮮明に定義されているのは，『ハリジャンバンドゥ』紙1947年6月22日号に掲載された「神はどこにいて誰なのか（Īśvar Kyāṃ ne Koṇ?）」と題された記事である（第6章第4節(1)参照）．

8) ヨーガ哲学における身体内の7つのチャクラが宿るとされる霊的な管．脊髄を貫通して，一番下の背骨の基底部に宿るムーラーダーラ・チャクラと頭頂に宿るサハスラーラ・チャクラとを繋ぐ．

9) スシュムナー管に宿る7つのチャクラの最上部にあるチャクラ．このチャクラには象徴的にシヴァ神が住むとされる．

10) 『バーガヴァタ・プラーナ』のこと．

11) 「姦通（adultery）」の他に「定められたルールの違反」といった意味がある［Belsare 2006: 1074-1075］．ちなみに，南アフリカ滞在期のガーンディーは，この引用箇所の言葉と対照的に，「誓い（*vrat*）」を遵守することで，「姦通（*vyabhicār*）〔の罪〕から逃れ，一人の妻との関係に縛られる」ことが必要不可欠であると主張していた（第3章第3節）.

12）女性の肩に手をのせて歩くことについての最初の言及は，1928年9月10日付のバールクリシュナ・バーヴェー宛ての書簡に見られる［*GA* 37: 244-246］．マヌの肩に手を置き始めたのは，1930年代後半からであった［*GN*, S. No. 5547］．その他の私信［*SGV* 44: 19; *GN*, S. No. 10380, 2993; *PP* 1: 88-89; *CWMG* 67: 194-198；*HJ*, 23-7-1938; *NKB*, Group 14, S. No. 60-70］にも度々，「杖」について言及されている．

13）N. K. ボースは，スワーミー・アーナンドとケーダル・ナートがボースに報告したガーンディーとの議論が「極秘の（entirely private）」性質のものであったことを記録している［Bose 1974: 149］.

14）ガーンディーは議論の中で，バートランド・ラッセルやハヴェロック・エリスの「性に関する」理論についても言及している．しかしながら，ガーンディーはこれらの理論を「知っている」としただけで，彼らの著作を「読んだ」とまでは語らなかった［Pyarelal 1958: 588］．これらの影響関係については，カルフォルニア大学ロサンゼルス校教授のヴィナイ・ラール先生から多くの貴重なコメントをいただいた．この場をもって，感謝申し上げます．

15）N. K. ボースは，1947年3月16日付のキショーリーラール・マシュルワーラー宛ての書簡の中で，次のように書いている．「スワーミー・アーナンドは今朝，昨夜の議論の中で，ガーンディージーがナートジーに彼のブラフマチャリヤは正統派のものではなく，彼はこの点で長い西洋との接触に影響を受けていたと語ったと私に伝えてくれました」［*NKB*, Group 14, S. No. 68］.

16）主要な計画の内容には，宗教間融和，不可触民制度の撤廃，手織綿布の推奨，農村地域の衛生改善，農村地域の教育推進，女性差別撤廃，国民言語の推進，経済的平等性の実現などがある.

17）タントラ的思想がしばしば都市部エリート層に忌避されていたのに対して（本章第4節(1)参照），それがインドの農村地域における女神信仰の重要な思想的源泉にあった点は看過されるべきではないだろう［Urban 2010b: 147-164］．ガーンディーが出獄後の時期に建設的計画を推進する中で，こうした女神信仰（「アヒンサー女神（*ahiṃsādevī*）」）の方がエリート主義的な合理主義的宗教観よりも遥かに農村部の人々に訴えかける力を持つことを看取していった可能性は多いに考えられうる.

18）本章注19，注21及び第3章注1，20参照.

19）タントラ的思想についても言及があるE. カーペンターの『アダムズ・ピークからエレファンタまで――セイロンとインドでの記録』［Carpenter 1892］という著作を，1932年3月15日から20日までの間にヤラワダー刑務所の中で読んだことを，ガーンディーはグジャラーティー語の日記で記録している［*GA* 49: 473-474；本章注21参照］．だが，ガーンディーはこの著作を読んだこと以上は何も語っていない.

20）そもそも広義の「タントラ」は特定の体系ではなく，インド文化に散在しているシャクティ派的要素を持つ信仰全般を指す（本章注4参照）．ヴィシュヌ派の諸思想の中にも，このような要素を容易に見出すことができる．この点については，N. シル［Shil 1997: 212-224］を参照されたい．

21） ガーンディーが1928年に出版した『自制と放縦』（1928）では，W. ハレの論稿である「生成と再生」（1926）が言及され，「生命力（vitality）」や「生命の液体（vital fluid）」としての精液概念について論じられている［*AK*: 3-38, 213-229］．このハレの「生成と再生」の原文には，「器官と心」と題したクンダリニー・ヨーガについて論じられた節を見出すことができる［Hare 1926: 138］．また，ガーンディーが1932年に読んだカーペンターの『アダムズ・ピークからエレファンタまで――セイロンとインドでの記録』（1892）（本章注19参照）においては，カーペンターがコロンボで出会った導師であるラーマスワーミーから教わったシャクティの形而上学について述べられている［Carpenter 1892: 154-155］．さらに，カーペンターはセイロンのヒンドゥー教寺院で開催されたタイプーサム祭へ参加した時のことを詳細に記録している［Carpenter 1892: 115-122］．これに加えて，『アダムズ・ピーク』においては，カーペンターがボンベイ港近くにあるエレファンタ洞窟で出会った「シヴァ・シャクティ崇拝」や［Carpenter 1892: 304-317］，アルダナーリシュヴァラの彫刻の写真が掲載されている［Carpenter 1892: 307-308］．

22） 第3章注1，注20参照．

23） K. テイラーは，「アヴァロン / ウッドロフの一貫した最大の主題の1つ」は，「『タントラ』を一般的なヒンドゥー教から引き離すことは適切ではないということ」，そして，「『タントラ的という形容詞は全く西洋的表現』であることを主張することにあった」と指摘する［Taylor 2001: 155］．さらに，ウッドロフは，「シャクティ主義（*śaktivāda*）」を「『タントラ』という言葉で暗示される悪名高さから引き離しながらも，タントラに全般的に共通する特定の儀礼や教義的要素を擁護」しようとした［Taylor 2001: 178］．

24） 詳しい成立年代や著者は不明．その内容はいくぶん禁欲的性格を有している．また，アドヴァイタ哲学を基層に持つ身体形而上学を特徴とする．一説では，19世紀ベンガルの宗教・社会改革者のラーム・モーハン・ローイが記したとも言われる．詳細は，H. アーバン［Urban 2010a: 63-70］を参照されたい．

25）「塩の行進」や「塩のサッティヤーグラハ」の他に，「ダーンディー・サッティヤーグラハ（*dāṇḍī satyāgrah*）」，「ダーンディー行進（*dāṇḍī kūc*）」などとも呼ばれる．

26） ガーンディーは重要な運動を開始する際に，しばしば自身の霊感に頼った（例えば，ガーンディーは1919年のハルタールの開始時にも，運動の直前に夢の中で突然の霊感を受けたことを語っている［*AK*: 451-453］）．それと同時に，塩の行進はガーンディーが出獄後の6年間に建設的計画を推進する中で全国の農村各地を巡り歩き，農民たちの実情を綿密に調べ把握することによって実現した入念な計画でもあった．例えば，1928年2月のバールドーリー・サッティヤーグラハは，塩の行進が展開する上で「不可欠な前身」となった［Dalton 2012: 92; *YI*, 6-2-1930; *BSI*］.

27） 政府が塩の製造を独占する法律で，1882年に制定された.

28） この塩税法の廃止は，ガーンディーがイギリスに対するインド側の要求として作成していた「11項目」の1つに光を当てたものである［*YI*, 30-1-1930］. 11の項目とは，具体的に以下の通りである.（1）完全な禁酒，（2）1ルピーを1シリング4ペンスに切り下げ，（3）最低50パーセントの地租の切り下げ，（4）塩税の廃止，（5）最低50パーセントからの軍事費の削減，（6）高級官僚の給料を半分以下に減額，（7）外国製衣服に対する保護関税，（8）沿岸航路法（Coastal Traffic Reservation Bill）の通過，（9）殺人あるいは殺人未遂を犯していないとされる政治犯の釈放と国外追放者の帰国許可，（10）中央情報局（C. I. D.）の廃止あるいは人民によるその管理，（11）人民が管理する自衛のための銃の使用許可証の発行.

29） E. エリクソンは，「マハートマーはその時60歳を越えていたが，1日に12マイルの距離を24日間〔歩くこと〕は，〔彼にとって〕『子供の遊び』」であったと述べている［Erikson 1969: 446］. ガーンディーが老年になっても心身が極めて健康であったことは，ガーンディーに自身の精液結集の効果を実感せしめたことだろう.

30） J. ブラウンは，当時の政府が陥っていたジレンマを次のように述べる.「もし彼〔ガーンディー〕を逮捕すれば，大衆の大規模な絶叫が発生してしまう. もし彼を自由にしておくならば，彼の権力に慄いているように見えてしまうだろうし，図らずも彼の支持者たちを奨励していることになってしまう」［Brown 1977: 108］.

31） 非協力運動停止後，会議派の凝集力はなくなっており，国内はムスリム連盟，ヒンドゥー大連盟，中央シク連盟，連合党，大衆党，インド共産党，全インド藩王国人民会議など様々な政党や団体の利害がひしめき合うようになっていた. それだけでなく，こうした政党の内部でもさらなる対立関係が存在した.

32） ジンナーは演説の中で次のように語った.「多数派は抑圧的で暴君的になる傾向があり，少数派は法的処置によって明確にはっきりと保護されない間は常に自身の利害や権利が侵害され損害を被るのではないかとひどく恐れるのである. そして，この懸念はましてや我々が宗教的多数派（communal majority）に服従しなければならない時により一層高まるのである」［Nanda 2010: 118］.

33） とはいえ，ジンナーは若い頃，国民会議穏健派のD. ナオロージーやゴーカレーと親しく交わり，彼らの政治的立場の深い影響下にあった. イギリスに対してムスリム連盟と国民会議が協同して自治を要求した1916年のラクナウ協定の締結に際しても，ジンナーは重要な役割を演じた. この時のジンナーは「ヒンドゥー教徒とイスラーム教徒の和解の大使」とまで呼ばれるほどであった. だが，ジンナーはガーンディーが国民会議で権力を掌握していった時期から，国民会議の政策に疑念を抱くようになっていった. 現実主義的で世俗主義的なジンナーにとって，ガーンディーの「真理や非暴力といった抽象的な事柄」を強調する政治政策は我慢ならなかった. B. R. ナンダー曰く，「ガーンディーの宗教的思考枠組み，彼の自己分析的習性，真理や非暴力といった抽象的な事柄の強調，意識的な謙虚さ，自発的な貧しさ——これら全てがジンナー自身の生まれ持った気質とは無縁のものであり，非政治的あるいはあからさまな偽善であるとの印象を彼に与えたのであった」[Nanda 1958: 405]．そして，非協力運動が盛り上がりを見せていた 1920 年 12 月のナーグプルで開催された国民会議第 35 回大会を機に国民会議から脱退した．

34）とはいえ，ガーンディーの『バガヴァッド・ギーター』解釈は生前に多くの論争を呼んでいた．ガーンディーが説明するところによると，『ギーター』でクリシュナがアルジュナにクシャトリヤとしての宗教的義務（*dharm*）を果たすために従軍したという記述は，クリシュナが物理的暴力の使用を許容したという意味ではなく，あくまで自己の欲望という「戦場（*yuddh kṣetr*）」で自己抑制することの意義を教える比喩であるとした [Gāndhī 1986]．このような解釈は同時代の中でも相当に特殊なものであり，周囲の政治家・宗教家から少なからぬ批判を喚起した [Chakrabarty and Majumdar 2010; Devji and Kapila 2013]．

35）第 4 章注 28 参照．かつて，シャウカト・アリーは非協力運動時に，ガーンディーに協力的であり，ガーンディーから「兄弟」と呼ばれるほどに慕われる関係にあった．だが，第二次独立運動時において，アリーは国内のイスラーム教徒に会議派の運動をボイコットするように呼びかけるなど，ガーンディーに対して専ら敵対的になっていた．アリーはガーンディーがイギリス支配に代替するヒンドゥー教徒の支配をもたらそうとしているとして，ガーンディーを非難した [Dalton 2012: 119-120]．

36）字義的には「5 つ（*pañca*）の本質的要素（*tattva*）」を意味する．タントラ儀礼において使用・実践される「肉（*māṃsa*）」，「魚（*matsya*）」，「酒（*madya*）」，「炒られた穀粒（*mudrā*）」，「性交渉（*maithuna*）」を指す．

37）その他，ヴィヴェーカーナンダ [Vivekananda 1944: 405-406] も参照されたい．

38）「パンチャタットヴァ」について論じられた第 14 章の中で，ウッドロフは「供犠」について次のように述べる．「ブラフマ・スワルーパ〔ブラフマンの本質〕は完全で無為の至福であるが，苦と楽を味わうジーヴァ〔霊魂，生命〕としての唯一のブラフマンでもある．なぜなら，それ以外には何も存在しないからである．もしこれがあらゆる自然な機能の中で実現されるならば，あらゆる行為は単なる動物的行為であることを止め，宗教的儀礼——供犠（Yajna）——となる」[Woodroffe 1920: 358]．

39）本章注 3 で述べたように，ガーンディーはこの章を，1942 年 12 月 11 日から 13 日にかけて執筆した．この引用箇所は，11 日に書かれた最後の部分であり，12 日からは話題が移された [*AC*: 38]．

第６章

供犠と独立

――晩年におけるブラフマチャリヤの実験

マヌとの同衾は私の宗教的義務（*dharm*）であると信じている．そして，人間は自分の中で宗教的義務と信じられるものを，誰かに対する愛着（*sneh*）や恐れ（*bhay*）のために放棄すべきではない．

――― 1947年2月10日付，ガーンディーからヴィノーバー・バーヴェー宛ての書簡[1] [*SGV* 86: 544]

だが，恐らくどこででもそう考えられているように，ガーンディィージーが古い保守的なタイプのブラフマチャーリーであると私も考えるからこそ，彼は人々の意見を無視して，マヌと寝床を共にすべきではないのです．そうでなければ，彼は人々に自らの新しい思考枠組みについて十分に教育しなければなりませんし，あるいは人々は彼に関する全ての事実を知った上ではっきりと反対の意を表明するかもしれません．

――1947年3月16日付，N. K. ボースからキショーリーラール・マシュルワーラー宛ての書簡［*NKB*, Group 14, S. No. 68］

はじめに

塩の行進後のインドの内政は，それまで次第に深まりを見せていた２つの社会的政治的分裂を俄かに顕在化させるものであった．すなわち，カースト・ヒンドゥーと不可触民（「ハリジャン[2]」）との階級間対立と，ヒンドゥー教徒とイスラーム教徒との宗教間（コミュナル）対立である[3]．皮肉にも，「一つの国民（プラジャー）」を企図するガーンディーの理想主義的な非暴力的ネーションの構想は，かえってこれらの対立構造を拗らせてしまう側面があった．国内で二重に深まっていく人々の対立意識を慨嘆する中で，ガーンディーは専ら自身のアートマンの浄化に腐心していった．

1932年9月のコミュナル裁定[4]をめぐるB. R. アンベードカル（1891-1956）との対立を機に，ガーンディーは国内の不可触民問題の深刻さを痛感することとなった．ガーンディーは「不可触民制度が，〔ネーションの〕魂〔アートマン〕を破壊する罪」［*MD* 2: 124］であると確信し，様々な社会的政治的活動を推進していった．1933年1月に，ガーンディーは「ハリジャン奉仕協会（Harijan Sevak Saṅgh）」を結成し，翌月から3月にかけて，ハリジャンの名を冠した3つの週刊紙『ハリジャン』，『ハリジャン・セーヴァク』，『ハリジャンバンドゥ』を創刊した（序章第3節(1)参照）．さらに，1932年から1934年の間に，ガーンディーは反不可触民に関わる5度の断食も行った[5]．

1937年の州議会選挙でムスリム連盟が会議派に大敗して以降，ガーンディーは宗教間対立の問題を最重要課題として取り組んでいかなければならなくなった．ムスリム連盟を率いる指導者であるM. A. ジンナー（1876-1948）は，インドのイスラーム教徒が単に憲法下の保護対象としての少数派コミュニティではなく，ヒンドゥー教徒とは異なる独立した文化的政治的単位としてのネーションと見なされるべきことを主張した［Parekh 1989: 175-176］．つまり，ジンナーはガーンディーの「一つの国民（プラジャー）」に対抗した「二つのネーション論（two-nation theory）」を提唱していった[6]．そして，1940年のムスリム連盟ラーホール大会において，ジンナーはイスラーム教徒多住地域から成るムスリム国家（「パーキスターン」）の独立要求決議を採択した．

翻って，インド国外では第二次世界大戦が勃発していた．1942年3月に，大戦下で困窮を極めていたイギリスは，R. S. クリップスを代表とする使節団（通称，クリップス使節団）をインドに派遣し，戦後の自治を条件にインドの全面的戦争協力を呼びかけた．会議派はこの提案を拒絶し，8月8日からイギリスの即自撤退を求めた植民地期最後の独立運動となる「インドを立ち去れ運動（Quit India Movement / Bhārat Choḍo Āndolan）」を開始した[7]．だが，翌日にガーンディーやネルーを始めとした会議派の主要な指導者が一斉に逮捕されたことから，その後2年に及んだ運動は，無秩序と混乱を伴った大衆運動と化した．これに加えて，会議派はムスリム連盟とのかつての反英統一戦線を実現することができず，国内の宗教間対立の機運はますます高まった[8]．

1944年初頭には運動の熱は収まり，釈放の身となったガーンディーは，今一度ジンナーに分離独立の政策を思いとどまらせようと，9月に18日間に及ぶ対談（ガーンディー＝ジンナー対談）を行った．しかしながら，両者のネーション構想は平行線を辿るのみで，ガーンディーは何ら対談から成果を得ることができなかった．

そして，ついにムスリム連盟は1946年8月16日を「直接行動の日」と定めて，イギリスの認可を待たずして分離独立のための集団行動を起こした[9)]．ほどなくして，カルカッタでは死者5000人を出す大規模な宗教間暴動が勃発し，以後，主にインド北部諸地域[10)]に飛び火する中で何十から何百倍に膨れ上がった暴動の嵐は，1947年8月の分離独立後も止むことがなかった．

この植民地期最大の政治的動乱期にあって，ガーンディーは「完全なスワラージ（*pūrṇ svarāj*）」の達成のためには，「完全なブラフマチャリヤ（*pūrṇ brahmacarya*）」の実行が必要不可欠であると看取するようになっていった．現象世界における暴力の根源的原因は，ガーンディー自身のアートマンの未浄化にあると信じられたからである．そして，ガーンディーは，カルカッタで大暴動が発生したことを機に，それまで踏みとどまっていたブラフマチャリヤの「恐ろしく困難な」実験を開始することを決意したのであった（第5章第4節(2)参照）．

暴動が勃発して3ヶ月後に，ガーンディーは暴動の中心地の1つである東ベンガルのノーアーカーリー区に，宗教間融和をもたらせるために，「巡礼（*dharmayātrā*）」の旅に出た［*GNDD*; *NKB*, Group 14, S. No. 57］．つまり，1946年11月6日から翌年3月2日にわたる計4ヶ月の滞在中，ガーンディーは日中に裸足で行脚しながら区域内各地の農村で宗教間融和を呼びかけた．そして，この行脚と並行して，ガーンディーが夜間に行っていたブラフマチャリヤの実験が，自身と血の繋がりのあるマヌとの裸の同衾であった[11)]．この実験はガーンディーによって「大供犠（マハーヤッギャ）（*mahāyajña*）」と呼ばれた．

実験を終えてニューデリーに戻った後，ガーンディーは「もし私が沈黙を守れば，神とネーションが許さないだろう[12)]」と語り，周囲の反対を押し切って，当時「極めて政治的な出版物」と呼ばれていた『ハリジャンバンドゥ』紙上に，ブラフマチャリヤの実験に関する連載記事を公開した．読者は独立直前の騒乱期に，なぜガーンディーが自身の性（セクシュアリティ）に関する記事を連載しなければならないのか理解できず周章狼狽した（序章「本研究の目的」参照）．

晩年のブラフマチャリヤの実験について，ガーンディーの元秘書であったN. K. ボースは，1951年4月5日付で，ナヴァジーヴァン社の編集長であるキショーリーラール・マシュルワーラー宛てに送った書簡で次のように書いている．

> 私の見解では，それら〔晩年のブラフマチャリヤの実験に関する文書〕は，ガーンディーの生涯で書かれた文書の中で最も重要なものの1つです．それらは，「人々の間にゴシップをおこさせるために伝えられる」のではありません．〔……〕そうではなく，ガーンディーという人物をよりよく理解するため〔に不可欠なもの〕なのです．［*NKB*, Group 14, S. No. 99］

このようなボースの主張にもかかわらず，晩年にガーンディーがブラフマチャリヤの実験の中で，具体的にいかなる目的をもって，何を行っていたのかについては，これまで一次史料から分析されることがなかった．本章では，ノーアーカーリーで行われた実験について，マヌが記録したグジャラーティー語の日記を中心的に用いて，ガーンディーの実験の実相を明らかにしていく．

こうした研究は，上のブラフマチャリヤの連載記事と並行して，分離独立前後の時期にガーンディーが熱心に提唱していた独立インドに向けた新たなネーション構想を適切に理解するために必要不可欠である．すなわち，近年のいくつかの研究で指摘されているように，ガーンディーは分離独立前後の時期から宗教と国家との関係をめぐる新しい政治原理，すなわち，「セキュラリズム[13)]」を提唱するようになった［Sangari 2002; Chandra 2004; Skaria 2009; Bilgrami 2014: 349, note. 11］．具体的には，この時期にガーンディーは国家が「世俗的（セキュラー）」であるべきことに加えて，人々が自身の宗教を「完全に個人的事柄」にすべきことを主張した［*HJ*, 22-9-1946; 24-8-1947; 31-8-1947; 22-9-1947；24-8-1947; 31-8-1947; 1-1-1948; *SGV* 90: 121］．

先行研究が指摘しているところによると，ガーンディーが晩年にセキュラリズム原理を提唱するようになった背景には，上述したヒンドゥー教徒とイスラーム教徒との間で激化する宗教間対立が関係していた．すなわち，ガーンディーは晩年の宗教間対立を垣間見る中で，宗教に対して中立的（*dharmnirpekṣ*, 無関係な，無関心な）立場に立つ国家の力を強化し，国民の信じる宗教的信念を私事化することで対立を沈静化しようと試みた．このようなガーンディーの政策は，それまでガーンディーが目指してきた宗教と政治を融合させようとする「ラーマの統治（*rāmrāj(ya)*）」や「理法に基づく統治（*dharmrāj(ya)*）」の思想と根本的に対立するものであったとされる[14]．

しかしながら，こうした先行研究の解釈は，そもそもなぜガーンディーが晩年にセキュラリズム原理を提唱していたことと並行して，「人間身体の最も秘匿な感情」［Ramachandra Gandhi 1981: 36］である性を主題とした記事を，政治的出版物に連載したのかという理由を説明することができない．そもそも，ガーンディーのセキュラリズム原理を，それまでの宗教的政治思想と対立するものとする先行研究は，ガーンディーのブラフマチャリヤの実験について何ら考察を行っていない．

これに対して，本章では先行研究で分析されることのなかったブラフマチャリヤの実験，すなわち，マヌとの大供犠に光を当てることで，晩年に提唱されていたガーンディーのセキュラリズム原理に対する異なる解釈を試みたい．つまり，本章では，ガーンディーのセキュラリズム原理が，大供犠で達成が目指された宗教的目的と表裏一体の関係にあったことを論じる．ガーンディーがセキュラリズム原理を推進する中で，宗教を「完全に個人的事柄」にすべきと主張した時，ガーンディーは決して宗教を政治と無関係なものとして位置付けようとしたのではなかった．そうではなく，ガーンディーの説く宗教の個人化とは，国民一人一人が自らの欲望を完全に制御することで，各々の宗教的信念の基層にある「内なるアートマン（*antarātmā*）（の声）」（それは，「無神論者（*nāstik*）」にも適応されうる[15]）に忠実に従って生きることを推進するものであった．そして，ガーンディーは，自分自身がこのような生き方を先駆的に行い，周囲の国民一人一人もそれに倣って生きるようになることで，初めて真の宗教間融和と多様な宗教者が共存する非暴力的ネーションが実現すると信じた．

とはいうものの，ガーンディーが提示した新たなネーション構想は，国内で拡大する宗教間暴動の前で無力なものでしかなかった．ガーンディーは自身が死去する直前の時期から，暴動に対して成す術を持たない自らの「どうしようもなさ」を告白し，次第に「神の恩寵（*īśvarkṛpā*）」により頼むバクティ実践に唯一の希望を託すようなっていった．そして，このようなバクティ実践の意義を語り始めてから1年後に，ガーンディーはヒンドゥー教過激派組織の成員が放った銃弾3発を受けて没した．

本章の構成は以下の通りである．第1節では，晩年のブラフマチャリヤの実験とセキュラリズム原理との関係を探究する足がかりとして，塩の行進以降，ガーンディーがどのように政治状況と自身のアートマンの状態とが対応するとする身体宇宙論に対する認識を強めていったのかを見ていく．その際に，反不可触民運動を推進する中で，1933年にガーンディーの身に起こった「神の霊感（*īśvarprerṇā*）」を伴う神秘体験に着目する．第2節では，この神秘体験後に変化したガーンディーの社会的政治的活動のあり方が，ガーンディーのいかなる宗教哲学的理解に根差すものであったのかを見ていく．具体的には，ガーンディーの宗教的政治思想を基礎付ける「個人（ヴャクティ）（*vyakti*）」の形而上学意味を吟味していく．第3節では，1940年代以降の宗教間融和の活動と並行して行われていたガーンディーの大供犠について分析を進める．そして，マヌの日記史料を用いて，ガーンディーの大供犠の背後には男女の性（セックス）を超越した「唯一無二の個人（ヴャクティ）性（*anokhuṃ vyaktitva*）」の実現という宗教的目的があったことを明らかにする．第4節では，独立直前の時期から頻繁に提唱されるようになったガーンディーのセキュラリズム原理と大供犠との関係について見ていく．そして，ガーンディーの宗教間対立の「真の和解」に向けた新たな非暴力的ネーション構想が，大供犠で目指された唯一無二の個人性の実現という目的と表裏一体の関係にあったことを示す．その後，ガーンディーのネーション構想が無残にも打ち砕かれていった最晩年に，ガーンディーが頻りと語るようになった「ラーマの唱名（*rāmnām*）」というバクティ実践・思想について考察を加えたい．

1. 1933年の神秘体験

(1)断食の目的

1931年2月17日，ガーンディーはインド総督のアーウィン卿と協定を結び（ガーンディー＝アーウィン協定[16]），塩のサッティヤーグラハを停止した．この後，ガーンディーはアンベードカルやジンナーを含むインド側の代表者たちと共に，インド憲政を議題とする第2回英印円卓会議[17]に出席するためロンドンに赴いた．会議の中で，ガーンディーはインド側の最優先課題として完全独立の要求を一貫してイギリス側に突き付けたが，会議は専ら不可触民やイスラーム教徒の分離選挙の導入に関する議論に終始した．12月28日に，徒労に終わった会議から帰国したガーンディーは，すぐに一時的に停止していたサッティヤーグラハ闘争を再開し[18)]，翌年1月4日に逮捕され，再びヤラワダー刑務所に投獄された．

ガーンディーは円卓会議の出席を通じて，スワラージの理想を妨げる新たな政治課題が浮上していることを肌で感じ取った．それは，かつてのようなインドとイギリスの対抗図式に還元できないインド自身の，つまり国内の指導者間の対立意識の高まりであった．すなわち，ヒラーファト運動消滅後に発生していたヒンドゥー教徒とイスラーム教徒との宗教間対立と，アンベードカルの指導により大規模に政治化していたヒンドゥー教内部の階級間対立である[19)]．

1932年8月16日，イギリス政府は円卓会議の成果を集約したものとして，ヒンドゥー教徒，イスラーム教徒，不可触民カーストを始めとした12に細分された選挙区を有する分離選挙制度を容認するコミュナル裁定を下す旨を発表した．獄中でこの裁定について知ったガーンディーは，分離選挙制度の導入が国内のカースト差別を永続化するものであり，「彼ら〔不可触民〕とヒンドゥー教〔の両方〕にとって有害」［*CWMG* 49 :191］であると反対した．そして，9月20日から，ガーンディーは裁定を廃止しない限り，自身が死に至るまで断食を行うという抗議（「死に至る断食（fast unto death）」）を獄中で開始した．

翌月に63歳となろうとしていたガーンディーは，断食開始後すぐに身体を衰弱させ，4日目には医師によって重体であるとの診断を受けた．断食を行うガーンディーの弱り切った姿は，様々な出版メディアを通して俄かにインド全土に知れ渡った．ガーンディーの死を恐れ，忸怩たる思いに駆られたインドの大衆は，各地で一刻も早く断食が解かれるよう訴えるデモ活動を行った．

断食開始から4日目の夕方，大衆の巨大な圧力を受けたアンベードカルら指導者たちは，ガーンディーが投獄されているプネーに来訪し，分離選挙制度の要求を撤回することを約束した（「プネー協定[20)]」）．断食中のガーンディーのそばにやって来たアンベードカルは，「マハートマージー，あなたは我々にとって極めて不公正でおられます」と断腸の思いで語ったという［Pyarelal 1932: 59］．アンベードカルにとって，ガーンディーに行為は，「政治を霊的なもの（spiritualize）にしようとする」理解し難いものであった[21)]．

ガーンディーはこの断食抗議を機に，不可触民制度の撤廃が，自身の「生涯を通した〔スワラージの〕プログラムにおける核心的部分」であると確信するようになった［*MD* 2: 100］．ガーンディーは獄中にいながらも様々な指示を外部に出し，俄かに反不可触民を掲げる社会的政治的運動を組織していった（本章「はじめに」参照）．それだけでなく，1930年代前半において，ガーンディーは不可触民制度という同一の問題に向けて，3年間で5度という生涯の中で最も頻繁に公共的な断食を行った[22]．まさに，不可触民制度の撤廃はガーンディーにとっての命がけの訴えとなった．

この時期に行われた断食には，次の2つの点でそれまでのガーンディーの断食とは異なる性格が見出される．第一が，1932年の死に至る断食以降，ガーンディーが断食は政治的大義を越えた「神の意思」に従って行われるべきものと主張するようになったことである．例えば，ガーンディーは1934月7日付[23]のC. F. アンドリューズ宛ての書簡で次のように書いている．

> 私は「死に至る断食」をめぐって，〔人々の間に〕道徳的反発が起こっていることを理解し評価もしている．同種のものでないにしても，恐らく私自身もまた死に至る断食に対して反発しているのであるが動じることはない．〔……〕なぜなら，私は神の意思が私の前にはっきりと示された時，自分自身の意思など無に等しいと見なすからである．それが本当に神の意思であり，悪魔の意思ではないことを，私は人間として可能な限り確信している．［*GN*, S. No. 1301］

ここでガーンディーは，はっきりと死に至る断食が自身の意思を越えた「神の意思」に従った行為であると語った．

もう1つの新たな側面は，断食が自己と他者のアートマンの浄化をもたらすための実践であるとガーンディーによって明確に打ち出されるようになったことである．1930年以降に行った2度目の断食（後述）の後，ガーンディーは『ハリジャン』紙1933年9月9日号上で次のように語った．

> その記者〔『ザ・モダン・レヴュー』紙の記者〕は，私に「脅迫的効果」を持たないような断食が可能なのかを問うてきた．だが，「脅迫的効果」という表現が私の断食に適切に用いられるならば，ある意味で全ての断食が多

かれ少なかれ脅迫的効果を持つことになる．事実は全ての霊的断食はその影響の範囲内にとどまっている人々に対して常に影響を与えるということである．これがゆえに，霊的断食がタパシュ〔霊的苦行，熱力．第5章注5参照〕と呼ばれるのである．そして，全てのタパシュは，例外なく断食実践者が対象としている相手に浄化の影響をもたらすのである．〔*HJ*, 9-9-1933〕

このように，ガーンディーは塩の行進以後の断食を，(1) 自身の意思を越えた神の意思に従う実践，(2) 自他のアートマンの浄化をもたらせるための実践と捉えるようになった．換言すれば，ガーンディーは政治的・社会的抗議の意味に還元できない人々の内面世界の浄化こそが，不可触民制度を廃止するための唯一の方法であると主張したのであった．

(2)「声」

このような断食をめぐる第一と第二の点に対する確信は，プネー協定締結後，1933年5月8日正午（同日の午後6時にヤラワダー刑務所から釈放された）から行われたガーンディーの21日間に及ぶ断食の直前に起こったある神秘体験によって堅固なものとなっていった．この断食はガーンディーの生涯に行われた最長の断食の1つであった[24]．

すでに述べたように，同時期のガーンディーは獄中にいながらもハリジャン奉仕協会や3つの週刊紙の刊行を通して精力的に反不可触民を訴えていた．このような活動を行っていたただ中で，5月7日の深夜（断食が開始される約12時間前）に，ガーンディーは突如，それまで味わったことのない「特別な」神秘体験をした．ガーンディーは『ハリジャンバンドゥ』紙1933年7月9日号において，この時の体験を次のように語っている．

私にとって神の霊感（*īśvarprerṇā*），隠れた声（*gebī avāj*），内なる霊感（*antaḥprerṇā*），真理の伝達（*satyano sandeś*）などはただ1つの意味を表す言葉である．私に何らかの可視的なダルシャン（*ākṛtināṃ darśan*）が起こったことはない．神との対面（*īśvarno sākṣatkār*）が起こったことはない．〔……〕神と対面する者は完全な純潔（*niṣklaṅk*）を達成している．彼は完全な働き（*pūrṇkām*）をしているのである．彼は思考の中においてさえ，穢れ（*doṣ*）や不完全性（*apūrṇtā*）といった汚れ（*mel*）が起こらない．彼の全ての行為（*kāryamātr*）は完成（*sampūrṇ*）している．なぜなら，彼は自分で何かをすることは決してなく，彼の中に住む至高の存在（*antaryāmī*）こそが全てを行うからである．彼はその方〔至高の存在〕の中に霧消（*śamī*）してしまっている．このような〔至高の存在との〕対面は何百万人の中のたった一人にだけ起こることだろう．起こりうることについて私は全く疑いを持っていない．私はそのような対面が起こることを強く望んでいるが，私には起こっておらず，未だに〔その目的から〕遠くにいるということを知っている．私に起こった霊感（*prerṇā*）は全く特別なもの（*nokhī j vastu*）であった．また，そのような霊感は時折あるいは何かの機会に頻繁に起こりうるものだろう．そのような霊感が起こるためには，特定のサーダナー（*sādhanā*，霊的修練，苦行）が必ず必要になってくる．もし，ごく日常の事柄をこなしていく能力を得るためにも，いくらかの努力，いくらかのサーダナーが必要とされるならば，神の霊感（*īśvarnī prerṇā*）の能力を得るために努力とサーダナーが必要になってきても，何か不思議なことがあろうか．私に起こった霊感はこのようであった．その霊感が起こった夜に，大きな心の攪拌（*hṛdaymaṃthan*）が起こっていた．心（*citt*）は混乱した．どうしようもないように思われた．責任の荷が私を押しつぶそうとした．その時に突然，声（*āvāj*）を聞いた．私はそれがとても遠くから来ているように思えたが，極めて近いもののようにも思えた．この体験は特別なもの（*asādhārṇ*）であった．その声は人間（*manuṣya*）が我々に何かを言っているようであり，確かなものであった．その時，私は夢を見ている状態（*svapnāvsthā*）ではなかった．私は完全に目覚めていた．〔……〕声を聞いた後，心の葛藤（*hṛdaynī vednā*）は静まった．私は決定（けつじょう）（*niścay*）した．断食の日と時間は決まった．私の重荷は俄かに軽くなった．そして，心の喜び（*hṛday ullāsamy*）が生じた．それは〔午後〕11時から12時の間のことであった．〔……〕

私はこのように断言できる．全世界が私の言ったことを信じず，私に反論をしてこようとも，私が聞いた隠れた声（*gebī avāj*）が神の霊感（*īśvar-prerṇā*）であったと断固として信じ続ける．［*HJB*, 9-7-1933，下線筆者］

この『ハリジャンバンドゥ』紙1933年7月9日号の記事では，同じ段落の中で議論が前後に行き来している．しかしながら，下線部については，1933年5月8日深夜に起こったガーンディー自身の個人的体験がまとめられている．

上の引用箇所では，主に次の3つの主張がなされている．第一に，断食が「(神の) 霊感」を得るための内観的性質のものであるということである．これはガーンディー自身の「解脱」や「至高の存在（＝アートマン，神（イーシュワル））」の「ダルシャン」という主題と関わる．つまり，前年に行われた死に至る断食と同様に，それは政治的大義を遥かに越えた霊的意味を持つものであることが語られた．

第二に，このような霊感が適切に起こるためには，「サーダナー」が必要不可欠であると語られていることである．このサーダナーとは，アートマンの浄化を目的としたブラフマチャリヤの実験に他ならない［*HJB*, 8-6-1947；29-6-1947］．そして，ガーンディーは自身のサーダナーが不十分な段階にあり，自身が完全な霊感（＝神との対面）の実現という最終目標から「未だに遠くにいる」ことを述べている．

第三に，下線部にあるようなガーンディーの「完全に目覚めていた」状態で起こった「確かな」神秘体験に関する告白である．ガーンディーはこの時の体験が，それまでに起こったことのない「特別なもの」であり，後の生涯においても，しばしば振り返って言及することがあった［*GA* 67: 75; *GA* 68: 172］．ガーンディーはこの1933年の断食以前にも，自身の断食が「神の意思」に従うものであったことを述べていたが，この体験では「不可視」であったものの，より鮮明な**身体的**感覚を伴う「人間」のような「声」を聞いたのであった．

この神秘体験以降，ますますガーンディーは社会的・政治的問題を，アートマンの浄化やアートマン＝ブラフマン＝神のダルシャンといった宗教的主題と関係付けて語るようになっていった［*GA* 55: 258; Tendulkar 3: 190-197］．ガーンディー曰く，社会で様々な問題が発生するのは，自他のアートマンが不純だからであった．

(3)ビハール大地震と「神の懲罰」

これまで見てきたように，ガーンディーは塩の行進後の神秘体験以降，社会的・政治的状況と，アートマンの状態とが共時的・流動的に対応しているという身体宇宙論の認識を強めていった．この時期のガーンディーの理解を最も明瞭に示すのが，先の神秘体験から約半年後の1934年1月15日に，死者1万人以上を出したビハールの大地震について発せられたガーンディーの言葉である．地震発生から9日後に，タミル・ナードゥのティルネルヴェーリで行った演説で，ガーンディーはこの地震の原因について次のように語った．

> ビハールの災難と反不可触民運動との間には極めて重要な関係（vital connection）があるように私には思える．ビハールの災難は我々がどのような者であるのか，また神がどのような方であるのかを，突然思いがけない仕方で思い起こさせるためのものであった．だが，不可触民制度は幾世紀にもわたって継承されている災難である．それは我々の一部のヒンドゥー教徒に対する無知によってもたらされた呪いである．このビハールで起きた災難は我々の身体を傷つけるが，不可触民制度によってもたらされた災難は我々の魂（soul〔アートマン〕）を根底から侵食するのである．それゆえに，我々は残りほんのわずかの時間しか生きられないが，このビハールの災難を不可触民制度で穢されてしまった我々自身を浄化して，創造主に清い心で近づくべきことを思い起こさせるための出来事であったと見なそう．［*HJ*, 2-2-1934］

このビハール大地震後の「神の懲罰」をめぐるガーンディーの発言は，当然予想されるように，同時代の政治家や知識人から激しい批判を招いた［Tendulkar 3: 302-326; Bhattacharya 1997: 156-160］．

例えば，R. タゴールはガーンディーの地震と不可触民制度との必然的結び付きを語る「非科学的見解」を知って，「痛ましい程の驚きを覚えた」という［Bhattacharya 1997: 157］．そして，1934年1月28日付の書簡で，タゴールはガーンディーに自身の公式の見解を修正するように求めた［Bhattacharya 1997: 155］．これに対してガーンディーは，「私にはどういうわけか，それら〔天災〕が人間の道徳性に関係するもののように思えます．私は本能的に地震が不可触民に対する罪の災厄であったと感じます．〔……〕私の信じるところでは，それは〔人々の〕懺悔と自己浄化の必要を告げるものなのです」［*HJ*, 16-2-1934］と答えて自身の主張を貫いた．

以上のように塩の行進後に行われた断食以降，ガーンディーは自身の身体宇宙論に対する不動の信念を確立していった．このような信念の確立に伴って，ガーンディーの政治活動にも変化が起こるようになっていった．すなわち，ガーンディーは社会的・政治的問題の根源的原因が自身のアートマンの浄化に由来していると考え，暫しの間，反英闘争の第一線から退いて，アートマ・ダルシャンの達成に集中するようになった．

具体的には，ガーンディーは1933年の神秘体験が起こった2ヶ月後に，それまでの「大衆的市民的不服従運動（*sāmudāyik savinaybhaṅg*）」を「個人的サッティヤーグラハ（*vyaktigat satyāgraha*）」に変更した[25]．同じ月に，ガーンディーはそれまでの政治運動の拠点としていた自身のサーバルマティー・アーシュラムを閉鎖した[26]．そして，ビハールの大地震が発生して約半年後の8月7日から14日にかけて，ガーンディーは4度目の不可触民問題に関連した断食を行い，ほどなくして会議派からの正式な脱退を表明した．1935年4月末には，閉鎖していたサーバルマティー・アーシュラムに代えて，ガーンディーはインド中央部のワルダーから8km離れたセーガオーンという人里少ない僻地に設立したアーシュラム（後に「セーヴァーグラーム（＝奉仕の村）・アーシュラム」と名付けられる）に移住し，「他の誰でもなく，自分自身の自己実現〔self-realization ＝アートマ・ダルシャン〕」に集中することを宣言したのであった［*CWMG* 63: 240; Tendulkar 1944: 248］．

2. 政治運動の個人化（ヴャクティ）

(1)スレーンドラナート宛ての覚書

1933年の神秘体験後，ガーンディーは自身の身体宇宙論に対する不動の信念を確立していった．これに伴い，ガーンディーはアートマンの浄化，あるいは，アートマ・ダルシャンという主題に集中するために，反英闘争の第一線から身を退けて，個人（あるいは身近なアーシュラムの住人との小規模な）レベルの社会的政治的活動に専念するようになった．ガーンディーはセーヴァーグラーム・アーシュラムを拠点として，全国各地を行脚する中で，不可触民制度の廃止を含む農村再建運動に邁進していった．このような活動の転換期において，ガーンディーは自らの実践を知的・哲学的レベルで支える哲学的基盤を必要とした．

ガーンディーは南アフリカ滞在期以降，しばしばグジャラーティー語を使いこなす知識人のラージチャンドラや親戚のマガンラール・ガーンディーなどと，公的な出版物ではあまり扱われないような宗教哲学的主題について議論していた．そのような人物の一人として，先行研究ではほとんど取り上げられることのなかったサーバルマティー・アーシュラムの住人であるスレーンドラナートという人物を挙げることができる．特にラージチャンドラ（1901年）やマガンラール（1928年）の死後，ガーンディーはスレーンドラナートとヨーガのアーサナ実践［*GA* 34: 66］，解脱［*GA* 35: 30］，宗教（ダルマ）の本質［*GA* 38: 121］，ブラフマチャリヤ［*GA* 49: 248–249, 304–306］，サーンキヤ哲学［*BPD*: 249］といった様々な宗教哲学的主題について議論した．何より実践を重視するガーンディーは行き過ぎた思弁的議論を忌避していたが［*GA* 32: 228］，スレーンドラナートを始めとした一部の人物たちとの知的交流は，自身の実践に裨益する限りで有意味なものと考えていた．塩の行進が開始された同日に，ガーンディーが『アナーサクティ・ヨーガ（*Anāsaktiyoga*）』（1931）［Gāndhī 1986］と題した『バガヴァッド・ギーター』のグジャラーティー語の注解書を出版していたことは，この頃のガーンディーの哲学的関心の高さを示すものである．

本節では，政治活動の方針転換が起こった1930年代のガーンディーの宗教哲学の特徴を見ていく．その際に，スレーンドラナート宛ての覚書[27)]を手掛かりに，ガーンディーの宗教哲学の根幹にあるアートマンやブラフマチャリヤ概念の意味を，「ヴャクティ（*vyakti*，個人，人格）」の概念を手掛かりに探究していく．

(2) ヴャクティ概念の形而上学的基盤

覚書の内容は体系的なものではない．それは様々なインド哲学的主題をめぐる15個の断片的な議論で構成されている．ガーンディーは覚書の最初に，「ヴャクティのグナ[28)]」との関係で「アートマンのサハジャ[29)]・グナ」について次のように書いている．

> アートマンのサハジャ・グナ（*sahaj guṇ*）とはまさにヴャクティのグナである．至高の平安（*param śānti*）を達成したヴャクティは純質（サットヴァ）的（*sātvik*）である．最も動乱した（*sabse adhik aśānti*）ヴャクティは激質（ラジャス）的（*rājasī*）あるいは欲情的（*vāsnāmyī*）性質（プラクリティ）と呼ばれる．そして，これらのいずれのグナも持たない無知なヴャクティは「暗質（タマス）的（*tāmasī*）」性質（プラクリティ）であり，暗闇（*andhakār*）と無知（*ajñān*）に特徴付けられる．［*SGV* 95: 259］

ガーンディーはここで，「アートマンのサハジャ・グナ」が本質的に「ヴャクティのグナ」を反映するものであることを述べている[30]．ガーンディーはさらにヴャクティのグナが3つの基礎的な構成要素に区分できると述べる．「純質（サットヴァ）的」，「激質（ラジャス）的」，そして，「暗質（タマス）的」である[31]．そして，グナが純質的な者は「至高の平安」を体現しているとされる．

これらの最初の数行を的確に解読するためには，今一度，『バガヴァッド・ギーター』の宇宙論を基礎付ける（プロト・）サーンキヤ哲学に由来するヴャクティ概念がいかなる意味を持つものであるのかを確認しておく必要がある．グジャラーティー語では，ヴャクティの概念は一般的に「個人（individual）」や「人格（person）」を意味するが，より抽象的な「顕現（manifestation）」や「表出（expression）」といった意味も持つ［Deśpāṇḍe 2002: 828］．ヴャクティの語は，もともと「顕現されたもの（manifested）」を意味するサーンキヤ哲学の「ヴャクタ（*vyakta*）」に由来する概念だったからである［Belsare 2002: 1074; Monier-Williams 1899: 1029］．

ここで重要なのは，サーンキヤ哲学の宇宙論において，「ヴャクタ」は，ただ**外的な**「感覚器官（*indriyas*）」とその対象としての客体物だけでなく，「アヴャクタ（unmanifested，顕現されていないもの）」の「プラクリティ（*prakṛti*，原質）」から発生した「マナス（*manas*，心）」，「アハンカーラ（*ahaṅkāra*，自我意識）」，また，「ブッディ（*buddhi*，智性）」といった**内的な**「心の器官（*antaḥkaraṇa*）」をも包摂する概念だということである．すなわち，近代西洋哲学を特徴付ける心と物質を分ける心身二元論と異なり，サーンキヤ哲学の宇宙論においては，「プルシャ（*puruṣa*，究極的な精神原理．伝統的にはプラクリティから絶対的に超越した存在と考えられているが，ガーンディーは，アドヴァイタ哲学における（*param*）*ātman* = *brahman* と同義語に用いていた）」の例外を除いて，心の器官も含めた全ての心身の存在物が「客体（*dṛśya*）」と見なされるのである．

ガーンディーのヴァクティ概念について考察を加える際にも，ガーンディーが常に外在的事柄と心中の内在学的事柄の両方を問題として扱っていたことに留意する必要がある．ガーンディーのヴァクティ概念は，西洋哲学的認識論とは異なる枠組みの中から理解されなければならない．この基本的知識は，ガーンディーのヴァクティ概念と1930年代以降にガーンディーが強めていった身体宇宙論の認識構造との関係を適切に理解する上で重要である[32]．

以上のように，「アートマンのサハジャ・グナ」と「ヴァクティのグナ」との関係が論じられた後，ガーンディーは覚書の中で，ブラフマチャリヤ概念について議論を進める．

> 完全な真理（*pūrṇ satya*）と同様に，身体（*śarīr*）は確実に完全なブラフマチャリヤ（*pūrṇ brahmacarya*）を達成できる．だが，呼吸（*sāṃs*）のような活動の中にはいくらかのヒンサーが生じてしまう．この状態からの完全な解脱（*mukti*）を達成することはできない．［*SGV* 95: 260］

身体を伴って（＝生前に）完全なブラフマチャリヤの達成が全く可能であると言われているにもかかわらず，ブラフマチャーリー（ブラフマチャリヤの実践者）は「呼吸」という身体的機能によって生じてしまう微生物に対するヒンサーから完全に免れることができない．ここで，ガーンディーはアヒンサーの理想とヒンサーの現実をめぐる実存的緊張関係を述べている．

ガーンディーはさらに「アートマンの省察（*ātma-nirīkṣaṇ*）」という概念について語る．

> アートマンの省察（*ātma-nirīkṣaṇ*）は，アートマンの継続的な確証（*satat pratīti*）などを意味する．［*SGV* 95: 260］

ここで重要なのが，「アートマンの省察」を意味するアートマンの「確証」が，「継続的」なものであると言われていることである．すなわち，ガーンディーが1932年からしばしば語っていたように，アートマンは「知識の対象（*jāṇvānī vastu*）」ではなく，「それ自身が知るもの（*jāṇnār*）」なのであった［*MD*

1: 137; *HJB*, 18-8-1946]．それゆえにその認識（＝客体化）は原理上不可能である．それにもかかわらず，ガーンディーはブラフマチャリヤの意味を，「アートマン（ブラフマン）を認識する道（*ātmane (brahmne) oḷakhvāno mārg*）」であると語らずにはいられなかった（第5章第1節(1)）．つまり，ガーンディーのアートマンを認識しようとする作業は，終わりのない「継続的な確証」を意味するものなのであった．

完全なブラフマチャリヤとアートマンの省察の意味について考察した後，ガーンディーの議論はアートマンと「不動の智慧者（*sthitprajña*）」（＝アートマンの智慧が不動となった者．この概念の基礎的理解を，ガーンディーは『バガヴァッド・ギーター』の第2章第55節～第72節から得たと考えられる［Gāndhī 1986: 10-27; Chakrabarty and R. Majumdar 2010: 346-347, 351, 353］）の「完全な智識」に議論を移行する．

> 全能（*sarvjña*）になるとはアートマンの完全な智識（*pūrṇ jñān*）〔を得ることを〕意味する．解脱（*mukti*）は世俗的事柄（*sāṃsārik māmloṃ*）からの完全な離欲（*pūrṇ anāsakti*）を意味する．不動の智慧者（*sthitprajña*）は快（*sukh*）と苦（*dukh*）〔のいずれの状態にあって〕不動（*avicalit*）となることを意味し，無所有（*aparigrah*）と不偏向（*taṭasthatā*）〔を維持し〕，存在あるいは非存在の感覚（*hone athvā na hone kī bhāvanā*）からの解放（*chukṭkārā*），〔すなわち〕無の状態（*śūnya kī sthiti*），解脱（*mukti*）を意味する．［*SGV* 95: 260］

ここで特筆に値することは，「不動の智慧者」の状態が，「苦」と「快」あるいは「存在」と「非存在」の両方を達観した状態であると語られていることである．ゆえにそれは「無の状態」を意味した．だが，この「無の状態」が前提にしている「存在」には，「真理」の語源としての「存在（*sat*）」とは異なる語が用いられている点に注意が必要である．

覚書の最後に，ガーンディーは「己（*sva*）」の滅却について次のように記している．

> 無私（*nisvārth*）になるとは，自身の私利（*svārth*）を断念（*parityāg*）する

ことを意味する．もし我々が「己（*sva*）」〔の意識〕を滅却するならば，我々は無私（*nisvārth*）になる．輪廻世界の苦（*saṃsār ke dukh*）を見ながら苦（*dukhī*）を被るとは，見返りを求めずに奉仕活動（*sevā-kārya*）を継続することを意味する．〔それは我々が〕アートマンのために輪廻世界の幻想（*saṃsār kā moh*）を放棄（*tyāg*）〔した状態を意味する〕．［*SGV* 95: 260-261］

ガーンディーはここで「己（*sva*）」と「アートマン（*ātma*）」とを厳密に区別しており，前者の滅却のみを奨励している．このことは「輪廻世界の幻想を放棄」することを意味する．ここで着目すべきなのが，「己」の意識の滅却，あるいは，「無私になる」ことは，決して世俗世界からの撤退を意味しないということである．むしろ，ガーンディーはそのような無私の状態を，ある人が「輪廻世界の苦」を苦のままで自発的に引き受けている状態であると説明している（＝「輪廻世界の苦を見ながら苦を被る」）．解脱は苦を苦として抱擁して，世俗的目的を持たずに世俗世界に奉仕すること，すなわち「己」の意識を完全に滅却した者にのみ約束されている．これはアートマンにのみ従属している状態を意味した．

以上のように，ガーンディーの説く理想的なヴァクティとは，世俗世界から撤退した者を意味するのではなく，（物理的であると同時に心理的意味での）世俗世界をありのままで観照することによってのみ達成されるものであることが述べられているのである．これは，「至高の観察者」としてのプルシャあるいは「至高のアートマン（*paramātmā*）」としての究極的主体の実現，すなわち，アートマ・ダルシャンの状態を意味した．

すでに述べたように，ガーンディーは1934年以降，反英闘争の舞台から暫し身を引き，1935年からアートマ・ダルシャンの達成に集中していくことを宣言した．このようなガーンディーの1930年代中盤以降に起こった政治活動の「個人化（ヴャクティ）」とでも言える発展・変容は，同時期のガーンディーの宗教哲学的理解を吟味することでよりよく知ることができる．

3. 晩年のブラフマチャリヤの実験（大供犠〔マハーヤッギャ〕）

(1)実験開始の背景——精液漏洩と宗教間対立〔コミュナル〕

これまで塩の行進後の時期に，ガーンディーがいかに自身の政治活動を個人化〔ヴャクティ〕していったのか，またその活動の背後で機能する宗教哲学的枠組みを見てきた．ガーンディーの政治活動の個人化は，世俗世界からの断絶を意味するのではなく，アートマンの浄化あるいはアートマ・ダルシャンという主題に集中することで，いよいよ積極的に社会的政治的問題の解決をはかろうとするガーンディー独自の宗教的政治思想の深化を示すものであった．

このような理解を背後に持ちつつ，ガーンディーは1930年代中盤以降に激化していった国内の宗教間対立をいかに認識し，その解決の道を探っていったのだろうか．ガーンディーが「かの永遠の問題」と呼んだヒンドゥー教徒とイスラーム教徒との宗教間対立は［Nanda 1958: 398］，不可触民問題にもまして，ガーンディーにとって疑いなくスワラージのプロジェクトにおける最重要課題であった．そして，この問題ほどに，ガーンディーの「精液（*vīrya*，生命力，活力）」をめぐる身体宇宙論が密接に関連している事柄は他になかった．

前章で論じたように，1924年2月にヤラワダー刑務所から出獄後，ガーンディーは俄かにブラフマチャリヤ思想の意味の再定義を語るようになっていった．それは，ガーンディーが非協力運動中に見出した抑圧的なブラフマチャリヤ思想に対する反省に基づくものであり，同時に，1924年5月に起こった衝撃的な夢精体験と関わるものであった（第5章第1節(1)）．

興味深いことに，ガーンディーがこのブラフマチャリヤの再定義に関する記事を『ナヴァジーヴァン』紙で出版した1924年5月25日に，ジンナーを議長とした全インド・ムスリム連盟第15回年次大会がラーホールで開催されていた（24日～25日）．大会においては，国内少数派のイスラーム教徒の擁護を目的に，イスラーム教徒多住地域の自治州の確立と分離選挙の必要が訴えられた．ジュディス・ブラウンが指摘しているように，この年次大会は1918年以来，初めてムスリム連盟が会議派と個別に集会を組織した画期的な大会であった［Brown 1977: 9］．ガーンディーの衝撃的な夢精体験の直後に，後の分離独立を予期させるムスリム連盟の大会が開催されたことは，ガーンディーに非協力運動後に悪化していた国内における宗教間対立の問題の根深さを二重の意味で知らせるものであった[33]．

これに加えて，同年9月に，北西辺境州のコーハトで155人の死者と3200人の避難民を出す宗教間暴動が起こった［McGinn 1986］．翌週からガーンディーは，生涯最初の21日間（9月17日から10月8日）の断食を行った[34]．断食の開始日に，ガーンディーはC. F. アンドリュース宛ての書簡の中で，自身が宗教間対立の問題に日々悩まされ，「拷問」のような苦しみを味わっていることを書いている［*GN*, S. No. 2613］．

だが，この1924年の夢精体験よりも一層衝撃的な出来事が1930年代後半に立て続けに起こった．当時，66歳の年齢に達していたガーンディーは，1936年1月にボンベイで，長時間労働の疲れから体調を壊し療養中の身でいた．この間に，ガーンディーは不意に女性との性交渉の強い欲望を感じ，勃起して射精してしまった［*GN*, S. No. 10381］．ガーンディーは『ハリジャン』紙1936年2月29日号に掲載された「恩寵なくして何事も成しえない」と題した記事の中で，この時に起こった「最悪の事態」について次のように書いている．

> 最悪な事態が発生した．私は1899年以来，意識的に細心の注意を払いながらブラフマチャリヤを遵守しようと努めてきた．私のそれに対する定義は単に身体だけではなく，言葉と心の浄化も意味する．1つの欠陥（lapse）と見なされる出来事〔1924年の夢精体験〕を除いて，私はこの36年以上にわたって継続してきた意識的な努力の中で，この病症中に体験した心の乱れが起こったことを思い出せない．私は自身に対して心底うんざりした．［*HJ*, 29-2-1936］

1936年5月21日付のプレーマーベーン・カンタク宛てのグジャラーティー語の書簡ではこの時の出来事が次のようにより詳しく説明されている[35]．

> 私をボンベイで辱めた体験は奇妙なもの（*vicitr*）であり，痛ましいもの（*duḥkhdeṇ*）だった．［これまでの］私の精液漏洩（*skhalno*）は全て夢の〔中で起きたことであり〕，〔1924年の例外を除いて，〕それらは私を苦しめなかった．それらを私は忘れることができた．だが，ボンベイの体験は目覚めている状態（*jāgrat sthitimāṃ*）で起こった．〔……〕身体（*śarīr*）に抑制

(*kābū*) は完全にできていた〔はずである〕. だが,〔その〕努力にもかかわらず, 感覚器官 (*indriya*) が目覚めていたのであり (*jāgrat rahī*), その体験は新しいものであり恥ずべきものであった.〔……〕

シュカデーヴァ（『バガヴァッド・ギーター』で登場するヴャーサの息子で, ガーンディーは彼をウールドヴァレーターであると考えていた）の状態に達するために私は努力している.〔私はまだ〕それに達してはいない. その状態に至れれば, 精液所有者 (*vīryavān*) でありながらも, 私は陰萎者 (*napuṃsak*) となり, 精液の漏洩は不可能となるだろう. [*GN*, S. No. 10381]

ガーンディーはここで1936年の精液漏洩が「奇妙なもの」であったと記している. なぜなら, それは「目覚めている状態で起こった」からであった[36]. ガーンディーが生涯で初めて体験した「恥ずべき」出来事であった.

この「ボンベイ滞在中に起きた私の最も暗い時間」を, ガーンディーは後に振り返って,「誘惑の時」,「恐ろしい体験」,「心底揺さぶられる」体験とも表現している [*HJ*, 19-12-1936; 26-12-1936].

国内では, 1935年の新インド統治法[37]をめぐる意見の対立をめぐって, 会議派とムスリム連盟との間に不穏な空気が漂っていた. そして, ガーンディーが上の覚醒時の精液漏洩の体験をした翌年2月には, 新インド統治法に基づいて行われた州議会選挙で, 会議派に対するムスリム連盟の大敗が決定した. この出来事を機に, ジンナーは会議派が中央と地方をおさえつつあり, これまでのように地方政権を持っているだけではイスラーム教徒の利権が十全に守られえないことをはっきりと見取った [Jalal 1994: 19-20, 35-38]. 歴史家のB. R. ナンダーが指摘しているように,「1937年から, 州政府で新憲法〔新インド統治法〕が実施された時, 宗教間対立は新しい極点に達し, インド政治に思いがけないねじれをもたらした」[Nanda 1958: 398]. そして, この頃から,「ジンナーの講演と著述には, 怒りに満ちた憎悪が新たに侵入したのであった」[Nanda 1958: 407].

さらに, 1938年4月14日に, ガーンディーは再び, 同じような覚醒時の精液漏洩の体験をした. 翌月2日付のアムリトラール・ナーナーヴァティー宛てのグジャラーティー語の書簡で, ガーンディーはこの出来事について次のように書いている.

最近，私が性欲（*vikār*）に勝利（*jītī*）できない〔ことを思い知る〕体験をした．50年の生涯の中で目覚めている（*jāgrat*）状況の中で私に精液の流出（*vīryapāt*）が起こったという記憶はない．〔……〕だが，私は甚大な努力（*mahāprayatn*）にもかかわらず，そのような脆弱で（*hīn*），また惨めな（*dīn*）状態に陥ってしまったのであり，完全に目覚めている状況の中で私は〔精液の〕漏洩（*strāv*）を抑えることができなかった．〔……〕私は誰であり，私の立場はどこにあり，性欲に囚われた人間（*vikārī puruṣ*）がアヒンサーや真理を代表することがどうしてできるだろうか．［*GN*, S. No. 10747］

さらに，翌日に書かれたミーラーベーン宛ての書簡の中で，ガーンディーは側近女性によるマッサージを一時的に中断すべきかどうかの意見を求めている．

次の書簡の中で，あなたは具体的に私がどのような変化を起こさねばならないのかについて，あなたが考える良い方法を教えてくれなければならない．私はスシーラーによる奉仕を止めるべきか．リーラーヴァティーあるいはアムトゥル・サラームなどによるマッサージを止めるべきか．あるいは，あなたは私が決して少女たちの肩に寄りかかるべきではないと言いたいか．言うまでもなく，私がこの極度の失望（terrible despondency）から抜け出るために何をなすべきか，あなたが正直に思っていることを私に伝えても，〔それは〕私を傷つけることはない．〔……〕4月14日の堕落し，穢れた，拷問のような体験は私を衝撃で粉々にした．［*CWMG* 67: 60–61］

この時のガーンディーの心境について，同時期にガーンディーとアーシュラムで生活を共にしていたカレンバッハの姪であるハンナ・ラザルもまた，1938年7月16日付のカレンバッハ宛ての書簡の中で，次のように報告している．

事の成り行きを一言でまとめるならば，バープ〔ガーンディーに対する愛称で「お父さん」ほどの意味〕は，バー〔カストゥールバーの愛称〕と（医師である）スシーラーを除いて，一切の女性との接触を絶とうとしています．私はこのバープの人生において起こっている変化について書こうと思っています．それは最も深刻なものです．彼は数ヶ月にわたって苦しみもがいています．〔……〕あなたはこれらの全ての事柄の経緯を，〔1938年7月〕18日か19日に〔ガーンディーによって〕書かれた原稿を掲載した次号の『ハリジャン』紙で知るでしょう．マハーデーヴ・デーサーイーを含めたアーシュラムの全ての住人は，バープがこのことを，最初の原稿の段階で書こうとしていたほとんどそのままの形で公開したことについてことごとく動転してしまいました［*KP* 1, Group 12, S. No. 115，丸括弧内の補足語原文］．

このように，1938年にガーンディーの身に起こった「堕落し，穢れた，拷問のような体験」は，ラザルが書いているところによれば，ガーンディーにとって「最も深刻なもの」であったとされる．そして，これを機にガーンディーは女性との身体的接触を控えるべきではないかと真剣に考えるようになった．

ガーンディーはこの後に一時的に側近女性によるマッサージを始めとした女性との接触を絶ったことがあった．しかしながら，このような女性との交流の禁止は，ガーンディーの精液転換を企図するブラフマチャリヤの観点からは明らかに不本意なものと考えられていた［*GN*, S. No. 5547, 2993］．第5章で論じた通り，ガーンディーにとって，女性との交流はアートマ・シャクティを実現するために必要不可欠な実践だったからである（第5章第1節参照）．

実に上の書簡でラザルが言及している『ハリジャン』紙1938年7月23日号（「次号の『ハリジャン』紙」）に掲載された「非暴力はいかに機能するか」と題する記事には，ブラフマチャリヤが持つ「力〔シャクティ〕」について次のように語られている（この記事は，本書の第3章第1節(5)で，ガーンディーのアヒンサー思想の独自の意味を示すものとして筆者が引用したものである）．

サッティヤーグラハという言葉には一般的に力が伴うはずである．その力は無制限に武力を所有することによって得られるものではなく，〔自らの〕生活を浄化し，厳しく監視し，絶えずそのように実践することによって生み出されるのである．それはブラフマチャリヤの遵守なしには不可能である．それは人間にとって可能な最大限〔の努力〕によって行われなければならない．ブラフマチャリヤは単に身体的な自己統制を意味しない．それはそれ以上のものを意味する．〔……〕

しばしばブラフマチャリヤが達成可能であるとすれば，それは洞窟に引きこもることによって可能であると言われる．ブラフマチャーリーは女性を見ることも，ましては触わることも決して許されない．疑いなく，ブラフマチャーリーは女性を，性欲を抱きながら（lustfully）想起したり，話したり，触ってはならない．だが，ブラフマチャリヤについて書かれてある〔一般的な〕本で提示されている禁止事項には，この〔「性欲を抱きながら（lustfully）」という〕重要な副詞が抜け落ちてしまっているのである．〔……〕それゆえ，困難であるものの，ブラフマチャリヤは〔世俗〕世界と自由に交流する中で遵守されるべきものである．もしそれが〔世俗〕世界からの撤退によって達成されるなら，その価値はほとんどない．〔……〕私は自身が完全なブラフマチャリヤの定義を下すことができたと断言したことは一度もない．私は自身の思考に対する統制をまだ得ていないがゆえに，非暴力の探求を必要としている．私の非暴力が伝染的（contagious）で感染的（infetious）になるためには，私は自身の思考に対するより大きな統制を得なければならない．恐らく，この文書の冒頭の文で述べた〔会議派の〕指導の明らかな失敗には何らかの形でこの欠陥が関係している．［*HJ*, 23-7-1938］

この引用箇所の末部で言及されている会議派の「明らかな指導の失敗」とは，次のような読者の言葉に応答するものであった．「実質的に，会議派はかつての 1920 年から 25 年の間のようでないのはどうしてなのか．それは堕落してしまった」．すなわち，ガーンディーは非協力運動停止後の会議派の求心力の衰退と，ムスリム連盟との対立といった国内のネーション分裂の原因を，明らかに自身のブラフマチャリヤの実験，殊に精液結集の問題に求めていたのであった．

以上のように，1930 年代後半から国内の宗教間対立の機運が高まったことと，同じ時期にガーンディーが生涯で類例を見ない衝撃的な精液漏洩の体験をしたこととの間には密接な関係があるとガーンディーは考えていた．後述するノーアーカーリーでガーンディーが宗教間融和を呼びかけていた時期に，ガーンディーはN. K. ボースに，「もし，〔ブラフマチャリヤを〕マスターできれば，〔……〕まだジンナーを倒せる」と述べたという［Rajmohan Gandhi 1997: 170］．

一方で，ミーラーベーン宛ての書簡やラザルの書簡にも見られるように，ガーンディーは自身のブラフマチャリヤの実験が危機的状況にあると認識しており，一時的に女性との接触を禁じることもあった．このような自身の浄化の不完全さから，前章で見たように，ガーンディーはヤラワダー刑務所で学んだタントラ的供犠を十全に実行に移す勇気を持てないでいた（第5章第4節(2)参照）．

しかしながら，宗教間対立の機運はその後，より一層強まっていった．1940年3月23日に開催されたムスリム連盟ラーホール大会では，議長のジンナーは自身の二つのネーション論の理念を具現化すべく，イスラーム教徒多住地域から成るムスリム国家の独立要求決議を採択した．そして，1942年から1944年にかけて行われた第三次独立運動（「インドを立ち去れ運動」）中に，ムスリム連盟は会議派に対抗して「〔インドを〕分割して立ち去れ（Divide and Quit）」のスローガンを掲げて，イギリスに対する独自の運動を推進していった．こうして，国内の反英独立運動は決定的な分裂を伴うものとなった．運動後に行われた1944年のガーンディー＝ジンナー対談も，両政党の間に起こっていた分裂を阻止する上で，何の役にも立たなかった［Bose 1972: 201-207, 243-244; *NKB*, Group 14, S. No. 203, 204］．

このような中，ガーンディーはそれまでにないほど真剣に，自身のブラフマチャリヤの最終的な実験を行うべきではないかと自問自答するようになっていた．すなわち，劣悪化する宗教間対立を融和させるためには，自身が「完全なブラフマチャリヤ（*pūrṇ brahmacarya*）」を成功させることが不可欠であるとの認識を強めていった．

この決断を決定付けた出来事が，本章の冒頭で述べた1946年8月のカルカッタ大暴動であった．暴動はわずか4日間で，死者5000人，負傷者1万5000人，住居喪失者10万人を出した．カルカッタからインド北部諸地域に波及していく宗教間暴動の悲劇を垣間見る中で，ガーンディーは宗教間融和を呼びかけるために，10月30日にカルカッタへ，さらに，11月6日に，カルカッタから暴動の中心地の1つとなっていた東ベンガルのノーアーカーリーに出発した．

ガーンディーが出発する前週に出版された『ハリジャン』紙11月10日号の中では次のようなことが書かれてある．

彼〔ガーンディー〕に有無を言わせずノーアーカーリーに呼んだのは，〔ノ

> ーアーカーリーで〕侮辱された女性たちの叫び声であった．彼はノーアーカーリーで起こっている事柄を直に見ることではじめて自身の方向を定めることができると感じたのであった．彼の非暴力の技術は試練の中にある．現在の危機の前でそれがどのように反応するのかを見なければならない．もしそれが何の効果も発揮しないならば，彼は自己破綻を宣言するだろう．［*HJ*, 10-11-1946］

マヌによって書かれた日記を参考にすると，ガーンディーはこの融和活動を，政治的和平の成立というよりは，自己を「微細に分析（*sūkṣamtāthī vicār*）」し，暴動の原因，つまり，自己の内奥に伏在する不純な性欲を見つけ出すために行ったとされる［*GNDD*: 41］．すなわち，この地において，77 歳のガーンディーが宗教間融和を呼びかける裸足の行脚と並行して開始したのが，19 歳のマヌとの裸の同衾というブラフマチャリヤの実験なのであった．ガーンディーはこの「アートマンの省察（*ātmanirīkṣaṇ*）」を意味する実験を，「自己性への入信儀礼（*svārpaṇnī dīkṣā*）」［*GNDD*: 7］と名付けている．さらに，ガーンディーはこのような宗教的表現の他に，自身の実験を「心の科学（*manovijñān, mannuṃ vijñān*）」，「微細な科学（*sūkṣam vijñān*）」とも呼んだ［*GNDD*: 7-8, 134-135］．ガーンディーは自身の宗教的＝科学的実験を，「一抹の〔心の〕穢れ（*jarā paṇ meluṃ*）が生じる」ことも許されない「激しい火の中を潜る試験（*bahu tāvṇīmāṃ tapvuṃ*）」であると語った［*GNDD*: 7-8, 134-135］．

(2)大供犠の目的

実験はノーアーカーリーの地で，1946 年 12 月 19 日から翌年 2 月 25 日にかけて行われた．そして，2 月 26 日から 3 ヶ月の休止期間を経て，マヌとの同衾の実験はその後も，1948 年 1 月 30 日にニューデリーでガーンディーが暗殺される時期まで続けられた．これらの一連の実験をガーンディーは「供犠（ヤッギャ）（*yajña*）」と呼んでいたが，ノーアーカーリーで行われた実験のみをガーンディーは「大供犠（マハーヤッギャ）（*mahāyajña*）」と称した［*HJB*, 9-6-1947］．

以下では，ノーアーカーリーで行われた日々の出来事が記録されたマヌのグジャラーティー語の日記［*GNDD*］（以下，『日記』）を用いて，大供犠の背後にあった目的がいかなるものであったのかを見ていきたい[38]．

『日記』によれば，カルカッタの宗教間暴動の発生後，マヌとガーンディーとの書簡の交流は，1946年10月28日，すなわち，ガーンディーがニューデリーからベンガルに出発したから日から開始した（この頃，マヌはグジャラートに滞在していた）[39]．そして，12月1日付の書簡で，マヌはベンガルにおけるガーンディーの宗教間融和の活動に協力したいとの強い要望を出し，ガーンディーに許可を求めている［*GNDD*: 4］．ガーンディーは返信の中でマヌの要望を受け入れる旨を書いた［*GNDD*: 5］．そして，1947年12月19日，マヌは父のジャヤスクラール・ガーンディーと共にノーアーカーリーに到着した［*GNDD*: 6–7］．

マヌが到着した夜，ガーンディーはマヌと一緒に寝室で過ごしたことが記録されている．そして，この日の深夜頃に，寝室でガーンディーはマヌに「あなたは，あなたの宗教的義務（*dharm*）を適切に理解すべきである」と告げたという．そして，ガーンディーはマヌに本当に彼女がノーアーカーリーに滞在してよいのか父に確認を取るべきことを告げた．その後，二人は眠りにつき，ガーンディーは午前3時30分に起床した．朝の祈禱を終わらせた後，ガーンディーはもう一度マヌに彼女の決意を尋ねた．父の確認を取ったマヌは，次のように答えた．「私は死に至るまでいかなる困難も引き受ける覚悟でいます．私はあなたに完全な信頼（*śraddhā*）と信用（*viśvās*）を置いています」［*GNDD*: 11］．

ノーアーカーリーにおける宗教間融和の活動を始めて3週間が経過した1947年1月10日，朝の祈禱を終えたガーンディーは，マヌにブラフマチャリヤに関する異例の40分という長さの話をした．ほとんど分刻みのスケジュールにあったノーアーカーリーの生活の中で，このような長時間にわたる話があったことは，この日以外に，『日記』の中では記録されていない[40]．ガーンディーは話の中でマヌに，「〔……〕今日の話はあなたの人生形成（*jīvanghaḍtarnā*）にとって決定的な（*pāyānī*）意味を持つ」と告げた［*GNDD*: 75］．さらにガーンディーはブラフマチャリヤを次のように定義した．「ブラフマチャリヤの遵守とは無性欲状態（ヴィカール）（*nirvikār*）になることを意味する」［*GNDD*: 73］．そして，話の最後に，ガーンディーはマヌに，「〔私は一人の〕男性（*puruṣ*）であるにもかかわらず，あなたのお母さん（*mā*）になった」と告げた［*GNDD*: 75］．

次の夜，マヌは『日記』の中で，寝床の中でガーンディーからある「愛情に溢れた」身体的接触を受けたことを記している．

> バープジー〔ガーンディーの愛称〕は，［午後］10時30分に寝床（*pathārī*）で横になった．私は彼の頭に油を塗り，彼の足をマッサージして，いつものようにお辞儀をした（*praṇām karyā*）．彼は愛情に溢れた手で私を愛撫した（*Temṇe vātsalyabharyā hathe mane pampāḷī*）．私はいつ眠りについたかはっきりと覚えていない［*GNDD*: 79，強調筆者］．

ガーンディーの言葉のみに依拠したN. K. ボースの研究では，ガーンディーがブラフマチャリヤの実験において女性たちを「道具」として利用し，その実験はガーンディーの無意識の性的な「抑圧（repression）」を反映するものであると解釈されていた［Bose 1972: 151］．しかしながら，『日記』において，マヌは自身が道具として扱われたと感じた旨はどこにも書いていない．むしろ，そこで窺われるのは，マヌ自身の供犠参加をめぐる自発的な意志[41]とガーンディーの母のような愛情を称える記述であった[42]［*GNDD*: 64, 76, 109, 131-132, 134-135］．

男性であるガーンディーと女性であるマヌという二項対立的性（セックス）のアートマンを1つの寝床の中で融合させようとする霊的実験は，ガーンディーによってヒンドゥー教徒とイスラーム教徒の宗教間対立を融和させる実践と同一のものと見なされていた．マヌはガーンディーの次のような言葉を記録している．

> 私はこのヒンドゥー教徒とイスラーム教徒の融和（*ektā*，一性，和解）を供犠と呼び，この供犠において，一抹の〔心の〕穢れ（*meluṃ*）も生じるべきではない〔と考える〕．もしマヌの〔心の〕中に一抹の穢れがあれば，彼女は悲惨な結末を迎えるだろう［*GNDD*: 8］．

ここで示されている通り，ガーンディーにとって「ヒンドゥー教徒とイスラーム教徒の融和（＝一性，和解）」は供犠を意味した．それだけでなく，この供犠はガーンディー自身の心の状態のみに依拠しているのではなく，マヌの心の状態にも依拠するものであるとも言われている．それゆえ，供犠は「私の」ではなく，「我々の古来から伝わる供犠（*āpṇā paurāṇik yajña*）」であると語られた

［*GNDD*: 25，強調筆者］．

12 月 20 日，ジャヤスクラールとの対話の中で，ガーンディーは「私が強く願っていることは，私が気付いているその少女〔マヌ〕の中にある隠れたグナ（*chūpā guṇo*）を引き出すことである」と語っている［*GNDD*: 12，強調筆者］．そして，2 月 11 日に，ガーンディーはマヌに供犠の目的の 1 つについて次のように伝えた．

> 〔……〕私は信じているが，何百万の姉妹の中で，もし〔私が〕母になり，たった一人の娘を育てて，母の理想（*mātāno ādarś*）を〔世界に〕提示することができれば，その時に私は全世界（*ākhā jagat*）の娘たちに仕えたというアートマンの充足（*ātmasantoṣ*）を得ることができる！［*GNDD*: 161］

ガーンディーは自身がマヌの「母」になり，それによってマヌを理想的な女性に育て，世界の全ての女性の見本にしようとした．

ここでガーンディーが語っている女性＝母性観を，必ずしも同時期のインド人知識人の間に流布していた母性イデオロギーと同一視することはできない[43]．それは少なくとも次の二点からそうであった．第一に，ガーンディーの信じる理想的な女性＝母性像は，女性であるマヌに対してのみ求められたものではなかった．そうではなく，マヌに先行して男性であるガーンディー自身が女性＝母になる必要を説くものであった．第 5 章第 1 節(3)で見たように，ガーンディーは「女性〔殊に，母親〕はアヒンサーの化身」であると信じており，ゆえに男性と女性の両方に女性＝母になることを要求したのであった．またそれは単に理念的なものではなく，男性の生殖器官の変容をも引き起こす身体化された理想であった点は看過されるべきではない[44]．

第二に，ウッドロフの『シャクティ』や農村地域の女神信仰の少なからぬ影響下にあったと考えられるガーンディーの女性＝母性観においては（第 5 章第 1 節(3)及び(2)参照），女性＝母が家庭という名の親密圏に閉じ込められた受動的存在としてではなく，社会的政治的変革を積極的に担う能動的な行為主体と考えられていた[45]（第 5 章第 2 節(2)及び第 3 節(2)参照）．30 年以降に展開した反英独立運動の舞台の中心に，女性の勢力を取り込んだことは，ガーンディーの 1 つの重要な貢献である［Brown 1989: 208-209］．

以上の2点を考慮しても，ガーンディーの女性＝母性観は，同時代の知識人階層（特にカルカッタのベンガル人郷紳（ボッドロロク）層）の女性＝母性イデオロギーと同質のものものではない．むしろ，ガーンディーの女性＝母性観は，都市部知識人階層のそれと，1920年代中盤から建設的計画を推進する中でガーンディーが肌で感じ取っていった農村的女性＝母性観（タントラ的な女神信仰[46]）やウッドロフの思想とが複雑に折衷される中で彫琢されたものとして捉えられるべきである[47]．

議論を『日記』の内容に戻したい．『日記』によると，ガーンディーは供犠の実験が，「タパシュチャリヤー（*tapaścaryā*，霊的苦行）」によって「愛（*prem*）」を発生させるために必要な「唯一無二（*anokho*）[48]」の試みであると語っていた．

> この供犠は唯一無二（*anokho*）のものである．私はタパシュチャリヤーを行うことで，兄弟愛（*bhāīcāro*）を涵養し，人々を愛（*prem*）によって宥めている．［*GNDD*: 162］

ここでガーンディーはタパシュチャリヤーを抽象的な比喩として語ったわけではない．むしろ，彼はタパシュチャリヤーによって発生するエネルギーが実体的に宗教間暴動に効果的であると信じていた［*BKA*: 217］．タパシュチャリヤーの「タパス（*tapas*）」は，サンスクリット語で燃え盛る供犠から発生する「熱力」を意味する．それは悔悛から得られる霊的エネルギーに関わる［Kaelber 1976: 343-86; Radhakrishnan 2012: 311］．1947年12月20日の朝，マヌとの交流に言及しながら，ガーンディーは自身の「勇敢で独特な実験」において，「素晴らしい熱さ（heat）が発生するだろう」ことをボースに語っていた［Bose 1972: 101］．

さらに，これらの供犠において発生したタパシュチャリヤーの効果はガーンディーによって，「微細な科学（*sūkṣm vijñān*）」の対比の中における「心の科学（*mannuṃ vijñān*）」という観点からも説明された［*GNDD*: 49］．マヌはガーンディーから学んだ心の科学について次のように要約している．

> 〔……〕バープジーは私に，我々の心の小さな事柄は一国全体の状態（*ākhā*

deśnā vātāvaraṇ）と関係していること，いかに心の中の欲望が機能するのか，あるいは全ての人の中にあるそのような欲望がいかに〔他の〕全ての人の行動に影響を与えるのかという彼独自の思考の体系（*vicārmāḷā*）を教えてくれた．今のところ，ヒンドゥー教徒とイスラーム教徒の敵意（*hindū-muslim vaimasya*）があり，これをバープジーは一国における各々の〔心の状態〕の責任であると考えている．［*GNDD*: 161，強調筆者］

ここではガーンディーがマヌに「独自の思考の体系」を伝えていたことが記されている．それはガーンディーが1930年代以降にいよいよ確信を強めていった自身の身体宇宙論の信念体系に他ならない．

さらに，『日記』では，ガーンディーがブラフマチャリヤの持つ影響力が「心の状態」に依拠しており，その心のグナが周囲にいかなる「転変（*pariṇām*）」を生じさせるのかについて次のように語ったことが記録されている．

〔行為の〕転変（*pariṇām*）は，その人の心の状態（*mānsik vātāvaraṇ*）を反映しているのである．仮にある人が話さなくても，その人が持っているグナは睡眠，食，また，行為の習慣によって認められる．［*GNDD*: 114］

ガーンディーにとって，「知っていることを実践に移している者こそが真の智者（*sāco jñānī*）である」とされた［*GNDD*: 157］．すなわち，心の宗教的＝科学的影響力（＝転変）は，その人の日々の実践を媒介して伝搬するものとされた．

ブラフマチャリヤは現象世界で精神的＝物理的な影響力を発揮する．このことはまたその人の心あるいはアートマンの浄化を必要不可欠なものとした．換言すれば，完全に性欲を統制することにより，そのブラフマチャーリーのアートマンの最も根源的なものが顕現されるとされた．それは「パラマートマン（*paramātmā*，至高のアートマン）」と呼ばれた．

〔……〕ある人の第一の義務（*pratham kartavya*）は，純粋な情感（*śuddh bhāvnā*）すなわち心（*hṛday*）によって，パラマートマンの形のアートマン（*paramātmārūpī ātmā*）を充足させることにある．〔これこそ〕私が試みてきたことである．私はこれが供犠の肝要な部分（*avibhājya aṅg*）を成していると信じている．［*GNDD*: 161］

しかしながら，このような供犠による「パラマートマンの形のアートマンを充足させる」試みは，必ずしも他の人々の（＝世俗的）要求に従属するものではなかった．それどころか，しばしばその試みは他の人々から不満を生じさせるものでもあると言われた．

私はアートマンの充足（*ātma-santoṣ*）を得るために，その人が他人から受けるあらゆる非難（*phiṭakār*）や苦（*duḥkh*）に耐えなければならないことを信じており，その人がそのような試みをしている間，他人に対する懸念は自然と少なくなる．その人は心配すべきではない．アートマンは全くパラマートマンであるのだから，あなた自身を無数の困難で苦しめなさい．［*GNDD*: 161］

それゆえ，ガーンディーのスレーンドラナート宛ての覚書に示されていたように，アートマンの充足あるいは実現は，ある人が自身のパラマートマンを探求する中で自発的に「苦」を引き受けることによってのみ達成されうるとされた．

それだけでなく，ガーンディーは「無性（ヴィカール）欲状態のブラフマチャーリー（*nirvikār brahmacārī*）」になるためには，その人が「表面的な私利（*svārth-mātr*）」を滅却しなければならないと説いた．

我々が，表面的な私利（*svārth-mātr*）を放棄（*tyāg*）して初めて，それは完全な供犠（*pūro yajña*）と呼ばれうる．私利の放棄（*svārthno tyāg*）は，「私」という意識（*humpanuṃ*），「私の」という意識（*mārāpanuṃ*）を断念することを意味する．「この人は私の兄弟であり，あの人は異邦人である．この人は私の姉妹であり，あの人は異邦人である」．このような意識が心の中にあるべきではない．ゆえに，その人は全てを神に捧げる（*kṛṣṇārpaṇ*）のである．もしある人が使用人のように〔神に〕奉仕するならば，〔つまり〕心の中に常に神をとどめているならば，その人は永遠に幸福でいられる（*nitya sukhī rahe che*）．その人にとって快と苦（*sukh-duḥkh*）は

全く同一のものとなる（*sarkhāṃ j che*）．［*GNDD*: 15］

このような快と苦を超越した状態を，ガーンディーは「不動の智慧者（*sthitprajña*）」として説明した．

もし私が「不動の智慧者（*sthitprajña*）」となり，働きを継続するならば，何が起こったとしても，全てが私にとって同一（*sarkhuṃ*）となる．「快（*sukh*）と苦（*duḥkh*）が同一となる（*saṅkar jāne*）ことを知っている」．確実に，私の試みはこのような方向にのみ向かっている．私は〔過去の〕試みにおいて費やされた日々よりも多くの日々を，〔今後その達成のために〕費やすことがないことを願っているし，〔そうあることを〕固く信じてもいる．［*GNDD*: 179］

この「無性欲状態のブラフマチャーリー」や「不動の智慧者」の達成，あるいは，「パラマートマンの充足」を得ることは，ガーンディーによって，性別や宗教に関わりなく全ての人々が目指すべき目的とされていた．

例えば，ノーアーカーリーのヴィジャエナガルからハイムチャンディーまでの行脚の途中で，ガーンディーとマヌは，宗教間融和活動の支援者であるジーヴァンシンハ大佐と合流した．ガーンディーはジーヴァンシンハに繰り返し16の「美しい格言（*sundar vacnāmṛto*）」を教えたとされる．だがそこにおいて，恐らくジーヴァンシンハ自身の信仰（＝イスラーム教）に配慮して，特定のヒンドゥー教の用語であるブラフマチャーリー，パラマートマン，また不動の智慧者といった言葉は使用されなかった［*GNDD*: 155–157］．とはいうものの，これらの格言の内容は明らかにガーンディーの大供犠で目指された最終目的，すなわち，「無性欲状態のブラフマチャーリー」になることを意味するものであった．

例えば，16の格言の中で，ガーンディーは「自身の心と自己を統制する者は最高の栄光を達成する」と述べている［*GNDD*: 156］．ガーンディーはまた，ある男性の両性具有的性質についても語っている（「男性の半分は女性である」）．ガーンディーはさらに「聖なる女性（*sādhvī strī*）」の最も高い理想について言及しており，その人物が性別にかかわらず，他者を完全に平等に扱うものであることを述べている［*GNDD*: 157］.

これらの事柄をジーヴァンシンハに教えた後，ガーンディーは話の最後に，もしもある人が日々の生活の中でこれらの格言を常に思い起こして実践に移すならば，その人の「個人性」は「唯一無二（*anokhuṃ*）」のものに変容することを述べた.

> 私は確信しているが，15日間の内に，その個人（ヴァクティ）（*vyakti*）の中の個人性（ヴァクティトゥヴァ）（*vyaktitva*）は唯一無二（*anokhuṃ*）のものへと変容するだろう.［*GNDD*: 157］

ここでガーンディーが使用しているグジャラーティー語の「唯一無二（*anokhuṃ*）」という言葉は，単に「全く異なるもの（altogether different）」，「稀な（uncommon）」，「非凡な（extraordinary）」といった個別性，単独性を意味するものではない．この言葉はこれらの個別性や単独性という意味を持つと同時に，「分離していない（not separate）」や「結合（joint）」といった意味を持つ［Deśpāḍ 2002: 37］．このような個別性と全体との一体性という両義的含意のある“*anokhuṃ*”という言葉は，ガーンディーの個人（ヴァクティ）あるいは個人性（ヴァクティトゥヴァ）の概念を理解する上で鍵となってくる．つまり，ガーンディーが説く唯一無二の個人性とは本質的にガーンディーのアドヴァイタ哲学に基礎付けられるものなのである．ゆえに，その概念は外部（公共領域，他者，社会，文化）との分断を前提とする近代西洋的な個人主義やアトミズムの発想とは根本的に異なるのである.

このように語った後，ガーンディーはこの全ての人々が「幸福（*sukhī*）」になるための「極めて貴重な法（*bahu kīmti kāyadāo*）」が，幸いにも「〔全ての〕宗教経典（*dharmśāstro*）の中で示されている」と述べた［*GNDD*: 157］．マヌもこの会話の説明部分で，これらの格言は「全ての人間（*manuṣya-mātr*）」に適用可能であると説明を加えている［*GNDD*: 156］．そして，ガーンディーは「もし我々がこれらに従って瞑想するならば，今日我々は自身のことを，世俗世界（*duniyā*）における『最高の』国民（プラジャー）（*prajā*）であると喝采できる」と語った［*GNDD*: 157］.

このように，ノーアーカーリーで行われた大供犠において，ガーンディーはマヌと共同で，無性欲状態を達成することにより，女性性＝母性，不動の智慧者，パラマートマン，すなわち，唯一無二の個人性という理想を実現することを試みた．ガーンディーはこれらの試みが，性別や宗教の相違に関係なく，インドの全ての人々が「『最高の』国民」になるために必要不可欠な事柄であると語った．

しかしながら，このガーンディー独自の理想は，上からの法律や宗教上の戒律によって強制されうるものではなかった．もしも，この理想が他の人々にも共有されうるならば，上の引用箇所でもあった通り，その理想はまずガーンディー自身によって生きられる必要があった．そして，次節に見るように，晩年にガーンディーが提唱したセキュラリズム原理で真に意味されていたこととは，このような唯一無二の個人性がガーンディー自身を先駆者として，最終的に他の全ての人々の間にも実現した非暴力的ネーションの到来に他ならなかった．

4. 供犠と独立

(1)実験の公表

1947年3月2日，ガーンディーはノーアーカーリーを出発し，ノーアーカーリーと同様に暴動が波及しているビハールに向かった．そして，同月30日までビハールでマヌと滞在した後（このビハール滞在中に，前章で引用したタントラ的影響が語られた「極秘」の議論が交わされた（第5章第2節(1)参照）），翌日，ガーンディーはニューデリーに戻った．その後，再びビハールとカルカッタで宗教間融和の活動を行ってニューデリーに戻った後，6月から7月にかけて，ガーンディーは計5回に分けてブラフマチャリヤに関する自身の見解を『ハリジャンバンドゥ』紙上に連載したのであった．

さらに，7月末から8月上旬にかけて，カシミールとラーホールでも宗教間融和の活動を行ってから，8月8日に，再度カルカッタに向かった．8月15日のニューデリーにおける独立記念祝典には参加せず，ガーンディーはひたすらカルカッタで宗教間融和を訴えながら断食と祈りを行った．9月8日に，カルカッタを出発した後，翌年1月30日に暗殺されるまで，ガーンディーはニューデリーで残りの余生を送った．

本章「はじめに」で触れたガーンディーの生涯最後のネーション構想が最も熱心に打ち出されたのは，このような分離独立前後の騒乱期においてであった．

それゆえに，ブラフマチャリヤという宗教実験に関する連載記事が政治的出版物に掲載されていた同じ時期に，ガーンディーは国家の世俗性と宗教の個人（ヴャクティ）化を求めるセキュラリズム原理を提唱し始めたのであった．本節では，この晩年のガーンディーのネーション構想とブラフマチャリヤの実験とが相互にいかなる関係にあったのかを探究していく．

最初に上で述べた連載記事の内容を見ていきたい．ガーンディーはノーアーカーリーで大供犠を行ってから半年後の1947年6月から7月にかけて，ブラフマチャリヤに関する記事を『ハリジャンバンドゥ』紙上に連載した．これらの記事の中で特筆すべきことは，大供犠で語られていた唯一無二の個人性の発想が明確に精液結集との関係で語られたことである．

例えば，「私はいかに開始したか（Meṃ Kem Śarū Karyuṃ?）」［*HJB*, 8-6-1947］と題された最初の連載記事において，ガーンディーは，ブラフマチャーリーの「外側の優雅さ（*bahārnī sughaḍtā*）は，内側の反映（*antarno paḍgho*）である」と語り，「このようなブラフマチャーリーにおいて，不動の智慧者の全ての性質（*sthitprajñanāṃ badhāṃ lakṣaṇ*）がある」と書いた（この言葉は，大供犠で語られていた「〔行為の〕転変は，その人の心の状態を反映しているのである．仮にある人が話さなくても，その人が持っているグナは睡眠，食，また，行為の習慣によって認められる」という言葉を彷彿させるものである）．続けてガーンディーは次のように述べた．

> 精液が不動（*sthirvīrya*）となった者，〔つまり，〕ウールドヴァレーター（*ūrdhvaretā*）になった者が，上の性質（*lakṣaṇ*）を備えていることをどうして疑えようか．自身の中に生命（*jīv*）を生じさせる（*pedā karvānī*）シャクティを有する精液の自然（サハジャ）な把持（*sahaj saṅgrah*）なしでは，そのようなことは決して可能ではない．一滴の〔精液の〕中に，そのようなシャクティがあるならば，数滴の精液の把持が起こるところのシャクティの大きさをどうして計ることができるだろうか．［*HJB*, 8-6-1947］

このように，ガーンディーは不動の智慧者をウールドヴァレーター概念，すなわち精液結集やシャクティ概念との関係から語ったのであった．さらに，ここで精液結集が「自然（サハジャ）な把持」を意味すると述べられていることも等閑視されるべきではないだろう．そして，記事の結論部で，ガーンディーは「このようになってこそ，ブラフマチャリヤの定義を完全に定められるだろう」［*HJB*, 8-6-1947, 強調筆者］と語った．

前章で見てきた通り，1920年代中盤から，ガーンディーは自身のブラフマチャリヤの定義が「ゆっくり，ゆっくり」と「拡大」していっていることを語っていた．そして，1942年に，ガーンディーは自身の約20年にわたるブラフマチャリヤの理解を集約した『健康の鍵』の「ブラフマチャリヤ（Brahmacarya）」と題した章を記した（第5章第1節(4)参照）．だが，ガーンディーはその記事の中で，「いくつかの私の実験は，社会の前に提示するような状態には達していない」と述べていた（第5章第4節(2)参照）．だが，大供犠が終わった後に『ハリジャンバンドゥ』紙上に連載した記事の中で，ガーンディーはようやく自身の定義を「完全に定められる」ことを仄めかしたのであった．

さらに，翌週出版された2本目の連載記事（「ブラフマチャリヤの柵（Brahmacarya Vāḍ）」［*HJB*, 15-6-1947］）では次のように語られた．

> 詰まる所，ブラフマチャリヤは，心の状態（*mānsik sthiti*）である．外的な行為（*bāhya ācār*）は，その状態の徴（*oḷakh*）であり，そのサイン（*niśānī*）である．性的放縦の感情（*viṣayvās*）がない人間の心は，性欲（*vikār*）に支配されることがない．［*HJB*, 15-6-1947］

ここでもガーンディーはブラフマチャリヤを「心の状態」に由来する行為の転変との関係で語った．そして，上の言葉を語ってからガーンディーは，匿名ではあるが，本書の第1部（第2章第3節(4)，第3章第1節(5)）で論じたラージチャンドラの『解脱』の第69課の「ブラフマチャリヤの9つの柵（Brahmacaryanī Nav Vāḍ）」に記された「ブラフマチャリヤの柵」を，逐一引用し，それらを「誤った柵（*kṛtrim vāḍ*）」として批判したのであった［*HJB*, 15-6-1947］．

記事の中でガーンディーは，ラージチャンドラのブラフマチャリヤの戒律（「柵」）を，「正統派」のブラフマチャリヤの戒律として次のように批判した．

> 〔これらの〕柵は我々の間に存在していると信じられている．［1］ブラフマチャーリーは，女性，動物，陰萎者（*napuṃsako*）の集団の中にいては

ならない．[2]〔ブラフマチャーリーは，〕一人の女性あるいは女性だけの集団に布教してはならない．[3]〔ブラフマチャーリーは，〕女性と一緒に茣蓙に座ってはならない．[4]〔ブラフマチャーリーは，〕女性の身体のいかなる部位も見てはならない．[7]〔ブラフマチャーリーは，〕乳汁，カード，ギーなどの油性の物質を使用すべきではない．[9]〔ブラフマチャーリーは，〕風呂に入って，〔自身の身体にオイルを〕塗ってはならない．私はこれらの全てを南アフリカで読んだ．〔……〕

〔ブラフマチャーリーだけでなく，〕私が考えるには，ブラフマチャーリーになろうと心がけている者（*prayatnśīl brahmacārī*）でさえ，上で述べた柵を必要としない．ブラフマチャリヤはその人の心に対立するような強制的な方法で遵守されうるものではない．〔……〕〔ブラフマチャリヤ〕は，心の統制である（*manne vaś karvānuṃ*）．女性との必要不可欠な接触から逃避する者はブラフマチャーリーになろうという努力を全く払っていないのである．［*HJB*, 15-6-1947，強調筆者］．

ガーンディーはこれらの戒律がラージチャンドラの著作に由来しているとは書かなかった．むしろ，それらが「インドで流布しているいくつかの戒律」［*HJ*, 15-6-1947］，あるいは，「9つの壁という正統派の概念」［Pyarelal 1958: 588, 599-600］といったように，特定の個人のものではなく，汎インド的な戒律であると語った．だが，これらの戒律がラージチャンドラの著作に由来していることは，「私はこれらの全てを南アフリカで読んだ」という上の引用箇所の言葉からも明らかである．

この「南アフリカで読んだ」と言われるガーンディーの言葉は，ラージチャンドラの『解脱』の第69課に以下のように記されている．

1. 居住（*vasti*）：ブラフマチャーリーである聖者（サードゥ）（*brahmacārī sādhu*）は，女性，動物，あるいは中性的人間（*paḍaṇg*）が住む場所に滞在すべきではない．〔……〕
2. 語り（*kathā*）：ブラフマチャーリーは，女性の集団あるいは一人の女性に教えを説くべきではない．〔……〕
3. 座（*āsan*）：ブラフマチャーリーは女性たちと同じ場所に座るべきではな

い．〔……〕

4. 感官の観察（*indriyanirīkṣan*）：ブラフマチャーリーである聖者は女性の身体のいかなる部位も見るべきではない．〔……〕
7. 混合物（*pranīt*）：多かれ少なかれ乳汁，カード，ギーなどのような甘く油性の物質を摂取すべきではない．それらによって精液が増加し（*vīryanī vṛddhi*），狂気（*unmād*）が引き起こされ，それらによって性欲（*kām*）が高まる．〔……〕
9. 装飾（*vibhūṣaṇ*）：ブラフマチャーリーは風呂，塗油，花などを使用すべきではない．［Rājcandra 2010b: 185-187，強調筆者］

このように，ガーンディーは，『解脱』の第69課に書かれたブラフマチャリヤの戒律と同じ順番でほぼ同じ内容のものを，晩年に『ハリジャンバンドゥ』紙上に掲載して批判したのであった（ちなみに，ガーンディーが飛ばしている第69課の5番目の戒律は，他の夫婦の性生活に関わらないこと，6番目の戒律は，過去の結婚生活で体験した性交渉の記憶に耽らないこと，8番目の戒律は過食の禁止である）．

以上のように，ガーンディーはラージチャンドラと自身のブラフマチャリヤ思想の相違を明確にした上で，自身が考えるブラフマチャリヤの「完全な意味」を精液結集との関係から次のように語った．この言葉はまさにラージチャンドラが上の引用箇所の傍点部で「精液が増加」することを否定的に語っているのとは対照的である．

ブラフマチャーリーは，精液を欠如した状態（*nivīrya*）には決してならないだろう．ブラフマチャーリーは，日々精液を生み出して（*pedā*）いき，その結集（*saṅgrah*）をし，またそれによって一歩一歩（*uttarottar*）精液を増加（*vadhārto*）させていくのである．［*HJB*, 15-6-1947］

続く連載3本目の記事（「神はどこにいて誰であるのか（Īśvar Kayāṃ ne Koṇ?）」［*HJB*, 22-6-1947］）では，ガーンディーはブラフマチャリヤを個人（ヴャクティ）概念との関係から次のように語った．

ブラフマチャリヤの定義を提示しながら，ブラフマンに至るために必要な実践がブラフマチャリヤであると私は書いた．〔だが，〕ブラフマンが神（*īśvar*）であると知ることだけでは，神の本質（*īśvarnā svarūp*）を知ることはできない．その正しい智識（*ṭīk jñān*）があれば，我々は神に向かうための正しい道を知ることができる．

神は人間（*manuṣya*）ではない．それゆえ，人間の中に降ってきたとか，〔人間の姿に〕化身した（*avatār*）とか，いずれのように言うことも完全な真実（*pūrṇ satya*）ではない．神は人間の中に〔人間の姿に〕化身したという意味はただ，その人（*māṇs*）の中に我々がより多くの神通力（*aiśvarya*）か神的力（*īśvarpaṇuṃ*）を見出すということである．〔……〕ラーマやクリシュナなどが，化身であるというのは，彼らのヴャクティ（*vyaktio*）の中に，神通力（*aiśvarya*）を人々が見出すからである．［*HJB*, 22-6-1947］

ガーンディーはここで「神通力」を実現した「ヴャクティ」が「神」と呼ばれている存在であり，そのような「神＝ブラフマン」に至るための実践がブラフマチャリヤであると語っている．さらに，同じ記事の中で，この神概念はシャクティ概念との関係から次のようにも説明された．

実際のところは，神は1つのシャクティ（*śakti*）であり，タットヴァ（*tattva*，本質，原理）である．それは純粋な意識（*śuddha caitanya*）であり，遍在するもの（*sarvavyāpak*）である．しかしながら，全ての人がその庇護〔を受け，〕あるいは，それを使用〔している〕わけではない．あるいは，全ての人がその庇護を受けることができるわけではないと言える．

電気は偉大なシャクティ（*mahā śakti*）であるが，それを全ての人が使用できるわけではない．それを作り出すために必要な〔一定の〕法（*kāydā*）があり，それに従うことによってのみ，それを使用することができる．電気は生命のない物質（*jaḍ*）である．それを使用〔するため〕の法を，命あるもの（*cetan*，意識のあるもの）である人間は，多大な努力を通じて学ぶことができる．

〔同様に，〕生命を持つ偉大なシャクティ（*cetanmay mahā śakti*）に，我々は神（*īśvar*）という名を与えており，それを使用〔するため〕の法（*upayognā kāydā*）が存在しているのである．だが，その探求においては，さらなる多大な努力（*mahent*）が不可欠であることは，ランプの〔光の〕ように明らかである．その法を一言で言えば，ブラフマチャリヤである．〔……〕

ブラフマチャリヤの今日の意味は——生殖器官の統制（*jannendriya saṃyam*）である．［*HJB*, 22-6-1947］

この記事においても，ガーンディーはブラフマチャリヤをシャクティ概念との関係で語ったのであるが，ここではそのシャクティが明確に神＝ブラフマン概念と結び付けられている．そして，そのような「神通力」や「神的力」を達成した「ヴャクティ」こそが理想的なブラフマチャーリーであると語られた．

さらに，連載4本目の記事（「唱名の印（Nāmsādhanānāṃ Cihn）」［*HJB*, 29-6-1947］）では，このようなシャクティが精液結集との関係から次のように語られた．

身体の育成（*śarīrpuṣṭi*）のためには，純粋な血液（*lohi*）が必要であるように，アートマンの育成（*ātmānī puṣṭi*）のためには，純粋な精液のシャクティ（*vīryaśakti*）が必要である．これを神的シャクティ（*divya śakti*）と呼ぶ．そのシャクティは，全ての感覚器官（*indriyo*）の弛緩（*śithilatā*）を回復（*maṭāḍī*）できる．〔……〕この戒律（*niyam*）は，若者，年寄り，女性，男性，全てに適応されるべきものである．［*HJB*, 29-6-1947］

ここでガーンディーは，「アートマンの育成」のために必要とされる「精液のシャクティ」という概念を語り，それが「神的シャクティ」でもあり，老若男女全てに適応可能なものであると述べた．

そして，最後の連載記事（「ある混乱（Ek Mūñjhavṇ）」［*HJB*, 6-7-1947］）では，「自身〔の浄化〕に確信がない修道者（*sādhak*）が他人［の実験］を見て真似をするならば，必ず打ち負かされる」と「注意（*sāvcetī*）」を促した上で次のように語った．

彼ら〔ブラフマチャーリー〕は決して〔女性との〕接触（*sparśmātr*）が汚れている（*dūṣit*）と感じることがない．そのことによって，穢れ（*doṣ*）が生じてしまうと恐れる（*bhay*）ことはない．彼らは全ての女性の中に彼ら自身の中に見るのと同じ最高神（*parameśvar*）を見るのである．

そのような事例を，我々が知らないがゆえに起こりえないと考えることは，謙虚さの欠如であり，ブラフマチャリヤの栄光を軽んじること〔を意味するの〕である．完全なブラフマチャリヤのシャクティ（*pūrṇ brahmacaryanī śakti*）を我々の計りによって計ろうとすることは，神と対面（*īśvar sākṣātkār*）していない，あるいは，対面した者に会っていないがゆえに，神は存在しないと考えることと同様に誤りである．［*HJB*, 6-7-1947］

以上のように，ガーンディーは大供犠を行った後，独立の１ヶ月前に，自身のブラフマチャリヤに関する最終見解を，計５回にわたって政治的出版物に連載したのであった．そこでは，大供犠で探求された「完全なブラフマチャリヤ」の意味が，精液結集，神的シャクティ，ブラフマン，神通力，ヴァクティといった諸概念と結び付けられる中で定義された．そして，ガーンディーはこのような諸概念の実現が老若男女問わず万人に可能であることを説いた．

そして一連の記事を出版し終わってから２週間後に，ガーンディーはある宛名不明の書簡の中で自身の供犠の目的を次のように書いている．

〔……〕私はその少女〔マヌ〕のお母さん（*mā*）となった．そして，この目的を成就するために自身の時間を費やして，私はある１つの偉大な倫理的神秘（*ek mahān naitik rahasya*）を，真理やアヒンサーなどと同様に，全世界（*jagat*）に〔提示することを〕願っている．それゆえ，神（*īśvar*）は適切な時に私に〔それを〕輪廻世界（*saṃsār*）に提示する方法（*sādhan*）を授けてくれた．つまり，もし人々が母性的な視座（*mātṛdṛṣṭi*）を彼らの心の中で発展させるならば，人類の解放（*uddhār*）が起こるのである．［*BPD*: 371］

ガーンディーはここで大供犠の目的，すなわち，「唯一無二の個人性」の達成を，「母性的な視座」を発展させる「偉大な倫理的神秘」であると表現した．そして，この神秘を「全世界」に向けて提示しようとしていること語ったのであった．

(2)独立インドに向けた新たなネーション構想

これまで，大供犠が行われた後に出版されたブラフマチャリヤに関する連載記事を見てきた．それでは，このような大供犠で目指された唯一無二の個人（ヴャクティ）性の達成という目的は，晩年のガーンディーが提唱したセキュラリズム原理といかなる関係にあったのであろうか．

すでに述べたように，ガーンディーが自身の新たなネーション構想を最も頻繁に提唱し始めるのは，独立前後の時期であった[49]．ガーンディーが最初に国家が「世俗的」で，宗教が「個人的」であるべきことを言明したのは，『ハリジャン』紙の 1946 年 9 月 22 日号である．この記事はガーンディーとある匿名のキリスト教宣教師との対談を記録したものである．宣教師は独立後のインドにおける国家と宗教の位置付けについてガーンディーに質問し，ガーンディーは次のように答えた．

> もし私が独裁者であったなら，宗教（religion）と国家（state）を分離するだろう．私は自分の宗教にかけて誓う．私はそれ〔宗教〕のために死ぬ覚悟でいる．だが，それは個人的事柄（personal affair）である．国家はそれに干渉すべきではない．国家はあなたの世俗的福祉，健康，コミュニケーション，国際関係，貨幣などの面倒を見るが，あなたや私の宗教ではない．それは皆の個人的事柄（personal concern）なのだ！
>
> **あなたは私の人生を見なければならない．私が日々どう生きて，どう食べ，どう座り，どう話し，どう振舞っているのかを．私に関わるこれら全ての事柄を総合したものが私の宗教である．**〔*HJ*, 22-9-1946，強調筆者〕

もし，この引用箇所の最初の 6 つの文のみを読むと，ガーンディーの言葉は所謂，消極的自由を保障する政教分離の原則を意味しているように見える．実際に，このような解釈を施した先行研究は，自身の議論を構築する上で，上の引用箇所の最初の 6 つの文しか引用しなかった［Chandra 2004: 11; Skaria 2009: 174］．

しかしながら，ガーンディーは自身の「個人的事柄」という言葉の意味を，続く傍点部においてはっきりと主張している．そして，これらの言葉は大供犠で語られていた言葉とも類似している（「〔行為の〕転変は，その人の心の状態を反映しているのである．仮にある人が話さなくても，その人が持っているグナは睡眠，食，また，行為の習慣によって認められる」)[50]．

実に，この宣教師との対談はガーンディーがニューデリーから大供犠を行うためにベンガルへ出発した直前の時期（1946年9月頃）に行われたものなのであった．換言すれば，ガーンディーの大供犠が開始されようとしている最中で，ガーンディーは国家と宗教との関係をめぐる新たなネーション構想を最初に公に語り始めたのであった．

さらに上の引用箇所にあったガーンディーの「個人的事柄」としての宗教（以下，「個人宗教」と表記する）の意味は，ガーンディーと宣教師との間に交わされた残りの対談の中でより鮮明に示されている．宣教師は上のガーンディーの言葉が語られた後，ガーンディーに，「女性運動，政治運動，科学的運動，あるいは宗教運動のどれが未来の世界に最も長期的な影響を与えるのか」と質問した．これに対して，ガーンディーは，「宗教運動を，その他〔の運動〕と一緒に括ることは間違いである」と述べ，次のように答えた．

> 未来を支配するのは宗教運動である．それは今日でもそうであろうが，〔未だに〕実現していない．なぜなら，宗教は土曜日あるいは日曜日に行われる行事に成り下がってしまっているからである．**それは一人の人間の人生の全ての瞬間に生きられなければならない**．そのような宗教こそ，それが起こった時に，世界を支配するのである．［*HJ*, 22-9-1946，強調筆者］

このように，ガーンディーの説く宗教の個人化とは，単に公共圏からの撤退，つまり，宗教を個人の嗜好・趣味として私事化（privatization）すること，あるいは形式的な習慣とならしめること（「土曜日あるいは日曜日に行われる行事に成り下」げること）を意味するものではなかった．そうではなく，ガーンディーにとっての宗教の個人化とは，個人の内面の深みから，宗教が「人生の全ての瞬間に生きられ」ることによって，逆説的に宗教が「世界を支配する」影響力を発揮することを意味したのである．ここには，ガーンディーの宗教思想の基盤にあるアドヴァイタ的形而上学を見出すことができる．

このことと関連して，同時期に起こったガーンディーの理念に関する次の重要な言葉の変化も見落とされるべきではない．ガーンディーは第一次独立運動を開始した1920年から晩年の1940年に至るまで，しばしば自身のネーション構想を表現する理念として,「多様性の中にある統一性 (unity in diversity / *anektāmāṃ ektā, vividhtāmāṃ ektā*)」について語っていた [*YI*, 8-12-1920; *YI*, 25-9-1924; 8-1-1925; *NJ*, 22-3-1925; *HJ*, 1-12-1933; 2-2-1934; 16-3-1940; *GA* 32: 271]. ガーンディーは, スワラージが達成された際に,「多様性の中にある統一性に我々が至ることができるかどうかに, 我々の文明の美しさがかかっている」[*YI*, 8-1-1925] とし, アヒンサーがそのような「統一性をもたらす力 (unifying force)」[*HJ*, 16-3-1940] として機能しうることを語っていた. つまり, スワラージが達成されたインドにおいて,「ただ1つの宗教がある」状態はありえないのであり, 多様な宗教者が互いを「尊敬と寛容」の心を持って共通の合意を作り上げていく民主主義国家をガーンディーは理想に描いていた [*YI*, 25-9-1924].

ところが, ガーンディーはノーアーカーリーに赴く直前にマヌと宗教間融和の活動について初めて書簡を交わした約1週間前の1946年10月20日に,『ハリジャンバンドゥ』紙上で,「宗教は1つだけではない」と断言すると同時に,「統一性の中の多様性 (*ektāmāṃ vividhtā*)」という理念について語った.

> 宗教は1つだけではない (*dharm ek j nathī*). 根っこが1つであり, 枝が多くあるのである (*mūḷ ek che, śākhā anek*). 多くの枝には多くの葉がある (*anek śākhāne anek pātrāṃ*). 統一性の中の多様性 (*ektāmāṃ vividhtā*)〔という理念〕は, 輪廻世界の美しい戒め (*saṃsārno sundar niyam*) である. [*HJB*, 20-10-1946]

ガーンディーが大供犠を始める直前の時期に, それまでの「多様性の中の統一性」ではなく,「統一性の中の多様性」という理念を語り出したことは示唆的である. すでに述べたように, 前者は多様な宗教者が公共空間で共通の合意を形成していくリベラルな民主主義的理念 (例えば, ロールズの「重なり合う合意 (overlapping consensus)」[Rawls 1993; Taylor 2011a: 5-6, 24, 48] など) を彷彿させるものである. これに対して, 後者は統一性という出発点を前提にした上で, 初めて真の意味での多様性が保証されうると主張するのである. 前者で言われる「統一性」がより政治的レベルの合意を意味していたのに対して, 後者で言われる「統一性」は, 上辺だけではない「互いの心の出会い (*dil mil gae haiṃ*)」[*DG* 2: 277; Tendulkar 8: 247] に根差した「一性（*ektā*, 融和，和解)」や「平等性の情感（*sambhāv*)」[*MP*: 57-65] を基層に据えるものであった[51].

前節で見たように，ガーンディーはマヌとの大供犠において，男性と女性の性（セックス）の二項対立を超越することで，唯一無二の個人性を実現しようとした．それは同時に，ヒンドゥー教徒とイスラーム教徒との間で分断されたアートマンに「一性＝融和（*ektā*)」をもたらせようとする試みでもあった．ガーンディーはまず個（々）人の中でアートマンの一性に根差した平等性の情感が培われることで，初めて多様な真理探求者が平和的に共存する非暴力的ネーションが可能になると考えたのであった．

以上のような個人宗教や「統一性の中の多様性」という新たな理念について語った後，ガーンディーはノーアーカーリーで翌年の2月までマヌと大供犠を行った．そして，大供犠が終わって，ビハールを経由して4月にニューデリーに戻った後，6月から7月にかけて，ガーンディーは自身が大供犠の中で見出した唯一無二の個人性という「偉大な倫理的神秘」を，先に見たように，『ハリジャンバンドゥ』紙上で公開したのであった．

このようなブラフマチャリヤの実験に関する連載記事が掲載された1ヶ月後に，ガーンディーは，『ハリジャン』紙上で，再度，自身が考える個人宗教の意味について次のように語った．

> もしそれ〔宗教〕が誰かの服の着せ替えと同じようなものならば，私は彼らの宗教が極めて貧しいものであると言うことができる．宗教（束ねられた信仰）は，もっと堅固な素材（sterner stuff）で作られている．それは深く個人的な事柄であり，名誉よりも個人的（more personal than honour）である．真実を言えば，それは最も極端な脅迫にさえも抵抗できるようなものでなければならない．[*HJ*, 3-8-1947，丸括弧内の補足語原文]

ここでもガーンディーは，自身の説く個人宗教概念が，単に「服の着せ替えと同じようなもの」ではなく，「最も極端な脅迫にさえも抵抗できる」ような「堅固な素材」で作られた「深く個人的な事柄」であることを主張した（強調筆者）．

この12日後の8月15日に，インドがパーキスターンと分離独立した（パーキスターンは14日に独立）．独立の翌日に，ガーンディーはカルカッタのスコティッシュ・チャーチ・カレッジのジョン・ケッラス学長と対談する中で，自身のセキュラリズム原理の立場について語っている．ケッラスはガーンディーに「教育，宗教，また，国家との関係」について尋ね，ガーンディーは「国家は疑いなく世俗的であるべきだという意見を表明した」．

しかしながら，ガーンディーは自身のセキュラリズム原理に関する意見を述べている時，「突如」，「我々は外国の力を放棄したが，見えざる外国の影響」を放棄できていないと語ったという．その「見えざる外国の影響」とは「イギリスの政治的支配」であると言われた．つまり，ガーンディーは，宗教と国家の分離というセキュラリズム原理を提唱しながらも，その原理が決してイギリスのモデルの追随を意味するのではなく，インド独自のものでなければならないことを主張したのであった［*HJ*, 24-8-1947; *BKA*: 36-7］．

3ヶ月後の11月13日，ガーンディーは再び「個人宗教（*vyaktigat dharm*）」に関する自身の見解を述べた．これは激しい宗教間暴動が続く中で，人々に自身の宗教を遵守することの意義を説いたものであった．

> 彼〔特定の宗教を強制する者〕は，好きなように私の喉を切り裂くことができる．そうさせるがいい．だが，我々は私的宗教（*nijī dharm*）あるいは個人宗教（*vyaktigat dharm*）と我々が呼ぶところの宗教を手放すことはない．世俗世界（*duniyā*）におけるいかなる勢力（*tākat*）もこの宗教を破壊することはできない．〔……〕だが，その宗教を固く保っている人はただ神の命令（*īśvar kā ādeś*）にのみ耳を傾けるのであり，他のいかなるものでもない．［*SGV* 90: 26］

ガーンディーはここで個人宗教を，「神の命令にのみ耳を傾ける」実践を意味することを語った．

同日に，ガーンディーは一国家において「同一性」があることは慨嘆に堪えないことであり，個人宗教において「強制はあってはいけない」ことを説いた．

> そして，それぞれの個人は，宗教に関する完全な独立性（*svatantrtā*，自律性，自立性）を得なければならない．〔しかしながら，〕宗教や1つの国旗の

下に生きる人々の他の様々な事柄において同一性（*samāntā*）が見受けられる．私は人々がそのような同一性（*badhī samān*）にとどまりながら，宗教の名の下で暴力に依拠し（*mārāmārīnī hade*），内戦に没入していることを見て非常に心を痛めている．宗教において強制（*jabarjastī*）はあってはいけない．［*DG* 1: 276］

そして，ガーンディーはこのような個人宗教における強制の禁止を，単に宗教に対する権利の保障という政治的観点からではなく，宗教の深く存在論的性質を考慮した上でそうあるべきと考えた．1947年9月4日に行われた，あるイギリス人のジャーナリストによるインタビューの中で，ガーンディーは自身の信じる個人宗教の意味について次のように述べたことが報告されている．

［インタヴュアー］〔……〕ガーンディージーの全ての活動の根っこには，解脱，［つまり，］救済の願望があります．ではなぜこのことをもっとはっきりした仕方で強調なさらないのですか．

ガーンディージーは微笑みながら答えた．解脱への願望は全くそこに存在しているが，それは他の誰でもなくその人個人に関わるものである．世界は果実に関心を持っており，根っこではない．しかしながら，その木自体にとって中心的な関心は果実であるべきではなく根っこである．それは個人が集中しなければならない**その人自身の存在の深み**に横たわっている．［*CWMG* 89: 143，強調筆者］

このように，ガーンディーは個人宗教が「その人自身の存在の深みに横たわる」事柄であることを語った．それがゆえに，ガーンディーは自身の政治実践の背後にある宗教的目的を言葉によってのみ「強調」することをしなかった．なぜなら，個人宗教は，その人の全生活の中で**生きられる**べきものとされていたからであった．

このような個人宗教に対するガーンディーの理解の表れは，晩年にガーンディーが行った公共的な断食に集約されていた．しかしながら，ガーンディーは断食が極めてデリケートなものであり，最も純粋な無私の動機から行われなければならないことを警戒していた[52]．そして，自身が無私の動機から断食を実行しているかどうかを確かめるためには，自身の「アートマンの省察」が必要不可欠であると述べた．換言すれば，ガーンディーの無性欲状態を達成するための大供犠は，晩年のガーンディーの公共的断食を開始するために必要不可欠な準備でもあったのである．

ガーンディーはニューデリーにおいて，1948年1月13日から18日にかけて行った生涯最後の断食期間中[53]，断食の意味を次のように語った．

> ［1948年1月12日］
> 私の断食は様々な宗教を越えて人々が，外的な圧力からではなく，それが彼ら自身の宗教的義務（*dharm*）〔に適っている〕と理解されることで，互いの心の出会い（*dil mil gae haiṃ*）が達成されたと私が確信した時に終了する．［*DG* 2: 277］

> ［1948年1月17日］
> いかなる観点からも，私の断食は政治的（*rājnaitik*）なものとして理解されるべきではない．それは内なるアートマン（*aṃtarātmā*）の抗うことのできない声（*jabardast āvāj*）に対する応答として理解されるべきである．甚大な苦闘（*mahāyātnā*）を被った後，私は食を断つ決断に至るのである[54]．［*DG* 2: 331］

ガーンディーの見解では，断食はいかなる政治的強制をも意味しない．それは人々が「自身の宗教的義務〔に適っている〕と理解されて」初めて受け容れられるべきものとされた．一方で，ガーンディーは断食を「内なるアートマンの抗うことのできない声」という内的圧力によって開始されるものであることを語った．

ガーンディーのセキュラリズム原理の背後に一貫してあったのは，分節化不可能なアートマン＝ブラフマン＝神という究極的対象から働きかけられる「声」に応じて，個々人が全身全霊をかけて生きることにあった．ガーンディーはたった一人の個人（ヴャクティ）が自身のアートマンを完全にダルシャンした時，それは他の人々のアートマンとの一性＝融和をもたらすと信じていた．すなわち，ガーンディーの晩年に行われた断食は，宗教間暴動によってばらばらになった人々のアートマンを再び結び付けるための最終手段であると言われた．インドが分離独立してから，9月1日にカルカッタで断食を行うまでの間に，ガーンディーは繰り返し断食の目的について次のように語った．

［1947年8月21日］
もしパーキスターンとインドが真実（*sāchuṃ*）なものとなるならば，あたかも身体（*śarīr*）が離れていてもアートマンは1つであるように1つとなるだろう．［*KC*: 46］

［1947年8月23日］
もし我々の心（*hṛday*）が1つとなれば，その時にイスラーム教徒の兄弟は母なるカーリー〔シヴァ神の妻〕を崇拝し，ヒンドゥー教徒はマスジード〔モスク〕を自由に行き来するようになると私は宣言する．［*KC*: 49］

［1947年8月24日］
真の融和〔一性〕（*kharī ektā*）が達成された時に全ての〔望ましい〕結果がある．［*KC*: 51］

そして，8月26日に，ガーンディーは「不動の智慧者」の理想について語った．

だが，もしある人が全てを神（*bhagvān*）に捧げるならば，彼は何を心配するというのだろうか．ゆえに，私は恐らく神（*īśvar*）に対して不信仰（*aviśvāsī*）なのだ．もしそのような信仰があれば，〔つまり，〕もし私が不動の智慧者になれば，その時に私は踊る（*nacuṃ*）だろう．だが，私の努力は継続される．［*KC*: 53-54］

このように語った後，9月1日から，ガーンディーは73時間にわたる断食を開始した．マヌは日記の中で，この断食がカルカッタにもたらした影響を「奇跡（*camatkār*）」と呼んだ［*KC*］．断食開始後にほとんど一夜にして，カルカッタが沈静化したからであった（だが，2週間後には暴動が再発した）．

この「奇跡」に対する実証主義的な評価に関係なく，この出来事が本書の議論において重要な意味を持つのは，この断食の最中に，ガーンディーがそれまで体験したことのない「神」あるいは「アートマンの充足」を得たからであった．「この断食において，私はこれまでのいかなる断食よりも平安（*śānt*）の中にいる」．「〔……〕私は神（*īśvar*）が私の中にいるのを感じる」［*KC*: 80］．すなわち，ガーンディーはこの最晩年の断食によって，一時的ではあるものの，自身のアートマンと現象世界の状態とが非暴力的に一致した「奇跡」的状態を感じることができた．これは南アフリカ滞在期に，プーンカーの暴力的現実を見て受けた「驚異的＝奇跡的（*camatkārik*）」な衝撃とは対照的な体験であったと言える（第3章第1節(5)，また第4章第2節(2)も参照）．

そしてインドの独立から2日後の1947年8月17日，ガーンディーはセキュラリズム原理に基づく民主主義国家の理想について，自身のアドヴァイタ的観点から次のように語った．

> 彼〔ガーンディー〕が願っていたことは，全ての個人の自由な宗教的実践を保証することであった．そして，それによってのみインドは偉大となれる．恐らくインドは文化的民主主義を承認した古代世界における唯一のネーションであった．なぜなら，神は1つで同じであるからである．事実，世界に個人の数があるだけ，その道は存在するのである．［*HJ*, 31-8-1947］

この言葉は8月17日に発せられたが，『ハリジャン』紙上で出版されたのは1947年8月31日であった．つまり，これは上で述べたカルカッタの断食が開始される前日に当たる．

そして，『ハリジャン』紙1947年11月23日号に掲載された全インド国民会議派委員会決議案の第8条に，「会議派の目的」と題して，ガーンディーは自身の考える「真の民主主義（real democracy）」の意味を次のように記している．

> 政治的独立は達成されたが，会議派は次なる偉大な仕事に取り組まなければならない．すなわち，一国における真の民主主義と社会的正義と平等に基づく社会の設立である．そのような社会は全ての男女に機会の平等性と，彼あるいは彼女の個人性の拘束なき発展に向けた働きのための自由を提供しなければならない．［*HJ*, 23-11-1947，強調筆者］

ガーンディーは1947年11月18日に，後に初代大統領となるラージェーンドラ・プラサードと交わした対話の中でも同様に，「天賦の個人性（*pratibhāśāḷī vyakti*）」の思想について語った［*KC*: 305］．すなわち，ガーンディーのセキュラリズム原理に基づく民主主義国家の理想は，ただ私事化した宗教が国家によって保護されているという消極的自由の保障を意味するのではなく，「彼」あるいは「彼女」自身の「唯一無二の個人性」の「拘束なき発展」を推進するための積極的な自由を提供するものだったのである．換言すれば，それは個（々）人が自身の宗教を「深く個人的」なものとして生きている状況を意味し，そのような宗教者は次第に他の宗教者を平等性の情感をもって認め合う一性＝融和の境地に至ることができると信じられた．すなわち，ガーンディーの独立インドに向けた新たなネーション構想とは，最終的に全ての人々が「内なるアートマン（の声）」にのみ従うことで実現する非暴力的ネーション統合を意味するものなのであった．

(3)「おお，ラーマ」

これまで見てきたように，晩年のガーンディーによって提唱された独立インドに向けたネーション構想は，同時並行して行われていたブラフマチャリヤの実験とそこで語られる宗教思想と不可分な関係にあった．ガーンディーの説くセキュラリズム原理，すなわち，宗教の個人化という理想は，ブラフマチャリヤの実験で試みられた無性欲状態を達成した唯一無二の個人性（それは，理想的な女性性＝母性，不動の智慧者，パラマートマンとも言われた）の実現という目的と表裏一体のものとされていた．

とはいうものの，このような晩年のネーション構想で語られる個人宗教＝唯一無二の個人性の実現というあまりに高邁とも言える政治的＝宗教的目的を，そもそもガーンディーは周囲にどれほど理解されうると考えていたのであろうか．ガーンディーは政治的出版物の中で自身の理想を語りながらも，それを実行に移すための具体的な政策について全くと言っていいほど語っていない．むしろ，ガーンディーは自身の身体宇宙論に対する信念から，もしもガーンディー自身が個人宗教＝唯一無二の個人性を実現できれば，自ずと全ての望ましい成果が得られるだろうと語っていた［*GNDD*: 161; *KC*: 51-54］．それゆえに，目下，自身の発言と行動が周囲に混乱と当惑を呼ぶことを，ガーンディーは本質的な問題とは捉えていなかった［*SN*, S. No. 19938］.

しかしながら，高まりゆく宗教間暴動の悲劇は，ガーンディーに自身の努力のみで個人宗教＝唯一無二の個人性を実現することはもはや不可能であるとの強い認識に至らしめた．このような時期にあって，ガーンディーは自身の意思と力を遥かに越えた「神の恩寵（*īśvarkṛpā*）」に依り頼む必要を語るようになっていた．より具体的には，ガーンディーは自身の政治的出版物の中で，「ラーマの唱名（*rāmnām*）」というマントラ・バクティ（＝マントラ（真言，聖なる言葉，呪文）によるバクティ実践）の意義を強調するようになった．

例えば，本節(1)で引用した『ハリジャンバンドゥ』紙上の「唱名の印（Nāmsādhanānāṃ Cihn）」［*HJB*, 29-6-1947］と題した記事の中では次のような内容が書かれていた．

〔『バガヴァッド・ギーター』の〕一節において言われていることは，ラーマ・バクタ〔ラーマのバクティを行う者〕（*rāmbhakt*）と不動の智慧者（*sthitprajña*）において違いはないということである．〔……〕

ラーマの唱名は身体の転換（*śarīrnuṃ parivartan*）を起こす秘法（*kīmiyo*）である．精液の全ての結集（*vīryano mātr sangrah*）は，蓄積され続けた富（*dāṭī rākhelā dhan*）のようである．そこから生まれる効果的なシャクティ（*amogh śakti*）は，ラーマの唱名によってのみ可能である．〔自力的な〕結集（*saṅgrah*）のみでは蹉跌をきたしてしまう．その失敗はいつでも起こってしまう．だが，ラーマの唱名に触れながら生きるならば，ウールドヴァガーミー（*ūrdhvagāmī*，ウールドヴァレーターにおける精液の上昇）が起こり，その失敗は起こりえないだろう．

身体の育成のためには，純粋な血液が必要であるように，アートマンの育成のためには，純粋な精液のシャクティが必要である．これを神的シャクティと呼ぶ．そのシャクティは，全ての感覚器官の弛緩を回復できる．それゆえに，ラーマの唱名が心（*hṛday*）の中に印される（*aṅkit*）ということは，新しい人生（*navuṃ jīvan*）の始まりと見なされうるのである．この戒律は，若者，年寄り，女性，男性，全てに適応されるべきものである．［*HJB*, 29-6-1947］

このように，ガーンディーは晩年において，「不動の智慧者」や「ウールドヴァガーミー」の状態を達成するためには，ラーマの唱名が必要不可欠であると説くようになっていた．

ガーンディーがラーマの唱名の重要性を最初に公に語ったのは，ヤラワダー刑務所から出獄して1年が経過した1925年のことであったが，この実践・思想の意義を最も頻繁かつ熱心に語るようになったのは1946年以降のことであった[55]．

そして，晩年のガーンディーはラーマ・バクティの実践を，次第に自身の死を予兆する言葉と共に語るようになっていった．例えば，1947年3月22日，つまり，前章の第2節(1)で見た大供犠後にビハールで交わされたスワーミー・アーナンドとケーダル・ナートとの「極秘」の議論の約1週間後，ガーンディーは朝食を取っている時，ふと目の前にいたマヌに次のように語った．

> もし私がラーマの御名を唱えながら最期の息を引き取ることができれば，それは私が目指して公言してきたこと〔アートマ・ダルシャン，解脱〕の徴なのである．［*BKA*: 85-86］

晩年のガーンディーはしばしば自身が没する瞬間に，ラーマの御名を唱えることができれば，神の恩寵によって自身の最終的目的を達成できると主張するようになった［*HJB*, 29-6-1947; *PP* 1: 352-356, 398-402; *PP* 2: 328-330; *DG* II: 376, 382-383］．

そして，ガーンディーは上の言葉を語ってからわずか1年足らずの内に，ヒンドゥー大連盟（マハーサバー）の成員であるナトゥラーム・ゴードセー（1910-1949）によって銃殺された[56]．この銃弾を受けた直後に，ガーンディーによって発せられた生涯最期の言葉が，「おお，ラーマ（*He*, Rām）」であったことはよく知られている［Suhrud and deSouza 2010］．

ガーンディーのラーマ・バクティの思想が語られていた出版物は，これまで見てきたブラフマチャリヤの実験やセキュラリズム原理が書かれていた同じ『ハリジャンバンドゥ』紙，『ハリジャン』紙，『ハリジャン・セーヴァク』紙であった．このことを鑑みても，ガーンディーが晩年に提唱するようになったセキュラリズム原理を，それまでのガーンディーの宗教的政治思想と対立するものとして位置付けることは不可能である．ガーンディーは晩年の公私に跨るあらゆる実践を通して，全生涯にわたって一貫して継続してきた宗教と政治を一致させようとする「真理の実験」を，最も赤裸々な形で人々に提示しようとしたのであった．

5. 結　語

本章では，ガーンディーが晩年に行ったブラフマチャリヤの実験（大供犠）が，同時期にガーンディーが提唱するようになった独立インドに向けたネーション構想であるセキュラリズム原理といかに関係するものであったのかを論じてきた．

ガーンディーは1932年のコミュナル裁定をめぐるアンベードカルとの対立を機に，反不可触民運動にますます精力的に取り組むようになっていった．この時期に，ガーンディーは生涯の中で最も頻繁に公共的な断食を行った．この断食実践の最中で，ガーンディーは人間のようにはっきりとした内なる声（「神の霊感」）を聞く神秘体験をした．このことはアートマンの浄化と現象世界のあり方には「極めて重要な関係がある」とする身体宇宙論に対するガーンディーの認識を確固たるものとした．

1930年代後半からは，国内で高まる宗教間（コミュナル）対立の問題に応じていかなければならなくなった．州議会選挙後に発生した会議派とムスリム連盟との「思いがけないねじれ」は，ガーンディーにとって，自身のブラフマチャリヤの実験における精液漏洩の問題と不可分のものとされていた．1936年と1938年に起こった覚醒時の非自発的な射精体験は，ガーンディーの人生において「最悪の事態」あるいは「堕落し，穢れた，拷問のような体験」であったと言われた．

そして，現象世界の暴動の根源的原因を自身のアートマンの未浄化にあるとしたガーンディーは，1946年のカルカッタ大暴動を機に，「完全なブラフマチャリヤ」の成功を目指して，ノーアーカーリーでマヌとの裸の同衾の実験を行った．大供犠と呼ばれたこの実験において，ガーンディーは男女の二項対立的な性（セックス）の超越による女性性＝母性（あるいは，不動の智慧者，パラマートマン），すなわち，唯一無二の個人（ヴャクティ）性の実現を試みた

こうした晩年の実験で掲げられた唯一無二の個人性の実現という宗教的目的

は，ガーンディーのセキュラリズム原理で主張される宗教の個人化の「個人」概念の意味を理解する上で鍵となるものであった．ガーンディーの説く宗教の個人化の思想は，宗教を「土曜日あるいは日曜日に行われる行事」あるいは「誰かの服の着せ替えと同じようなもの」とする私事化（プライヴァタイゼーション）とは異なり，完全な自己統制を達成することで，個人の宗教的信念の基層にある「内なるアートマン（の声）」に忠実に生きることを促すものであった．そして，そのような内なるアートマンは個人の「存在の深み」に関わるものであり，ガーンディーのアドヴァイタ的理解から他者の宗教的信念の基層にも通ずるものとされた．ゆえに，一個人（＝ガーンディー自身）の宗教探求は最終的に全ての宗教（探求）者との心の融和＝一性をもたらし，このような人々の心理状態が達成されることによって初めて，多様な宗教者が平等性の情感をもって共存する非暴力的ネーションが実現すると信じられた．

しかしながら，ガーンディーの最終的な独立運動のプロジェクトも分離独立の悲劇に対して何ら効力を発揮することがなく，ガーンディーの「一つの国民（プラジャー）」の理想はことごとく粉砕した．分離独立後にガーンディーがカルカッタで行った命がけの断食も，一時的に「奇跡」的な宗教間融和をもたらしたに過ぎなかった．この時期のガーンディーはいかなる意味でも自身の理想に楽観的でいることはできなかった．

次第にガーンディーは，自らの力と意思を越えた超越的対象である「神の恩寵」に依り頼む必要を熱心に説くようになっていった．独立後に迎えた生涯最後となる78歳の誕生日に開催された祈りの集会において，ガーンディーは宗教間暴動に対する自身の「どうしようもなさ」を告白し，「人々が野蛮になって虐殺を行っているのを無力なままに見ているよりも」，「今すぐ死んで」しまった方が良いとまで語った．そして，「遍在する『力』の助けによって」，ガーンディーは無数の死者の叫びが聞こえる「『涙の谷』から〔自身を〕連れ去っていただくように」と神に祈り求めた[57)]．

この3ヶ月後，すなわち，1948年1月30日午後5時17分，「二人の杖」の力を借りて，ビルラー邸庭園内の祈りの集会に向かう途中，銃弾3発を受けたガーンディーは，ラーマの御名を口ずさみながら，「インドを無秩序状態のままで去った」[Devji 2012: 151]．

1) 原物史料は，グジャラーティー語．だが，本書の序章第3節(2)で述べたように，マヌとの実験が行われていた時期の史料は，『全集（G)』に編纂されていない．それゆえに，ここでは『全集（H)』に収録されたヒンディー語訳を用いた．

2) 序章第3節(2)参照．

3) 言うまでもなく，この時期のインドの内政は，これら2つに止まらない多様なレベルの政治的社会的対立の問題（会議派やムスリム連盟内部の分裂，これらの政党以外の諸政党との対立，藩王国の位置付け，社会主義運動の勢力拡大，資本家と労働者との対立など）に見舞われるものであった．これら全てを扱うことはできないので，本書ではヒンドゥー教徒とイスラーム教徒との宗教間対立と，カースト・ヒンドゥーと不可触民との階級間対立に議論を絞る．

4) ロンドンで開催された英印円卓会議（本章注17参照）の成果を集約したものとして，イギリス政府が1932年8月16日に発表した裁定．ヒンドゥー教徒，イスラーム教徒，不可触民カーストを始めとした12に細分された選挙区を有する分離選挙制度の導入を容認した．

5) それら5度の断食期間は以下の通りである．(1) 1932年9月20日～26日，(2) 1932年12月3日，(3) 1933年5月8日～29日，(4) 1933年8月16日～23日，(5) 1934年8月7日～13日．

6) A. ジャラールが指摘するように，「二つのネーション論」の「淵源にあたる種のもの」は，少なくとも半世紀前には存在していた．例えば，1880年代に，S. A. カーンはイスラーム教徒が国民会議から離脱し，イギリスから政治的権限を付与してもらうよう呼びかける中で，「二つのネーション」について語っていた［Jalal 1994: 52, note. 30］．だが，B. パーレークが論じるように，「ジンナーの偉大な貢献は，イスラーム教徒を一つのネーションとして定義し，ムスリム・ナショナリズムを理解し易い用語で分節化することで，大衆を動員したことにあった」と言える［Parekh 1989: 175］．

7) 第二次世界大戦中の戦況の悪化に応じて，イギリス首相のチャーチルは，インドの戦争協力を求めるために，1942年3月に，クリップス使節団をインドに派遣した．使節団は，インドの戦争協力と引きかえに，戦後に自治領としての地位をインドに与えることを提案した．だが，J. ネルーを代表とする会議派は，もしインド側が戦争協力をする場合，戦争の終了に先立って，イギリスがインドの民族政府樹立を認めなければならないとし提案を拒絶した．ガーンディーも自身の非暴力主義の立場から使節団の提案を拒絶し，イギリスの即自撤退を要求した．

8) 例えば，ムスリム連盟は会議派に対抗してインドを「分割して立ち去れ（Divide and Quit)」のスローガンを掲げて独自の運動を推進していった．

9) ジンナーはラマダーンの18日目（8月16日）を「直接行動の日（Direct Action Day)」とし，ムスリム連盟側の分離独立構想に相容れないイギリスの独立計画案に抗議した．抗議運動には平和的手段が採られるべきことが主張されていたが，連盟の意図は民衆に伝達されず，運動で激昂したイスラーム教徒は，銃・ナイフ・棍棒などあらゆる物理的手段を用いてヒンドゥー教徒の虐殺を開始した.

10) ベンガル以外にも，パンジャーブ，ビハール，連合州，北西辺境州でも暴動は大規模に拡大していった.

11) 4ヶ月の滞在中，大供犠が行われたのは1946年12月19日から翌年2月25日までの期間であった.

12) これは，ガーンディーによる1947年1月1日付のパラスラーム宛ての書簡の言葉である［*NKB*, Group 14, S. No. 53］. 同様に，1月9日付の書簡でも次のように語った.「私は何事も秘密に行いたくはない. 私は何かを宣伝しようとしているのでもない. 私にとってそれは〔実験〕は，神聖なものなのである. だが，私がことごとく間違いを犯していると考える者は，いつでも自由にそのように訴えて良いし，好きなように解釈する自由がある」［*NKB*, Group 14, S. No. 57］.

13) なお，ガーンディー自身は，英語の "secularism" という言葉を使用していない. だが，"secular" という語は，しばしば英語の史料の中で用いられている. さらに，1940年代には国家と宗教との関係について語られたヒンディー語の史料の中でも，デーヴァナーガリー文字で "*sekular*" が音写されるようになった［*SGV* 90: 121］. これらの点を考慮して，筆者は晩年におけるガーンディーのネーション構想を，「セキュラリズム」と呼ぶことは可能であると考えるが，同時にそれがガーンディー独自のものであることを強調しておきたい.

14) 例えば，B. チャンドラは晩年にガーンディーが提唱したセキュラリズム原理が，19世紀ヨーロッパで推進された社会を世俗化しようとする試みと類似したものであったと論じる［Chandra 2004: 12-13］. また，K. サンガーリーは，ガーンディーのセキュラリズム原理が西洋的政教分離の思想に親和的な「ネルー主義的セキュラリズム」として解釈可能であると結論する. そして，このようなガーンディーのセキュラリズム原理は，「宗教（の精神）と政治とを融合させようとするそれまでの〔ガーンディーの〕主張に対立する」ものであったと指摘する［Sangari 2002: 17, 丸括弧内の補足語原文］. A. スカリアもサンガーリー同様に，ガーンディーのセキュラリズムをネルー主義の一環として解釈する［Skaria 2009: 182-183］. A. ビルグラーミーは，ガーンディーが自身の「セキュラリズムの意味」を変えたことはないとするが，確かに晩年においてガーンディーはセキュラリズムの「理解をめぐる材料（*substance*）と用語（*idiom*）」を変更したと論じる［Bilgrami 2014: 349, note. 11, 強調原文］.

15) ガーンディーの真理概念と無神論との関係については，A. Bilgrami［2011: 113］や A. Raghuramaraju［2017: 351］を参照されたい. だが，ここで注意すべきことは，確かにガーンディーは「神（*īśvar*）」を信じない無神論者も，自身の真理の実験の参加者になりうることを述べていたが，そもそもガーンディーの真理概念自体が，A. クマールが言うように，「存在神学（ontotheology）」としての性質を帯びていたということである［Kumar 2015: 106］.

16) ガーンディーはイギリス政府との間に，製塩許可や投獄されていた政治犯（サッティヤーグラヒー）の釈放等と引き換えに，サッティヤーグラハ闘争の停止と第二回英印円卓会議（本章注 17 参照）の出席を約束した．

17） 1930 年から 1932 年に，ロンドンで計 3 回にわたって開催されたインド憲政を議題とする会議．第 1 回会議は 1930 年 11 月から翌年 1 月，第 2 回会議は 1931 年 9 月から 12 月，第 3 回会議は 1932 年 11 月から 12 月に開催された．これら一連の会議の成果をもとに，イギリス政府によって，1935 年の新インド統治法（本章注 37 参照）が作成された．

18） 内閣交代を経たイギリス政府は，ガーンディーが帰国する以前に，協定を無視して，ネルーやアブドゥル・ガッファール・カーンといった会議派の主要人物を逮捕し，会議派運営委員会を非合法としていた．

19） インドにおける反不可触民運動の歴史は，1873 年にジョーティーラーウ・フレー（1827-1890）によって設立された真理探求協会（Satyaśodhak Samāj）に遡る．だが，運動が大衆規模に政治化していったのは，1920 年代後半であり，それはアンベードカルのカリスマ的指導力によるところが大きい．ガーンディーの塩の行進が開始されるわずか 10 日前の 1930 年 3 月 2 日にも，アンベードカルはマハーラーシュトラ北西部のナーシクのカーラーラーム寺院で不可触民に対する寺院解放運動を行っていた［Rodrigues 2015: 10-11］．

20） しかしながら，分離選挙制度の要求を撤回する代わりに，ガーンディーは不可触民のために 148 の保留議席を確保することを約束した．

21） アンベードカルは自著の『カーストの撲滅（*Annihilation of Caste*）』（1936）の中で，プネー協定の時を振り返って次のように語っている．「マハートマーとして，彼〔ガーンディー〕は政治を霊的なものにしようとしている．〔……〕政治家は社会が全ての真理を背負うことができないことを知らなければならない．つまり，全ての真理を語ることは彼の政治にとって良くないものであるならば，彼は全ての真理を語るべきではない．〔……〕彼は政治における自分の居場所を失うだろう．〔……〕マハートマーは考えるという行為〔の意義〕を信じていないようである」［Ambedkar 2016: 91-94］．ここでアンベードカルが語る「政治を霊的なものにしようとする」行為とは，単に個別の宗教的信念に固執することを意味したのではない．そうではなく，アンベードカルは「全ての〔インド人にとって公平であるような〕真理」を政治家が代表することは非現実的であることを批判した．

例えば，ガーンディーの秘書マハーデーヴ・デーサーイーは，ガーンディーが断食を開始して 4 日目の夕方に，アンベードカルがガーンディーのもとにやって来た時のことを，自身のグジャラーティー語の日記の中に記録している．それによると，アンベードカルはガーンディーに対して次のように語ったという（アンベードカルの英語の言葉を，デーサーイーがグジャラーティー語に翻訳して記録した）．「あなたに対して私から 1 つだけ抗議したいことがあります．あなたは我々〔不可触民のコミュニティ〕のためだけ〔に活動しておられるの〕ではなく，いわゆるネーションの福祉（*rāṣṭrīya hito*）〔＝全ての真理〕のために活動しておられます．もしも，我々のためだけに活動されるなら，あなたは我々が慕って止まない英雄（*lāḍīlā vīr*）となるでしょう」［*MD* 2: 70］．

アンベードカルにとってガーンディーの行為が非合理的で「霊的」性質のものに思えたのは，ガーンディーが「ネーションの福祉」，つまり，「全ての真理」のために行為しようとしたからに他ならない．ガーンディーは自身の直感に信頼しながら，常に全インド人の利害の妥協点を模索した．ガーンディーが不可触民制度の廃止を求めながらも，四姓四住期のシステムを維持しようとしたこともこのような観点から理解される必要がある．

22）本章注5参照．

23）書簡では，ガーンディーは誤って「1932年」と記している．

24）ガーンディーは生涯に30回（南アフリカでの1日1食の減食，毎年4月6日と13日の断食，沈黙の月曜日の断食を除く）の断食を行ったが，その中でも，21日間の断食が最長であった．ガーンディーは，21日間の断食を生涯に3度行った．それらは，1933年のものを除いて，1924年9月18日から10月8日にかけて，デリーで行われた宗教間暴動に対する贖罪の断食と，「インドを立ち去れ運動」時の1943年2月12日から3月4日にかけて，プネーでイギリスの圧政に対して行われた抗議の断食である．

25）ガーンディーは，1933年7月20日に，『タイムズ・オブ・インディア』紙のインタビューで，個人的サッティヤーグラハ（＝市民的不服従）について次のように語っている．「大衆的市民的不服従においては，多くの人々が羊のように行動するので，特定の指導者の下で行動し，皆で一緒にいちかばちかの行動をすることになる．個人的市民的不服従では，全ての人が自分自身を指導者とするので，個人の弱さは他人に影響を与えない．100万人の個人が全て個人的不服従をするならば，その一人一人が他者から独立して，自分自身の責任によって行動するのである」［*CWMG* 55: 281］．

26）その後，サーバルマティー・アーシュラムは，「ハリジャン・アーシュラム（Harijan Āśram）」と改名された．そして，ハリジャン・アーシュラムでは以前のような大規模な政治運動は行われず，住人には専ら糸紡ぎ車に集中することが指示された．

27）この覚書には日付が記されていない．だが，覚書の中で論じられている内容から，それが少なくとも1930年以降に書かれたものであったことは確実である．本書の序章第3節(2)で述べたように，『全集（G）』は82巻しか出版されておらず，この書簡は『全集（G）』に収録されていない．それゆえに，ここでは『全集（H）』に収録されたヒンディー語訳［*SGV* 95: 259-261］を用いるが，グジャラーティー語もヒンディー語もサンスクリット語に由来した概念の多くを共有しているので，本節の議論の解釈に大きな影響を与えることはない．

28）一般的に「性質（quality）」や「帰属性（attribute）」を意味するが，サーンキヤ哲学においては「プラクリティの原料（ingredient）あるいは構成要素

（constituent）」や「実在物の主要な性質」などを意味する［Monier-Williams 1899: 357］.「ヴァクティ」同様に，サンスクリット語の意味を強調する目的で，本節ではカタカナ表記を用いる.

29）「固有の（congenital）」,「生来の（innate）」,「遺伝的な（hereditary）」,「原初的な（original）」,「自然な（natural）」などの意［Monier-Williams 1899: 1193］.「ヴァクティ」と「グナ」同様に，サンスクリット語の原義を強調する目的で，本節ではカタカナ表記を用いる.

30）ここでガーンディーが「アートマンのグナ」の意味を「ヴァクティのグナ」と直結させていない点に留意する必要がある．ガーンディーは前者をあくまで「サハジャ」概念で形容している.

31）これらはサーンキヤ哲学においてプラクリティを構成する3つの構成要素（「三徳性（*triguṇa*）」）で，それぞれ「善性（goodness）」,「熱情（passion）」,「闇（darkness）」を意味する［Monier-Williams 1899: 357］.

32）サーンキヤ哲学の宇宙論は汎インド哲学的なもので，ガーンディーが精読した『バガヴァッド・ギーター』や『ラージャ・ヨーガ』にもその知識が散在している．また，南アフリカ滞在期にラージチャンドラがガーンディーに送ったハリバドラの『六派哲学綱領（*Ṣaḍ-Darśana Samuccaya*）』においても，その基礎知識が一章分を割いて説明されている（第3章「サーンキヤ（Sāṅkhya）」［Haribhadra 1986: 44-59］）．ガーンディーがサーンキヤ哲学の基礎知識に精通していたことは，マハーデーヴ・デーサーイーの没後の1946年に，サーンキヤ哲学の宇宙論について詳細に論じたマハーデーヴ・デーサーイーの『ギーター』研究を，ガーンディーが自身の『ギーター』注解書の中に収録していることからも明らかである［Desai 1946: 21-26］.

33）この時期に，『ヤング・インディア』紙や『ナヴァジーヴァン』紙上に，ガーンディーが掲載した記事の内容は，専ら「ヒンドゥー教徒とイスラーム教徒の緊張」の原因やその「融和」に向けた解決方法を説くものであった［*YI*, 29-5-1924; 5-6-1924; 12-6-1924; 19-6-1924; 26-6-1924; 3-7-1924; 10-7-1924; 17-7-1924; 24-7-1924; 31-7-1924; 7-8-1924; 14-8-1924; 21-8-1924; 7-9-1924; *NJ*, 25-5-1924; 1-6-1924; 5-6-1924; 8-6-1924; 15-6-1924; 22-6-1924; 29-6-1924; 20-7-1924; 27-7-1924; 3-8-1924; 10-8-1924; 14-8-1924; 17-8-1924: 28-8-1924: 4-9-1924］.

34）他の21日間の断食については，本章の注24参照.

35）1936年5月6日宛ての書簡で，ガーンディーはプレーマーベーンにこの出来事に関する最初の報告をしている［*GN*, S. No. 10380］.

36）ちなみに，『ハリジャン』紙1936年12月19日号・26日号の記事の中では，ガーンディーが「眠っている間（Whilst I was asleep）」に事が起こったとされ，精液漏洩についても報告されず，ガーンディーが「最終的にこの感情を克服した」と書かれてある．このように公の出版物である『ハリジャン』紙の内容は，ガーンディーのグジャラーティー語の書簡の内容と重要な点で異なっている．『ハリジャン』紙上の記事の変更は，ガーンディー自身の手によるものなのか，秘書が行ったものなのかは定かではない．いずれにしろ，『ハリジャン』紙上の記事の内容は，性欲を克服した「マハートマー」としてのガーンディー像を歪めまいとするものとなっている．

37） 「1935年インド統治法（Government of India Act, 1935）」．サイモン委員会と3回にわたる英印円卓会議を経て1935年8月2日に成立した．藩王国も含めた連邦制の採用と州の責任自治制の導入などが約束された．しかしながら，実際には様々な留保事項を設けることで，1919年のインド統治法（第4章注12参照）と変わらず自治は極めて制限されたものに過ぎなかった．

38） ちなみに，ガーンディーの秘書であったN. K. ボース［Bose 1972］とピャーレーラール［Pyarelal 1958: 569–605］は，ガーンディーの没後に，英語でノーアーカーリーの融和活動について研究書を書いている．これらの記録は，歴史史料として重要な意味を持つが次の点に注意が必要である．まず，ボースの研究書の解釈は後述する通り，当時流行していたフロイト理論（「抑圧（repression）」）に依存するものであった．また，近年，ヒンディー語で書かれたスシーラー・ナイヤル（＝ピャーレーラールの妹）によるピャーレーラールの伝記は，実験が行われていた時期に，ピャーレーラールがマヌに恋心を抱いていた（＝「マヌに惹かれていた（*Manu se ākrṣit the*）」）ことを記している［Naiyar 2011: 223–224］．このことは，筆者がニューデリーにあるインド公文書館で収集したボースの原物史料からも確認できている．ボースは1947年2月4日付のガーンディー宛ての書簡で次のように書いている．「私はマヌがあなたにすでに伝えたように，ここで非常に苦悶していることを理解しています．彼女はいくらかの悩みを私に打ち明けました．彼女は段々P〔ピャーレーラール〕に対する尊敬を失っていると私に伝えました．なぜなら，後者〔ピャーレーラール〕は彼女の明らかな拒絶にもかかわらず，彼女を追いかけているからです．そして，その際に，彼〔ピャーレーラール〕は彼女にそのような事態になったら〔拒絶されたら〕自殺するとまで言ったそうです」［*NKB*, Group 14, S. No. 62]）．マヌに激しい恋心を抱いていたピャーレーラールが，ガーンディーとマヌが裸の同衾を行っているのを知って激しく混乱したことは容易に想像ができる．ピャーレーラールの研究書を読む際には，このような彼自身の個人史にも留意する必要がある．

39） 二人の親密な交流は，1944年2月に，ガーンディーの妻カストゥールバーが没する1年前から始まっていた．この時期に，病床のカストゥールバーはマヌを指名して自身の看病を任せていた．ガーンディーたちと生活を共にする中で，マヌはカストゥールバーとガーンディーの両方に身近に仕えるようになっていった［Manubahen Gāndhī 1949: 3–8］．

40） この頃，ガーンディーは毎朝4時前に起床し，平均20時間を融和活動に費やしていた．

41） ボースは，1947年3月1日付のガーンディー宛ての書簡で，「私は確実に彼女

〔マヌ〕に〔実験を〕やめるように言っていたことでしょう．マヌはそういったタイプの人ではないので，現在の決断があります」と書いている［*NKB*, Group 14, S. No. 66］.

42）同時に，ボースも1947年1月1日付のガーンディー宛ての書簡で，ガーンディーのかかりつけの医師であるスシーラー・ナイヤル（第5章第1節(3)参照）が，「彼女〔スシーラー〕自身の母から受けた感情以外の何ものをも決して〔ガーンディーから〕感じたことはなかった」とボースに伝えていたことを報告している［*NKB*, Group 14, S. No. 55］.

43）J. バーグチーによれば，近代ベンガルの男性知識人の間において，19世紀の西洋社会を特徴付ける母性イデオロギー（「女性を出産の機能や子育ての役割に排他的に制限する家父長的支配」）は「莫大な重要性を持ち，ナショナリズムを促進した」．また，「植民地ベンガルにおける母性の称揚」は，「実践的世界における女性の力を奪う」ものであり，「単にイデオロギー的領域にのみ存在していた」［Bagchi 1990: 65］．その他，植民地期のインド人知識人の間の女性（＝母性）観については，P. Chatterjee［1993: 116-157］，J. Singh［2003: 79-119］，N. Chaudhuri［1988: 517-535］を参照されたい．

少なからぬ先行研究は，ガーンディーの女性＝母性観を，こうした女性＝母性イデオロギーになぞらえながら理解してきた．例えば，S. パテールは，ガーンディーの女性観が同時代のインド人の「中流階級の〔社会〕改革者によって分節化されていた女性像に制限されるもの」であったと述べる［Patel 1988: 379］．M. キシュワルはガーンディーが独立運動に女性参加を促したことを評価しながらも，ガーンディーの政治言説の中には，「時代遅れの家父長的偏見」が見出されると指摘する［Kishwar 1985: 1691］．S. アーナンドは，ガーンディーのヒンドゥー教神話を用いた宗教的政治思想に，「女性に対する抑圧」的側面があったと批判的に論じた［cf. Lal 2008: 59］．これらのガーンディーに対する「フェミニスト的解釈」についての詳細は，V. Lal［2008: 59-61］とD. Hardiman［2003: 116-122］を参照されたい．ちなみに，本邦においても，山折哲雄は，ガーンディーの女性観はエドワード・サイードのオリエンタリズムと同じ構図を孕む男女の「非常に単純化された」二項対立に根差すものであったと論じている［山折 2013: 128-132］.

44）本書の第5章第1節(3)で論じたように，ガーンディーはブラフマチャリヤの実験において適切に「精液の転換（*vīryanuṃ parivartan*）」が起これば，「彼の生殖器官も異なる形に変化するだろう（*jannēndriyē paṇ juduṃ rūp līdhuṃ haśē*）」と述べていた．この点について，ガーンディーのブラフマチャリヤの実験・思想は，ラーマクリシュナが体験した身体変容を彷彿させるものである．ラーマクリシュナの弟子のスワーミー・サーラダーナンダは，ラーマクリシュナがバクティ実践中に体から「血が流れ出した」ことをサーラダーナンダに報告したとラーマクリシュナの伝記の中で記している［Saradananda 1957: 235, 238］．そして，サーラダーナンダは次のように述べる．「彼〔ラーマクリシュナ〕は，自身を女性に見立てる思考にあまりに埋没していき，夢の中でさえ自身がもう1つの性別の人間〔男性〕であると見なせなくなった．彼の身体と感覚は自然と女性のそれらのように機能するようになった」[Saradananda 1957: 238].

45) ちなみに，ウッドロフが依拠した『マハーニルヴァーナ・タントラ』の特徴の1つは，女性原理であるシャクティが「慈悲深い」非暴力的性質を持っているのと同時に，それが能動的性質を帯びていることにあった［Hazama 2017: 1416］．また，この点については，J. ウッドロフ［Woodroffe 1920: 436-439］も参照されたい．

46) 第5章注17参照．

47) この点で，J. ブラウンは例外的に，ガーンディーの女性観の複雑性に着目している．「彼〔ガーンディー〕は意識的レベルでも無意識的レベルでも，ヒンドゥー教の女性観における両義性から深く影響を受けていた．つまり，誘惑する主体であり，神秘的力の源であり，自己犠牲の象徴としての妻や母としての女性である」[Brown 1989: 209].

48) 語の意味の詳しい説明は後述．

49) だが，英語の「世俗国家（a secular State）」という言葉がガーンディーの文書に最初に現れるのは，『ハリジャン』紙1942年1月25日号であった．とはいえ，そこではまだ「個人宗教」の発想については語られていない．また，ガーンディーは1940年から分離独立を懸念して多元的宗教社会の意義を強調するようになっていた［*CWMG* 72: 26-27］.

50) 晩年のガーンディーが語っていた，「私の人生が私のメッセージである（*māruṃ jīvan māro sandeśo che*）」［*HJB*, 7-12-1947; *CWMG* 89: 156］という有名な言葉もまた，ここで語られるガーンディーの言葉と密接に関連するものであったと言えよう．

51) この意味で，40年以降のガーンディーの思想は，それまでのガーンディーの思想に見出された宗教的包括主義（第5章第3節(3)）をより強く示すものであったとも言える．

52) 例えば，ガーンディーは1946年10月頃に，自身の運動の協力者（匿名）に断食について次のように語った．「断食は機械的に行われることはできない．それは力を持つがゆえに，未熟なまま行われることは危険である．それは完全な自己浄化を必要とし，そこでは死に直面するよりも多くのものが求められるのであり，いかなる報復の想いがあってはならない」［*CWMG* 85: 481］．その他，類似した主張は，1933年以降，ガーンディーによって語られている［*GA* 55: 248-52; *CWMG* 90: 202-203, 408-411; *HJB*, 21-4-1946］.

53) 生涯最後の2つの長期的断食は，1947年9月1日から4日にカルカッタと，1948年1月13日から18日にニューデリーで行われた．また，インドが独立した1947年8月15日にも，カルカッタで1日以内の短い断食が行われた．

54) この言葉はヒンディー語で語られ，マヌによってグジャラーティー語で記録された．

55) 南アフリカ滞在期においても，1914 年 3 月 8 日付のマガンラール宛ての書簡の中で，ガーンディーは一度だけラーマの唱名の重要性を語っている［*GA* 12: 375］. また，『ナヴァジーヴァン』紙 1920 年 11 月 30 日号でも，再びガーンディーはラーマの唱名について言及しているが，そこでは「鸚鵡のようにラーマの御名を復唱することによって解脱（*mokṣ*）を得ることはできない」とその実践の否定的意味について語ったに止まる．ガーンディーはヤラワダー刑務所から出獄した翌月に当たる 1924 年 3 月以降，私信の中で，ラーマの唱名の重要性を再び語るようになった［*GA* 23: 294-295; 25: 108, 129; *SN*. S. No. 32776］．このことは，ガーンディーが獄中でトゥルシーダースの『ラーマチャリトマーナス（*Rāmcaritmānas*)』を読んだことが関係していた［*GA* 23: 302］．そして，1925 年 1 月 28 日にグジャラートのスーラトのヴェードチーで開催された「カーリーパラジ（Kāḷīparaj)」という呼称で知られるドゥバラー・カーストの人々の会議で，ガーンディーは初めて公にラーマの唱名の重要性を語った［*MD* 7: 113］．だが，1928 年以降，ガーンディーはラーマの唱名の重要性を公の出版物で語ることがなくなった．その後，ラーマの唱名の重要性が再び公に語られるようになったのは，1946 年以降のことであった．

56) ゴードセーはガーンディーを暗殺後，パンジャーブ高等裁判所で死刑判決を受けて 1949 年 11 月 15 日に絞首刑が執行された．ゴードセーは裁判が開始される直前に，自身が暗殺に至った動機を法廷で語った．その中には，次のような言葉がある．「〔南アフリカから〕インドに帰国して以降，彼〔ガーンディー〕は何が正しく何が間違っているかを最終的に自分のみが審判する主観的な思想を発展させていった．もし国家が彼の指導を仰ぐならば，彼の無謬性を認めなければならない．もし認めなければ，彼は会議派から超然と無関係であるかのように振る舞い，自身の独自の道を歩む．そのような態度に抗ういかなる妥協的道もない．会議派は自らの意思を彼に服従させ，彼の全ての奇行，気まぐれな社会性，形而上学，原始的な展望の脇役を演じるか，彼なしでやっていくかのいずれかしかなかった」［Godse 1993: 49］．ゴードセーにとって，ガーンディーは「真理と非暴力の名の下に国家に甚大な災難をもたらせた暴力的平和主義者」に他ならなかった［Godse 1993: 40-41］．

57) ガーンディーは自身の誕生日にニューデリーで開催された祈りの集会で次のように語った．「疑いなく理想的なことは，もはや 125 歳〔ガーンディーはしばしば自身が適切に健康を維持できれば 125 歳まで生きることができると語っていた〕まで生きることは望まずに今すぐ死んでしまうことだ．これは『神的意思』への完全な没入を意味しなければならない．〔……〕このような願いは絶望の精神によるものではない．より適切な用語は恐らく，どうしようもなさ（helplessness）である．この状態にあって，私は遍在する『力』の助けによって，私をこの『涙の谷』から連れ去っていただくように祈願するのみである．その方が，自分を厚かましくもイスラーム教徒あるいはヒンドゥー教徒であると言いながら人々が野蛮になって虐殺を行っているのを無力なままに見ているよりも良い」［*HJ*, 12-10-1947; Tendulkar 8: 142, 146］．

いくつかの先行研究も着目している通り［Devji 2012: 151–184; Candra 2011: 88–178; Chandra 2004; 2009; Sangari 2002］，最晩年のガーンディーは，それまで自身が推進してきた独立運動がアヒンサーの名に値しない受動的抵抗に過ぎなかったとの認識上の「過ち」を告白していた［*GN*, No. 2342; *HJ*, 31-8-1947; *CWMG* 84: 267; *HJS*, 15-9-1946; *PP* 1: 161–162; *BPD*: 214–215］．歴史家のスディール・チャンドラは，この時期にガーンディーが「世俗世界（*duniyā*）にアヒンサーの実用性（*ahiṃsā kī vyavahāriktā*）を確信させる」ことができるという基本的信念が「幻想（*chalāvā*）」であったと見なすようになり，「自身のアヒンサーの失敗についての自覚（*apnī ahiṃsā kī asaphaltā kā ehsās*）」に至ったと指摘する［Candra 2011: 88–89］．

終　章

「真理の実験」としての独立運動

私が述べたことは，真理それこそが神である（*satya e j īśvar che*）ということだ．それゆえ，それは行為主体（*kartā*）であると信じている．だが，ここで行為主体とは，我々が〔通常〕言っている意味のものではない．従って，真理は行為主体であると同時に非行為主体でもある．
——M. デーサーイーの日記に記録されたガーンディーの言葉［*MD* 1: 173-174］

本書ではガーンディーが率いたインド独立運動とそれを支えるナショナリズム（スワラージ）思想の形成に，ガーンディーの性（セクシュアリティ）が主題化されるブラフマチャリヤの実験がいかなる影響を与えるものであったのかを論じてきた．これにより，一見，些細で私的な関心に過ぎないように見えるガーンディーのブラフマチャリヤの実験が，ガーンディーの様々な宗教的政治運動を読み解く上で重要な手掛かりを提供していたことを明らかにした．こうしたことは，従来の研究で支配的であった政治社会学的・歴史学的方法論とは根本的に異なる仕方でガーンディーの運動・思想を捉え直すことが可能であることを示している（序章第1節，第1章「はじめに」，第4章「はじめに」，第6章「はじめに」参照）．

終章では，最初に本書で明らかにしてきたガーンディーのブラフマチャリヤの実験と独立運動（あるいは，サッティヤーグラハ闘争）との相互関係を振り返りながら，南アフリカ滞在期とインド滞在期のそれぞれの時期に見られるスワラージ思想の特徴（主体，方法，性質）を明示的にまとめたい．その後，継続的な思想の発展・変容を伴ったガーンディーの真理の実験としての独立運動の背後に一貫して存在していた信念構造がいかなるものであったのかを論じる．以上の点を踏まえた上で，最後に本書の議論が現代社会の理解にどのように寄与しうるものかについて若干の考察を加えたい．

南アフリカ滞在期のスワラージ思想

南アフリカで行われたサッティヤーグラハ闘争は，インド帰国後にガーンディーが率いた反英独立運動の原型となるものであった．ガーンディーはサッティヤーグラハ闘争が開始して3年後に，スワラージ思想の意味を体系的にまとめた『ヒンド・スワラージ』を執筆し，そこでサッティヤーグラハ闘争が，インドのスワラージを達成するための唯一かつ最善の方法であることを説いた（第2章参照）．

ジュディス・ブラウンがいみじくも指摘している通り，ガーンディーは同時代のインド人ナショナリストの支配的言説と異なる「批判的外部者（critical outsider）」としての視座を有していた．そして，この独特の「インド人ガーンディー（Indian Gandhi）」のナショナリズム思想を作り出したのは，紛れもなく「南アフリカ人ガーンディー（South African Gandhi）」であった［Brown 1996: 21-22, 30-31］．ガーンディーのスワラージ思想と，その理想を実現するためのサッティヤーグラハやブラフマチャリヤの思想が，インドからも，その宗主国であるイギリスからも離れた南アフリカの地で生まれたことの意義は看過されるべきではないだろう．

今一度確認すべきことは，一体『ヒンド・スワラージ』は，誰／何を対象として書かれていたのかということである．この著作は，その題名にある通り，「ヒンド（＝インド）のスワラージ」についてのガーンディーの思想を体系化した著作である．だが，ここで言われているヒンド・スワラージは単にインド国内にいるインド人の独立・自治の問題を対象としていたのではなく，イギリス政府と南アフリカ政府による支配構造が複雑に絡み合う南アフリカにおける在留インド人の人種差別法撤廃という課題も射程に入れるものであった［*DASI*: 266-267］．さらに言えば，最も根源的な意味において，ガーンディーはスワラージを「我々自身を我々が治めること（*āpṇī upar āpṇe rājya bhogvīe*）」，つまり，サッティヤーグラヒー（サッティヤーグラハの実践者）がブラフマチャリヤによって「自分自身を抑制することを知ること（*potānī upar kābū rākhtāṃ āvḍavuṃ*）」と定義していた（序章注7参照）．それゆえに，『ヒンド・スワラージ』は，(1) インドにおけるナショナルな反英独立運動，(2) 南アフリカの在留インド人によるプロト・ナショナルな公民権運動，(3) サッティヤーグラヒー個々人の自己統制という3つのレベルのスワラージを対象としている．

以上の点を念頭に入れつつ，以下では，本書の第1部（第1章〜第3章）で分析した南アフリカ滞在期におけるサッティヤーグラハ闘争・思想とブラフマチャリヤの実験・思想との関係をめぐるガーンディーの理解の発展・変容の過程を概観し，この時期のガーンディーのスワラージ思想で含意されていた主体・方法・性質が具体的にいかなるものであったのかを見ていきたい．

(1)サッティヤーグラハ闘争と精液結集

本書の第1章で論じたように，南アフリカでサッティヤーグラハ闘争が誕生したことの背後には，その7週間前にブラフマチャリヤの実験が開始されたことが密接に関係していた．そして，後者には政治経済的利害関係に還元できないガーンディー独自の性の形而上学が深く関わっていた．

具体的には，ガーンディーはサッティヤーグラハ闘争誕生の瞬間を，平和的手段を用いた政治的抗議の方法が集会で決議されたことにではなく，決議の前に，突如，自身が体験した「全く新しいもの」，つまり，「内なるアートマン（の声）」や「シャクティ」が発生したことに求めていた．

この宗教体験は，後に出版された「秘密の章（グヒャ・プラカラン）」と題された記事で語られる「精液結集（ヴィールヤ・サングラハ）」の思想・実践と不可分な関係にあった．すなわち，ガーンディーはサッティヤーグラハ闘争を可能ならしめる「アートマンの力」と，精液結集者が身体内で適切に機能させる必要のある「秘密のシャクティ」とが表裏一体の関係にあると考えていた．

そして，本書の第2章から第3章で論じた通り，ガーンディーの精液結集の実践・思想に，インド哲学的厚みを提供した主要な思想家の一人がヴィヴェーカーナンダであった[1]．ヴィヴェーカーナンダのラージャ・ヨーガ思想においては，精液（ヴィールヤ）は心理的・物理的な性エネルギーから，より微細な霊力（オージャス）に変換されうることが説かれていた．それだけでなく，このような霊力は観念論的議論に終始することなく，現象世界に直接的に働きかける神通力（シッディ）や奇跡（チャマトカール）などを伴うものとされた．

ガーンディーの精液結集の実践・思想は，ガーンディー独自の身体宇宙論に基礎付けられるものであった．ガーンディーの身体宇宙論は，ヴィヴェーカーナンダの他に，ラージチャンドラの慈悲＝アヒンサー概念やトルストイの内外一致の宗教思想などから複雑に影響を受ける中で彫琢されていった．それは，ブラフマチャーリー（ブラフマチャリヤの実践者）のアートマンの浄化（あるいは，精液結集によるシャクティの顕現度）と現象世界におけるヒンサー／アヒンサーの状態とが共時的・流動的に対応するとする自己（身体）＝世界認識を意味するものであった[2)].

このような精液結集を主要な実践として含むブラフマチャリヤの実験において，ガーンディーが最大の弊害と考えていたのが，第３章で論じた「無秩序」や「自然状態の変化」を意味する「性欲（ヴィカール）」であった[3)]．ヴィヴェーカーナンダのラージャ・ヨーガで説かれるブラフマチャリヤ思想が，霊力に変換可能な性エネルギーとしての精液の積極的効用を教えるのに対して，ジャイナ教徒のラージチャンドラが説くブラフマチャリヤ思想は，精液の生成に伴う性欲の増加の弊害を強調するものであった．ラージチャンドラの性欲概念は，それまでにガーンディーが抱くようになっていた「パニック的」な性欲嫌悪を少なからず強化したと考えられる[4)].

第３章で論じたように，ガーンディーは南アフリカ滞在期にカレンバッハと共に行った極めて親密なブラフマチャリヤの実験の中で，次第に自然＝社会との連帯感覚を喪失させる他者排除的なヴィカールとしての性欲を感じるようになり，この問題に対処するために，性欲を増加させる恐れのある乳汁を断つことを誓った．このような実験をめぐる心理的・身体的葛藤は，ガーンディーのサッティヤーグラハ闘争が最も大規模に展開した「最終戦争（チェーヴァトナー・ユッダ）」の最中で経験されていた．

以上のように，ガーンディーの南アフリカ滞在期におけるサッティヤーグラハ闘争はブラフマチャリヤの実験を基礎付ける性の形而上学，すなわち，アートマンの浄化の度合い（性欲統制によるシャクティの顕現度）と現象世界におけるヒンサー/アヒンサーの現前の仕方とが共時的・流動的に対応するとする身体宇宙論と常に関わるものであった．先に述べた（3）に該当するサッティヤーグラヒー個々人の自己統制としてのスワラージと，（2）に該当する在留インド人によるプロト・ナショナルな公民権運動としてのスワラージは，このような身体宇宙論の自己＝世界認識に根差すことで，ガーンディーの中で不可分な関係にあるものと信じられた．これらの南アフリカで行われたスワラージの取り組みは，後にガーンディーが（1）に該当するインドのナショナルなレベルの反英独立運動を率いていく上での必要不可欠な足掛かりとなるものであった．

(2)精液結集と男性中心主義

ここで留意しなければならないことは，このような性の形而上学が重要な役割を果たしていた南アフリカ滞在期のスワラージのプロジェクトにおいて，その主要な参加主体が専ら男性に限定されていたという点である．

上で述べたように，南アフリカ滞在期におけるガーンディーの精液結集の実践・思想には，ヴィヴェーカーナンダのブラフマチャリヤ思想が深い影響を与えていた．そして，第2章で論じたように，1897年の英米訪問から帰国後，ヴィヴェーカーナンダはインドのネーション再生を力強く訴える中で，「男らしさ」や「クシャトリヤ」性を称揚する僧侶戦士の思想を提唱していった（第3節(2)参照）．そこでヴィヴェーカーナンダによって語られたブラフマチャリヤ思想においては，女性（性）は専ら否定的に扱われ，ヴィシュヌ派（特に，チャイタニヤ派）のバクティ思想は「女々しさ」や「臆病」を代表するものとして厳しく非難された．

これに加えて，ヴィヴェーカーナンダのブラフマチャリヤ思想と対照的な意味を持つラージチャンドラのブラフマチャリヤ思想も，女性蔑視・嫌悪を示す発言が少なからず窺われるという点では，ヴィヴェーカーナンダの思想と共通していた[5)]．

こうしたヴィヴェーカーナンダやラージチャンドラのブラフマチャリヤ思想の影響下で，南アフリカ滞在期に培われたガーンディーのブラフマチャリヤ思想もまた極めて男性主義的な性格を有するものであったと言える．特に第3章で論じたカレンバッハとのホモソーシャルでホモエロティックな親密性（インティマシー）を伴うブラフマチャリヤの実験は，ガーンディーの実験・思想における他者（特に，女性）排除的な暴力性（性欲（ヴィカール））を伴うものであった．恐らく，ヴィヴェーカーナンダ同様に，身体的強健さや男らしさを称揚していた南アフリカ滞在期のガーンディーにとって，筋肉質・長身で「がっしりとしたユダヤ人」であるカレンバッハは一人の理想的なブラフマチャーリー・サッティヤーグラヒーとして映ったに違いない（「はじめに」参照）．

確かに，南アフリカ滞在期におけるガーンディーのスワラージ思想は，トランスカルチュラルでトランスナショナルな性質を有していた点で画期的なものであった［Hyslop 2011; Alter 2000; 田辺 2012］．実に，南アフリカ滞在期におけるガーンディーのサッティヤーグラハ闘争の最も身近な協力者はほとんどが白人ユダヤ人か［Chatterjee 1992］，イスラーム教徒であったことは等閑視されるべきではない[6]．しかしながら，これらのトランスカルチュラルでトランスナショナルな協同者も，概して裕福な男性教養人であった点は否むことができない[7]．南アフリカ滞在期におけるガーンディーのスワラージ思想は，同時代の欧印で支配的であった中産階級知識人の男性主義的言説から決して自由なものではなかった[8]．

インド滞在期のスワラージ思想

G. K. ゴーカレーは，1912年に南アフリカのガーンディーを訪問した際，『ヒンド・スワラージ』を読み，「その内容がひどいもので急いで書かれたものに過ぎず，ガーンディーがインドに帰国して1年もすれば自身でその内容を破棄するだろうと予言した」［*CWMG* 67: 170, note. 1］．だが，ガーンディーはそこで記した浮世離れした「ガーンディー主義的ユートピア」［Fox 1989: 37-60］を，生涯にわたって一度も手放すことがなかった[9]．

とはいえ，インド帰国後には，先に述べたガーンディーの3つのレベルのスワラージの内，(2) の南アフリカにおける在留インド人による公民権運動という意味は必然的になくなった[10]．さらに，(1) のインドにおける反英独立運動としての意味についても，そこで前提にされていたイギリス対インドという単純な二項対立的図式は，ガーンディーが現実のインド政治に参与する中でもはや通用しないものとなった．加えて，内部分裂により劣悪化する国内の社会的政治的問題にガーンディーが応じていく中で，(3) のサッティヤーグラヒー個々人の自己統制としてのスワラージの意味にも少なからぬ理解の刷新が余儀なくされた．

以下では，インド帰国後の第一次独立運動期（第4章），第二次独立運動期（第5章），分離独立前後の時期（第6章）におけるガーンディーのサッティヤーグラハ闘争・思想とブラフマチャリヤの実験・思想との相互関係を概観する中で，それぞれの時期で提唱されていたスワラージ思想の特徴を見ていきたい．

(1) 第一次独立運動——男性主義的非暴力思想によるネーション統合

第4章では，1915年のインド帰国後，ガーンディーが反英独立運動の指導者的地位に昇りつめるまでの時期に，サッティヤーグラハ闘争・思想とブラフマチャリヤの実験・思想との関係をめぐるガーンディーの理解に重要な変化が生じたこと，そして，このような理解の変化が第一次独立運動期のガーンディーの政治行動・思想にいかに関わっていたのかを明らかにした．

まず前者の変化が起こったことには以下の2つが原因していた．第一が，インド帰国後にガーンディーがインドの農村地域でサッティヤーグラハ闘争を指揮していく中で，アヒンサーの意味を「弱者の武器」としてのみ理解している農民の受動的態度を知って激しい焦燥を感じたことであった[11]．南アフリカ滞在期に交流していた洋の東西を問わない男性エリートとは全く異質な運動構成員と，ガーンディーはその後の活動を共にしていかなければならなかった．この時期にガーンディーは，農民の無理解に対する焦りと共に，「ヒンサーの中のアヒンサー」の思想を語るようになった．これはアヒンサーの名の下に特定のヒンサー行為を正当化するという，それまでのガーンディーのサッティヤーグラハ思想には含まれえない画期的な発想であった．

もう1つの重要な要因は，ガーンディーが南アフリカ滞在期にカレンバッハと交わした乳汁放棄の誓いを破って，再び乳汁を飲むようになったことである．ガーンディーはインド帰国後に農村地域で人々にアヒンサー思想のクシャトリヤ性を説いて回る最中，大病にかかって倒れた．その後，ガーンディーは自身の病気を回復させるために，性欲を生み出すとされた乳汁を不承不承に飲み始めた．そして，乳汁を飲むようになって病気が回復した直後に，ガーンディーはローラット法発布についての勧告を知り，全インド的ハルタールを組織していくことになった．こうして，ガーンディーの第一次独立運動は，自身の性欲統制とアヒンサー思想の理解をめぐる極度の心理的緊張状態にある中で開始されたのだった．

第一次独立運動期に説かれていたアヒンサー＝非暴力思想[12]とブラフマチャリヤ思想の一貫した特徴は，南アフリカ滞在期を上回る超－男性性（ハイパー・マスキュリニティ）の称揚と1921年以降の外国製衣服焼却運動に見られる明らかな物理的暴力を正当化する「破壊の倫理」にあった．このほとんど暴力的とも言えるガーンディーの男性主義的アヒンサー＝非暴力思想は，同時並行して語られていたガーンディーの抑圧的・禁欲主義的な精液結集の思想と密に絡んでいた．

ガーンディーの男性主義的アヒンサー＝非暴力思想に根差した独立運動は，国内の穏健派だけでなく過激派のヒンドゥー教徒[13]，さらにはヒラーファト運動に参加するイスラーム教徒の知識人と大衆[14]の両陣営を味方につけることに成功した．これによって「一つの国民(プラジャー)」のスローガンを掲げる独立運動は，超-宗教集団的，超-党派的，超-階級的，超-領域的な広がりをもって，植民地史上類例を見ない全インド的反英闘争として展開していった．

とはいえ，ガーンディーの第一次独立運動は一貫してその背後に抑圧的・禁欲主義的な性欲統制をめぐる心理的緊張を孕むものであった．すなわち，インド帰国後に，ガーンディーは「精液所有者(ヴィールヤ・ヴァーン)」になることによって，クシャトリヤ的な男らしさや身体的強健さを涵養する必要をいよいよ訴えかけるようになっていたが，精液所有者の性欲を適切に統制するための具体的な方法を提示できないでいた．そこにおいては専ら，生殖器官あるいは性欲の「禁圧」・「抑圧」・「自己否定」といった方法が説かれた．独立運動を推進する中で，ガーンディーは次第に自身のブラフマチャリヤの実験のあり方に問題を感じるようになっていった．

そして，ガーンディーは自身の身体宇宙論に根差す自己＝世界認識から，チャウリー・チャウラー事件が，それまでに自らが「定めていた〔ブラフマチャリヤの〕制限〔によって性欲を制御できる範囲〕を越え出てしまった」ことを示すものと確信した．換言すれば，ガーンディーは自らの「性欲の傾向性(ヴリッティ)」が「放棄」されていない状態を，専ら性欲の傾向性の放棄と見なす自己否認的なブラフマチャリヤの方法を持続することが不可能であると看取した．このことは同時に，現象世界で生起しているヒンサーをアヒンサーと見なす暴力正当化の論理の破綻，すなわち，ガーンディーの身体宇宙論に見出された認識的なずれが黙認不可能なレベルにまで達したことを意味した．この後，ガーンディーは急遽，非協力運動を停止するに至った．

こうした第一次独立運動の一連の過程を見ることで浮かび上がってくるガーンディーのスワラージ思想の特徴は，宗教集団や政治的党派の壁を越えて幅広くアピールしたガーンディーの男性主義的な非暴力ナショナリズムの言説と，その背後にあったガーンディーの性欲統制をめぐる激しい心理的・身体的葛藤との緊張を伴う併存にあった．そして，ガーンディーは最終的に後者の心理的・身体的な問題を優先させることで，植民地史上最大規模で展開した独立運動を停止するに至った．

(2)塩の行進――非暴力ナショナリズムの女性化

第5章では，第一次独立運動停止後の入獄期間にガーンディーが読んだ著作が，1920年代中盤以降のガーンディーのブラフマチャリヤ思想の発展・変容(「拡大」)にいかなる影響を与えるものであったのかを論じた．そして，このような発展・変容を遂げたブラフマチャリヤ思想が，第二次独立運動，殊に塩の行進と深い関わりを持つものであったことを示した．

ヤラワダー刑務所出獄後のガーンディーのブラフマチャリヤ思想には，次の3つの新しい意味が加わった．第一が，第一次独立運動期までのブラフマチャリヤ思想においては語られることがなかった宇宙論的シャクティ（＝アートマ・シャクティ）の実現である．第二が，それまでの精液所有者（ヴィールヤ・ヴァーン）の概念とは異なる「精液の転換（パリヴァルタン）」による「ウールドヴァレーター」の方法である．第三が，第一次独立運動までの男性主義的性質を称揚するナショナリスト言説と一線を画する女性性＝母性（あるいは陰萎性（ナプンサクトゥヴァ））や女性との身体的接触の重視である．

これらの思想的発展・変容が起こる上で重要な文献学的影響を与えたのが，ジョン・ウッドロフ卿の近代タントラ学であった．そこにおいては，シヴァ神の妻であるパールヴァティー神姫の化身（アヴァターラ）としてのシャクティを理論の中核に据える母神崇拝・女神崇拝・両性具有神崇拝が説かれていた．また，その思想はアートマンの宇宙論的合一を目指すアドヴァイタ哲学に基礎付けられるものであった．加えて，ウッドロフの著作には，ウールドヴァレーターの精液転換による超-ジェンダー的あるいは両性具有的な性エネルギーを開花させる身体技法が詳述されていた．

ウッドロフから「深く影響」を受ける中で再定義されていったガーンディーのブラフマチャリヤ思想が，ガーンディーの政治運動に及ぼした影響は，塩の行進時において少なからず見受けられるものであった．ガーンディーが行進の中で象徴的に用いた塩には，「女性的」なアヒンサー＝非暴力思想の意味を汲み取ることが可能であった．つまり，マドゥ・キシュワルが指摘するように，ガーンディーが女性の日常生活の象徴である塩を用いたという「非暴力の強調は，多くの女性の参加を可能にした」(第3節(2)参照)．また，女性が運動の参加主体となったことで，警官は女性に暴力を振るうことができず，運動は必然的に非暴力的性質を帯びるものとなった．このような運動の背後にあったのは，「女性はアヒンサーの化身である」とするガーンディーの新たなアヒンサー＝

非暴力思想の理解であったと考えられる．加えて，塩にはアドヴァイタ哲学に根差したブラフマチャリヤの実験によるアートマンの浄化の意味合いも含まれていた．すなわち，ガーンディーは塩税法に違反する直前に海水の沐浴を行うことで，自己と他者のアートマンを浄化・合一しようとした．

ここで重要なのは，ガーンディーのアヒンサー＝非暴力思想が，それまでの男性主義的な性質のものから女性性を称揚するものとして変容した時，それがかつて「男らしさ」や「非恐怖（アバヤ）（＝恐れを知らないこと，勇敢さ）」に対立するものとしてガーンディーが批判していた政治的受動性に結び付いたのではなく，かえって女性たちの主体的で能動的な社会・政治参加を促すものとして機能したことである．ジュディス・ブラウンの言葉を借りれば，ガーンディーの塩の行進において，「インドの女性たちは，〔独立運動における〕極めて重要な英雄となることができた」（第５節参照）．

このような第二次独立運動を特徴付けるガーンディーの非暴力ナショナリズム思想の「女性化」とでも言える現象は，それまでの南アフリカ滞在期から第一次独立運動期までに見受けられたガーンディーの男性主義的言説からの根本的な発展・変容を示すものであった．塩の行進において，ガーンディーのスワラージ思想には，超-ジェンダー性が新たに付与されたと言える．

とはいうものの，第二次独立運動において，イスラーム教徒を取り込むことに失敗した点は，後に高まりゆく宗教間（コミュナル）対立とそれが引き金となって発生した分離独立の問題を鑑みても致命的であった．当然，この問題は運動が開始する以前のネルー報告をめぐる会議派とムスリム連盟との法政的対立が背後に深く関係していた．しかしながら，非協力運動時と比べてよりヒンドゥー教的宗教色を帯びるようになったガーンディーのアヒンサー，ブラフマチャリヤ，サッティヤーグラハをめぐる発言が，イスラーム教徒からの少なからぬ反感を買った点は否めない．

第二次独立運動期におけるガーンディーのスワラージ思想の特徴は，それまでの男性主義的なナショナリスト言説には見られないガーンディーの女性性＝母性の尊重と，ガーンディーのブラフマチャリヤ思想に対する理解の深まりと共に発生したアヒンサー，ブラフマチャリヤ，サッティヤーグラハ思想のヒンドゥー教化にあったと言える．前者は同時代の多くのインド人ナショナリストが把持していた「男性＝公」と「女性＝私」という二項対立的図式を撹乱する斬新な視座を提供するものであった一方で，後者はガーンディーが独立運動のスローガンとして掲げていた国民（プラジャー）＝ネーション概念に伏在する宗教的包括主義の問題を露呈するものであった．

(3)独立インドに向けた非暴力的ネーション構想——個人（ヴャクティ）化する宗教的政治思想

第 6 章は，塩の行進後，国内で政治的社会的分裂が深まる中で，ガーンディーの宗教的政治思想がいかに個人（ヴャクティ）化していったか，そして，このような個人化されたガーンディーの宗教的政治思想が，晩年に行われたマヌとの「大供犠（マハーヤッギャ）」と，その後に提唱されるようになった独立インドに向けた新たなネーション構想（「セキュラリズム」原理）にいかに関係するものであったのかを論じた．

1932 年のコミュナル裁定をめぐるアンベードカルとの対立を機に，ガーンディーは国内の不可触民制度が，ネーションの「魂〔アートマン〕を破壊する罪」であるとの認識をより一層強め，不可触民制度撤廃に向けた運動に全精力を傾注するようになっていった．ガーンディーは 1932 年から 1934 年にかけて生涯で最も頻繁に公共的断食を行った．この時期に，ガーンディーは目覚めている状態で人間のようにはっきりとした「声（＝霊感）」を聞く特殊な神秘体験をした．この体験は，その後のガーンディーのアートマンの浄化と現象世界とが共時的・流動的に対応するとする身体宇宙論の認識を堅固なものとした．

1930 年代後半以降，ガーンディーは国内の宗教間対立の問題を最優先に取り組まなければならなくなった．この時期のガーンディーは宗教間対立の問題を，自身のブラフマチャリヤの実験における「最悪の事態」と結び付けて考えていた．すなわち，1930 年代後半に，ガーンディーの身に起こった 2 度の非自発的な射精体験の前後の時期から，ジンナーの分離独立に向けた動きはいよいよ活発なものとなっていった．このことは，ガーンディーに自身のブラフマチャリヤの実験が未だに不十分なものであることを思い知らしめる衝撃的な体験であった．

同時に，ガーンディーは同じ時期から，宗教間対立による国内のネーション分裂を食い止めるためには，「完全なブラフマチャリヤ」の実験を成功させることが不可欠であるとの認識を強めていった．完全なブラフマチャリヤとは女性との最大限に親密な身体的接触の只中で，「無性欲（ヴィカール）状態」を達成することを意味した．ガーンディーが大供犠と呼んだこのブラフマチャリヤの最終実験によって，ガーンディーは現象世界において最も効果的なアートマ・シャクティが実現すると信じた．

1940年にイスラーム教徒多住地域から成る独立国家（「パーキスターン」）創設の決議がムスリム連盟により採択されたこと，「インドをち去れ運動（クイット・インディア）」の後に行われた18日間に及ぶガーンディー＝ジンナー対談が失敗に終わったこと，さらには，1946年8月にカルカッタで宗教間大暴動が発生したことを受けて，ガーンディーはそれまで踏み止まっていた「完全なスワラージ」の達成に向けた「完全なブラフマチャリヤ」の実験を開始することを決意した．

1946年12月から翌年2月にかけて，ガーンディーは暴動の中心地の1つであるノーアーカーリーで，自身の心の動きを「微細に分析」し，自己の内奥に伏在する不純な性欲を見つけ出すためにマヌとの大供犠を行った（ノーアーカーリーの滞在自体は3月まで）．これによって，ガーンディーは男女の二項対立的性（セックス）を超越した「唯一無二の個人性（アノークン・ヴャクティトゥヴァ）」（あるいは，理想的な女性性＝母性，不動の智慧（スティトプラッギャ），パラマートマン）を実現し，現象世界で発生している宗教間対立に「融和（エクター）（＝一性）」をもたらせることが可能であると信じた．

その後，分離独立を目前にして，ガーンディーは国家を世俗的（セキュラー）にし，宗教の個人（ヴャクティ）化を推進するセキュラリズム原理を声高に唱えるようになっていった．ここで語られる宗教の個人化の意味は，大供犠で目指されていた唯一無二の個人性の実現という目的と表裏一体の関係にあった．すなわち，ガーンディーの説く個人宗教は，国家的強制のない状態で，国民一人一人が自身の宗教的信念の基層にある「内なるアートマン（の声）」に従って生きることを目指すものであり，それは個々人の内にアドヴァイタ的な「平等性の情感（サンバーヴ）」，あるいは，「融和＝一性」の感覚が呼び起こされる状態を意味した．このような宗教の個人化＝唯一無二の個人性が実現されることによってのみ，ガーンディーはインドに真の非暴力的ネーション統合が起こると信じた．

とはいうものの，ガーンディーの大供犠もセキュラリズム原理も，分離独立とそれに続く宗教間暴動の悲劇を阻止することはできなかった．独立後に迎えられた生涯最後の誕生日に開催された祈りの集会において，ガーンディーは宗教間暴動が拡大していく現状に対する自らの「どうしようもなさ」を告白し，「遍在する『力』の助け」によって，自身を「この『涙の谷』から連れ去っていただくように」と神に祈り求めた．ガーンディーは，この頃から「ラーマの唱名（ラーマ・ナーマ）」を行うことで，「神の恩寵（イーシュワル・クリパー）」に依り頼むバクティ思想の意義を熱心に語るようになっていった．

この時期にガーンディーが説いたバクティ思想において特筆すべき重要な点は，ガーンディーがラーマの唱名を，自らの死と結び付けて語るようになったことであった．すなわち，ガーンディーは自身が死去する直前の時期から，もし自らの死の瞬間にラーマの御名を唱えることができれば，自身がそれまで生涯で「目指して公言してきたこと〔＝アートマ・ダルシャン，解脱〕」を実現できると頻りに語るようになった．そして，このような発言がなされるようになってわずか1年の内に，ガーンディーはヒンドゥー大連盟（マハーサバー）の成員が放った銃弾3発を受け，「おお，ラーマ」と呟きながら没した．

以上，塩の行進後の時期から晩年に至る過程に見られるガーンディーのスワラージ思想の特徴は次のようにまとめることができるだろう．すなわち，1933年の神秘体験以降の社会的政治的活動，さらには晩年の大供犠と宗教の個人化を意味するセキュラリズム原理の推進は，それまでのガーンディーのスワラージ思想において含意されていた，統一インドの実現に向けた（1）の反英独立運動としてのスワラージと，（3）のサッティヤーグラヒー個々人による自己統制としてのスワラージの内，ガーンディーが専ら（3）に優先的精力を傾注することで（1）の実現に望みをかけるようになっていったことを示している．それにもかかわらず，最終的にガーンディーは国内の二重のネーション分裂を阻止して，自身の非暴力的ネーションの理想を実現することができなかった．

そして，分離独立が起こった後，現象世界で聞こえる無数の死者の叫びに対する「どうしようもなさ」を告白する中で，最晩年のガーンディーは，ただラーマの唱名を行うことによって，自らの全てを神に明け渡すバクティ思想の意義を語るようになっていった．このことは，ガーンディーのスワラージ思想において，次第に政治的含意が薄れていき，（3）の自己統制による宗教的解脱という目的にガーンディーの全関心が結集していったことを表している．それだけでなく，この時期のガーンディーの思想と実践は，（3）のスワラージで対象とされていた自己統制の主体である個々人（＝「我々自身を我々が治めること」）が，ガーンディー自身という個人へと完全に移行していったことをも示すものであった．もっと端的に言えば，最晩年のガーンディーに見出されるスワラージ思想は，周囲で発生している暴動を置き去りにしてガーンディーが個人的解脱を達成しようとした宗教的内面化の徹底として解釈可能だろう．まさに，歴史家のファイサル・デーヴジーの言葉を借りれば，分離独立の大惨事が起こった後，ガーンディーはその解決に向けた現実的政治政策を何ら提示できずに，「インドを無秩序状態のままで去った」（第6章第5節参照）．

とはいえ，暗殺によって終焉したスワラージのプロジェクトの最終地点において見出されるガーンディーの個人性は，逆説的にも宗教的内面化を越え出る性質のものとなった．つまり，ガーンディーを殺害したのは，不可触民でもイスラーム教徒でもなく，「サナータニー・ヒンドゥー」を公言するガーンディーと同じ「サナータニー・ヒンドゥー」であった[15]．こうして，ガーンディーは「自らの死を用いることによって」，宗教的差異を越えた全てのインド人にとっての「国民の父」，「マハートマー」となるに至った[16]．

独立後も語られ続けた「スワラージ」

1930年初頭，ガーンディーが塩税法の廃止を含めた「11の項目[17]」を発表した時，その突拍子もない「驚くべき」内容を知ったネルーは不意に次のように自問したという．

> ガーンディージーが我々と同じこの〔独立という〕言葉を使う時，果たして彼は我々と同じ意味で使っていたのだろうか．それとも彼は何か異なる言語で語っていたのだろうか．［Nehru 1941: 157］

ガーンディーはしばしば，国家の独立を率いたカリスマ的指導者として国内外で賞賛される．しかしながら，上のネルーの言葉に示されているように，ガーンディーが生前に語っていたスワラージの意味は，同時代の国民会議派の党員と異なり，国家的独立や自治領の成立に限定されるものでは決してなかった．

確かに，国民会議（派）の政治家の中でさえ，1907年の派閥分裂以降，スワラージの意味をめぐって解釈の一致を見ていなかった[18]．とはいえ，これらの政治家が求めるスワラージは，いずれの場合であっても，インド人の統治権の拡大という法的・制度的な意味に限定されていた点では共通していたと言える[19]．

これに対して，ガーンディーの説くスワラージの意味は，これまで見てきた通り，少なくとも『ヒンド・スワラージ』が執筆された1909年の時点で，(1) イギリス支配からのインドの独立・自治，(2) 南アフリカの在留インド人のための公民権獲得，(3) サッティヤーグラヒー個々人の自己統制という三重の意味を内含するものであった．そして，こうした個別の意味も，上で論じた通り，ガーンディーが運動を展開した異なる時期において発展・変容していった．特に，晩年に至るにつれて，3つの意味の内，(3) の比重が増していった．

実に，全政党協議会でネルー報告が採択された3ヶ月後に（第5章第3節(1)参照），ガーンディーは「自由になるための自由（Freedom to the Free）」という些か謎めいた題の記事を，自身の『ヤング・インディア』紙上に掲載していた．そこで，ガーンディーは会議派の指導者が考えていたものとは明らかに異なるスワラージの意味について次のように記した．

> 我々が達成しようとしている外面的自由（outward freedom）は，今この与えられた瞬間に我々がどの程度成長できるかという内面的自由（inward freedom）の度合いにただ厳密に対応しているのである．そして，もしこの自由の考えが正しいのであれば，我々の主要なエネルギーは我々の内なる改革の達成に集中されるべきなのである．〔……〕もしこの改革がナショナルな規模で起こるならば，いかなる外在的な力も我々の行進を止めることができないのである．［*YI*, 1-11-1928］

第二次独立運動の開始に向けて，周囲の政治家が「完全独立」のスローガンを活発に唱え始めていた最中に，ガーンディーはスワラージを「内在的自由」を求める「内なる改革」を本質的に意味するものとして定義していた．ネルーが驚愕した11の項目は，まさにこうしたガーンディー独自のスワラージの理解に根差して作成されたものに他ならなかった．

すでに見てきたように，ガーンディーのスワラージ思想の意味は，後年に至るにつれて個人化（ヴャクティ）していった．殊に，分離独立が達成される直前の時期に，ガーンディーは自身の内在的自由を第一義的に求めるスワラージと，周囲の政治家が求める外在的自由のみを意味するスワラージとの明確な相違を語るようになっていった．

例えば，インドが独立する前月末に出版された『ヒンドゥスターン・タイムズ』紙 1947 年 7 月 28 日号上で，ガーンディーは「スワラージはただイギリス支配を終わらせるべきとするものか」と読者に問いかけ，「私にとってはそうではない」と断言した［*CWMG* 88: 418］．この 4 日前に書かれた J. P. バンサーリー宛ての書簡の中でも，ガーンディーは，「私の想像のスワラージ（*kalpnā kā svarāj*）は，〔……〕恐らく，今世においては成就しないかもしれない」と書いた［*SGV* 88: 383］．

そして，1929 年末の会議派ラーホール大会で採択された「完全独立」のプロジェクトがようやく完了した 1947 年 8 月 15 日，ネルーら会議派党員が人々から賞賛と喝采を浴びるニューデリーの独立記念祝典の席に，ガーンディーの姿はなかった．カルカッタで暴動化するヒンドゥー教徒とイスラーム教徒の宗教間対立の融和活動を一心に行っていたガーンディーは，この日，身近な協同者のアガタ・ハリソン宛ての書簡の中で，現状のインドの独立は断食と祈りによってこそ迎えられるべきことを書いている［*GN*, S. No. 1528］．

インドが独立して約 2 ヶ月が経過した 10 月 19 日に，ニューデリーで開催された祈りの集会で，ガーンディーは自身が求めるスワラージャ[20)]の理想について次のように語った．

> 今日，〔我々は〕スワラージャを得たが，それはどれほどの価値があるというのだろう．得たから何だというのか．〔……〕
>
> 神のダルシャン（*bhagvānke darśan*）はスワラージャの中にこそある．〔……〕まだ我々はスワラージャを得ていないが，8 月 15 日にそれが起こったと思われている．だが，私はそれをスワラージャとは思わない．私の解釈ではスワラージャは得られておらず，このスワラージャはラーマの統治（*rāmrājya*）ともなりえない．［*PP* 1: 445–447，強調筆者］

ここでガーンディーは，8 月 15 日に起こったインドの独立はスワラージャではなく，その日にただスワラージャが「起こったと思われている」だけであるとした．そして，ガーンディーは自身のスワラージャが，このような国家的独立だけでなく，「神のダルシャン」をもたらす「ラーマの統治」を意味するものであることを語った．

さらに，マヌの日記によると，2ヶ月後の12月17日，ガーンディーは宛名不明の書簡の中で次のようにも記していた．

> この供犠において，つまり我々の（サッティヤーグラハの）闘争において，我々は真理を維持すること（*satya jāḷavvā*）に全く無頓着（*bedarkār*）になってきたのであり，このスワラージャと言われているもの（*ākahevātuṃ svarājya*）さえも得られたのか疑わしく思っている．真理，それこそが私にとっての最高神（パラメーシュワル）（*parameśvar*）であり，それこそが唱名（*jap*），霊的苦行（*tap*）などを意味する．私自身はヒンドゥー教徒であるがゆえ，全世界（*duniyābhar*）が私のヒンドゥー教の理法（ダルマ）（*hindu dharm*）を受け入れるならば，被造世界（*jagat*）の全ての困難の中から人々が解放されるだろうし，また人間性（*manavtā*）をもって人々が生きるだろう〔ことを信じている〕．［*DG* 2: 113，丸括弧内の補足語原文］

そして，この3日後に出版された『ハリジャンバンドゥ』紙上で，ガーンディーは次のように述べた．

> 我々は真のスワラージ（*sācuṃ svarāj*）を得ていない．今のところ，ずっと遠くにいるように見える．［*HJB*, 28-12-1947］

このように，ガーンディーはインドが独立する直前の時期から，周囲の政治家が語るスワラージの意味を根本的に問い直すようになっていた．ガーンディーにとってのスワラージとはあくまで内在的自由を第一義的に求める宗教的政治改革でなければならなかった．そして，独立後に，自身の考える「真のスワラージ」，すなわち，「神のダルシャン」が未だに達成されていないことを仄めかしたのであった．

マヌの日記によると，このような「真のスワラージ」について語られた『ハリジャンバンドゥ』紙の記事が出版された3日後，つまりガーンディーが暗殺されるちょうど1ヶ月前に当たる1947年12月31日の夜，側近のアムリット・カウルと共に自身の元にやって来た何人かのイギリス人に対して，ガーンディーは過去60年間にわたって，一貫して自らが求めてきた生涯の目的について次のように語った.

> 独立宗教（*svatantr dharm*）は完全に達成可能である.〔だが,〕我々はそれを〔まだ〕見ていない. 言い換えれば, 我々は神（*īśvar*）を見ていないのである. そうではないだろうか. それゆえに, 私がしたいこと, 私が過去60年間に熱心に試みてきたこと, それはアートマ・ダルシャンである. それこそが私の成し遂げたいことなのである. 私はその完全な達成を誇ることができない. だが, 少しずつ, 私はそれに近づきつつある. そして, 私の全ての世俗的実践（*pravṛtti*）は, まさにこの観点から行われているのである.〔*DG* 2: 204-205〕

ガーンディーは社会・政治領域における自らのあらゆる「世俗的実践」は, あくまで内面的な「アートマ・ダルシャン」の探求の途上で生まれた派生物であったことを述べている. ここで, 本書の第6章で見てきた「個人宗教（*vyaktigat dharm*）」をさらに徹底したものと考えられる「独立宗教（*svatantr dharm*）[21)]」の達成という理想が, アートマ・ダルシャンの達成と並列的に語られている点は注目に価する. このことはガーンディーが, インドが独立した後に, なおも（3）の自己統制としてのスワラージの実現を求めていたことを示している.

興味深いことに, 暗殺される直前に語られた上の言葉と酷似した言葉を, ガーンディーはこの22年前に執筆した『真理の実験, あるいは, アートマ・カター』の序章部でも語っていた. そこでガーンディーは, 自らの真理の実験が対象とする「人生の目的（*puruṣārth*）」について次のように記した.

> 私がやるべきこと, 私が30年間切望して試み続けてきたこと, それはアートマ・ダルシャンであり, 神との対面（*īśvarno sākṣātkār*）であり, 解脱（*mokṣ*）である. 私の活動の全てはその観点から行われている. 私の執筆活動の全ては, その観点に基づいており, 私が政治の領域へと飛び込んだことも, まさにこの観点に依拠するものなのである.〔*AK*: 6-7 ; *NJ*, 29-11-1925〕

一見，一貫性を持たないように見える南アフリカ滞在期からインド滞在期に至るガーンディーのスワラージ思想の主体・方法・性質の絶えざる発展・変容の過程を通観する中で浮かび上がってくるものとは，本章で論じてきたように，ガーンディーが後年に至るにつれて，ますます熱心に内在的自由の探求としてのスワラージに関心を集中させていったことである．換言すれば，南アフリカ滞在期に生まれた三重の意味を持つスワラージ思想の内，(2) の南アフリカにおける在留インド人による公民権運動としての意味は，ガーンディーがインドに帰国したことで必然的になくなった．そして，(1) の統一インドの達成に向けた反英独立運動としてのスワラージの意味もまた，1947年にインドが分離独立したことでその内実を失った．しかしながら，(3) の自己統制としてのスワラージ，すなわち，アートマ・ダルシャンの達成のために自己の内奥をどこまでも深く省察し追求する試みは，分離独立後も，ガーンディーが死去する瞬間まで決して終わることがなかった．

詰まるところ，ガーンディーの生涯にわたる真理の実験としての独立運動の背後に首尾一貫して存在していた信念構造とは，このようなアートマ・ダルシャンの希求，つまり無窮なる自己の探求を基軸として生成変化するガーンディーの宗教的政治運動・思想のダイナミズムに他ならなかった．言い換えれば，ガーンディーはアートマ・ダルシャンという究極的目的の成就を目指す中で，端なくも（プロト・）ナショナルな政治運動に参与していき，アートマンの浄化と合一を求めるブラフマチャリヤとアヒンサーの意義を見出し，それらに対する理解を際限なく発展・変容させていったのである．

「供犠の最終儀礼（Pūrṇāhuti）」と題した『アートマ・カター』の終章で，ガーンディーは次のように語る．

> それゆえに，真理に対する私の礼拝（ブージャー）（*satyanī mārī pūjā*）が私を政治の中に引っ張っていったのである．宗教が政治と関係ないと言う者は宗教を知らないと言うことに私は躊躇がなく，そのように言うことに私は不躾けではない．
>
> アートマンの浄化なしで全生類との合一（*jīvanmātrnī sāthe aikya*）は決して得られない．アートマンの浄化なしでアヒンサーの理法（ダルマ）（*ahiṃsādharm*）を遵守することは全く不可能である．不浄なアートマンは

パラマートマンのダルシャン（*paramātmānāṃ darśan*）を得ることは不可能なので，人生の道の全領域で浄化が不可欠である．その浄化は得られる．なぜなら，個人（*vyakti*）と集団（*samaṣṭi*）の間には，一人の浄化が大勢の人々の浄化と相同的であるという密接な関係があるからである．［*AK*: 529］

ガーンディーの真理の実験としての独立運動は，インドの独立後も終わることがなかった．それは，外在的制度にとらわれないガーンディー自身のアートマン——すなわち，ブラフマン——の果てなき探求だったからである．このようなガーンディーの自己統制＝自己探求としてのスワラージの試みとは，哲学者のラーマチャンドラ・ガーンディーの言葉を借りれば，まさに「意識において知覚不可能な中核の探求」を表すものである．その意味で，「人間身体の最も秘匿な感情の探求」である性（セクシュアリティ）が，ガーンディーの実験において最大の関心事の１つになったことは全く必然的なことであった[22]．

「供犠の最終儀礼」でガーンディーは次のように続ける．

この浄化の道が恐ろしく困難であることを，私は一瞬一瞬，体験している．浄化するという意味は，心で，言葉で，身体で無性（ヴィカール）欲状態になることであり，情愛と憎悪などから自由になることである．その無性欲状態性に到達することを一瞬一瞬，望んでいるが，私は到達しておらず，それゆえ人々の称賛は私を欺くことはできないのであり，その称賛によって多くの場合苛まれている．心の性欲に勝利することは，被造世界を武力戦争によって勝利することよりも私には困難に思われる．［*AK*: 529；第５章第４節(2)参照］

ガーンディーが自身のスワラージのプロジェクトで戦い続けた人種差別，イギリス支配，女性嫌悪，階級間差別，派閥闘争，宗教間対立のいずれに対する勝利も，宇宙論的（コスモロジカル）な連帯意識の喪失，すなわち，アートマ・ダルシャンの成就を妨げようとする性欲（ヴィカール）からの永続的解放を保証するものではなかった．

そして，以上のようなガーンディーの生涯にわたる真理の実験としての独立運動を貫く信念構造の解明は，国内政治においては悲劇的な結末を迎えたとも言えるガーンディーのスワラージのプロジェクトが[23]，没後になぜインド・ネーションという枠を遥かに越えて，グローバルなレベルで多大な影響を及ぼすに至ったのかという最も素朴かつ本質的な問い［Hardiman 2003: 6］に対する我々の理解を些少なりとも促進してくれるのではないかと思う[24]．

いみじくもアーシーシュ・ナンディーは，ガーンディー没後の世界を代表する「今日の最も偉大なガーンディー主義者〔ガーンディー思想の継承者〕たち[25]」の中で，「厳密に言えば誰一人としてインド人がいない」ことを指摘する［Nandy 2010: 6-7］．このことは，本書で論じてきたように，ガーンディーが生涯を通して自身をヒンドゥー教徒と称し続けてきたこと，そして，故郷グジャラートの言語・文化を徹底して重要視してきたことを考慮しても極めて逆説的な現象であったと言える．換言すれば，諸文化を鳥瞰するような普遍主義的立場と相容れないガーンディーの明らかにヒンドゥー教文化に位置付けられたスワラージ思想は，かえって普遍主義的立場に立つ同時代のインド人知識人たちの政治思想・政策よりも国外で広範な影響力を持ったのである．

枚挙に暇がないが，キング牧師，ネルソン・マンデラ，アウンサンスーチー，ダライ・ラマ14世といった人物が20世紀後半以降の公民権や民主的ネーションをめぐる新しい世論形成に果たした貢献は疑いようのないものである．これらの最も成功したガーンディー思想の継承者たちは，決してガーンディーを安易に非暴力の戦略家や普遍宗教論者として見なすことはなかった．図らずも，ガーンディーの「内なるアートマンの声」や「サッティヤーグラハ」に呼応する「良心の声」や「真理の探求」の思想は，現代のガーンディー思想の継承者たちの行為と思想を読み解く重要なキーワードとなっているように思われる[26]．

自己の内奥を絶え間なく追求しようとするガーンディーのスワラージ思想は，支配者/被支配者の二項対立的枠組みに回収されることのない内側からの社会・政治変革を可能にする．ガーンディーの真理は普遍を語ることによってではなく，「完全に制約された時空間の中」，すなわち，全てに先行したガーンディー自身という自己に対する永続的反省を媒介にして初めて普遍的力を持ちうる．それは他でもなく「本質的に日常生活の実存的真理」をめぐる文脈化された身体実験を意味した［Mahadevan 1973: 117；第1章注3参照］．

ガーンディーは『ナヴァジーヴァン』紙上で，4年間にわたって連載した『真理の実験，あるいは，アートマ・カター』を終了したちょうど翌週に当たる1929年2月11日に，サーバルマティー・アーシュラムで匿名の友人から投げかけられた以下の質問に対して次のように答えた．

［友人］あなたは『真理の実験〔，あるいは，アートマ・カター〕』という著作をお書きになった．あなたは〔ここで，〕「真理」という言葉によって何を意味しているのですか？

［ガーンディー］真理と人生はその本質において全く同一のものです．私は人生に対する定義と同じ定義を真理に対して下します．［*SA*, No. 15008］

本書の第1章で論じたように，ガーンディーの「真理（*satya*）」概念は，「あること（*hovuṃ*）」を意味する「存在（*sat*）」を語源とする．そのような自身の存在（身体・心・魂）の深みに関わる真理の実験とは，まさに公私に分断されえないガーンディーの「人生（*jīvan*，生命）」の歩みそのものを意味した．「人生の道の全領域」［*AK*: 529］を対象に行われたガーンディーの真理の実験としての独立運動は，宗教・言語・文化・性別・党派・国境の壁を越えて人々の心奥に鮮烈な印象を焼き付けるのである．

1）本書で扱ったヴィヴェーカーナンダの思想は，あくまでガーンディーに直接に影響を与えた可能性がある1896年から1897年頃のものであったことをここで強調しておきたい．というのも，ガーンディーと同様に，ヴィヴェーカーナンダの思想は生涯の中で変容していったからである．本書はヴィヴェーカ―ナンダ論ではないので，ヴィヴェーカーナンダの思想変容についての議論は割愛させていただく．

2）ガーンディーの「身体＝被造世界（*śarīr-jagat*）」観の詳細については，第3章第2節(2)を参照のこと．

3）ガーンディーの *vikār* 概念の詳細については，第3章第1節(4)を参照のこと．その他，*viṣaynī icchā* や *kām* の語も，ガーンディーによって *vikār* と相互置換可能な概念として使用された．

4）ガーンディーの「パニック的」な性欲嫌悪の淵源については，第3章第1節(3)参照のこと．

5）第2章第3節(4)参照．ちなみに，この点においては，トルストイもまた同様であった．R. ベンソンが指摘しているように，女性の性はトルストイを脅かした一方で，彼は道徳的純潔を求める男性を英雄視した．そして，結婚を適切な「抑制なくしては，本質的に無秩序で非健康的な性をもたらす制度」であるとする考えを抱くに至った［Benson 1974: 8-14, cf. Shaw 2010: 438, note. 610］．このようなトルストイの家族観は，ガーンディーが南アフリカ滞在期に読んだトルストイの『復活』（第2章第2節参照）の中にも少なからず見出される［Cruise 2002: 204; Spence 1967: 135-139］．その他，トルストイの禁欲主義，女性観，性欲理解の詳細については，E. Cruise［2002: 191-205］，R. LeBlanc［1997: 81-102］，G. Spence［1967: 102-116］を参照されたい．

6）南アフリカ滞在期におけるガーンディーの政治活動では，「アラブ人」の移民が重要な役割を果たしており，彼らに対するガーンディーの不釣り合いな配慮に対しては，非ムスリム系インド人たちがしばしば不満を訴えるほどであった［Brown 1972: 9］．こうした南アフリカ滞在期のガーンディーとイスラーム教徒との間の友好関係は，インド帰国後のガーンディーのイスラーム教徒に対する政策・理解にも多大な影響を及ぼした．B. パーレークが指摘するように，南アフリカのムスリム系移民の「ほとんどがグジャラートから来ており，彼〔＝ガーンディー〕の故郷の言葉〔＝グジャラーティー語〕を話し，彼の文化を共有して，彼と類似した生活様式に従っていた」こと，また「彼らが皆，外国に居を構えることで生じる共通した問題に直面していた」ことは，南アフリカ滞在期のガーンディーに「ムスリム系移民との間に素晴らしい関係を築くこと」が可能であるとの確信を与えた．こうした南アフリカでの体験があったため，ガーンディーはインド帰国後も，「イスラーム教徒は，〔……〕ヒンドゥー教徒と多くを共有し合うものと考えた」．換言すれば，南アフリカにおけるイスラーム教徒との友好関係が，かえって，インド帰国後のガーンディーにインド特有の「ヒンドゥー教徒とイスラーム教徒の対立の本質と原因を理解することを困難なものにしたのであった」［Parekh 1989: 186］．

7）M. スワンが述べるように，ガーンディーが関わったナタールとトランスヴァールにおける政治共同体は，「本質的に男性的共同体であった」［Swan 1985: 1-2, 148, 226］．そして，スワンは次のように論じる．「重要なことは，〔南アフリカにおける〕インド人の政治共同体は商人，小商人，西洋教育を受けたホワイトカラーの労働者のみによって形成されていたことである．彼らの政治の背後にあるイデオロギー的基盤は，彼らが経済的ヒエラルキーにおいて相対的に特権的立場にあったことに関係付けられるのである」［Swan 1985: 270］．

8）これらの英印のナショナリスト言説については，U. Chakrabarti［1990］，P. Chatterjee［1986; 1990］，K. Sangari and S. Vaid［1990］，S. Tharu［1990］，L. Mani［1987］を参照されたい．

9）ゴーカレーの他に，国民会議元総裁のサンカラン・ナーイル（1857-1934）は，ガーンディーの『ヒンド・スワラージ』で説かれるサッティヤーグラハには，「アナーキー的傾向性が潜伏している」として厳しく批判した［cf. Parel 2009: lix］．その他，『ヒンド・スワラージ』のインド国内外の様々な受容のあり方については，A.

パレル［Parel 2009: lviii-lix］を参照されたい．

10）　とはいえ，ガーンディーはインド帰国後も南アフリカの在留インド人の公民権問題に関心を持ち続けた．帰国後にガーンディーが南アフリカの在留インド人に具体的にいかなる指示を出して運動を支援していたのかについては，E. Reddy［1995］や E. Reddy and G. Gandhi［1993］を参照されたい．

11）　ちなみに，ガーンディーはしばしば自身がインドにおける「最も貧しい者（*garībmāṃ garīb*）」［*NJ*, 2-5-1920; 17-7-1921; 12-2-1922］あるいは「最も惨めな者（*kaṅgālmāṃ kaṅgāl*）」［*GA* 20: 325］を代表していると語っていたが，少なくとも，この時期のガーンディーの「農民」観が極めて脆弱なものであったことは疑いようがない［Brown 1974: 470, 476; 1972: 88-89, 107］．ガーンディーがしばしばインドにおける社会経済的・カースト的に多様な農民を宗主国側のイギリス人が使用していた「ライーヤト（*raīyat*）」の語で十把一絡げに語っていた点はこのことを物語っている［Misra 1963: 337-343］．

12）　南アフリカ滞在期の「アヒンサー＝慈悲（*ahiṃsā*=*dayā*）」と，非協力運動以降の「アヒンサー＝非暴力（*ahiṃsā*=non-violence）」の筆者による表記の使い分けについては，第3章第1節(5)と第4章第3節(1)を参照のこと．

13）　この時期におけるガーンディーのアヒンサー＝非暴力思想が，ヴィヴェーカーナンダ（第1節(2)参照）やティラクの思想（第3節(3)参照）と親和性があるものとして語られていたことは，明らかに過激派のヒンドゥー教徒にとっても耳心地の良いものであった．しばしば，ガーンディーのナショナリズム思想はその非暴力的性格が取り上げられることで，ティラクらに好意的なヒンドゥー右派のナショナリスト・イデオロギーと対立するものとして捉えられる［Jaffrelot 2007: 3-4］．だが，W. グールドが述べるように両者の関係はより複雑で，「会議派〔組織〕に関わる奉仕活動に見受けられる身体文化」は，「ティラク主義者の行動主義の哲学や RSS〔の思想〕とも関連する身体組織・規律といった多様な資源」からも少なからぬ発想を得ていた［Gould 2004: 193］．ヒンドゥー・ナショナリズムの歴史におけるガーンディーの非暴力ナショナリズムの位置付けを，安易にティラク主義と対峙するものとすることはできない．

14）　長崎暢子はいみじくも，非協力運動後の宗教間対立の高まりを考察する上で，「もっとも大きな問題は，ムスリムにはアヒンサー（不殺生）という考えはなく，非暴力の伝統もなかったこと」を指摘する［長崎 1996: 157］．逆に言えば，アリー兄弟などのイスラーム教徒の反英闘争者にとって，ガーンディーの非協力運動時の男性主義的アヒンサー＝非暴力思想は比較的違和感のないものに映ったに違いない（第4章注28参照）．実に，B. プラサードが述べるように，「ティラクとガーンディーのような指導者が，ヒンドゥー教のエートスと深く自己同一化していたにもかかわらず，その初期の段階でムスリム・ナショナリズムとの間に連帯を構築することに成功した事実」にこそ非協力運動の1つの重要な特徴を見出せるのである［Prasad 2001: 241］．

15) ガーンディーを暗殺したナトゥラーム・ゴードセーもまた，ガーンディーと同様に自身のことをサナータニーであると主張していた［Nandy 1980: 82］．興味深いことに，ゴードセーはガーンディーに発砲する直前に，ガーンディーに敬礼したという．ゴードセーは自身の裁判が開始する直前に行った法廷の演説で次のように語った（第6章注56参照）．「だが，いずれにしても，ガーンディージーが国家に対して行った奉仕に対して敬礼しなければならない．〔……〕実際に私は弾丸を放つ直前に，〔……〕畏敬の念を込めて彼にお辞儀をした」［Godse 1993: 114］．

16) ガーンディーは，1948年1月24日，つまり，暗殺のちょうど1週間前に，宛先不明のある私信の中で，自身の死を予告するような言葉を述べている．「未だに私はマハートマーではない．人々はマハートマーにしたてあげたところで，どうするというのだろう．未だに〔私は〕一人の極普通の人間である．そう．もし，真理，非暴力，無所有，ブラフマチャリヤなどの誓いを完全に遵守できるならば，〔もし，これらを〕神（*īśvar*）を証人としながら遵守できるならば，まさに私が望む死（*mṛtyu*）を遂げることができるだろうし，また祈りの集会でも言ったように，私を誰かが殺害する（*mārtā*）としても，私は彼に対して怒り（*gussā*）を抱かないし，ただラーマを唱名しながら死ぬことだろう（*rāmnām lete lete hī marūṃ*）」［*DG* II: 382］．ここでガーンディーが語る「まさに私が望む死」とは何を意味していたのだろうか．ガーンディーの死の瞬間について，A. ナンディーは1つの洞察に満ちた解釈を施している．ナンディーはプラーナ文献における「アマル（*amar*，不死）」と「ムリティユンジャヤ（*mrityunjaya*，死の克服）」との比較を用いた神話学的考察を行った上で次のように語る．「当然のことながら，彼〔ガーンディー〕は我々のもとにはいない――彼は死んだのであり，至近距離で3発か4発の銃弾を放たれて，我々が死ぬのと同じように死んだ．その時には誰でも死ぬであろう．だが，ある根源的な意味において，彼は死に勝利した．また，私が疑うところでは――彼は自らの死を用いることによって生前に得られなかった勝利を得た」［Nandy 2010: 3，強調筆者］．

17) 「11の項目」については，第5章注28を参照のこと．

18) 例えば，スワラージの意味とその方法をめぐって，1907年の時点で国民会議は穏健派と過激派に分裂していた（第2章注4参照）．非協力運動停止後にも，それまでのガーンディー主義的政策を維持しようとしたC. ラージャゴーパーラーチャーリーを代表とする非変更派（Non-Changers）と，M. ネルーやC. R. ダースを代表とする変更派（Pro-Changers）とで会議派党員は対立した［Brown 1977: 8, 18］．さらに，1920年代後半にはM. ネルー報告におけるインドの自治領としての地位の要求に対して，インドの完全独立を求めるJ. ネルーやスバース・チャンドラ・ボースなどの若手政治家が離党を宣言し（だが，許可されず），独自に独立連盟（Independence League）を結成した［Nanda 1958: 276–277］．第二次独立運動終了後には，フェビアン主義やマルクス主義の影響を受けたA. N. デーヴやJ. P. ナーラーヤンなどを代表とする会議派社会党が創設された．1939年に左翼的なスバース・チャンドラ・ボースが会議派総裁として選出されたが，会議派活動委員会の反対によって辞任に追い込まれた［Chandra 2009: 313-314］．まさに，C. デーヴァネッセンが述べるように，スワラージは20世紀初頭にインド人知識人の間で広く語られていたものの，「スワラージの厳密な意味を，誰一人としてはっきりと理解していなかった」［Devanesen 1969: 377］．

19）本章注18で記したように，国民会議（派）内部にも様々なスワラージ解釈があったが，そのいずれも，スワラージの意味を法的・制度的事柄として捉えていた点では共通している．当然ながら，これらのいずれとも異なる下からの社会変革を企図するガーンディー主義者（チャルカーの推進，不可触民制度撤廃，非暴力主義などを掲げる者）の党員も多数いた．だが，このような社会変革のさらに根底にある個人心理の問題（特に，性欲統制）にまで，スワラージの意味を掘り下げて理解していた者は皆無であったと言える．第二次独立運動後，1934年9月，ガーンディーは会議派の正式な脱退を宣言した（第6章第1節(3)及び第2節参照）．

20）ガーンディーは「スワラージ」と「スワラージャ」の語を相互に置換可能な概念として用いていた．両者の若干のニュアンスの相違について，序章注7を参照のこと．

21）この「独立宗教」の概念は，本引用箇所の言葉と極めて類似した内容が語られている『アートマ・カター』の序章部の引用箇所（後述）のすぐ後で語られている「独立真理（*svatantr satya*）」の概念に対応するものと考えられる．すなわち，ガーンディーは『アートマ・カター』の序章部で次のように述べる．「真理の探求者は埃よりも下にいなければならない．全世界が埃を踏み潰すが，真理の崇拝者（*satyano pūjārī*）は埃があたかも踏みつけられるように，卑小にならない限り，独立真理（*svatantr satya*）の片鱗さえも見ることができない」［*AK*: 9］．「私はこの試みに，『真理の実験（*satyanā prayogo*）』という名を付けた．この〔実験の〕中には，真理の他に，アヒンサーやブラフマチャリヤなどの戒律（*niyamo*）の実験もある．だが，私の心（*man*）には真理こそが最上のもの（*sarvoparī*）であり，またその中に無数の事柄が包含されるのである．この真理はその粗雑な（*sthūl*）――言葉〔上〕の（*vācānuṃ*）――真理ではない．それは言葉のように観念的な正しさ（*vicārnuṃ paṇ kharuṃ*）〔に過ぎないの〕である．この真理，それは我々にとって想像上の真理（*kalpeluṃ satya*）ではない．だが，独立した永遠の真理（*svatantr cirsthāyī satya*），すなわち，最高神（*parameśvar*）なのである」［*AK*: 8］．

そして，ガーンディーはこの独立真理＝最高神に至るための道のりにおいて，「内なるアートマン（*antarātmā*）」を助けとして歩んでいく必要を説く．「最高神の定義が無数にあるのは，その神的顕現（*vibhūtio*）も無数だからである．その神的顕現は私を驚愕させる．それは私を一瞬魅了もする．だが，私は真理の形をした最高神の崇拝者である（*huṃ pūjārī to satyarūpī parameśvarno j chuṃ*）．それは唯一の真理（*ek j satya*）であり，他の全ては幻想（*mithyā*）である．その真理を私は得ていないが，それの私は探求者である．それを探求することのために私にとって最も愛しいもの（*priyamāṃ priya*）を放棄する覚悟があり，またその探求という形の供犠（*śodhrūpī yajña*）の中に，この身体（*śarīr*）も犠牲に捧げる覚悟とシャクティがあると私は信じている．だが，その真理と私が対面していない限り，私の内なるアートマンが真理と見なす，その想像上の真理（*kālpanik satya*）を私の支えとし，私の灯台として，それを拠り所にして私は人生を送っていく」［*AK*: 8］．以上のように，ガーンディーの独立真理もまた，個人宗教と同様に，内なるアートマンに依拠するものであった．

とはいえ，ガーンディーが没する1ヶ月前に，かつて『アートマ・カター』で語った「独立真理」という言葉ではなく，なぜ「独立宗教」という言葉を発したのかということは重要な問いとなりうる．1つの解釈としては，以下のことが考えられうる．つまり，「真理」は特定の宗教的信仰に縛られない普遍主義的な響きを持つ概念である（ガーンディーは自身の真理概念が「無神論者（*nāstik*, atheist）」にも開かれていると述べた）．一方で，「宗教」はあくまで個人的信仰としての響きが強い．本書で論じてきたように，ガーンディーの真理の実験は，晩年に至るにつれて個人主義的性質のものへと内面化していった．そして，最晩年にガーンディーはラーマの唱名というバクティ実践の重要性を説くようになっていた．ガーンディーが死去する直前の時期に，独立真理ではなく，独立宗教という言葉を発した背景には，このようなガーンディーの宗教的政治思想の内面化の契機が少なからず関係していたのではないかと思われる．

22）ラーマチャンドラ・ガーンディー（1937-2007）は，ブラフマチャリヤに関するある未出版の論文で，「性は人間身体の最も秘匿な感情（the most hidden sensation of human body）の探求であり，ブラフマチャリヤは意識において知覚不可能な中核（the insentient heart of consciousness）の探求である」として両者の間にある密接な結び付きを論じる［Ramachandra Gandhi 1981: 36］．

23）第6章注57参照．ガーンディーがインド独立運動に果たした役割は様々に解釈が可能なものの，少なからぬ論者がそれを「失敗」と見なしてきた．これらについては，W. Shirer［1979: 168, 177, 191-192］，G. Omvedt［1994: 226］，B. Nanda［1996: 77］なども参照されたい．

24）ガーンディーの運動・思想が没後にグローバルなレベルでいかなる影響を及ぼすに至ったのかについては，D. Hardiman［2003: 255-277］，S. Scalmer［2011］，L. Rudolph and S. Rudolph［2008a: 92-139］，T. Weber［2004］，A. Nandy［2000］，J. Hunt［2005］，C. Markovits［2006: 27-28, 65-67］，B. Nanda［2007: 244-246］を参照されたい．インド国内のガーンディー主義者の活動・思想については，石坂［2011］，T. Weber［2006］に詳しい．

25）ここでナンディーはネルソン・マンデラ，ダライ・ラマ14世，アウンサンスーチーの三人の名を挙げている［Nandy 2010: 7］．

26）紙数の関係からもここで詳細に論じることはできないが，キング，マンデラ，アウンサンスーチーのみを例にとっても，彼らは鋭敏にガーンディーの非暴力思想の背後にある道徳形而上学の意義を見抜いていた.

例えば，キングはガーンディーの非暴力思想が受動的な意味の無抵抗とは本質的に異なることをはっきりと明言しており［Carbon 2001: 26］，その影響下にある自身の非暴力的公民権運動の特質を次のような喩えを用いて説明していた.「腫れ物は覆われてしまっている限り決して癒やされない．それは開かれて膿が流れ出し，空気と光という生薬に晒されなければならない．不正義も同じように暴露されることであらゆる緊張を作り出し，人間の良心の光とナショナルな世論の空気に触れることで初めて癒えるのである」［Washington 1986: 295］．キングが聖職者としての道を歩み始めた時期から，自らの良心の声（あるいは，「内なる衝動」，「存在の内なる深み」，「静かな良心の声」などとも呼ばれた）がいかに彼の社会思想形成上で重要な機能を果たしていたのかは，L. Baldwin［2010: 28, 39, 51, 57, 108, 168］，C. Carson and K. Shepard［2001］，M. L. King, Jr.［1968］を参照されたい.

マンデラはガーンディーと自身の南アフリカにおける獄中体験を比較した論文（「囚人ガーンディー（Gandhi the Prisoner)」）の中で次のように書いている.「政治的囚人は良心の囚人（prisoners of conscience）であり，そのようであることによって，他の囚人とは非常に異なっている.〔……〕今世紀〔＝20世紀〕の初頭にガーンディーは獄中生活を耐えた．時代が異なっていても，我々の間には依然として絆がある．我々は共に獄中生活を経験し，不正な法を糾弾した」［Mandela 1995: 16-18］．そして，この5年後に『タイム』紙2001年1月3日号に投稿した記事の中で次のように語った.「彼〔ガーンディー〕は自己の重要性を弱めることなく，利己心を集団の利害に代替したのであった．彼は道徳的個人と道徳的社会との同時的で相関的な発展を求めた．彼のサッティヤーグラハの哲学は，彼が神や絶対的道徳性と同一視したところの真理を実現するための個人的であると同時に社会的な闘争を意味するのである.〔……〕彼は宗教と世俗の調和をはかることで，自身の革命を神聖なものとした」.

アウンサンスーチーは，ガーンディーの『オート・バイオグラフィー』や『ヒンド・スワラージ』を熟読していた．そして，『恐れからの自由』と題された自著（M. アリス編）の中で，ミャンマーの民主化運動の基盤にある「真理を語り，自らの言葉を守る〔……〕ネーションの良心」である父アウンサンの思想とガーンディーの思想との「内的気質（intrinsic qualities)」をめぐる重要な類似点について論じている［Aris 2010: 183-184］.

語　彙

アーシュラム（Guj. & Hin. *āśram*, Skt. *āśrama*）　霊的修練のための道場．四住期．

アートマ・カター（Guj., Hin. & Skt. *ātmakathā*）　アートマン（自己，魂，霊魂）の物語，自叙伝．

アートマ・ダルシャン（Guj. & Hin. *ātmadarśan*, Skt. *ātmadarśana*）　アートマン（自己，魂，霊魂）のダルシャン（悟り，参拝，顕現，省察，直観）．ガーンディー自身はしばしば英語で self-realization の訳語を用いた．

アートマン（Skt. *ātman*, Guj. & Hin. *ātmā*）　自己，魂，個我，霊魂．アドヴァイタ・ヴェーダーンタ（不二一元論）では，宇宙の最高原理であるブラフマンと本質的に同一とされる．

アヒンサー（Guj., Hin. & Skt. *ahiṃsā*）　非暴力，不殺生．

イティハース（Guj. & Hin. *itihās*, Skt. *itihāsa*）　叙事詩，歴史．

アドヴァイタ・ヴェーダーンタ（Skt. Advaita Vedānta, Guj. & Hin. Advait Vedānt）　アートマン（自己，魂，霊魂）とブラフマン（宇宙の最高原理）が本質的に１つであるとの悟りに至ることを究極的目標に据えるヴェーダーンタ哲学の一派．

ヴャクティ（Guj., Hin. & Skt. *vyakti*）　個人，人格，顕現，表出．

ヴィールヤ（Guj., Hin. & Skt. *vīrya*）　精液，生命力，活力，男らしさ．

ヴィカール（Guj. & Hin. *vikār*, Skt. *vikāra*）　主に，性欲・情欲を意味する語としてガーンディーは用いた．より一般的には，変形，歪み，乱れを意味する．

ウールドヴァレーター（Guj. & Hin. *ūrdhvaretā*, Skt. *ūrdhvaretas*）　ヴィールヤ（精液，生命力）を上部（頭部）に結集させている者．

ヴェーダーンタ（Skt. Vedānta, Guj. & Hin. Vedānt）　六派哲学の１つ．ヴェーダの最終的な教説（語源　ヴェーダ *veda* ＋ 終わり *anta*)」）を意味する．『ブラフマ・スートラ』，『ウパニシャッド』，『バガヴァッド・ギーター』を三大経典とする．

カーディー（Guj. & Hin. *khādī*）　手紡ぎ糸で作られた衣服．

グナ（Skt. *guṇa*, Guj. & Hin. *guṇ*）　性質，個性，特質．

サーダナー（Guj. & Hin. *sādhanā*, Skt. *sādhana*）　霊的修練，苦行．

サーンキヤ（Guj., Hin. & Skt. Sāṅkhya）　六派哲学の１つ．精神原理であるプルシャ（霊我）と物質原理であるプラクリティ（原質）の二元論に基づく宇宙論．

サッティヤーグラハ（Skt. *satyāgraha*, Guj. & Hin. *satyāgrah*）「サッティヤ（真理)」の「アーグラハ（堅持，主張)」を意味するガーンディーが造語した非暴力闘争の原理・方法.

サット（Guj., Hin. & Skt. *sat*） 存在，真実在.

サナータニー・ヒンドゥー（Hin. *sanātanī hindū*, Guj. *sanātanī hindu*） 古来より続くヒンドゥー教の伝統的ダルマ（宗教，義務，理法，宇宙秩序）を遵守しているとするヒンドゥー教徒．正統派・保守派のヒンドゥー教徒.

シャクティ（Guj., Hin. & Skt. *śakti*） 活力，能力，霊力，性エネルギー．シヴァ神の神妃パールヴァティーの別名.

スワデーシー（Guj. & Hin. *svadeśī*） 国産品推進.

スワラージ（Guj. & Hin. *svarāj*） 独立，自治，自己統治.

タパシュチャリヤー（Guj., Hin. & Skt. *tapaścaryā*） 霊的苦行（の実践).

ダルシャン（Guj. & Hin. *darśan*, Skt. *darśana*） 悟り，参拝，顕現，省察，直観.

ダルマ（Skt. *dharma*, Guj. & Hin. *dharm*） 宗教，義務，理法，宇宙秩序.

チャルカー（Guj. & Hin. *carkhā*） 手紡ぎ車.

ドヴァイタ（Skt. Dvaita, Guj. & Hin. Dvait） 存在論的二元論に立つヴェーダーンタ哲学の一派.

バクティ（Guj., Hin. & Skt. *bhakti*） 最高神への絶対的帰依，信愛.

バニヤー（Guj. & Hin. Baniyā） 商人カースト.

ハリジャン（Guj. & Hin. Harijan）「神の子」を意味する語としてガーンディーが使用した不可触民の尊称.

ハルタール（Guj. & Hin. *hartāl*） 一斉休業（運動)，ボイコット.

プラーナ（Skt. *prāṇa*, Guj. & Hin. *prāṇ*） 呼吸，息吹，宇宙に遍在する生命エネルギー.

プラジャー（Guj., Hin. & Skt. *prajā*） ネーション，国民，人民，臣民，子孫.

ブラフマチャリヤ（Guj., Hin. & Skt. *brahmacarya*） 性的禁欲，性欲統制，独身．梵行.

ブラフマン（Skt. *brahman*, Guj. & Hin. *brahm*） 宇宙の最高原理．梵．アドヴァイタ・ヴェーダーンタでは，アートマンと本質的に同一であるとされる.

マハートマー（Guj. & Hin. *mahātmā*, Skt. *mahātman*） 偉大な魂（を持つ者).

ラーシュトラ（Skt. *rāṣṭra*, Guj. & Hin. *rāṣṭr*） ネーション，国家，国民.

ヤッギャ（Guj., Hin. & Skt. *yajña*） 供犠.

注1　Guj. はグジャラーティー語，Hin. はヒンディー語，Skt. はサンスクリット語を示す.

注2　*āśram(a)* と *darśan(a)* については，サンスクリット語の慣例上のカタカナ表記も存在しているが，本書では一貫してグジャラーティー語・ヒンディー語の表記上の慣例に従う.

注3　*prajā* については，ヒンディー語及びサンスクリット語では，「ネーション」の意味はない．また，*rāṣṭr(a)* については，サンスクリット語では「ネーション」の意味はない.

ガーンディー関連年表

年	事　項
1869	10月2日，グジャラート西部の港町ポールバンダルに生まれる
1876	グジャラート中央部のラージコートに移住
1881	アルフレッド高等学校入学
1883	13歳でカストゥールバー（12歳）と結婚
1885	妻との性交渉中に，父カラムチャンド死去
1888	高等学校卒業後，イギリスに出航．11月，ロンドン大学付属のインナー・テンプル法曹院入学
1891	6月，法廷弁護士資格取得．7月，帰国．ボンベイでラージチャンドラと初めて会う
1893	5月，商社の顧問弁護士として働くため南アフリカに単身移住．到着して間もなく，人生初の激しい人種差別を受ける．6月（～翌5月），プレトリア滞在．この頃に，自身の宗教アイデンティティを見つめ直し，トルストイの『神の国は汝らのただ中にあり』を含む80冊以上の宗教書を渉猟．ラージチャンドラ宛に書簡を送る．
1894	8月，ナタール・インド人会議を結成．10月，ラージチャンドラからガーンディー宛第1信
1895	3月，ラージチャンドラからガーンディー宛第2信
1896	10月，ラージチャンドラからガーンディー宛第3信
1903	2月，ヨハネスブルクで弁護士業開業．ヴィヴェーカーナンダの『ラージャ・ヨーガ』を読む．カレンバッハと初めて会う
1904	11～12月，フェニックス・セツルメントを設立．『インディアン・オピニオン』紙創刊
1906	6月，衛生看護部隊としてバンバサ暴動（ズールー族の反乱）に従軍．7月下旬，ブラフマチャルヤの誓いを交わす．9月，新アジア人登録法案に反対してサッティヤーグラハ闘争開始（この時点では「受動的抵抗」と呼ばれていた）
1908	1月，初の入獄．入獄中に出版された『インディアン・オピニオン』紙上で闘争の名称を「サッティヤーグラハ」に改名する旨を発表．2月，カレンバッハとの「クラール」での同居生活開始（～翌7月）．10～12月，2度目の入獄
1909	2～5月，3度目の入獄．6月，カレンバッハとの「テント」での同居生活開始（～翌10月）．7～11月，南アフリカの在留インド人の苦境を訴えにロン

	ドンに渡り陳情活動．滞在中にトルストイの「あるヒンドゥー教徒への書簡」を読む．10月，トルストイ宛第1信．11月10日，トルストイ宛第2信．13日，ロンドン出航．船上で『ヒンド・スワラージ』執筆，また「あるヒンドゥー教徒への書簡」をグジャラーティー語に抄訳．30日，南アフリカ到着
1910	4月，トルストイ宛第3信．5月，トルストイ農園設立．8月，トルストイ宛第4信．11月，トルストイ死去
1912	12月頃，カレンバッハと乳汁放棄の誓いを立てる
1913	4月，『インディアン・オピニオン』紙上に「秘密の章（グヒャ・プラカラン）」掲載．5月，ヨハネスブルクの集会でサッティヤーグラハ闘争の「最終戦争（チェーヴァトナー・ユッダ）」開始を宣言．11月6日，2000人以上を率いたサッティヤーグラハ闘争開始．9日～12月，3度目の入獄
1914	6月，サッティヤーグラハ闘争が勝利し，インド人救済法が成立．7月，妻とカレンバッハと共にロンドンへ向けて出航（～12月，ロンドン滞在）
1915	1月，妻と共にインドに帰国（カレンバッハは入国不許可）．5月，アフマダーバード郊外のコーチラブにサッティヤーグラハ・アーシュラムを設立
1917	4月（～翌年初頭），チャンパーランの農民争議を指導．10月，アーシュラムをアフマダーバードのサーバルマティーに移動
1918	2～3月，アフマダーバードの紡績労働者ストライキを指導．3～6月，ケーダー県で地税不支払い運動を指導．8月，赤痢にかかる（～翌1月）．病気回復のために誓いを破って乳汁を飲み始める．回復直後にローラット法発布についての勧告を知る
1919	3月21日，ローラット法成立．30日，全インド的ハルタール開始．4月13日，ジャリアーンワーラーバーグ大虐殺．18日，暴動の発生に伴いハルタール停止．9～10月，『ナヴァジーヴァン』紙，『ヤング・インディア』紙創刊．11月，全インド・ヒラーファト会議．12月，インド統治法成立
1920	8月1日，非暴力的非協力運動開始．11日，『ヤング・インディア』紙上で「剣の教義」出版．9月，カルカッタで国民会議特別大会．12月，ナーグプルで国民会議第35回大会
1921	7月，外国製衣服焼却運動開始．8月，モープラー暴動発生．11月，イギリス皇太子の訪印に伴ってインド各地でハルタール．12月，アフマダーバードで国民会議派第36回大会
1922	2月，チャウリー・チャウラー事件が発生し，非協力運動停止．3月，プネーのヤラワダー刑務所入獄（～翌2月）．獄中でジョン・ウッドロフの『シャクティとシャークタ』を含む131冊以上の文献を渉猟
1924	4月13日，『ナヴァジーヴァン』紙上で『イティハース』連載開始．5月，「心の乱れ」を伴う夢精体験．24～25日，ラーホールでムスリム連盟第15回年次大会．25日，『ナヴァジーヴァン』紙上で，ブラフマチャリヤ再定義．9月9日～11日，北西辺境州コーハトで宗教間（コミュナル）暴動勃発．17日～10月7日，生涯初の21日間の断食．『イティハース』上巻出版
1925	11月22日，『ナヴァジーヴァン』紙上で『イティハース』連載終了．29日，

	『ナヴァジーヴァン』紙上で『アートマ・カター』連載開始.『イティハース』下巻出版
1927	1月，サイモン委員会任命．12月，マドラスで国民会議派第42回大会．サイモン委員会のボイコットと全政党協議会の開催を決議．ナヴァジーヴァン社より『アートマ・カター』上巻出版
1928	2月，サイモン委員会訪印に際して，インド各地でボイコット．8月，ネルー報告作成
1929	2月3日，『ナヴァジーヴァン』紙上で『アートマ・カター』連載終了．12月，国民会議派ラーホール大会で完全独立決議採択．ナヴァジーヴァン社より『アートマ・カター』下巻出版
1930	1月，第2次独立運動開始．3月，塩の行進開始．行進開始同日，『バガヴァッド・ギーター』の翻訳・注解書である『アナーサクティ・ヨーガ』出版．5月，入獄（〜翌1月）
1931	2月，アーウィン＝ガーンディー協定締結．8月，渡英．9〜12月，英印円卓会議出席．12月，帰国．すぐにサッティヤーグラハ闘争再開
1932	1月，ヤラワダー刑務所入獄（〜翌5月）．9月20日，コミュナル裁定に反対して獄中で断食（「死に至る断食」）．25日，アンベードカルとプネー協定締結．12月，反不可触民に関わる2度目の断食
1933	1月，ハリジャン奉仕協会結成．2〜3月，『ハリジャン』紙・『ハリジャン・セーヴァク』紙・『ハリジャンバンドゥ』紙創刊．5月8日正午，覚醒時に人間のような「声」を聞く神秘体験．6時間後，反不可触民に関わる3度目の断食（〜28日．2度目の21日間にわたる断食）．7月，サーバルマティー・アーシュラム閉鎖．8月，反不可触民に関わる4度目の断食
1934	1月，ビハール大地震発生．4月，第二次独立運動終了．8月，反不可触民に関わる5度目の断食．9月，国民会議派から引退宣言
1935	4月，ワルダーのセーガオーンにセーヴァーグラーム・アーシュラム設立.8月，新インド統治法成立
1936	1月，「最悪な事態」と呼ばれた非自発的な射精体験
1937	2月，州議会選挙で国民会議派の圧勝とムスリム連盟の大敗が決定．5月，カレンバッハがガーンディーを訪問
1938	4月，「極度の失望」を伴う2度目の非自発的な射精体験
1939	1〜2月，カレンバッハ2度目の訪印
1940	3月，ムスリム連盟ラーホール大会でイスラーム教徒多住地域からなるムスリム国家（「パーキスターン」）の独立要求決議採択
1942	3月，クリップス使節団訪印.8月8日，国民会議派「インドを立ち去れ運動（クイット・インディア）」（第3次独立運動）開始．翌日，ガーンディーやネルーを始めとした会議派指導者が一斉逮捕・入獄．8〜12月，獄中で『健康の鍵』執筆
1943	2〜3月，21日間の断食．12月，ムスリム連盟「分割して立ち去れ」スローガン採択

1944	2月，妻カストゥールバー死去．5月，釈放．9月，ガーンディー＝ジンナー会談
1946	4月，ムスリム連盟，ムスリム国家樹立決議.8月，ムスリム連盟「直接行動」決行．カルカッタで4日間にわたる大暴動勃発（死者5000人，負傷者1万5000人，住居喪失者10万人）．インド北部諸地域にも暴動が波及．9月以降，セキュラリズム原理を提唱．10月，ニューデリーからカルカッタに向かう．11月，カルカッタからノーアーカーリーに向かう．12月，マヌがノーアーカーリーに到着．大供犠を行う（～翌2月）
1947	3月2日，ノーアーカーリーからカルカッタを経由してビハールに向かう.30日，パトナーからニューデリーに向かう．6月8日～7月6日，『ハリジャンバンドゥ』紙上にブラフマチャルヤに関する記事を5回に分けて連載．31日，ニューデリーからカシミールに向かう．8月4日，ジャンムーからラーホールに向かう．6日，ラーホールからパトナーを経由してカルカッタに向かう．8月15日，インド独立記念日（パーキースターンは14日）をカルカッタで断食と祈りを捧げながら過ごす．9月1日～4日，カルカッタで断食．7日，ニューデリーに向かう
1948	1月13日～18日，ニューデリーで生涯最後の断食．30日，ビルラー邸庭園内の祈りの集会に向かう途中，ヒンドゥー大連盟（マハーサバー）の成員が放った弾丸3発を受けて没する

参照文献

未刊行グジャラーティー語・英語原稿

Gandhi Nidhi Papers, National Gandhi Museum and Library, Rajghat, New Delhi.

Edward Carpenter Collection, Sheffield City Council, Sheffield.

Hermann Kallenbach Papers, Satyagraha House and Museum, Johannesburg.

Hermann Kallenbach Papers (Group 1, Autograph and Original Letters of Mohandas Karamchand Gandhi; Group 5, Miscellaneous Letters; Group 10, Kallenbach Correspondence with Indian Friends 1909–1939; Group 11, Mehta to Kallenbach; Group 12, Correspondence of Hanna Lazar), National Archives of India, New Delhi.

Hermann Kallenbach Papers (Group 1, Letters from Gandhi), Nehru Memorial Museum and Library, New Delhi.

N. K. Bose Papers (Group 14, Correspondence), National Archives of India, New Delhi.

Sabarmati Ashram Papers, Sabarmati Ashram Preservation and Memorial Trust, Ahmedabad.

ガーンディーの週刊紙

Harijan, 1933–1955.

Harijanbandhu, 1933–1955.

Harijan Sevak, 1933–1955.

Indian Opinion, 1904–1914.

Navjīvan, 1919–1932.

Young India, 1919–1931.

グジャラーティー語一次史料

Desāī, Mahādev, 1948–1965, *Mahādevbhāīnī Ḍāyrī*, vol. 1–7, Amdāvād: Navjīvan Prakāśan Mandir.

———, 1950, *Ek Dharmyuddh: Amdāvādnā Milmajūronī Laḍatno Itihās*, Amdāvād: Navjīvan Prakāśan Mandir.

———, 1966–1997, *Mahādevbhāīnī Ḍāyrī*, vol. 8–23, Amdāvād: Sābarmatī Āśram Surakṣā ane Smārak Ṭrasṭ.

———, 1985, *Bārḍolī Satyāgrahano Itihās*, Amdāvād: Navjīvan Prakāśan Mandir.

Gāndhī, Manubahen, 1949, *Bāpu Mārī Mā*, Amdāvād: Navjīvan Prakāśan Mandir.

———, 1954, *Eklo Jāne Re: Gāndhījīnī Noākhālīnī Dharmayātrānī Ḍāyrī*, Amdāvād: Navjīvan Prakāśan Mandir.

———, 1956a, *Bihārnī Komī Āgamāṃ*, Amdāvād: Navjīvan Prakāśan Mandir.

———, 1956b, *Kalkattāno Camatkār*, Amdāvād: Navjīvan Prakāśan Mandir.

———, 1961, *Bihār pachī Dilhī*, Amdāvād: Navjīvan Prakāśan Mandir.

———, 1964, 1966, *Dilhīmāṃ Gāndhījī*, 2 vols, Amdāvād: Navjīvan Prakāśan Mandir.

Gāndhī, Mohandās K., 1940, *Maṅgaḷprabhāt*, Amdāvād: Navjīvan Prakāśan Mandir.

———, 1941, *Racanātmak Kāryakram: Tenuṃ Rahsya ane Sthān*, Amdāvād: Navjīvan Prakāśan Mandir.

———, 1947, *Satyanā Prayogo athvā Ātmakathā*, Amdāvād: Navjīvan Prakāśan Mandir.

———, 1948, *Ārogyanī Cāvī*, Amdāvād: Navjīvan Prakāśan Mandir.
———, 1950, *Dakṣiṇ Āphrikānā Satyāgrahano Itihās*, Amdāvād: Navjīvan Prakāśan Mandir.
———, 1967-1992, *Gāndhījīno Akṣardeh: Mahātmā Gāndhīnāṃ Lakhāṇo, Bhāṣaṇo, Patro Vagereno Saṅgrah*, 82 vols, Amdāvād: Navjīvan Prakāśan Mandir.
———, 1979, *Hind Svarājya*, Amdāvād: Navjīvan Prakāśan Mandir.
———, 1986, *Anāsaktiyog: Śrīmaddbhagavaddgītānoanuvād*, Amdāvād; Navjīvan Prakāśan Mandir.
———, 2008, *Ek Satyavīrnī Kathā athvā Sokreṭīsno Bacāv*, Amdāvād; Navjīvan Prakāśan Mandir.
Govardhandāsjī, Śrīmad, 2008, *Śrīmad Rājcandra: Jīvankathā*, Agās: Śrīmad Rājcandra Āśram.
Kalārthī, Mukulbhāī, (ed.), 2000, *Śrīmad Rājcandra ane Gāndhījī*, Amdāvād: Gujarāt Vidyāpīṭh.
Rājcandra, Śrīmad, 2010a, *Ātmasiddhi Śāstra*, Agās: Śrīmad Rājcandra Āśram.
———, 2010b, *Mokṣamāḷā: Bhāvnābhodh Sahit*, Agās: Śrīmad Rājcandra Āśram.
———, 2010c, *Śrīmad Rājcandra*, Agās: Śrīmad Rājcandra Āśram.
———, 2010d, 'Samuccayvaycaryā', in *Śrīmad Rājcandra*, Agās: Srīmad Rājcandra Āśram.

グジャラーティー語二次史料

Bajāj, J. K., and Śrīnivās, M. D., 2011, (eds.), *Mahātmā Gāndhīnuṃ Hind Svarājya*, Cennai: Samājnīti Samīkśaṇ Kendr.
Belsare, M. B., 2002, *Gujarātī-Aṅgrejī Ḍikśanarī*, New Delhi: Asian Educational Services.
Deśpāṇḍe, Pāṇḍuraṅg Gaṇeś 2002, *Gujarātī-Aṅgrejī Koś*, Amdāvād: Yunivarsiṭī Granthnirmān Borḍ, Gujarāt Rājya.
Govardhandāsjī, Brahmacārī G., 2009, *Śrīmad Rājcandra: Jīvankaḷā, Agās*: Śrīmad Rāhcandra Āśram.
Jesalpurā, Śivlāl, (ed.), 1994, *Śāmal-Kṛt: Chappā ane Samasyāo*, Amdāvād: Navbhārat Sāhitya Mandir.
Kalārthī, Mukulbhāī, 2009, *Śrīmad Rājcandra: Jīvan Caritr*, Agās: Śrīmad Rājcandra Āśram.
Mehtā, Kalyāṇjī V., and Desāī, Īśvarī, 1969, *Dāṇḍī Kūc*, Amdāvād: Gujarāt Rājya Samiti.
Rāval, Anantrāy M., (ed.), 1955, *Śāmalkṛt Madanmohanā*, Amdāvād: Gūrjar.

ヒンディー語一次史料

Gāndhī, Mohandās K., 1948, 1949, *Prārthnā Pravacan*, 2 vols, Naī Dillī: Sastā Sāhitya Maṇḍal Prakāśan.
———, 1958-1994, *Sampūrṇ Gāndhī Vāṅgmay*, 97 vols, Naī Dillī: Prakāśan Vibhāg, Sūcanā aur Prasāraṇ Mantrālay, Bhārat Sarkār.
Naiyar, Suśīlā, 2011, "Pattā Ṭuṭā Ḍāl se: Pyārelālji kī Sankṣipt Jīvanī" in Jha, D. C. (ed.), *Remembering Pyarelal: Mahatma Gandhi's Secretary and Biographer*, New Delhi: National Gandhi Museum, pp. 181-241.

ヒンディー語二次史料

Candra, Sudhīr, 2011, *Ek Asambhav Sambhāvnā*, Naī Dillī: Rājkamal Prakāśan.
Kuśvāhā, Subhāṣ Candra, 2014, *Caurī Caurā: Vidroh aur Svādhīntā Āndolan*, Naī Dillī: Peṅguin Buks Iṇḍiyā.

英語一次史料

Aris, Michael, (ed.), 2010, *Freedom from Fear and Other Writings*, London: Penguin Books.
Arnold, Edwin, 1884, *The Light of Asia*, New York: Hurst.
———, 1885, *The Song Celestial*, London: Trübner.
Bhattacharya, Sabyasachi, (ed.), 1997, *The Mahatam and the Poet: Letters and Debates between Gandhi and Tagore 1915-1941*, New Delhi: National Book Trust.

Blavatsky, Helena P., 1889, *The Key to Theosophy, Being a Clear Exposition, in the Form of Question and Answer, or the Ethics, Science, and Philosophy for the Study of Which the Theosophical Society Has Been Founded*, London: The Theosophical Publishing Company.
Bose, N. K., 1972, *Studies in Gandhism*, Ahmedabad: Navajivan.
———, 1974, *My Days with Gandhi*, Bombay: Orient Longman.
Carlyle, Thomas, 1872, *On Heroes, Hero-Worship, and the Heroic in History*, London: Chapman.
Carpenter, Edward, 1892, *From Adam's Peak to Elephanta: Sketches in Ceylon and India*, London: George Allen and Unwin.
———, 1906, *Love's Coming of Age*, London: Swan Sonnenschein.
———, 1921, *Civilization: Its Cause and Cure and Other Essays*, Newly-Enlarged and complete Edition, London: George Allen and Unwin.
Carson, Clayborne, 2001, (ed.), *The Autobiography of Martin Luther King, Jr.*, New York: Grand Central Publishing.
———, and Shepard, Kris, (eds.), 2001, *A Call to Conscience: The Landmark Speeches of Dr. Martin Luther King, Jr.*, New York: Warner.
Das, Taraknath, 1910, 'British Rule and the Fundamental Demands of the Indian Nationalists,' in B. O. Flower, ed., *Twentieth Century Magazine*, vol. 1., October-March, Boston: The Twentieth Century Company, pp. 144–148.
Desai, Mahadev, 1946, "My Submission," in Mohandas K. Gandhi (ed.), *The Gospel of Selfless Action or the Gita According to Gandhi*, Ahmedabad: Navajivan, pp. 3–117.
Dvivedi, M. N., (ed.), 2001, *The Yoga-Sūtras of Patañjali: Sanskrit Text and English Translation Together with an Introduction and an Appendix, and Notes on Each Sūtra Based upon Several Authentic Commentaries*, Delhi: Sri Satguru Publications.
Doke, J. Joseph, 1909, *M. K. Gandhi: An Indian Patriot in South Africa*, Madras: G. A. Natesan.
Ellis, Havelock, 1897, *Studies in the Psychology of Sex: Sexual Inversion*, vol. 1, London: The University Press.
———, 1906, *Studies in the Psychology of Sex: Erotic Symbolism, The Mechanism of Detumescence*, vol. 5, Philadelphia: F. A. Davis Company.
———, 1911, *Studies in the Psychology of Sex: Sex in Relation to Society*, vol. 6, Philadelphia: F. A. Davis Company.
Gandhi, Mohandas K., 1910, *Indian Home Rule*, Phoenix, Natal: International Printing Press.
———, 1927, 1929, *The Story of My Experiments with Truth*, 2 vols, Ahmedabad: Navajivan.
———, 1928, *Satyagraha in South Africa*, translated by Valji Govindji Desai, Madras: S. Ganesan.
———, 1947, *Self-Restraint V. Self-Indulgence*, Ahmedabad: Navajivan.
———, 1956–1994, *The Collected Works of Mahatma Gandhi*, 100 vols, New Delhi: Publications Division, Ministry of Information and Broadcasting, Government of India.
———, 1958, *Women*, Ahmedabad: Navajivan.
———, 1988, *Gandhi on Women: Collection of Mahatma Gandhi's Writings and Speeches on Women*, Ahmedabad: Navajivan.
Godse, Nathuram V., 1993, *Why I Assassinated Mahatma Gandhi?*, Delhi: Surya Bharti Prakashan.
Hare, William Lotus, 1926, 'Generation and Regeneration,' *The Open Court*, 40 (3), pp. 129–44.
Haribhadra, 1986, *Ṣaḍ-Darśana Samuccaya*, translated into English by K. Satchidananda Murty, New Delhi: Eastern Books Linkers.
King, Jr., Martin Luther, 1968, *The Trumpet of Conscience*, New York: Harper and Row.
Kingsford, Anna, 1881, *The Perfect Way in Diet*, London: Paul, Trench.
Maitland, Edward, and Kingsford, Anna, 1882, *The Perfect Way, or, The Finding of Christ*, London: Field and Tuer.
Mayer, Peter, (ed.), 1966, *The Pacifist Conscience*, Harmondsworth: Penguin.
Misra, B. B. (ed.), 1963, *Selected Documents on Mahatma Gandhi's Movement in Champaran*

1917-18, Bihar: The Government of Bihar and the Superintendent, Secretariat Press.
Nayyar, Susila, 1989, "The Epic March," in *Mahatma Gandhi*, vol. 4, Ahmedabad: Navajivan, pp. 643-667.
Nehru, Jawaharlal, 1941, *Toward Freedom: The Autobiography of Jawaharlal Nehru*, New York: The John Day Company.
———, 1965, *Mahatma Gandhi*, Bombay: Asia Publishing House.
Mandela, Nelson, 1995, "Gandhi, the Prisoner," in B. R. Nanda, (ed.), *Mahatma Gandhi: 125 Years/ Remembering Gandhi, Understanding Gandhi, Relevance of Gandhi*, New Delhi: Indian Council for Relations, pp. 8-18.
Patel, Vallabhbhai, 1990, *The Collected Works of Sardar Vallabhbhai Patel: The Kheda Non-Cooperation Movement, Nagpur Flag Agitation and Borsad Satyagraha*, vol. 1, New Delhi: Konark.
Prasad, Rajendra, 1949, *Satyagraha in Champaran*, Ahmedabad: Navajivan.
Pyarelal, 1932, *The Epic Fast*, Ahmedabad: Navajivan.
———, 1958, *Mahatma Gandhi: The Last Phase*, vol. 2, Ahmedabad: Navajivan.
———, 1965, *Mahatma Gandhi: The Early Phase*, vol. 1, Ahmedabad: Navajivan.
Rodrigues, Valerian, (ed.), 2015, *The Essential Writings of B. R. Ambedkar*, New Delhi: Oxford University Press.
Rolland, Romain, 1930, *Mahatma Gandhi: The Man Who Became One with Universal Being*, translated by Catherine D. Groth, London: George Allen.
Ruskin, John, 1921, *Unto This Last*, Glasgow: The Grant Educational Company.
Saradananda, Swami, 1957, *Sri Ramakrishna: The Great Master*, Translated from Bengali to English by Swami Jagadananda, Second Revised Edition, Mylapore: Sri Ramakrishna Math.
Sarid, Isa, and Bartolf, Christian, 1997, *Hermann Kallenbach: Mahatma Gandhi's Friend in South Africa*, Berlin: Gandhi-Informations-Zentrum (Selbstverlag).
Suhrud, Tridip, and Sharma, Suresh, (eds.), 2010, *M. K. Gandhi's Hind Swaraj: A Critical Edition*, New Delhi: Orient BlackSwan.
Tendulkar, D. G., 1944, *Gandhiji: His Life and Work*, Bombay: Karnatak Publishing House.
———, 1951-1954, *Mahatma: Life of Mohandas Karamchand Gandhi*, 8 vols., Bombay: Publications Department, The Times of India Press.
———, 1957, *Gandhi in Champaran*, New Delhi: Publication Division, Ministry of Informations and Broadcasting.
Tilak, B. G., 1924, *Śrī Bhagavadgītā-Rahasya or Karma-Yoga-Śāstra*, vol. 1, Bombay: Bombay Vaibhav Press.
———, 1926, *Śrī Bhagavadgītā-Rahasya or Karma-Yoga-Śāstra*, vol. 2, Bombay: Bombay Vaibhav Press.
Tolstoy, Count Leo, 1894, *The Kingdom of God Is within You: Christianity Not as a Mystic Religion but as a New Theory of Life*, New York: Cassell Publishing Company.
———, 1900, *The First Step: An Essay on the Morals of Diet, to Which Are Added Two Stories*, Manchester: Albert Broadbent.
———, 1900, *The Slavery of Our Times*, Maldon, Essex: The Free Age Press.
———, 1966, "A Letter to a Hindu," in Peter Mayer, (ed.), *The Pacifist Conscience*, London: Penguin Books, pp. 166-176.
———, 2010, *War and Peace*, Translated with Notes by Louise and Aylmer Maude, Oxford: Oxford University Press.
Vivekananda, Swami, 1901a, *An Address before the Graduate Philosophical Society of Harvard University*, New York: The Vedanta Society.
———, 1901b, *Karma-Yoga: A Courses of Eight Lectures Delivered at New York*, Calcutta: Udbodhan Press.

———, 1902, *Jnāna Yoga*, New York: The Vedanta Soceity.
———, 1908, *Raja Yoga or Conquering the Internal Nature*, Calcutta: Udbodhan Office.
———, 1944, *Lectures from Colombo to Almora*, Almora: Advaita Ashram.
———, 1947, *The Complete Works of Swami Vivekananda*, vol. 5, Almora: Advaita Ashram.
Washington, James Melvin, (ed.), 1986, *A Testament of Hope: The Essential Writings of Martin Luther King, Jr.*, New York: Harper Collins, p. 295.
Woodroffe, Sir. John., 1919, *The Serpent Power: Being the Shat-Chakra-Nirūpana and Pādukā-Panchaka*, London: Luzac.
———, 1918, *Shakti and Shākta: Essays and Addresses on the Shākta Tantrashāstra*, London: Luzac.
———, 1920, *Shakti and Shākta: Essays and Addresses on the Shākta Tantrashāstra*, Second Edition, Revised and Enlarged, London: Luzac.
———, 1929, *Shakti and Shākta: Essays and Addresses on the Shākta Tantrashāstra*, Third Edition, Revised and Enlarged, London: Luzac.
———, 1950, *The Serpent Power: Being the Shat-Chakra-Nirūpana and Pādukā-Panchakā*, Fourth Edition, Madras: Ganesh.
———, 1972, *Tantra of the Great Liberation (Mahanirvana Tantra)*, New York: Dover.

その他の二次史料

Adams, Jad, 2010, *Gandhi: Naked Ambition*, London: Quercus.
———, 2011, *Gandhi: The True Man behind Modern India*, New York: Pegasus Books.
秋田茂, 1998,「植民地エリートの帝国意識とその克服――ナオロジとガンディーの場合」木畑洋一編『大英帝国と帝国意識――支配の深層を探る』京都：ミネルヴァ書房, pp. 179-200.
Alter, Joseph S, 1994, "Celibacy, Sexuality, and the Transformation of Gender into Nationalism in North India," *The Journal of Asian Studies*, 53 (1), pp. 45-66.
———, 1997, "Seminal Truth: A Modern Science of Male Celibacy in North India," *Medical Anthropology Quarterly*, 11 (3), pp. 275-298.
———, 2000, *Gandhi's Body: Sex, Diet, and the Politics of Nationalism*, Philadelphia: University of Pennsylvania Press.
———, 2011, *Moral Materialism: Sex and Masculinity in Modern India*, New Delhi: Penguin Books.
Amin, Shahid, 1995, *Event, Metaphor, Memory: Chauri Chaura 1922-1992*, Berkeley: University of California Press.
———, 2010, "Gandhi as Mahatma: Gorakhpur District, Eastern UP, 1921-2," in Ranajit Guha, (ed.), *Subaltern Studies: Writings on South Asian History and Society*, Vol. 3, New Delhi: Oxford University Press, pp. 1-61.
Anderson, Benedict, 1991, *Imagined Communities: Reflections on the Origin and Spread of Nationalism*, London: Verso.
Ashe, Geoffrey, 2000, *Gandhi: A Biography*, New York: Cooper Square Press.
Ashiwa, Yoshiko, and Wank, David L., (eds.), 2009, *Making Religion, Making the State: The Politics of Religion in Modern China*, Stanford: Stanford University Press.
Bagchi, Jasodhara, 1990, "Representing Nationalism: Ideology of Motherhood in Colonial Bengal," *Economic and Political Weekly*, 25 (42/43), pp. 65-71.
Bamford, Percival C., 1925, *Histories of the Non-Co-Operation and Khilafat Movement*, New Delhi: Government Publication.
Banerjee, Sikata, 2005, *Make Me a Man!: Masculinity, Hinduism, and Nationalism in India*, Albany, NY: State University of New York Press.
Basham, A. L., 1954, *The Wonder That Was India*, London: Sidgwick and Jackson.
———, 1971, "Traditional Influences on the Thought of Mahatma Gandhi," in Ravindra Kumar

(ed.), *Essays on Gandhian Politics: The Rowlatt Satyagraha of 1919*, Oxford: Oxford University Press, pp. 17–42.

Batsha, Nishant, 2009, "Gandhi and Chauri Chaura: A Lacanian Reinterpretation of Gandhi through Chauri Chaura Riot," *Intersections*, 10 (3), pp. 28–41.

Bayly, C. A., 1998, *Origins of Nationality in South Asia: Patriotism and Ethical Government in the Making of Modern India*, New Delhi: Oxford University Press.

Beatty, Aidan, 2016, *Masculinity and Power in Irish Nationalism, 1884-1938*, London: Palgrave Macmillan.

Bedekar, D. K., 1975, *Towards Understanding Gandhi*, edited by Rajabhau Gawande, Bombay: Popular Prakashan.

Benson, Ruth C., 1974, *Women in Tolstoy: The Ideal and the Erotic*, Urbana: University of Illinois Press.

Berger, Peter L., 1967, *The Sacred Canopy: Elements of a Sociological Theory of Religion*, Garden City, NY: Doubleday.

———, and Luckmann, Thomas, 1966, *The Social Construction of Reality: A Treatise in the Sociology of Knowledge*, Garden City, NY: Doubleday.

Bergunder, Michael, 2014, "Experiments with Theosophical Truth: Gandhi, Esotericism, and Global Religious History," *Journal of the American Academy of Religion*, 82 (2), pp. 398–426.

Bhana, Surendra, and Vahed, Goolam H., 2005, *The Making of a Political Reformer: Gandhi in South Africa, 1893-1914*, New Delhi: Manohar.

———, and Shukla-Bhatt, Neelima, 2011, *A Fire that Blazed in the Ocean: Gandhi and the Poems of Satyagraha in South Africa, 1909-1911*, New Delhi: Promilla.

Bhushan, Nalini, and Garfield, Jay L., (eds.), *Indian Philosophy in English: From Renaissance to Independence*, New York: Oxford University Press.

Bhatt, Bansider, 1972, 'Vyavahāranaya and Niścayanaya in Kundakunda's Work', in *Zeitschrift der Deutschen Morgenländischen Gesellschaft*, 1 (5), pp. 279–291.

Bilgrami, Akeel, 2002, "Gandhi's Integrity: The Philosophy behind the Politics," *Postcolonial Studies*, 5 (1), pp. 79–93.

———, 2011, "Gandhi's Religion and Its Relation to His Politics," in Judith M. Brown and Anthony Parel, *Gandhi*, New York: Cambridge University Press, pp. 93–116.

———, 2014, *Secularism, Identity, and Enchantment*, Cambridge, MA: Harvard University Press.

———, 2016, "Gandhi's Radicalism: An Interpretation," in *Beyond the Secular West*, New York: Columbia University Press, pp. 215–45.

Bodewitz, Henk W., 1999, "Hindu *Ahiṃsā* and Its Roots," in Jan E. M. Houben and K. R. Van Kooij, (eds.), *Violence Denied: Violence, Non-Violence and the Rationalization of Violence in South Asian Cultural History*, Leiden: Brill.

Boehmer, Elleke, 2008, *Nelson Mandela*, Oxford: Oxford University Press.

Bondurant, Joan V., 1958, *Conquest of Violence: The Gandhian Philosophy of Conflict*, Princeton, NJ: Princeton University Press.

———, and Fisher, Margaret W., 1971, "Gandhi: A Psychoanalytic View," *The American Historical Review*, 76 (4), pp. 1104–1110.

Bottero, A., 1991, "Consumption by Semen Loss in India and Elsewhere," *Culture, Medicine and Psychiatry*, 15, pp. 303–320.

Britton, Burnett, 1999, *Gandhi Arrives in South Africa*, Canton, Me: Greenleaf Books.

Brass, Paul R., and Vanaik, Achin, (eds.), 2002, *Competing Nationalism in South Asia: Essays for Ashgar Ali Engineer*, Kathmandu: Sangam Books.

Brock, Peter, 1981, "Gandhi's Nonviolence and His War Service," *Peace and Change*, 7 (1/2), pp. 71–84.

Brown, Judith M., 1972, *Gandhi's Rise to Power: Indian Politics 1915-1922*, Cambridge:

Cambridge University Press.
———, 1974, "Gandhi and India's Peasants, 1917-22," *The Journal of Peasant Studies*, 1 (4), pp. 462-485.
———, 1977, *Gandhi and Civil Disobedience: The Mahatma in Indian Politics, 1928-1934*, Cambridge: Cambridge University Press.
———, 1989, *Gandhi: Prisoner of Hope*, New Haven: Yale University Press.
———, 1996, "The Making of a Critical Outsider," in Judith M. Brown and Marin Prozesky, (eds.), *Gandhi and South Africa: Principles and Politics*, Pietermaritzburg: University of Natal Press, pp. 21-33.
———, and Prozesky, Martin, (eds.), 1996, *Gandhi and South Africa: Principles and Politics*, Pietermaritzburg: University of Natal Press.
Butalia, Urvashi, 1998, *The Other Side of Silence: Voices From the Partition of India*, Durham, NC: Duke University Press.
Caplan, Pat, 1987, *The Cultural Construction of Sexuality*, New York: Tavistock.
Carstairs, Morris, 1958, *The Twice-Born*, London: Hogarth Press.
Chakrabarty, Dipesh, and Majumdar, Rochona, 2010, "Gandhi's Gita and Politics as Such," *Modern Intellectual History*, 7 (2), pp. 335-353.
Chakraborty, Chandrima, 2011, *Masculinity, Asceticism, Hinduism: Past and Present Imaginings of India*, New Delhi: Permanent Black.
Chandra, Bipan, 2004, "Gandhiji, Secularism and Communalism," *Social Scientist*, 32 (1/2), pp. 3-29.
———, 2009, *History of Modern India*, Hyderabad: Orient BlackSwan.
Chatterjee, Margaret, 1983, *Gandhi's Religious Thought*, Notre Dame, IN: University Press Notre Dame Press.
———, 1992, *Gandhi and His Jewish Friends*, Basingstoke: Macmillan.
Chatterjee, Partha, 1986, "The Moment of Manoeuvre: Gandhi and the Critique of Civil Society," in *Nationalist Thought and the Colonial World: A Derivative Discourse?*, New Delhi: Oxford University Press, pp. 85-130.
———, 1993, *The Nation and Its Fragments: Colonial and Postcolonial Histories*, Princeton, NJ: Princeton University Press.
Chaudhuri, Nupur, 1988, "Memsahibs and Motherhood in Nineteenth-Century Colonial India," *Victorian Studies*, 31 (4), pp. 517-535.
Copley, A., (ed.), 2003, *Hinduism in Public and Private: Reform, Hinduva, Gender, and Sampraday*, New Delhi: Oxford University Press.
Coswami, K. P., (ed.), 1994, *Mahatma Gandhi: A Chronology*, New Delhi: Publication Division, Ministry of Information and Broadcasting, Government of India.
Cruise, Edwina, 2002, "Women, Sexuality, and the Family in Tolstoy," in Donna Tussing Orwin, *The Cambridge Companion to Tolstoy*, Cambridge: Cambridge University Press, pp. 191-205.
Dalton, Dennis, 2012, *Mahatma Gandhi: Nonviolent Power in Action*, New York: Columbia University Press.
Daniel, Valentine E., 1984, *Fluid Signs: Being a Person the Tamil Way*, Berkeley: University of California Press.
Desai, Ashwin, and Vahed, Goolam H., 2016, *The South African Gandhi: Strecher-Bearer of Empire*, Stanford, CA: Stanford University Press.
Devanesen, Chandra, 1969, *The Making of the Mahatma*, Madras: Orient Longmans.
Devji, Faisal, 2012, *The Impossible Indian: Gandhi and the Temptation of Violence*, Cambridge, MA: Harvard University Press.
———, and Kapila, Shruti, (eds.), 2013, *Political Thought in Action: The Bhagavad Gita and Modern India*, Cambridge: Cambridge University Press.
Dhand, Arti, 2008, *Woman as Fire, Woman as Sage: Sexual Ideology in the Mahābhārata*, Albany,

NY: State University of New York Press.
DiSalvo, Charles, R., 2013, *M.K. Gandhi, Attorney at Law : The Man before the Mahatma*, Berkeley: University of California Press.
Eliade, Mircea, 1958, *Yoga: Immortality and Freedom*, New York: Pantheon Books.
Erikson, E. H., 1969, *Gandhi's Truth: On the Origins of Militant Nonviolence*, New York: Norton.
Floridi, Luciano, 2014, *The Fourth Revolution: How the Infosphere Is Reshaping Human Reality*, Oxford: Oxford University Press.
Foucault, Michel, 1976, *Histoire de la sexualitė*, vol. 1, Paris: Gallimard.
Fort, Andew O., 1998, *Jīvanmukti in Transformation: Embodied Liberation in Advaita and Neo-Vedanta*, Albany, NY: State University of New York Press.
Fox, Richard G., 1989, *Gandhian Utopia: Experiments with Culture*, Boston: Beacon Press.
Fur, G. M., 2009, *A Nation of Women: Gender and Colonial Encounters among the Delaware Indians*, Philadelphia: University of Pennsylvania Press.
Galtung, Johan, 1955, *Gandhis politiske etikk*, Oslo: J.G. Tanum.
Gandhi, Leela, 2006, *Affective Communities: Anticolonial Thought, Fin-de-Siècle Radicalism, and the Politics of Friendship*, Durham: Duke University Press.
Gandhi, Rajmohan, 1995, *The Good Boatman: A Portrait of Gandhi*, New Delhi: Penguin Books.
———, 2006, *Gandhi: The Man, His People, and the Empire*, Berkley: University of California Press.
Gandhi, Ramachandra, 1981, "Brahmacharya," Department of Philosophy, Univeristy of Hyderabad, Unpublished.
Gellner, Ernest, 1983, *Nations and Nationalism*, Oxford: Basil Blackwell.
Ghassem-Fachandi, Parvis, 2010, "Ahimsa, Identification and Sacrifice in the Gujarat Pogrom," *Social Anthropology*, 18 (2), pp. 155–175.
Girja, Kumar, 2006, *Brahmacharya: Gandhi and His Women Associates*, New Delhi: Vitasta.
———, 2011, *Mahatma Gandhi's Letters on Brahmacharya: Sexuality and Love*, New Delhi: Vitasta.
Gonda, Jan, 1959, *Four Studies in the Language of the Veda*, The Hague: Wilhelm Halbfass.
Gould, William, 2004, *Hindu Nationalism and the Language of Politics in Late Colonial India*, Cambridge: Cambridge University Press.
Guha, Ramachandra, 1996, "Mahatma Gandhi and the Environmental Movement," in Ramashray Roy, (ed.), *Gandhi and the Present Global Crisis*, Shimla: Indian Institute of Advanced Study, pp. 113–129
———, 2014, *Gandhi before India*, New York: Alfred A Knopf.
Green, Martin B., 1993, *Gandhi: Voice of a New Age Revolution*, New York: Continuum.
Halbfass, W., 1988, *India and Europe: An Essay in Understanding*, Albany, NY: State University of New York Press.
Hansen, Thomas B., *The Saffron Wave: Democracy and Hindu Nationalism in Modern India*, Princeton: Princeton University Press.
原実, 1979,『古典インドの苦行』東京 : 春秋社 .
Hardiman, David, 1981, *Peasant Nationalist of Gujarat: Kheda District 1917-1934*, New Delhi: Oxford University Press.
———, 2003, *Gandhi in His Time and Ours: The Global Legacy of His Ideas*, New York: Columbia University Press.
Hay, Stephen, 1989, "The Making of a Late-Victorian Hindu: M. K. Gandhi in London, 1888–1891," *Victorian Studies*, 33 (1), pp. 74–98.
間（Hazama), 永次郎（Eijiro), 2011,「M・K・ガーンディー政治的 *ahiṃsā* の起源――"Hind Swarājya" (1909) から *ahiṃsāvrat* (1915) まで」『南アジア研究』23, pp. 7–30.
———, 2012,「M・K・ガーンディーにおけるナショナリズムと性――晩年『ブラフマチャルヤの実験』再考」『アジア研究』58 (4), pp. 37-49.
———, 2014,「M・K・ガーンディーにおけるナショナリズムと性——晩年『ブラフマチャルヤの実験』再考（続）」『アジア研究』59 (1/2), pp. 54-5.
———, 2017, "The Paradox of Gandhian Secularism: The Metaphysical Implication behind Gandhi's 'Individualization of Religion,'" *Modern Asian Studies*, 51 (5), pp. 1394-1438.
———, Forthcoming, "*Brahmacarya* as Romance? Some unknown "Traditional" Origins of Gandhi's Religious Politics," Vinay Lal and István Perczel, (eds.), *Gandhi in a Globalized World*, New Delhi: Oxford University Press.
Hitchcock, R. H., 1925, *A History of the Malabar Rebellion*, Madras: Superintendent, Gov't Press.
Hobsbawm, Erik J., 2013, *Nations and Nationalism Since 1780: Programme, Myth, Reality*, Cambridge: Cambridge University Press.
Hofmeyr, Isabel, 2013, *Gandhi's Printing Press: Experiments in Slow Reading*, Cambridge, MA: Harvard University Press.
Howard, Veena R., 2013a, *Gandhi's Ascetic Activism: Renunciation and Social Action*, Albany, NY: State University of New York Press.
———, 2013b, "Rethinking Gandhi's Celibacy: Ascetic Power and Women's Empowerment," *Journal of the American Academy of Religion*, 81 (1), pp. 130-61.
深澤英隆 , 2006,『啓蒙と霊性——近代宗教言説の生成と変容』東京 : 岩波書店 .
Hunt, James D., 1986, *Gandhi and the Nonconformists: Encounters in South Africa*, New Delhi: Promilla.
———, 1993, *Gandhi in London*, Springfield, VA: Nataraj Books.
———, 2005, *An American Looks at Gandhi: Essays in Satyagraha, Civil Rights and Peace*, New Delhi: Promilla.
———, and Bhana, Surendra, 2007, "Spiritual Rope-Walkers: Gandhi, Kallenbach, and the Tolstoy Farm, 1910-13," *South African Historical Journal*, 58, pp. 174-202.
Huttenback, Robert A., 1971, *Gandhi in South Africa: British Imperialism and the Indian Question, 1860-1914*, Ithaca: Cornell University Press.
Hyslop, Jonathan, 2011, "Gandhi 1869-1915: The Transnational Emergence of a Public Figure," in Judith M. Brown and Anthony Parel, (eds.), *Gandhi*, New York: Cambridge University Press, pp. 30-50.
磯前順一 , 2012,『宗教概念あるいは宗教学の死』東京 : 東京大学出版会 .
———, 2016,『近代日本の宗教言説とその系譜——宗教・国家・神道』東京 : 岩波書店 .
井坂理穂 , 2009,「M・K・ガーンディーとグジャラートの言語・文学」『アジア・アフリカ地域研究』8 (2), pp. 177-194.
石坂晋哉 , 2011,『現代インドの環境思想と環境運動——ガーンディー主義と〈つながりの政治〉』東京 : 昭和堂 .
Iyer, Raghavan, 1983, *The Moral and Political Thought of Mahatma Gandhi*, London: Concord Grove Press.
Jaffrelot, Christophe, (ed.), 2007, *Hindu Nationalism: A Reader*, Princeton: Princeton University Press.
Jalal, Ayesha, 1994, *The Sole Spokesman: Jinnah, the Muslim League and the Demand for Pakistan*, Cambridge: Cambridge University Press.
Jhaveri, Mansuklal, 1959, "Gujarati Literature," in *Contemporary Indian Literature: A Symposium*, New Delhi: Sahitya Akademi.
Jordens, J. T. F., 1998, *Gandhi's Religion: A Homespun Shawl*. New York: St. Martin's Press.
Josephson, Jason A., 2012, *The Invention of Religion in Japan*, Chicago: University of Chicago Press.
Jyotirmayananda, Swami, (ed.), 1992, *Vivekananda: His Gospel of Man-Making with a Garland of Tributes and a Chronicle of His Life and Times with Pictures*, Madras: Swami

Jyotirmayananda.
Kaelber, Walter O., 1976, "Tapas, Birth, and Spiritual Rebirth in the Veda," *History of Religions*, 15 (4), pp. 343–86.
———, 1981, "The Brahmacārin: Homology and Continuity in Brāhmaṇic Religion," *History of Religions*, 21 (1), pp. 77–99.
Kakar, Sudhir, 1983, *The Inner World: A Psycho-Analytic Study of Childhood and Society in India*, New Delhi: Oxford University Press.
———, 1990, "Gandhi and Women," in *Intimate Relations: Exploring Indian Sexuality*, New Delhi: Penguin Books, pp. 85–128.
葛西実, 1996,「M.K. ガンディーと南アフリカ」『アジア文化研究』22, pp. 193–207.
春日直樹編, 2016,『科学と文化をつなぐ――アナロジーという思考様式』東京：東京大学出版会.
Khandelwal, Meena, 2001, "Sexual Fluids, Emotions, Morality: Notes on the Gendering of Brahmacharya," in Elisa J. Sobo and Sandra Bell, (eds.), *Celibacy, Culture, and Society: Anthropology of Sexual Abstinence*, Madison, WI: University of Wisconsin Press, pp. 157–179.
Khilnani, S., 2003, 'Gandhi and Nehru: The Use of English', in *An Illustrated History of Indian Literature in English*, A. K. Mehrotra (ed.), New Delhi: Permanent Black, pp. 135–156.
Kripal, Jefferey J., 1994, "Kali's Tongue and Ramakrishana: 'Biting the Tongue' of the Tantric Tradition," *History of Religions*, 34 (2), pp. 152–189.
———, 1995, *Kali's Child: The Mystical and the Erotic in the Life and Teachings of Ramakrishna*, Chicago: University of Chicago Press.
———, and McDermott, Rachel Fell, (eds.), 2003, *Encountering Kālī: In the Margins, at the Center, in the West*, Berkeley: University of California Press.
Kishwar, Madhu, 1985, "Gandhi on Women," *Economic and Political Weekly*, 20 (40), 1691–1702.
Kumar, Aishwary, 2015, *Radical Equality: Ambedkar, Gandhi, and the Risk of Democracy*, Stanford: Stanford University Press.
Kumar, Girja, 2006, *Brahmacharya: Gandhi and His Women Associates*, New Delhi: Vitasta.
———, 2011, *Mahatma Gandhi's Letters on Brahmacharya: Sexuality and Love*, New Delhi: Vitasta.
Kumar, Ravinder, (ed.), 1971, *Essays on Gandhian Politics: The Rowlatt Satyagraha of 1919*, Oxford: Oxford University Press.
Laidlaw, James, 1993, *Riches and Renunciation: Religion, Economy, and Society among the Jains*, Oxford: Oxford University Press.
Lal, Vinay, 2000, "Nakedness, Nonviolence, and Brahmacharya: Gandhi's Experiments in Celibate Sexulaity," *Journal of the History of Sexuality*, 9 (1/2), pp. 105–36.
———, 2003, "Nakedness, Non-Violence, and Brahmacharya: Gandhi's Experiments in Celibate Sexulaity," in *Of Cricket, Guinness and Gandhi: Essays on Indian History and Culture*, Calcutta: Seagull Books, pp. 110-147.
———, 2008, "Gandhi: Everybody Loves to Hate," *Economic and Political Weekly*, 43 (40), pp. 55–64.
Lannoy, Richard, 1971, *The Speaking Tree: A Study of Indian Culture and Society*, Oxford: Oxford University Press.
LeBlanc, Ronald D., 1997, "Tolstoy's Way of No Flesh: Abstinence, Vegetarianism, and Christian Physiology," in Musya Glants and Joyce Toomre, (eds.), *Russian History and Culture*, Bloomington, IN: Indiana University Press, pp. 81–102.
Lelyveld, Joseph, 2012, *Great Soul: Mahatma Gandhi and His Struggle with India*, New York: Knopf.
Lev, Shimon, 2012, *Soulmates: The Story of Mahatma Gandhi and Hermann Kallenbach*, Hyderabad: Orient Blackswan.
Lorimer, Rowaland, 1976, "A Reconstruction of the Psychological Roots of Gandhi's Truth,"

Psychoanalytic Review, 63, pp. 191-207.
McGinn, Patrick, 1986, "Communalism and the North-West Frontier Province: the Kohat Riots, 9-10 September 1924," *South Asia Research*, 6 (2), pp. 139-158.
Madan, T. N., 1997, *Modern Myths, Locked Minds: Secularism and Fundamentalism in India*, New Delhi: Oxford University Press.
Mahadevan, T. K., 1973, *Gandhi My Refrain: Controversial Essays, 1950-72*, Bombay: Popular Prakashan.
———, 1982, *The Year of the Phoenix: Not a Novel*, Chicago: World Without War Publications.
Majeed, Javed, 2007, *Autobiography, Travel and Postnational Identity: Gandhi, Nehru and Iqbal*, New York: Palgrave Macmillan.
Martin, Emily, 2001, *The Women in the Body: A Cultural Analysis of Reproduction*, Boston: Beacon Press.
Mason, Michael, 1994, *The Making of Victorian Sexuality*, Oxford: Oxford University Press.
Markovits, Claude, 2004, *The UnGandhian Gandhi: The Life and Afterlife of the Mahatma*, London: Anthem Press.
Masuzawa, Tomoko, 2005, *The Invention of World Religions: Or, How European Universalism Was Preserved in the Language of Pluralism*, Chicago: University of Chicago Press.
McGregor, R. S., (ed.), 1993, *Oxford Hindi-English Dictionary*, Oxford: Oxford University Press.
Michelis, De Elizabeth, 2005, *A History of Modern Yoga: Patanjali and Western Esotericism*, London: Continuum.
Monier-Williams, M., 1899, *A Sanskrit-English Dictionary*, Springfield: Nataraj Books.
Morton, Eleanor, 1954, *Women behind Mahatma Gandhi*, London: Reinhardt.
Mosse, George, 1985, *Nationalism and Sexuality*, Madison, WI: University of Wisconsin Press.
Murthy, B. Srinivasa, (ed.), 1987, *Mahatma Gandhi and Leo Tolstoy Letters*, Long Beach, CA: Long Beach Publications.
長崎暢子 , 1996,『ガンディー——反近代の実験』東京 : 岩波書店 .
———, 2002,「南アジアのナショナリズムの評価をめぐって——ガンディーのスワラージ」『アジア研究』48(1) , pp. 3-24.
———, 2006,「ディアスポラとインド・ナショナリズム——サッティヤーグラハの誕生」『インターカルチュラル』4, pp. 33-51.
Nanda, B. R., 1958, *Mahatma Gandhi: A Biography*, New Delhi: Oxford University Press.
———, 1996, *Gandhi and His Critics*, New Delhi: Oxford University Press.
———, 2007, *In Search of Gandhi: Essays and Reflections*, New Delhi: Oxford University Press.
———, 2010, *Road to Pakistan: The Life and Times of Mohammad Ali Jinnah*, New Delhi: Routledge.
Nandy, Ashis, 1980, "Final Encounter: The Politics of the Assassination of Gandhi", in *At the Edge of Psychology: Essays in Politics and Culture*, New Delhi: Oxford University Press, pp. 70-98.
———, 1983, *The Intimate Enemy: Loss and Recovery of Self under Colonialism*, New Delhi: Oxford University Press, 1983.
———, 1987, *Traditions, Tyranny, and Utopias: Essays in the Politics of Awareness*, New Delhi: Oxford University Press.
———, 2000, "Gandhi after Gandhi: The Fate of Dissent in Our Times," *The Little Magazine*, 5, pp. 38-41.
———, 2010, "Speaking of Gandhi's Death," in Tridip Suhrud and Peter Ronald deSouza, (eds.), *Speaking of Gandhi's Death*, New Delhi: Orient BlackSwan, pp. 3-8.
Ninan, Anup Sam, 2009, "Gandhi's Technoscience: Sustainability and Technology as Themes of Politics," *Sustainable Development*, 17 (3), pp. 183-196.
Obeyesekere, Gananath, 1981, *Medusa's Hair. An Essay on Personal Symbols and Religious Experience*, Chicago: University of Chicago Press.

O'Flaherty, Wendy D., 1980, *Women, Androgynes and Other Mythical Beasts*, Chicago: University of Chicago Press.

Omvedt, Gail, 1994, *Dalits and the Democratic Revolution: Dr Ambedkar and the Dalit Movement in Colonial India*, New Delhi: Sage Publications.

Orwin, Donna Tussing, (ed.), 2002, *The Cambridge Companion to Tolstoy*, New York: Cambridge University Press.

Paine, Jeffery, 1998, *Father of India: How Encounters with an Ancient Culture Transformed the Modern West*, New York: HaperCollins.

Pandey, Gyan, 2010, "Peasant Revolt and Indian Nationalism: The Peasant Movement in Awadh, 1919-22," in Ranajit Guha, (ed.), *Subltern Studies: Writings on South Asian History and Society*, Vol. 1, New Delhi: Oxford University Press, pp. 143-197.

Padoux, André, 1981, "A Survey of Tantric Hinduism for the Historian of Religions," *History of Religions*, 20 (4), pp. 345-60.

Panigrahi, D. N., 2004, *India's Partition: The Story of Imperialism in Retreat*, New York: Routledge.

Parekh, Bhikhu, 1986, "Gandhi and His Translators," *Gandhi Marg*, 8, pp. 163-172.

———, 1989, *Gandhi's Political Philosophy: A Critical Examination*, Notre Dame, IN: University of Notre Dame Press.

———, 1997, *Gandhi*, New York: Oxford University Press.

———, 1999, *Colonialism, Tradition and Reform: An Analysis of Gandhi's Political Discourse*, Revised Edition, New Delhi: Sage Publications.

Parel, Anthony J., 1991, "Gandhi's Idea of Nation in Hind Swaraj," *Gandhi Marg*, 13, pp. 261-281.

———, 2006, *Gandhi's Philosophy and the Quest for Harmony*, Cambridge: Cambridge University Press.

———, 2009, "Editor's Introduction," in Anthony J. Parel, (ed.), *Hind Swaraj and Other Writings*, Cambridge: Cambridge University Press, pp. xiii-lxii.

Paris, Joel, 1992, "Dhat: The Semen Loss Anxiety Syndrome," *Transcultural Psychiatric Research Review*, 29 (2), pp. 109-118.

Patel, C. N., 1981, *Mahatma Gandhi in His Gujarati Writings*, New Delhi; Sahitya Akademi.

Paz, Octavio, 1997, *In Light of India*, translated by Eliot Weinberger, New York: A Harvest Book.

Pillay, B., 1976, *British Indians in the Transvaal*, London: Longman.

Pouchepadass, Jacques, 1999, *Champaran and Gandhi: Planters, Peasants, and Gandhian Politics*, New Delhi: Oxford University Press.

Prakash, Gyan, 1999, *Another Reason: Science and the Imagination of Modern India*, Princeton: Princeton University Press.

Prasad, Bimal, 2001, *Pathway to India's Partition: The Foundations of Muslim Nationalism*, vol. 1, New Delhi: Manohar.

Radhakrishnan, S., 2012, *Indian Philosophy*, vol. 2, New Delhi: Oxford University Press.

Raghuramaraju, A., 2017, *Modern Frames and Premodern Themes in Indian Philosophy: Border, Self and the Other*, New Delhi: Routldge.

Ramaswamy, Vijaya, 2010, "Gandhi's Satyagraha in South Africa and the Tamils," *Economic and Political Weekly*, 45 (39), pp. 36-41.

Randle, Michael, 1994, *Civil Resistance*, London: Fontana.

Rawls, John, 1993, *Political Liberalism*, New York: Columbia University Press.

Ray, Sangeeta, 2000, *En-Gendering India: Woman and Nation in Colonial and Postcolonial Narratives*, Durham, NC: Duke University Press.

Reddy, E. S., 1995, *Gandhi's Vision of a Free South Africa*, New Delhi: Sanchar.

———, and Gandhi, Gopalkrishna, (eds.), 1993, *Gandhi and South Africa 1914-1948*, Ahmedabad: Navajivan.

Rocher, Ludo, 2003, "The Dharmaśāstras," in Gavin Flood, (ed.), *The Blackwell Companion to Hinduism*, Oxford: Blackwell, pp. 102–115.
Rudolph, Lloyd I., and Rudolph, Susanne H., 1983, *Gandhi: The Traditional Roots of Charisma*, Chicago: University of Chicago Press.
———, 1985, "The Gandhi Controversy in America," in Robert M. Crunden, (ed.), *Traffic in Ideas between India and America*, Delhi: Chanakya.
———, 2008a, *Postmodern Gandhi and Other Essays: Gandhi in the World and at Home*, New Delhi: Oxford University Press.
———, 2008b, "The Coffee House and the Ashram Revisited: How Gandhi Democratized Habermas's Public Sphere," in *Postmodern Gandhi and Other Essays: Gandhi in the World and at Home*, New Delhi: Oxford University Press, pp. 140–174.
Rukmani, T. S., 2011, *Sannyāsin in the Hindu Tradition: Changing Perspectives*, New Delhi: D. K. Printworld.
Sangari, K.,2002, 'A Narrative of Restoration: Gandhi's Last Years and Nehruvian Secularism', *Social Scientist*, 30 (3/4), pp. 3–33.
———, Vaid, Sudesh, 1990, (eds.), *Recasting Women: Essays in Indian Colonial History*, New Brunswick: Rutgers University Press.
Sanghavi, Naginadasa P., 2006, *The Agony of Arrival: Gandhi, the South African Years*, New Delhi: Rupa.
Saran, A. K., 2006, "On the Promotion of Gandhian Studies at the University Level," in A. Raghuramaraju, (ed.), *Debating Gandhi*, New Delhi: Oxford University Press, pp. 129–150.
Sarkar, Sumit, 2010, "The Conditions and Nature of Subaltern Militancy: Bengal from Swadeshi to Non-Co-operation, c. 1905–22," in Ranajit Guha, (ed.), *Subltern Studies: Writings on South Asian History and Society*, Vol. 3, New Delhi: Oxford University Press, pp. 271–320.
Scalmer, Sean, 2011, *Gandhi in the West : The Mahatma and the Rise of Radical Protest*, Cambridge: Cambridge University Press.
Schmithausen, Lambert, 2000, "A Note on the Origin of *Ahiṃsā*," in *Festschrift Minoru Hara*, Reinbek : Verlag für Orientalistische Fachpublikationen.
Seth, Sanjay, 2006, "The Critique of Renunciation: Bal Gangadhar Tilak's Hindu Nationalism," *Postcolonial Studies*, 9 (2), pp. 137–150.
Sharp, Gene, 1960, *Gandhi Wields the Weapon of Moral Power: Three Case Histories*, Ahmedabad: Navajivan.
———, 1961, *Gandhi Faces the Storm*, Ahmedabad: Navajivan.
———, 1973, *The Politics of Nonviolent Action*, 3 vols, Boston: Extending Horizons Books.
———, 1979, *Gandhi as a Political Strategist: With Essays on Ethics and Politics*, Boston: P. Sargent.
———, and McCarthy, Ronald M., 1997, *Nonviolent Action: A Research Guide*, New York: Garland.
Sharma, Jyotirmaya, 2013, *A Restatement of Religion: Swami Vivekananda and the Making of Hindu Nationalism*, New Haven: Yale University Press.
Shaw, Emily A., 2010, "Creating a Moral Hero: Tolstoy Schopenhauer, and the Problem of Self," Doctoral Dissertation, Madison, WI: University of Wisconsin.
Shirer, William L., 1979, *Gandhi: A Memoir*, New York: Simon and Schuster.
Shukla-Bhatt, Neelima, 2015, *Narasinha Mehta of Gujarat: A Legacy of Bhakti in Songs and Stories*, New York: Oxford University Press.
Sil, Narasinmha, 1997, *Swami Vivekananda: A Reassessment*, Selinsgrove, PA: Susquehanna University Press.
Singh, Jyotsna G., 2003, *Colonial Narratives/Cultural Dialogues: "Discoveries" of India in the Language of Colonialism*, London: Routledge.

Sinha, Mrinalini, 1995, *Colonial Masculinity: The "Manly Englishman" and the "Effeminate Bengali" in the Late Nineteenth Century*, Manchester: Manchester University Press.
Skaria, Ajay, 2009, "'No Politics without Religion' of Secularism and Gandhi", in Vinay Lal, (ed.), *Political Hinduism: The Religious Imagination in Public Spheres,* New Delhi: Oxford University Press, pp. 173-210.
Smith, A. D., 1983, *Theories of Nationalism*, London: Duckworth.
———, and Hutchinson, John, 1994, *Nationalism*, Oxford: Oxford University Press.
Smith-Rosenberg, Carroll, 1978, "Sex as Symbol in Victorian Purity: An Ethnohistorical Analysis of Jacksonian America," in John Demos and Sarane Spence Boocok, (eds.), *Turning Points: Historical and Sociological Essays on the Family*, Chicago: University of Chicago Press.
Singh, Jaswant, 2009, *Jinnah: India, Partition, Independence*, New Delhi: Rupa.
Spence, G. W., 1967, *Tolstoy: The Ascetic*, Edinburgh: Oliver and Boyd.
Steger, Manfred, 2000, *Gandhi's Dilemma: Nonviolent Principle and Nationalist Power*, New York: St. Martin's Press.
Suhrud, Tridip, 2004, "'Re-editing' Gandhi's Collected Works," *Economic and Political Weekly*, 39 (46/47), pp. 4967-4969.
———, 2005, "Dandi March and Gandhi's Politics," *Economic and Political Weekly*, 40 (15), pp. 1491-1492.
———, 2009, *Writing Life: Three Gujarati Thinkers*, New Delhi: Orient BlackSwan.
———, 2010, *An Autobiography or the Story of My Experiments with Truth: A Table Concordance*, New Delhi: Routledge.
———, 2012, *Reading Gandhi in Two Tongues and Other Essays*, Shimla: Indian Institute of Advanced Study.
———, and deSouza, Peter Ronald, (eds.), 2010, *Speaking of Gandhi's Death*, New Delhi: Orient BlackSwan, pp. 3-8.
Swan, Maureen, 1985, *Gandhi: The South African Experience*, Johannesburg: Ravan Press.
Talbot, Ian, and Singh Gurharpal, 2009, *The Partition of India*, Cambridge: Cambridge University Press.
Tarlo, Emma, 1996, *Clothing Matters: Dress and Identity in India*, Chicago: University of Chicago Press.
Tähtinen, Unto, 1976, *Ahiṃsā: Non-Violence in Indian Tradition*, London: Rider and Company.
田辺明生 , 2010,『カーストと平等性——インド社会の歴史人類学』東京 : 東京大学出版会 .
———, 2012,「トランスカルチュレイションとナショナリズム——ガーンディーにおける身体と政体の自己統治（スワラージ）」田中雅一・奥山直司編『コンタクトゾーンの人文学』第 4 巻 , 東京 : 晃洋書房 , 101-127 頁 .
Taylor, Charles, 2003, *The Ethics of Authenticity*, Cambridge, MA: Harvard University Press.
———, (et al.), 2011a, *The Power of Religion in the Public Sphere*, New York: Columbia University.
Taylor, Kathleen, 2001, *Sir John Woodroffe, Tantra and Bengal: "An Indian Soul in a European Body"?*, London: Routledge.
Teltscher, Kate, 2000, "'Maidenly and Well Nigh Effeminate' Constructions of Hindu Masculinity and Religion in Seventeenth-Century English Texts," *Postcolonial Studies*, 3 (2), pp. 159-170.
Tidrick, Kathryn, 2006, *Gandhi: A Political and Spiritual Life*, London: I. B. Tauris.
Tsuzuki, Chushichi 1980, *Edward Carpenter 1844-1929: Prophet of Human Fellowship*, New York: Cambridge University Press, 1980.
Urban, Hugh B., 2010a, *Tantra: Sex, Secrecy, Politics, and Power in the Study of Religion*, Berkeley: University of California Press.
———, 2010b, *The Power of Tantra: Religion, Sexuality and the Politics of South Asian Studies*, New York: I. B. Tauris.

Baldwin, Lewis V., 2010, *The Voice of Conscience: The Church in the Mind of Martin Luther King, Jr.*, New York: Oxford University Press.
Van der Veer, P., 1994, *Religious Nationalism: Hindus and Muslims in India*, Berkley: University of California Press.
———, 2009, "Spirituality in Modern Society," *Social Research*, 76 (4), pp. 1097-1120.
Vanita, Ruth, (ed.), 2002, *Queering India: Same-Sex Love and Eroticism in Indian Culture and Society*, New York: Routledge.
Walli, Koshlelya, 1974, *The Conception of Ahimsa in Indian Thought*, Varanasi: Bharata Manisha.
Weber, Thomas, 2004, *Gandhi as Disciple and Mentor*, Cambridge: Cambridge University Press.
———, 2006, *Gandhi, Gandhism and the Gandhians*, New Delhi: Lotus Collection, Roli Books.
———, 2009, *On the Salt March: The Historiography of Gandhi's March to Dandi*, New Delhi: Rupa.
White, David G., 2000, *Tantra in Practice*, Princeton, NJ: Princeton University Press.
Wolpert, Stanley, 1984, *Jinnah of Pakistan*, New York: Oxford University Press.
———, 1989, *Tilak and Gokhale: Revolution and Reform in the Making of Modern India*, New Delhi: Oxford University Press.
Zimmer, Heinrich, 1953, *Philosophies of India*, London: Routledge

あとがき

今から40年前，歴史家のW. L. シャイラーは，ガーンディーが晩年に行った「〔ブラフマチャリヤの〕『実験』についての全貌を，恐らく我々は決して知ることがないだろう」と述べた．本書において筆者は現在入手可能な限りの史料を用いて，ガーンディーのブラフマチャリヤの実験を分析してきた．当然，本研究もその「全貌」の解明に至るものではない（事実，筆者が調べた限り，ニューデリーにあるインド公文書館には，アクセス困難なマヌの日記の未出版箇所を含む原物史料が少なからず所蔵されている）．

とはいえ，本研究によって，これまで研究者内外で飛び交っていた流言蜚語とは相容れないガーンディー自身の実験に対する虚心坦懐な誠実さ（truthfulness）が明らかになったのではないかと思う．疑いなくブラフマチャリヤの実験は，ガーンディーにとって自身の存在がかかった畢生の大事業であった．

筆者が本書の研究テーマを明確にしたのは2010年であり，本研究の基盤となる構想は，筆者が2012年から2013年までにフルブライト奨学生としてコロンビア大学に留学していたニューヨーク滞在中に固められた．コロンビア大学の開かれた学術環境は，筆者に本テーマを取り組んでいくための無尽蔵の意欲と希望を与えてくれた．

本書は，上の留学経験の後に一橋大学大学院社会学研究科に提出した博士学位論文（「M. K. ガーンディーの『宗教政治』思想――セクシュアリティ認識の変容とナショナリズム運動の展開」2017年3月，学位授与）と，以下の既発表論文を土台に執筆されたものである．本書をまとめ上げる過程で，学位論文と以下の研究論文には，少なからぬ加筆修正を施した．

・間永次郎，2011，「M. K. ガーンディー政治的*ahiṃsā*の起源―― "Hind Swarājya" (1909) から*ahiṃsāvrat* (1915) まで」『南アジア研究』23, pp.

7-30.（第 4 章の一部）

・間永次郎, 2012,「M. K. ガーンディーにおけるナショナリズムと性——晩年『ブラフマチャルヤの実験』再考」『アジア研究』58 (4), pp. 37-49.（第 5 章と第 6 章の一部）

・間永次郎, 2014,「M. K. ガーンディーにおけるナショナリズムと性——晩年『ブラフマチャルヤの実験』再考（続）」『アジア研究』59 (1/2), pp. 54-55.

・Hazama, Eijiro, 2017, "The Paradox of Gandhian Secularism: The Metaphysical Implication behind Gandhi's 'Individualization of Religion'," *Modern Asian Studies*, 51 (5), pp. 1394-1438.（第 5 章と第 6 章の一部）

・間永次郎, 2017,「ガーンディーの身体とチャウリー・チャウラー暴動——第一次非協力運動停止の背後にあった性欲統制の失敗」『アジア・アフリカ地域研究』17 (1), pp. 39-72.（第 4 章）

・間永次郎, 2017,「公私を架橋する身体のポリティクス——ガーンディーのブラフマチャリヤの実験とサッティヤーグラハ闘争の誕生」『南アジア研究』29, pp. 92-123.（第 1 章）

・間永次郎, 2018,「非暴力と乳汁——南アフリカ滞在期におけるガーンディーのブラフマチャリヤの実験」『社会思想史研究』42, pp. 94-113.（第 3 章の一部）

本書の完成に至る過程では，多くの方々のお世話になった．筆者がこれらの方々から受けた恩義は計り知れない．せめて，この場で謝意を記させていただきたい．

まずは一橋大学大学院時代に浅学非才な筆者を忍耐強く指導して下さった足羽與志子先生に衷心からの感謝を申し上げたい．筆者の研究がうまく進まず苦悶している時，足羽先生はいつも行くべき道を示して下さり，精神的にも励まして下さった．今から思い返しても，足羽先生は常に筆者の研究に必要なものを絶妙なタイミングで提供して下さったように思う．博士学位論文の副査となって下さった深澤英隆先生にも深く御礼を申し上げたい．そもそも本書の研究テーマを進めていく最初のきっかけは，深澤先生の宗教学ゼミの中で得られた．博士学位論文の審査委員になって下さった春日直樹先生と井坂理穂先生にも，この場を借りて厚く御礼申し上げたい.

すでに述べたように,本書は筆者の博士学位論文に大幅な加筆修正を加えて完成したものである.本書をまとめ上げる段階で,東京大学の田辺明生先生が中心となって開催して下さった合評会によって,本書の元となった粗稿の議論は大いに深められ洗練されたものとなった.粗稿を繰り返し精読して貴重極まりない数々のコメントを下さった合評会の田辺明生先生,井坂理穂先生,石坂晋哉先生,置田清和先生,金菱哲宏先生,川村悠人先生に深謝の念をお伝えしたい.特に,田辺先生からは合評会以外の長期的な個人指導を通してもご薫陶を授かった.

コロンビア大学留学中は,アキール・ビルグラーミー先生に師事する中で,非常に恵まれた研究生活を送ることができた.緊張の中,コロンビア大学のフィロソフィー・ホールの門を潜り,ビルグラーミー先生の研究室で初めてお会いした時に,先生が「彼(=ガーンディー)は失敗した(He failed)」とおっしゃったことが忘れられない.この言葉は亡霊のように筆者に憑依して,その後の研究を導いた.本書のクライマックス部の構想はまさにこの留学期間中に得られたものであった.ここで深謝申し上げたい.

本書の要でもあるグジャラーティー語とヒンディー語のテクスト分析に際しては,たびたび,田中敏雄先生,サンヤム・ミシュラー先生,雪下洋一先生のご指導を仰いだ.井坂理穂先生からは,グジャラート州の調査に関する細かな専門的知識をご教授していただいた.友人のイーシャーン・バーヴサール氏にはグジャラーティー語テクストの翻訳をたびたび校正していただいた.若干のカレンバッハ関連のドイツ語で書かれた原物史料の読解については,深澤英隆先生と藁科智恵氏にご助力賜った.この場をもって,感謝申し上げる.

毎回インドで史料調査を行った際には,ニューデリーのインド発展途上社会研究所元所長のシュレーシュ・シャルマー先生とお会いして筆者の研究をご指導いただいた.また,同研究所のアーシーシュ・ナンディー先生からは,ガーンディーとウッドロフとの思想的影響関係を研究する上での重要なアドバイスをいただいた.アフマダーバード市のサーバルマティー・アーシュラム前所長のトリディープ・スフルド先生からは,ブラフマチャリヤに関する先行研究の細かな動向を教えていただいた.ここで謝意を記させていただきたい.

南アフリカのヨハネスブルグで行った史料収集に際しては,ジョゼ・ルイス・ダ・シルヴァ・ゴメス氏とゴメス純子氏にお世話になった．また，サッティヤーグラハ・ハウス（元クラール）では歴史家のエリック・イスキン氏が一次史料の複写を寛大に許可して下さった．感謝申し上げる．

東海大学名誉教授の臼田雅之先生，千葉大学の石田憲先生，国際基督教大学の宇野彩子先生，日本のガーンディー研究の泰斗であられる長崎暢子先生，カルフォルニア大学ロサンゼルス校のヴィナイ・ラール先生，ミネソタ大学のアジャイ・スカリア先生，ジャワーハルラール・ネルー大学のラーケーシュ・バタビャール先生，インド工科大学ティルパティ校のアドルール・ラグラーマラージュ先生，ジャワーハルラール・ネルー記念博物館・図書館前所長のムリドゥラ・ムカルジー先生，ガーンディー記念財団前理事長の故ビマル・プラサード先生，ウェルズリー大学のニーリマ・シュクラ＝バット先生，カルファオルニア州立大学のヴィーナ・ハワ　ド先生，グジャラート・ヴィッディヤーピートのウシャー・ウパーディヤーイ先生からも，本書の研究に関わる貴重なコメントをいただいた．ここに記して謝意を表したい．

また大学時代から現在にかけて，公私に跨って多くの方々に助けられた．一人一人名前を挙げることはできないが，特に筆者に思想史研究の最初の手引きをして下った故中野剛充先生，小林正弥先生，稲垣久和先生，修士課程の時から互いに励まし合いながら切磋琢磨してきた福原正人氏，「哲学すること」の厳しさと面白さを生き方をもって示して下さった須藤孝也氏，研究と私生活の両方面で思慮深いアドバイスを下さった渡邉頼陽氏，人間としての筆者を愛し続けてくれた妻の麻里に特別の感謝の気持ちをお伝えしたい．

本書のもとになった研究活動は，日本学術振興会特別研究員制度（DC1: 2010年～2012年，PD: 2017年～現在），フルブライト奨学金「大学院博士論文研究プログラム」（2012年～2013年），上廣倫理財団研究助成（2015年～2016年）によって支えられた．また，本書の出版に際しては，平成30年度日本学術振興会科学研究費補助金（研究成果公開促進費）の交付を受けた．記して感謝申し上げる．

東京大学出版会の山本徹氏と神部政文氏には，たびたびご迷惑とご面倒をおかけしてしまった．それにもかかわらず，山本氏と神部氏は常に丁寧に対応して下さり，拙稿を厳密に精査して，最善の形で出版に至れるように労して下さった．心からの御礼を申し上げたい．

最後になりましたが，本書を閉じるにあたって，小生を南アジア研究の道に導いて下さった故柳澤悠先生に深甚たる謝意を表します．

2019年1月　　　　　　　　　　　　　　　　　　　　間永次郎

索　引

あ　行

アーシュラム（*āśram*）　*6, 42, 187, 192, 241, 257, 275–276, 322*
『アートマ・カター』　→『真理の実験，あるいは，アートマ・カター』
アートマ・シャクティ　→シャクティ
アートマ・ダルシャン（*ātmadarśan*）　*79, 86, 151, 275, 280, 346, 348*
アートマン（*ātman, ātmā*）　*9, 33, 48, 79–80, 85–88, 122, 221, 244, 280, 312*
　――の浄化（*ātmaśuddhi*）　*31, 57–58, 129, 153, 196, 270, 273, 275, 293, 332, 347–348*
　――の省察（*ātmānuṃ nirīkṣaṇ, ātmanirīkṣaṇ*）　*79, 86, 278, 288, 311*
　――の力（*ātmabaḷ*）　*58, 80–82, 86, 331*
　――の智識（*ātmajñān*）　*86, 90, 168*
　――の（果てなき）探求（*ātmānī śodh*）　*67, 122, 348*
　内なる――（*antarātmā, antarātman*）（の声）　*55, 267, 311, 314, 318, 340, 349, 354*
　至高の――（*paramātmā, paramātman*）　*234–235, 277, 280, 293–295, 348*
アーノルド，E.　*119, 124*
アーユルヴェーダ　*60, 71*
愛（*prem*, love）　*70, 95–98, 153, 179, 181, 292*
　――の力　*96–97, 101*
　――の法　*97–98, 111–112*
　ラーダーの――　*108, 180*
アウンサンスーチー　*349, 355–356*
アドヴァイタ（・ヴェーダーンタ）（Advaita (Vedānta)）　*41, 100, 235, 237, 245, 277, 296, 306, 337–338*
　ネオ――　*250, 252*
『アナーサクティ・ヨーガ』　*35, 247, 276*
アネーカーンンタヴァーダ（*anekāntavāda*）　*41*
『アノンドの僧院』　*106, 125*
アヒンサー（*ahiṃsā*）　*5–6, 9, 37, 51, 122–123, 150–155, 157, 177–182, 212–213, 347*
　――＝慈悲（-=*dayā*）　*150, 153, 155, 181, 182, 208, 331*
　――の失敗　*328*
　――＝非暴力（-=non-violence）　*190, 194–196, 199, 207–209, 214, 217, 335–336*
　（ガーンディー）独自の――概念（の意味）　*150–155*
　ヒンサーの中の――（*hiṃsāmāṃ* -）　*175–182, 197, 208, 335*
アリー，シャウカト　*210, 214, 247, 262*
アリー，ムハンマド　*210, 214*
「あるヒンドゥー教徒への書簡」　*93, 96, 110–112, 121*
アルフレッド高等学校　*16, 125, 139*
アンドリュース，C. F.　*195, 197–198, 203, 270, 282*
アンベードカル，B. R.　*264, 268–269, 317, 321–322, 339*
一斉休業運動（*hartāl*）　*18, 32, 47, 173, 188–189, 210, 220, 335*
イティハース（*ithihās*）　*27, 28, 81, 132–134*
陰萎者／性（*napuṃsak(tva)*）　*179–181, 209, 217, 228–229, 283, 299, 337*
『インディアン・オピニオン』　*25, 43*
インド塩税法　*241, 261*
インド人救済法　*164*
インド大反乱　*214*
インド統治法　*175*
　新――　*283, 321, 324*
インドを立ち去れ（Quit India）運動　*18, 47, 264, 287, 340*

ヴァーマーチャーラ（*vāmācāra*） *249-252*
ヴャクティ →個人
ヴァッラバ・アーチャーリヤ（派）（Vallabhācārya） *179, 180, 213*
ヴィーラ（*vīr(a)*） *191-194, 251*
ヴィールヤ →精液
ヴィヴェーカーナンダ，スワーミー *60, 75, 95, 99-117, 125, 137, 147, 152-153, 162-163, 180-181, 223, 249-250, 331-333, 350, 352*
ヴィカール →性欲
ヴィクトリア朝（性）道徳観／主義 *139, 141, 166-167*
ヴィシュヌ派（Vaiṣṇava） *37, 107, 166, 180-181, 333*
ウールドヴァレーター（*ūrdhvaretā*） *222-224, 228-229, 237-239, 298, 315, 337*
ウッドロフ，ジョン *229-239, 248-252, 260, 291-292, 326, 337*
ウパニシャッド形而上学 *48, 220*
英印円卓会議 *268, 319, 321*
エリクソン，E. H. *8, 9, 37, 140, 166, 179, 213*
エリス，ハヴェロック *164, 231-232, 259*
オージャス（*ojas*） *102-103, 110, 113, 115, 331*
『オート・バイオグラフィー』 *9,10, 22*
男らしさ／らしく／らしい *59, 63, 105-107, 124, 179, 181, 191-192, 209, 217, 333, 336, 338*
オフラハティ，W. D. *13, 237*
オルター，ジョセフ *10, 11, 39, 49*

か 行

カーペンター，エドワード *127, 164, 167, 231-232, 259, 260*
カーライル，T. *119*
ガーンディー＝アーウィン協定 *268*
ガーンディー，カストゥールバー *140, 168, 184-185, 324*
ガーンディー主義（者） *349, 353-354*
ガーンディー＝ジンナー対談 *265, 287, 340*
ガーンディー，マガンラール *168, 179-182, 193, 276, 327*
ガーンディー，マヌ（バヘーン） *28, 39, 224-225, 255-256, 266-268, 288-297, 304, 316, 324-325*
——と（の裸）の同衾 *11, 24, 33, 263, 265, 288*
ガーンディー，ラーマチャンドラ *348, 355*
拡大（*vodhuvuṃ, pāmvuṃ*） *21, 41, 220-221, 231, 252, 254, 337*
カストゥールバー →ガーンディー，カストゥールバー
「がっしりとした」霊性（“muscular” spirituality） *106-107*
神の恩寵（*īśvarkṛpā*） *267, 315, 341*
『神の国は汝らのただ中にあり』 *76, 92, 123*
（神の）霊感（*(īśvar)prerṇā*） *268, 271-273*
カレンバッハ，ヘルマン *29, 128-129, 165, 167, 183-184, 332-333*
（——との）同居生活 *137-138, 141-148*
姦通（*vyabhicār*） *163-164, 223, 258-259*
キシュワル，マドゥ *243, 337*
奇跡（*camatkār*, miracle） *153-154, 312, 331*
驚異的＝——的（*camatkārī*） *135, 149, 154, 313*
キングスフォード，アンナ *120, 168-169*
キング（牧師） *99, 349, 356*
近代文明（*ājkal sudhāro*） *18*
クイット・インディア運動 →インドを立ち去れ運動
クーネ，ルイス *65*
クマール，G. *13-14, 39*
クラール（kraal） *131, 141-142, 165*
クリシュナ（Kṛṣṇa） *107, 126, 214, 223, 262, 302*
クリップス使節団 *264, 319*
クンダリニー・ヨーガ（*kuṇḍalinī yoga*） *236-238, 260*
解脱（*mokṣ, mukti*） *4, 85-86, 91, 278, 279, 310, 346*
『解脱の詞華集』 *79, 83, 114, 119-120*
決定（*niścay*） *56, 90, 116*
——宗教（*-dharm*） *87, 91*
——的観点（*-nay*） *48, 123*
健康（*ārogya*） *60-66*
『健康に関する一般的知識』 *60, 227*

『健康の鍵』　*27, 36, 218, 227, 254–255, 299*
建設的計画（*racanātmak kāryakram*）　*27, 36, 231, 260*
「剣の教義」　*190–194*
合理的（*tarkśuddh*, rational）　*93–94, 100, 111–112, 116–117, 160*
ゴーカレー，G. K.　*118, 125, 176, 261, 334*
ゴードセー，ナトゥラーム　*316, 327, 353*
国民（*prajā*）　*34–35, 80, 118, 247–248, 296, 339*
　一つの――（*ek* -）　*5, 15, 74, 173, 243, 248, 263–264, 318, 336*
国民会議（派）／会議派　*34, 117, 261, 353*
心の科学（*manovijñān, mannuṃ vijñān*）　*31, 288, 292*
個人（性）（*vyakti(tva)*）　*268, 275–280, 296, 301–302, 304*
　――宗教（-*gat dharm*）　*306, 308–310, 326, 346, 355*
　宗教の――化　*298, 306, 340*
　唯一無二の――（*anokhuṃ* -）　*268, 296, 304, 308, 314, 317, 340*
コミュナル裁定　*264, 317*
コミュナル対立　→宗教間対立

さ　行

サーダナー（*sādhanā*）　*272–273*
サーンキヤ哲学（Sāṅkhyadarśana）　*277, 322–323*
サイード，エドワード　*325*
サット　→存在
サッティヤーグラハ（*satyāgrah(a)*）　*9, 40, 47–49, 69, 154, 177*
　ケーダー――　*178–179*
　個人的――（*vyaktigat* -）　*275, 322*
　――の最終戦争（*chevaṭnā yuddh*）　*127–128, 332*
　――の誕生（*janm, utpatti*）　*49, 56–57, 64, 66, 68*
　塩の――　→塩の行進
サナータニー・ヒンドゥー（Sanātanī Hindū）　*342, 353*
サラン，A. K.　*7*
サリッド，イーサ　*141*
菜食主義（vegetarianism）　*16, 120, 178*
シヴァ（Śiva）　*220, 234, 236, 258*
塩の行進　*47, 164, 240–248, 260, 268*
自然（*kudrat*）　*60–62, 147, 148*
実践（*vyavahār*）　*90*
　――宗教（-*dharm*）　*87*
　――的観点（-*nay*）　*48, 123*
慈悲（*dayā*）　*70, 81–88, 122, 123, 150, 152, 161, 176–179*
シャクティ（*śakti*）　*55, 146–148, 158, 191–194, 204, 227–229, 232–239, 244, 252, 285, 298, 302–304*
　アートマ――（*ātma*-）　*219–222, 229, 235, 239, 245, 258, 285, 337, 340*
　秘密の――（*guhya* -）　*62–63, 154, 331*
『シャクティとシャークタ』　*232–235*
シャンカル，ナルマダー　*125–126*
11項目　*261, 342–343*
宗教（*dharm*）　*54, 67, 83, 84*
　決定――　→決定
　実践――　→実践
　――的攪拌（-*ik manthan*）　*78–80*
　（全ての）――の根源　*81, 83–84, 86, 97, 161*
　独立――（*svatantr* -）　*346, 354–355*
宗教間（大）暴動（communal riot/violence/massacre）　*3, 18, 265, 287, 340–341*
宗教間対立（communal conflict）　*153, 263, 281–288, 317*
受動的抵抗　*50–52, 69, 73, 328*
女性（性）　*224–227, 233–235, 326*
　――観　*291–292, 325–326, 351*
　――との（身体的／必要不可欠な）接触　*32–33, 224–226, 228, 284–285, 300, 303, 337*
　「――はアヒンサーの化身」　*226, 245, 291, 338*
新アジア人登録法　*49, 68*
人生　→生命
身体　*10, 81, 83–86, 101, 151*
　――宇宙論　*31, 148, 159–162, 182, 274, 293, 314, 332, 336, 339*
　――（的）強化／の鍛錬　*105–106, 112, 125*
　――と被造世界（*śarīr-jagat*）　*161*

神智学　16, 120, 231
神通力（siddhi, aiścarya）　153, 168, 234, 302-304, 331
ジンナー, M. A.　245-246, 261-262, 264, 269, 281, 283, 286-287, 319, 339, 340
真理（satya）　5, 6, 18, 21, 34, 48, 67, 82, 88-89, 94-95
　独立――（svatantr -）　354-355
　唯一の――（ek j -）　21, 354-355
『真理の実験，あるいは，アートマ・カター』　9, 22, 35, 134-138, 349, 354
スィヤードヴァーダ（syādvāda）　41
スカリア, A.　119, 123, 320
スレーンドラナート　275-276, 294
スワーミー・ナーラーヤン（派）（Svāmīnārāyan）　139, 166, 179-180, 213
スワデーシー（svadeśī）　74, 118, 195-199, 201-202
スワラージ（svarāj）　5, 34, 74, 118, 195, 202, 329, 343, 354
　インド滞在期の――　334-342
　完全な――（pūrṇ -）　257, 265, 287, 340
　――ヤ（-ya）　34, 344, 354
　南アフリカ滞在期の――　330-334
性（sexuality, sex）　4, 11, 12, 267, 348, 355
性エネルギー（sex energy）　102-103, 109, 113, 115, 332
（性交渉をめぐる）トラウマ体験　140, 239
精液（vīrya）　31, 58-60, 71, 105, 108, 136, 147, 191-192, 237, 281, 301, 331
　――結集（-saṅgrah）　30-31, 43, 59, 100-105, 146-147, 191-194, 227, 298, 301, 315, 331-334
　――所有者（-vān）　59, 61, 71, 103, 180-181, 336
　――（の）転換（-num parivartan）　228, 239, 285, 315, 325, 337
　――の変換（convert）　102-103, 110, 115, 137, 162
　――把持（-nigrah）　43, 59, 223-224
　――漏洩　219, 281-284, 286, 317, 323
静寂主義　→決定
生殖器官（jannendriya）　3, 176, 217, 228, 291, 303, 325, 336
（――の）禁圧（rokvuṃ）　176-182, 193, 198, 208-209, 217, 336
（――の）統制（sanyam）　3-4, 227, 303
生命／人生（jīvan）　25, 326, 350
性欲（vikār, viṣaynī icchā, kām）　31, 60, 62-64, 113-115, 135-136, 140, 148, 155, 184-188, 239, 253, 332-333, 348-349
　――概念の正確な意味　147-148
　――嫌悪　138-141, 332
　無――状態（nirvikār(tā)）　136, 253-254, 289, 294-295, 339, 348
生理学的形而上学　64, 147
世界（duniyā, sṛṣṭi, jagat, pṛthvī, saṃsār, bhav, prapañc）　88-89, 91-92, 123
（――の）倫理的回復　91-92, 116, 151
世界宗教会議　100, 109
セキュラリズム　266-268, 297-298, 305, 309, 311, 313, 320, 339-340
セクシュアリティ　→性
全インド・ムスリム連盟　118, 215, 245
全インド・ムスリム協議会　246
全政党協議会　240, 343
存在（sat, hastī）　48, 53-54, 70, 279, 318, 350
　――神学　320
　――の深み　56, 310, 318

た 行

ダース, ターラクナート　110-112, 121, 152
（大）供犠（(mahā)yajña）　248-256, 262, 265, 267-268, 298, 305-307, 317, 320, 339-341, 345, 347-348, 355
　――の目的　288-297
ダイヤー准将　189, 191
タゴール, ラビーンドラナート　195, 274
タパシュ（チャリヤー）（tapaś(caryā)）　220, 258, 271, 292
ダライ・ラマ14世　349, 355
ダルマ　→宗教
断食　270, 311-313, 319, 322, 326
　死に至る――　269-270
タントラ（tantra）　32, 218, 229-239, 248-252, 258-260, 337

チャイタニヤ（派）（Caitanya）　*107, 126, 180, 333*
チャウリー・チャウラー事件　*173-175, 199, 204-208, 211*
チャタジー，バンキムチャンドラ　*106, 125*
チャルカー（*carkhā*）　*190*
チャンドラ，ビパン　*19, 320*
直接行動の日　*265, 319*
ツィンマー，ヘンリッヒ　*14, 252*
誓い（*vrat, pratjñā, kasam*）　*53-56, 70, 183-187, 258*
　神の（名前を用いた）――　*52, 54-55*
ティラク，B. G.　*34, 118, 125, 177, 195, 214-215, 352*
デーサーイー，マハーデーヴ　*29, 69, 84, 143, 285, 321*
テント　*141-143*
同性愛　*12, 141, 167*
ドヴァイタ　→二元論
ドヴィヴェーディー，M. N.　*60, 124*
トゥルシーダース　*81, 83, 86, 327*
独立運動　*11, 15, 18, 188-190*
　真理の実験としての――　*5, 329, 347, 349-350*
トルストイ農園　*43, 127, 165*
トルストイ，レフ　*75-77, 92-99, 110-112, 116-117, 121-124, 152-153, 331, 351*

な　行

内的完全性と外的完全性（の一致）　*93-95*
ナイヤル，スシーラー　*164, 224, 284, 324, 325*
『ナヴァジーヴァン』　*25-26*
ナヴァジーヴァン社　*7*
ナオロージー，D.　*34, 118, 261*
ナショナリズム　*5, 15, 105-110, 118, 175, 189, 196-198, 211, 242-245, 248, 329*
　男性主義的――　*106, 112, 180*
　――（思想）の「女性化」　*242-245, 337-339*
　ベンガル――　*106, 125*
ナタール・インド人会議　*90*
ナンダー，B. R.　*35, 261, 283*
ナンディー，A.　*139, 349, 353, 355*
二元論（Dvaita）　*41, 235*
入獄・勾留　*43*
乳汁（*dūdh*）　*114-115*
　――放棄（*-nā tyāg*）　*129, 132-155, 168, 335*
　――放棄の断念　*182-188*
　山羊の――　*184-188*
ネーション　*35, 107, 162, 175, 180, 190, 211, 245, 247-248, 264, 267, 305-314, 333, 339-342, 349*
　女性の――　*108*
　二つの――論　*264, 287, 319*
ネルー，ジャワーハルラール　*35, 174, 319, 353*
ネルー報告　*240, 246, 343*
ネルー，モーティーラール　*174, 240, 353*
農民（*raīyat*）　*190, 335, 352*

は　行

『バーガヴァタ・プラーナ』　*223, 231, 257*
パーキスターン　*3, 264, 340*
パーティション　→分離独立
パール，B. C.　*34, 118*
パールヴァティー（Pārvatī）　*220, 233, 258, 337*
パーレーク，ビク　*7, 8, 12-13, 23, 42, 319, 351*
『バガヴァッド・ギーター』　*119, 125, 152, 247, 262, 276-277, 279, 323*
バクティ（*bhakti*）　*96, 109, 267, 315-316, 325, 341*
ハタ・ヨーガ（*haṭhayoga*）　*60, 223, 237*
『パタンジャリのヨーガ・スートラ』　*4, 60, 100, 104, 152, 181*
バット，シャーマル　*38*
パテール，ヴァッラブバーイー　*201*
母／お母さん　*37, 289, 291, 304, 325*
　――のような愛情　*290*
パラマートマン　→アートマン
ハリジャン（Harijan）　*26, 33, 263*
　――奉仕協会　*264, 271*
『ハリジャン』　*26, 264*
『ハリジャン・セーヴァク』　*26, 264*
『ハリジャンバンドゥ』　*3, 26, 264*

ハルタール →一斉休業運動
ハレ，W. L.　*231-232, 260*
パレル，A.　*74, 83, 118, 190, 248*
ハワード，V.　*14-15, 39-40, 49*
非恐怖（*abhay(tā), nirbhay*）　*36, 59, 102, 158, 338*
非協力運動　*18, 32, 67, 173, 189-190, 261*
ビハール大地震　*274-275*
非暴力（non-violence）　*9, 37, 51, 154, 177, 189-190, 243, 285-286*
――抵抗　*9, 47-48*
――的非協力運動 →非協力運動
「秘密の章（Guhya Prakaraṇ）」　*60-66, 227, 331*
ピャーレーラール　*226-227, 257, 324*
平等性の情感（*sambhāv*）　*308, 340*
全ての宗教に対する――（*sarvdharm-*）　*36*
ヒラーファト（カリフ擁護）運動　*173, 189, 210, 214, 219*
ヒンサー（*hiṃsā*）　*130, 179-182*
――の中のアヒンサー →アヒンサー
『ヒンド・スワラージ』　*19-20, 26-28, 35, 41, 47, 58, 73-75, 89, 118-119, 144, 330, 334*
――が執筆された背景　*120-121*
プーンカー（*phūṅkavā*）　*133, 149-155, 184-187*
フェニックス・セツルメント　*25, 42, 142*
不動の智慧者（*sthitprajña*）　*279, 295, 298, 312, 316*
プネー協定　*269*
ブラヴァツキー，H.　*119-120*
ブラウン，ジュディス　*176, 208, 211-212, 243, 256, 281, 326, 330, 338*
ブラフマチャリヤ（*brahmacarya*）　*3-4, 9, 36-37, 56-66, 100-110, 112-116, 220-222, 244, 245, 278, 279, 289*
完全な――（*pūrṇ -*）　*257, 265, 278, 304, 317, 339-340*
刑務所出獄後の――　*219-229*
「9つの――の柵（-nī Nav Vāḍ）」　*114-115, 136*
消極的――　*115, 117, 163*
積極的――　*115, 117, 163*
――の規定／方法　*193-194, 203, 206-207, 209*
――の（再）定義　*220-221, 252, 257, 286, 298-299, 301*
「――の柵（Vād）」　*33, 299*
――の誓い（*-vrat, -nuṃ vrat*）　*49, 56-57, 101-102, 135, 149*
晩年の――の実験　*281-297*
ブラフマ・ダルシャン（*brahmadarśan*）　*221*
ブラフマン（*brahman, brahm*）　*4, 220-222, 227, 277, 301, 304*
――の（果てなき）探求（*-nī śodh*）　*219-220, 348*
ビルグラーミー，A.　*37, 320*
分離選挙　*118, 215, 269, 319*
分離独立（partition）　*3, 34, 340*
平和（*śānti*）　*198-199, 212*
――的手段　*51, 177, 331*
ベサント，アニー　*177*
蛇　*130, 150-151, 153, 156, 168-169, 236-239*
――の殺生（*hiṃsā*）　*156-162*
――の両義性　*159-161*
『蛇の力』　*236-239*
ベンガル分割令　*118, 214-215*
放棄者（*sanyāsī*）　*6*
ボース，N. K.　*6, 29, 33, 259, 263, 265, 286, 290, 292, 324*
ボース，S. C.　*353-354*
母性（観）　*37, 291-292, 325, 337*
――イデオロギー　*291-292, 325*
――的な視座（*mātṛdṛṣṭi*）　*304*
ホモエロティック　*6, 141, 145, 148, 167, 333*
ホモセクシュアル →同性愛
ボンデュラント，J.　*8, 37, 47*

ま 行

マガンラール →ガーンディー，マガンラール
マシュルワーラー，キショーリーラール　*7, 35, 263, 266*
マヌ（バヘーン） →ガーンディー，マヌ（バヘーン）

マハーヴィーラ（Mahāvīra）　*83-84, 123*
マハートマー（*mahātmā*）　*3, 5, 321, 324, 342, 353*
『マハーニルヴァーナ・タントラ』　*234, 252, 326*
マンデラ，ネルソン　*99, 349, 355-356*
ミーラーベーン　*284*
水風呂　*65, 194*
ムーラーダーラ（*mūlādhāra*）　*102-103, 236, 258*
無所有（*aparigrah(a)*）　*34, 36, 220, 244, 279, 353*
無神論者（*nāstik*, atheist）　*267, 320, 355*
ムスリム連盟　→全インド・ムスリム連盟
無抵抗（主義）　*111, 121, 356*
雌牛保護　*178, 212*
メヘター，ナラシンハ　*26, 42, 231*
モープラー暴動　*200, 205-206, 215*

や　行

山のような誤り　*189*
ヤラワダー刑務所　*210, 217-219, 259, 316*
『ヤング・インディア』　*25-26*
融和／一性／統一性（*ektā*, unity）　*290, 306, 308, 312, 323, 340*
　多様性の中にある——（*anektāmāṃ -*, *vividhtāmāṃ -*, - in diversity）　*307*
　——の中の多様性（*-māṃ vividhtā*）　*307*
ユダヤ人　*165, 334*

ら　行

『ヨーガ・スートラ』　→『パタンジャリのヨーガ・スートラ』
ラーイ，L.　*118*
ラージチャンドラ，シュリーマッド　*42, 75-92, 95, 112-117, 122-123, 136, 137, 152-153, 163, 168, 181-182, 276, 299, 300, 331-333*
『ラージャ・ヨーガ』　*60, 99-100, 102, 105, 124, 147, 152, 181, 223, 323*
ラーシュトラ（*rāṣṭr(a)*）　*34, 118, 247*
ラーマ（Rām(a)）　*302, 314-317*
　——の唱名（*rāmnām*）　*235, 268, 315-316, 327, 341*
　——の統治（*rāmrāj(ja)*）　*267, 344*
ラーマクリシュナ　*250, 325*
ラール，V.　*10-13, 39*
ラザル，ハンナ　*127, 284-285*
ラスキン，ジョン　*34, 76-77, 119*
霊的（*ādhyātmik*）　*164-165, 186*
　——な観点／利益　*132-138, 148-149, 155, 184-186*
レヴ，S.　*141, 143, 165*
ローラット法　*175, 182-188, 211-212*

著者略歴

1984年，イタリア・フィレンツェ生まれ．一橋大学大学院社会学研究科博士課程修了．博士（社会学）．同大学院在学中にフルブライト奨学生としてコロンビア大学大学院総合文化研究科哲学専攻に留学．現在，東京大学大学院総合文化研究科特別研究員（日本学術振興会特別研究員PD）．

主な業績

“The Paradox of Gandhian Secularism: The Metaphysical Implication behind Gandhi's 'Individualization of Religion'," *Modern Asian Studies* (Cambridge University Press, 2017).

「M・K・ガーンディーにおけるナショナリズムと性——晩年「ブラフマチャルヤの実験」再考」『アジア研究』（2012年，2014年）．アジア政経学会第12回優秀論文賞受賞．

「非暴力と乳汁——南アフリカ滞在期におけるガーンディーのブラフマチャリヤの実験」『社会思想史研究』（2018年）．社会思想史学会第8回研究奨励賞受賞．

ガーンディーの性とナショナリズム
「真理の実験」としての独立運動

2019年2月22日　初　版

［検印廃止］

著　者　間永次郎（はざまえいじろう）

発行所　一般財団法人　東京大学出版会
代表者　吉見俊哉
153-0041 東京都目黒区駒場4-5-29
電話 03-6407-1069　Fax 03-6407-1991
振替 00160-6-59964

印刷所　株式会社暁印刷
製本所　誠製本株式会社

ISBN 978-4-13-056119-8　Printed in Japan